国家文物局 编

文物在诉说

中国抗战遗迹概览

文物出版社

图书在版编目（CIP）数据

文物在诉说：中国抗战遗迹概览 / 国家文物局编 .
—北京：文物出版社，2015.8（2020.7 重印）
ISBN 978-7-5010-4368-2

Ⅰ . ①文… Ⅱ . ①国… Ⅲ . ①抗日战争—史料—中国
Ⅳ . ① K265.06

中国版本图书馆 CIP 数据核字（2015）第 187896 号

文物在诉说
——中国抗战遗迹概览

编　　者：国家文物局

责任编辑：子　柏
责任印制：张道奇

出版发行：文物出版社
社　　址：北京市东直门内北小街 2 号楼
网　　址：http：//www.wenwu.com
邮　　箱：web@wenwu.com
经　　销：新华书店
印　　刷：北京京都六环印刷厂
开　　本：787mm×1092mm　1/16
印　　张：30.75
版　　次：2015 年 8 月第 1 版
印　　次：2020 年 7 月第 2 次印刷
书　　号：ISBN 978-7-5010-4368-2
定　　价：128.00 元

序

今年是中国人民抗日战争暨世界反法西斯战争胜利 70 周年。为集中反映近年来我国抗战文物保护利用的成果，充分发挥抗战文物印证历史、教育人民的作用，国家文物局精心策划、组织编选了《文物在诉说——中国抗战遗迹概览》。

党和国家高度重视抗战文物资源的保护，中央领导同志多次作出重要批示，要求进一步加大力度，全面做好抗战文物保护利用工作。2014 年 2 月，全国人大常委会决定将 9 月 3 日确定为中国人民抗日战争胜利纪念日，将 12 月 13 日确定为南京大屠杀死难者国家公祭日。2014 年以来，国家文物局和各地文物部门遵循中央精神，着眼大局，集中开展了一批抗战文物保护修缮和展示提升工程，其中全国重点文物保护单位 87 处，两年来投入经费 6.4 亿元，今年 9 月 3 日之前能够全部向社会开放，取得了显著成效，社会反响良好。

作为我国文物资源的重要组成部分，以抗战遗迹为代表的众多抗战文物类型丰富、形式多样，列入全国、省、市、县各级文物保护单位的抗战遗迹就有 2194 处，遍布全国 28 个省份。其中，罪证类抗战遗迹真实记录了日本侵略者在华犯下的滔天罪行，深刻暴露了日本军国主义的邪恶本质，如辽宁阜新万人坑、哈尔滨"七三一"遗址、南京大屠杀死难同胞丛葬地等；战争纪念地遗迹见证了中国军民英勇抗击日本侵略的不屈不挠，反映了不怕牺牲、众志成城的爱国主义精神，如山海关、平型关、台儿庄、松山等战役旧址；建筑设施类遗迹中既有侵华日军出于殖民统治、掠夺资源等目的而建设的铁路、桥梁、要塞等，也有与重要抗战历史人物、事件有关的纪念地。

由于篇幅所限，本书选取的 150 余处抗战遗迹都是列入全国重点文物保护单位的旧址、遗址等，虽然数量不算多，但都具有很高的历史价值。它们当中很多已经为大家所熟知，如见证全面抗战爆发七七事变的卢沟桥，见证日本侵略者穷途末路的湖南芷江洽降旧址、见证抗战艰苦历程的贵州"二十四道拐"公路；也有的鲜为人知，如北大红楼作为五四运动策源地众所周知，但是其在北平沦陷期间作为日本宪兵队驻屯地，关押过许多抗战志士，这次较为详细地予以披露，以志纪念。

本书除了对抗战遗迹进行简明扼要的介绍，还对其背后的历史价值进行了较为深入的挖掘，充分阐释它们的历史背景、事件缘起、发生过程及相关影响，力图在更大的时空背景下透过文物讲历史，向世人揭露日本侵略者的滔天罪行，展示中国人民波澜壮阔的抗战史。希望本书能在举国上下纪念抗战胜利 70 周年之际发挥它应有的作用。

是为序。

文化部副部长
国家文物局局长　厉小捷

目录

目录

目录

目录

目录

贵州省

云南省

目录

北京市

卢沟桥
中华民族全面抗战的起始地

卢沟桥位于北京城西南约15公里的永定河上，是北京通往各地的咽喉要道。

1937年7月7日夜，日军在北平西南卢沟桥附近演习时，借口一名士兵"失踪"，要求进入宛平县城搜查，遭到中国守军第29军严辞拒绝。日军遂向中国守军开枪射击，又炮轰宛平城。第29军奋起抗战。这就是震惊中外的七七事变，又称卢沟桥事变。七七事变是日本帝国主义全面侵华战争的开始，也是中华民族进行全面抗战的起点。

1931年9月18日，日本侵略者挑起九一八事变，占领中国东北，并一手炮制了伪满洲国。日军占领东北后，将魔爪伸向华北，阴谋策动"华北自治"。1936年6月，日本天皇批准了新的《帝国国防方针》及《用兵纲领》，公然

• 卢沟桥

宣称要实现控制东亚大陆和西太平洋，最后称霸世界的野心。

从 1936 年 5 月起，日本陆续增兵华北，不断制造事端，频繁进行军事演习，华北局势日益严峻。七七事变爆发前夕，北平的北、东、南三面已经被日军控制：北面，是部署于热河和察东的关东军一部；西北面，有关东军控制的伪蒙军 8 个师约 4 万人；东面，是伪"冀东防共自治政府"及其所统辖的约 1.7 万人的伪保安队；南面，日军已强占丰台，逼迫中国军队撤走。这样，卢沟桥就成为北平对外的唯一通道，其战略地位更加重要。

从 1937 年 6 月起，驻丰台的日军连续举行挑衅性的军事演习。7 月 7 日，卢沟桥的日本驻军在未通知中国地方当局的情况下，径自在中国驻军阵地附近举行所谓军事演习，并诡称有一名日军士兵失踪，要求进入北平西南的宛平县城（今卢沟桥镇）搜查，被中国驻军严辞拒绝，日军随即向宛平城和卢沟桥发动进攻。中国驻军第 29 军 37 师 219 团奋起还击，进行了顽强的抵抗。

驻防在卢沟桥一带的 29 军原是西北军冯玉祥的旧部，这支部队擅长刀术，每个战士都身背一口大刀。每当日寇接近阵地时，战士们就跃出战壕，抡刀同敌人搏斗。日本军队集中火力连续猛攻卢沟桥石桥和平汉路铁桥，铁桥曾一度失守，驻守铁桥的一个连仅 4 人幸存，其余全部壮烈牺牲。29 军将士勇

● 卢沟晓月

猛顽强不怕牺牲，经过 4 小时激战，又从日寇手里夺回了铁桥。永定河畔的战斗整整进行了一昼夜，几百具日军的尸体横卧在卢沟桥头，而中国守军却一直坚守在自己的阵地上。

卢沟桥事变第二天，中共中央发表通电，呼吁"只有全民族实行抗战，才是我们的出路，我们要求立刻给进攻的日军以坚决的抵抗，并立刻准备应付新的大事变"，号召全国人民："武装保卫平津，保卫华北，为保卫国土流最后一滴血！"9 日，红军通电全国，请缨抗日。全国各界抗日救亡运动迅速发展。7 月 15 日，蒋介石在庐山发表谈话，表示"最后关头一到，我们只有牺牲到底，抗战到底"。8 月 14 日，国民政府发表《自卫抗战声明》；22 日，宣布中国工农红军改编为国民革命军第八路军，设独立指挥机构。9 月 22 日，国民党中央通讯社发表《中国共产党为公布国共合作宣言》；23 日，蒋介石发表谈话，承认中国共产党的合法地位。抗日民族统一战线正式形成，以卢沟桥事变为起点的中国全国性抗日战争开始。

【遗址介绍】

卢沟桥位于北京市西南郊宛平城西，距北京城 15 公里。因横跨卢沟河而得名。卢沟桥始建于金大定二十九年（1189 年），金明昌三年（1192 年）建成。明、清两代都曾加以修茸，如今桥的形制、桥基、桥身的构件和桥上石雕部分仍为金代原物。

卢沟桥为十一孔不等跨连续圆拱桥，全长 212.2 米，加上两端引桥，总长 266.5 米、宽 9.3 米，它是北京地区现存最古老的石拱桥，也是华北最大的古代石拱桥。桥墩前尖后方，迎水面砌成分水尖，并在每个分水尖上安置一根长约 26 厘米的三角形铁柱，以其锐角迎击冰块，保护桥墩，人称"斩龙剑"。桥墩的另一头，形如船尾，水流出券洞即可分散，减少券洞内水流的压力。卢沟桥的石雕精美奇特，构思巧妙。桥上共有石雕栏板 279 块，石雕望柱 281 根，石狮 501 个。石狮是卢沟桥上重要的雕刻艺术品，闻名遐迩。桥面两端立有石雕华表，东西两端四通石碑，镌刻清康熙、乾隆二帝关于修茸卢沟桥的碑记及题诗。

卢沟桥不仅历史悠久，而且是中国人民英勇抗击日本帝国主义侵略的纪念地。

1961 年，卢沟桥由国务院公布为第一批全国重点文物保护单位。

北京大学红楼

日本宪兵队司令部驻屯地

北京大学红楼，曾因波澜壮阔的五四运动而蜚声海内外，铭刻着中国近代思想解放运动的光荣历史。然而，1937 年七七事变后，日军的铁蹄践踏了古老的北京城，北京大学一度被强行占用，成为侵略者进行殖民统治的基地之一。曾象征"民主""科学"的北大红楼在这个时期却记载着近代中国历史的屈辱。

卢沟桥事变后，中国军队奋起抵抗，抗战全面爆发，北京大学大部分师生都先后离开北平，走向了抗日的前线和后方。7 月底北平沦陷，9 月 3 日，日军进驻北大一院及灰楼宿舍。11 月后，日本宪兵队司令部、北京宪兵本部、北京宪兵分队同时驻扎红楼办公。宪兵分队下设分队长室、将校室、庶务室、特高室、警务室、司法室、受付室（夜间）等机构。

日军占据红楼，并将其作为宪兵队机关之后，便在地下室开辟了宪兵队本部的"留置场"（拘留所）。拘留所的大门在一楼东端，有台阶通到地下室，中间为东西纵向通道，南北两边的房屋为刑讯室及牢房。东侧的刑讯室内放有许多刑具，此房隔音设施很好，里面施刑外面几乎听不到声音。西部为牢房，进门有不到 1 平方米的地面，迎门和左侧都是木栅，故称"笼子"。正面牢门只有一米高、半米宽，牢门右下方留了一个只能送进饭碗的小洞。

1941 年 12 月 7 日，太平洋战争爆发。美国人投资创建的燕京大学即遭日军查封。校务长司徒雷登遭日本宪兵逮捕，被拘禁在东交民巷原美国兵营中。此后，他曾四次被带到红楼日本宪兵队司令部受审。燕京大学的 20 名师生也相继被捕，并被押解到红楼地下室。被捕的许多教授，如张东荪、邓之诚、赵紫宸、陆志韦等，在国内外都很著名，日本宪兵慑于影响没有对他们用刑，但他们在被囚期间依然备受虐待凌辱。夜间，日本宪兵严刑逼供的审讯声、拷打声、犯人呼叫声不绝于耳，令人毛骨悚然。邓之诚回忆他亲身见闻时说："宪兵队审讯时，无不用刑求者，有扑责，有批颊，有拶指，有水淋口鼻，有灌水。灌水引犯至浴室中，强饮满腹，以足蹴之，水从耳鼻口中激射而出，最为惨苦，往往有至死者。闻尚有重刑逾于灌水者，又闻有电机磨人毫发齿骨血肉肌肤皆成液质，不识确否。然入宪兵队后而无下落者，往往有之，大约用刑分队尤严，往往中夜闻被刑者哀呼凄厉，使人心胆俱碎"。

隆冬时节，天寒地冻，红楼地下室内没有取暖设施，人人"冻极而僵"。由于狱中营养和卫生条件太差，又缺医少药，以致狱中传染斑疹、伤寒等病，造成数十人死亡。燕京大学的教授们也大多病倒，虽幸而未死，却个个骨瘦如柴，几无人状。更令教授们无法忍受的是日本宪兵和看守兵对他们的任意凌辱。宗教学家赵紫宸两次乘囚车赴日军司令部受审，加手铐系白绳，车过大街稍一瞩目，押解兵就用刀背打他的头。哲学家张东荪饥饿难忍，向日本翻译请求吃点东西，备受嘲弄：知道这是坐牢吗？还想吃饱饭！一次，张东荪与邓之诚谈话，被看守兵发现，遭到申叱，一个看守兵提一桶水过来，招呼张东荪走到门洞前，忽然把一桶凉水泼向他，浑身上下衣服湿透，冻得他直打颤。

被日本宪兵队关押在北大红楼地下牢房的，还有著名历史地理学家候仁之。

• 红楼

太平洋战争爆发后，因从事抗日活动，时在燕京大学任教的候仁之在天津被捕。日本宪兵将其解送到北平，未经审讯即被押到红楼地下室的一间牢房，与燕大学生、后来的著名电影演员孙道临（时名孙以亮）关押在一起。当时，孙道临是由于在校内参加有抗日题材的话剧演出而遭到逮捕的。两人原本相识，见面后彼此又惊又喜。孙道临帮候仁之在地上铺好毯子，两个人躺下后，头部紧靠在一起，由于地方狭小，两个人的腿脚尽可能各自伸向另外一个方向。为了方便谈话，孙道临要候仁之把一块手巾蒙在脸上，做出掩饰灯光的样子，实际是为了避免日本宪兵窥见他们谈话时的脸部的活动。当时在押的燕大师生，分别被关押在同一过道的不同牢房里。每天上午，每个牢房各出两个人，由宪兵押着抬起恭桶排队到楼外厕所倾倒粪便时，可以见见面，偶尔在过道的转弯处，也可以小声地传递一点消息。

1943 年北大红楼被交还给当时的伪北大，但是红楼北面隔着民主广场、图书馆后面的北楼里，还驻有少量的日军，他们蹂躏红楼的痕迹仍然历历在目。当时进入红楼上课的学生回忆："日本宪兵队是从学校撤走了，但熄了火的烧人炉还耸立在红楼后边广场东墙下的衰草间，墙壁上黑糊糊的烟熏火燎；红楼地下室白墙上还飞溅着被关押拷打中国人的斑斑血迹。"

以自由民主为旗帜的北大红楼在被日本军队占领期间，拘留了传播知识、教授文明的师生，成了关押、残害中国人的人间地狱。这是红楼历史上最黑暗和耻辱的岁月。

【遗址介绍】

北京大学红楼位于北京市东城区五四大街，是北京大学的旧址，五四运动纪念地。

北京大学的前身是京师大学堂，戊戌变法时开始筹建，1898 年 12 月正式开办，最初以和嘉公主府为临时校舍。1911 年清朝覆灭，1912 年 5 月，京师大学堂改名为国立北京大学。红楼始建于 1916 年，1918 年落成，因该楼墙体主要部分均用红砖砌筑，故俗称"红楼"。楼体呈工字形，地上四层，地下一层。东西面阔 100 米，主楼南北进深 14 米，东西翼楼南北各长 34.34 米，总面积 1 万平方米。建筑原是北京大学学生宿舍，后改为校部，并作为图书馆和文科教室，地下室为印刷厂。大楼一层为图书馆，二层是教室及行政办公室和大教室，三、四层全部为教室。蔡元培先生任校长时，曾在二楼西部今 208 室办公。蔡元培先生实行"兼收并蓄"的办学方针，因此当时名流学者云集北大，陈独秀、李大钊、鲁迅、钱玄同、刘半农、杨昌济、胡适、马叙伦、马寅初、李四光等都先后在此工作。1920 年红楼改为北京大学第一院。

北京大学红楼是五四运动的策源地，在俄国十月革命的影响下，北大先进的知识分子，学习和研究马克思主义，创办刊物，宣传新思想、新文化，开展了用历史唯物主义的观点认识中国的问题，随之爆发了反封建、反帝的五四运动。1919 年 5 月 4 日的反帝大游行，就是从红楼北侧的民主广场集合出发的。运动声势浩大，席卷全国，成为中国近代革命史上从旧民主主义到新民主主义的转折点。五四运动为中国共产党的成立作了思想准备和组织准备。1919 年，李大钊、邓中夏等在红楼成立马克思主义研究会，后来成立共产主义小组。红楼四层的一个房间，直到 1927 年还挂着"马克思主义研究会"的牌子。

中国共产党成立以后，中共北方局和中国社会主义青年团办公地点曾一度设在红楼，1918 年 8 月毛泽东初次来北京时，曾在北大图书馆任助理员。

1961 年，北京大学红楼由国务院公布为第一批全国重点文物保护单位。

辅仁大学本部旧址
沦陷区唯一不奴化教育的高校

七七事变后，在中华民族最危险的时刻，北平和沿海城市的国立和私立学校纷纷向内地和西部转移，只有少数学校在勉强维持，这其中就包括有天主教背景的教会学校辅仁大学。在沦陷区内，他们遵守三原则：行政独立、学术自由、不挂伪国旗。

社科院历史所研究员、陈垣先生之孙陈智超说："辅仁大学由于罗马教廷和天主教圣言会所在的德国和日本的同盟国关系，校务活动并未受到影响"。北平沦陷后，辅仁大学仍然维持现状，充分利用有利的国际关系，延续民族教育，并联络平津其他国际性教育团体。一些知名教授从日伪进驻的大学转入辅仁大学，辅仁大学也经历了新的发展。

在整个抗战时期，辅仁大学在沦陷区独存，而且成为唯一不悬挂日伪国旗，

● 辅仁大学本部

不读日伪所编旨在进行奴化教育课本的高校。

1938 年 5 月，日伪政府强迫北平悬挂日伪国旗，并强令群众上街游行，以示庆祝。辅仁大学及其附属中学坚决拒绝。长期担任陈垣先生助理的刘乃和在《励耘承学录》中写道，"日伪震怒，强令辅仁大学附属中学停课三天，并多次派人找校长陈垣。陈垣回答，我们国土丧失，只有悲痛，要庆祝，办不到。"坚决不挂旗，不游行。周少川说："当初敌伪一直动他的念头，希望找他出去做事。陈先生拒不见客，要他参加东洋史地学会，他拒绝。要他出来担任当时敌伪最高文化团体，大东亚文化同盟会会长，他也坚决拒绝。这是很不容易的。"

至 20 世纪 40 年代初期，鉴于国际局势更为险恶并预感美国和日本的冲突不可避免，辅仁大学一些美籍教职员陆续撤退，逐渐由德籍人士替代。1941 年 12 月 8 日，太平洋战争爆发。一夜之间，燕京大学、协和医学院等教会大学都被日伪接收被迫停办。辅仁大学没有撤走的美籍教职员也全部被拘禁于设在山东潍县的集中营。曾任辅仁大学史学教授的朱师辙回忆："辅大

• 原贝勒府花园内雨香亭

同事以有陈（垣）、沈（兼士），颇事镇静。"

　　1945 年 9 月 3 日抗战胜利后首个开学典礼上，陈垣在讲话谈及沦陷的 8 年，说："民国 26 年来，我们学校已有 8 年不行开学典礼，因我们处在沦陷区，国旗拿不出来，国歌亦唱不响亮，甚至连说话都要受限制，为了避免一切不必要的麻烦，以往的 8 年是在不动声色的黑暗世界中度过来的。从昨天日本投降签字起，世界的永久和平已经产生，光明的新时代已经开始，所以 8 年来解放后之第一次开学典礼，是特别值得庆祝的。"

【遗址介绍】

　　辅仁大学本部旧址位于西城区什刹海街道定阜街 1 号，原为清醇贤亲王奕譞第七子载涛贝勒的府邸。1925 年 3 月租给罗马教廷，由美国天主教本笃会创办辅仁社，1927 年升为辅仁大学。现存辅仁大学教学楼及涛贝勒府花园部分建筑。

　　教学楼建于 1930 年，由比利时籍传教士格里森设计。建筑坐北朝南，平面呈日字形，砖混结构，建筑面积约 4600 平方米，四角设方形塔楼，与建筑正面中心均为三层，其余为二层，顶部为中式传统绿琉璃瓦大屋顶。现存的原涛贝勒府花园的部分建筑包括厅堂、格格楼、雨香亭、假山上的圆形亭及游廊、方亭等建筑。其中，厅堂坐南朝北，面阔三间加回廊，歇山过垄脊筒瓦屋面，四面均设隔扇，属于"四面厅"的形制，并在台基的角部点缀湖石、青石以作映衬。正堂之东有大假山，山上建八柱圆攒尖顶亭一座，圆亭东西两侧接爬山游廊。假山北有一座圆形的小水池，格格楼位于花园西南部，为二层楼阁式建筑，坐东朝西，面阔五间，歇山顶过垄脊灰筒瓦屋面，一、二层均有回廊环绕，两侧设木质楼梯。雨香亭为单檐八角亭，筒瓦屋面。

　　辅仁大学所经历的年代是 20 世纪中国新旧交替的时代，其本部旧址是研究后科举时代中国大学教育的重要实例。辅仁大学教学楼为当时仿中国传统样式的现代建筑中具有代表性的作品，同时保留的原涛贝勒府花园是北京比较优秀的私家园林建筑。

　　2013 年，辅仁大学本部旧址由国务院公布为第七批全国重点文物保护单位。

四九一电台旧址

抗战时期日本殖民奴化宣传的广播基地

　　四九一电台旧址位于朝阳区豆各庄乡双桥村双桥街 9 号院，是一处近现代广播发射电台日式建筑群。这里见证了抗日战争时期日本通过广播对华奴化宣传的罪恶行径。

　　四九一电台始建于 1918 年。当初，段祺瑞政府希望借助日本的势力统一全中国，便在 1918 年 2 月 21 日，由中华民国海军与日本三井物产株式会社合资成立供海军通信使用的电台，名为"民国海军中央无线电台"，报纸称其为"中华民国大无线电台"。由于位于双桥一带，民间俗称"双桥电台"。解放后，该电台数次易名，至 1965 年 1 月 1 日改称"中央广播事业局四九一台"。

　　1920 年 4 月，该电台开始动工，1923 年 7 月底工程竣工。兴建高 200 余米的铁塔 6 座及发射机楼 1 座、宿舍小楼 7 座。电台的设备均由日本制造。

　　1937 年七七事变后，日军入侵北平，建立伪政权。8 月 28 日，由日本出设备开始改建广播电台。1938 年 1 月 1 日，以 640KHz 开播华语节目，称北京广播电台第一播送台。此后直至抗战胜利，双桥电台成为日本侵略中国的广播宣传基地。

　　日本对中国广播主权的侵犯和在中国开办殖民广播的历史可追溯到 20 世纪 20 年代中期日本在大连建立的广播电台。自那时起，日本对中国广播事业全方位、多层次的侵略活动长达 20 年之久。

　　1931 年九一八事变后，日本在逐步侵占我国东北领土的同时，先后攫取了我国东北仅有的两座广播电台，即沈阳广播电台和哈尔滨广播电台，并改办成日伪广播电台。1932 年 3 月，日本帝国主义扶持的傀儡政权——伪"满洲国"在"新京"（长春）成立。同年 10 月，"新京电话局"设立的演播室开始播音。第二年，以之为基础成立了伪"新京放送局"，呼号为 MTAY，发射功率为 1000 瓦。截至 1945 年日本投降前，日本侵略者在当时伪满境内共建立日伪广播电台 26 座。

七七事变后，日本开始侵占中国华北地区，先后掠夺中国在北平、天津、太原和青岛等地的广播电台，办起一批日伪广播电台，并私自将北平改称"北京"，在当地建立了伪"中央广播电台"。1938年，日本入侵当时的绥远省、察哈尔省和山西省北部，先后在张家口、大同和包头等地办起了一批日伪广播电台，按现今华北地区计算，总计办日伪广播电台16座。

1937年"八一三"淞沪抗战失败后，日本占领了上海、南京、武汉和广州等地，在今华东和中南地区先后办起日伪广播电台19座，其中南京为汪伪"中央台"所在地。

在此之前，1895年被迫"割让"日本的台湾也于1928年开办日伪"台北广播电台"，而后又在台南、台中、嘉义和花莲等地开办日伪广播电台。此外，1941年太平洋战争爆发后，日本占领香港，将原港英当局的广播电台改办为伪"香港放送局"。

1925~1945年，日本帝国主义先后在中国境内办起日伪广播电台60多座，遍布和覆盖中国的半壁江山，不但数量上远超过中国的官办广播电台，而且发射功率也十分强大，仅伪满广播的发射功率即达300千瓦左右，而抗日战争时期，国民政府官办广播的总发射功率最高不过140多千瓦。为配合日本军事侵华活动，各地的日伪广播电台大量开办汉语节目，对占领区内的中国

• 4号楼

● 8号楼（机房办公楼）

听众开展殖民奴化宣传。

日本侵略者在其占领区内开办广播电台，为日本帝国主义灭亡中国的反动目标服务。其广播内容主要有以下几个方面：第一，配合日寇军事、政治攻势，宣扬所谓"大东亚圣战"，鼓吹"建立东亚新秩序"；第二，极力贩卖封建法西斯文化思想，以所谓"大和精神"毒害听众，对中国听众进行亡国灭种的文化教育；第三，大量播出如《支那之夜》《满洲姑娘》《蔷薇处处开》等靡靡之音，腐蚀人们的意志，粉饰日本军国主义的血腥统治。

1945年抗战胜利后，9月中旬，双桥电台由国民政府接收。

【遗址介绍】

四九一电台旧址位于朝阳区豆各庄乡双桥村双桥街 9 号院，始建于 1918 年，是北洋军阀段祺瑞政府向日本借款兴建的北洋政府海军无线电发射台，1923 年竣工，现存楼房 8 座。

旧址分为行政办公区和机房区两部分，其中机房区包括发射机房一座，机房办公楼一座，机房区建筑为砖混结构，坡屋顶。行政办公区建筑合围布置，造型简洁，均为砖木结构，坡屋顶。旧址建筑由日本建筑师设计，风格上融合了北欧乡村别墅风格和亚洲东方建筑元素。

旧址对研究近代中国历史、近代军事通讯史、中国无线传输发射史以及近代建筑史都有着重要的意义。1949 年 10 月 1 日，中华人民共和国成立的消息从这里传向世界，又使该旧址具有重要的纪念意义。

2013 年，四九一电台旧址由国务院公布为第七批全国重点文物保护单位。

天津市

大沽口炮台
饱经战火洗礼的堡垒

　　大沽口是中国北方海防重地，自明朝中期始即为海防要隘。清王朝在这里修筑了全国数一数二的坚固炮台，屯扎重兵把守，以防海上强敌通过海河口上溯登陆，威胁京都。从军事地理的角度来说，这里地势平坦开阔，并无天险，靠的只是炮台，一旦有失，北京的门户即被打开。因此，这里历来都被外国列强视作直击的要害、撼动中国全局的突破口，屡次入侵。从 1840 的第一次鸦片战争到 1900 年八国联军侵略中国，帝国主义列强多次染指大沽口，给中国人民带来了深重的灾难。

　　1926 年 3 月 12 日，日本帝国主义又一次在大沽口蓄意制造了践踏中国主权的严重事件。

　　1925 年 12 月下旬，日本帝国主义直接出兵助张作霖灭郭松龄，支持奉军再度入关进攻国民军。1926 年 3 月 7 日，奉系军舰在大沽口北塘登陆，被国民军击退。国民军为阻止奉军继续用军舰送兵，铺设水雷封锁大沽口，并规定任何舰只不得开入，外国船舰也必须白天行驶和接受检查。3 月 12 日下午 3 时，两艘日本军舰不顾驻守炮台的国民军以旗语制止，欲强行驶入大沽口。国民军立即放空炮警告，日舰却以实弹炮击炮台，打伤国民军 13 人。炮台守

● 大沽口炮台

军在忍无可忍的情况下予以还击，将日舰逐出了大沽口。

3月14日，中共北方区委、中共北京地委和国民党北京特别市党部联合召开"北京国民反日侵略直隶大会"，抗议日舰炮击大沽口。

3月16日，日、英、美等8国公使向北京政府发出最后通牒，提出拆除大沽口国防工事、北京至出海口的交通不得发生任何障碍等5项无理要求，限段祺瑞政府在48小时以内答复。17日，8国军舰云集大沽口，对中国进行威胁。

3月17日，国共两党再次召开联席会议，针对最后通牒，一致通过：即日驳复通牒、不许日舰带奉舰入港、驱逐8国公使离京等决议。同时，会议决定请国民军改变作战目的，为废除不平等条约而战。

后国共两党代表开会准备分别向外交部、国务院请愿，遭到北京政府镇压，酿成"三一八"惨案。

【遗址介绍】

大沽口炮台位于天津市塘沽区东大沽海河口。

大沽口作为京津门户，海防要隘，从明朝中期便开始筑垒设防。清嘉庆二十一年（1816年）始建炮台两座，称"南炮台"和"北炮台"，分别位于海河口南北两岸。第一次鸦片战争后，对炮台又增修加固，至道光二十一年（1841年）已修建成大炮台5座，土炮台12座，土垒13座。清咸丰八年（1858年），僧格林沁全面整修大沽炮台，时共有大炮台6座，其中3座在南岸，2座在北岸，分别以"威""镇""海""门""高"五字命名，另一座石头缝炮台建在北岸石壁处。每座炮台设大炮3门，另有小炮台25座。大炮台为砖木结构，有方、圆两种，外用三合土夯实包裹，高10~17米。同治九年（1870年），增筑平炮台3座。光绪元年（1875年）还购置了欧洲铁甲、快船、碰船、水雷船以加强海防力量。第二次鸦片战争爆发后，大沽口炮台曾在中国人民反对帝国主义侵略斗争中立下卓著战功。1859年6月25日，炮台守军奋战一昼夜，击伤击沉敌舰8艘，俘获2艘，重伤英国舰队司令贺布。1900年八国联军入侵大沽口，官兵浴血奋战，终因寡不敌众，炮台失守。1901年《辛丑条约》签订后，帝国主义列强为确保他们在中国横行，强行拆去了大多数炮台，后仅存"威""镇""海"及"石头缝"4处炮台遗址。

1988年，大沽口炮台由国务院公布为第三批全国重点文物保护单位。

天津利顺德饭店旧址
主持天津受降的美军司令部驻屯地

坐落在天津和平区小白楼区域内的利顺德饭店是天津最早由外国人开办的饭店，距今已有 150 多年的历史，其间在中国所发生的众多历史事件同利顺德饭店有着千丝万缕的联系。

1860 年第二次鸦片战争后，英国驻华公使依据《北京条约》，强令清廷在天津划出英租界。天津开埠后，传教士也接踵而来。1863 年初，英国基督教会第一个来天津的传教士殷森德与英租界工部局签订租约，以纹银 600 两承租了英租界 29 号地基的 19.9 英亩土地，每年每亩交纳租金 1500 铜元，租期 99 年。

几个月后，殷森德便雇用民夫在他租用土地的最南端建起了一座简易的英式印度风情平房，作为货栈、洋行、旅馆和饭店之用，专门招待在津外侨，这就是利顺德饭店的雏形，人称"泥屋""老屋"。

1886 年，当时的天津工部局董事长、英籍德国人德璀琳成为利顺德饭店

● 天津利顺德饭店

的第一大股东后，拆毁了已经不合时宜的利顺德旧房，在旧址上盖起了一幢三层砖木结构，使利顺德饭店成为当时英租界中最高最大的建筑。利顺德成为当时中国外交活动和政治活动的重要场所。英国、美国、加拿大、日本等国先后将自己的领事馆设在饭店里。

当时全国最早的电灯、电话、电风扇都首先出现在利顺德饭店，这种洋派作风似乎也成为了利顺德的一种传统，到 1924 年利顺德饭店再次扩建时，当时的经理海维林请美国的奥德斯电梯公司安装了中国的第一部电梯。直到今日，这部电梯仍在运行。

由于善走上层路线，德璀琳不但财运甚佳，也是官运亨通。1896 年，慈禧太后颁发谕旨，赏封利顺德饭店股东德璀琳一品顶带花翎，大约相当于今日国务院副总理的级别。利顺德饭店更是成为了各界政要聚集的地方。

1937 年 7 月 30 日，天津陷落。1941 年 12 月太平洋战争爆发，日本全面封锁了英租界，由于利顺德的名声，到 1943 年 3 月日军才将利顺德进行军事管理，并将其该为"亚细亚饭店"，所有英国股东被押送到山东潍坊（当时称潍县）集中营。1945 年日本投降后，饭店被国民党政府接收，恢复"利顺德"旧称。

日本投降后，根据国民政府下达的指令，驻华北各地日军开始陆续向天津集中，听候发落。当时八路军已经占领了天津郊区，国民党军队则远在四川。晋察冀冀中军区已经准备好接管天津市。但是日本宣布投降后，蒋介石却下令城内日军和伪军不准向共产党部队缴械。同时，国民党政府允许美国海军陆战队第三军团在塘沽登陆，并授权美军在天津接受日本驻军投降。于是美军代替国民党政府在天津接受了日军的投降。

1945 年 9 月下旬，美国海军陆战队第三军团瓦登少将率领的 17 人先遣组，从关岛美军基地乘飞机经上海到天津，进驻利顺德饭店。10 月 1 日，美国海军陆战队第三军团长洛基中将率 7000 人于塘沽登陆。洛基与瓦登在利顺德会合，并将临时司令部设在利顺德。10 月 8 日洛基将军代表中国战区最高统帅在日军投降书上签字。美军司令部的长官和随从在利顺德住了半个多月，而后移居马场道上的几座小洋楼。陆战队大批官兵则驻扎在天津美国兵营。此后，胡克又多次随同洛基、瓦登和随后到天津的美国海军陆战队司令蒙哥将军到利顺德参加招待会、歌舞会和各种娱乐、交际活动。4 个月后，胡克随瓦登将军先行离津，美国海军陆战队直到 1947 年才最后撤出天津。

【遗址介绍】

天津利顺德饭店旧址坐落在天津市和平区解放北路 199 号，是我国近代首家外商开办的大饭店，亦是天津英租界现存早期建筑之一。

饭店于清同治三年（1864 年）由英国圣道堂牧师约翰·殷森德购地、创建，占地六亩，为瓦楞铁顶英式平房。"利顺德"之名出自孟子治世格言"利顺以德"。1886 年由天津怡和洋行买办梁炎卿与德国人德璀琳、英国人殷森德等集资改建。改建后的饭店为三层，转角塔楼五层，占地面积 3200 平方米，建筑面积 6200 平方米，砖木结构。沿街布置突出于主楼之外的半地下室，形成整个建筑的基座和首层的凉台。二层和三层设有通长外廊，外檐饰以多种线脚。并在主楼转角部位设有古堡式的瞭望塔楼。属英国古典风格建筑，造型轻快、活泼。饭店英文名称 ASTORHOTEL，为"总督府第饭店"的英文缩写，是以当时直隶总督李鸿章府第命名。1924 年在老楼北侧又增添了欧洲风格的四层楼房，钢混结构，总建筑面积 12610 平方米。内部装修华丽典雅，有客房、酒吧、舞厅等各种设施。舞厅内部为条木地板，顶棚有石膏花饰，圆券窗，窗券口以上和坎墙部位等大面积墙面均饰以垂花、壁龛、波浪花纹等雕饰。饭店的主入口处重新进行了整修，为了不影响行人交通，采用双跑扇形退缩式台级，上设半圆形雨棚，并增设了转门。

天津利顺德饭店是《中国荷兰条约》《中国丹麦条约》《中葡天津通商条约》《中法简明条约》的签字处，开启了中国对外最惠国待遇之先河。许多名人如孙中山、宋教仁、黄兴、溥仪、蔡锷、袁世凯、段祺瑞、梁启超、张学良都曾在这座饭店下榻。美国前总统胡佛也曾经长期住在这里。利顺德饭店至今保存有文艺复兴式的雕花古典沙发、"奥德斯"早期电梯以及溥仪用过的餐具、孙中山用过的餐具及银质烟碟、张学良听过的留声机等物。

1996 年，天津利顺德饭店旧址由国务院公布为第四批全国重点文物保护单位。

塘沽火车站旧址

日军物资转运站

塘沽火车站旧址现名"塘沽南站",始建于清光绪十四年(1888年),是我国最早自主修建的铁路——唐津铁路上的一座车站。

中国修建的第一条铁路是1876年由英商怡和洋行在上海和吴淞口之间修建的窄轨铁路,全长20公里。但由于清政府坚决反对,最后竟以28万两银买下拆除。

1876年,李鸿章筹建开平煤矿,1878年开平煤矿开掘了第一口竖井。为了运输煤炭,清政府同意在唐山到胥各庄间修建一条10公里长的铁路,即唐胥铁路。这条铁路于1880年兴建,第二年通车,轨距1.435米(国际标准轨距)。1886年,开平矿务局申请将唐胥铁路延伸至芦台,李鸿章上奏朝廷获准。该工程1887年竣工,铁路全长达到45公里。在修建唐芦铁路时,李鸿章就筹划将铁路延伸到塘沽和天津。1888年初,由芦台至塘沽的铁路开工修建,

● 塘沽车站刻有英文站名标志的二层小楼

至 4 月初，塘沽段竣工；10 月，铁路延伸至天津，全长 130 公里，时称唐津铁路。从塘沽到天津的这段铁路是在著名铁路工程师詹天佑的主持下修建的。1901 年，线路延至北京，后又向北延至沈阳，至 1911 年竣工，成为通往我国东北地区的干线——京沈线。唐津铁路建成后，在塘沽地区建有塘沽站、新河站等 3 个车站。

塘沽火车站曾经也是中国人民抗击日本侵略者的前线。中日甲午战争期间，1894 年 7 月 23 日，清北塘仁字营 1100 余名官兵乘火车抵达塘沽南站，并在大沽船坞换乘英商怡和洋行高升号轮船赴朝鲜牙山增援。后高升号在丰岛海域被日军浪速号击沉，官兵遇难。塘沽居民在得知这一消息后，举行了隆重的追悼祭奠活动。

1937 年 7 月 30 日，天津沦陷后，塘沽南站陷入日寇之手，用作转运战争物资。之后，随着战争的扩大，日本侵略者疯狂推行"以战争培养战争"的侵略方针，大肆掠夺军需资源，先后侵占了中国的阳泉、大同、开滦、井陉等十几个大煤矿和龙烟、太平、金岭镇铁矿，山西的钒土矿，长芦盐场以及大片的棉、粮产区，他们掠夺的这些资源除满足当地军需或就地加工成成品运给各战场外，余者运回日本国。为了满足侵略者掠夺的贪欲，日本人开始在原天津内河港口的基础上修建海港——塘沽新港。1942 年 7 月，第一阶段驻港工程完工。为了跟新的港区配套，日本人在 1943 年将塘沽南站从京山线上剔出，另建一曲线连接新河站（今塘沽站）和海滩信号所（今北塘站），这条曲线也成为当时中国最大的铁路曲线。在改线工作完成后，塘沽南站的主要运输业务也改到位于今天大连道附近新河车站，自此塘沽南站便日渐衰落。

● 塘沽火车站旧址主体建筑群

● 塘沽站

【遗址介绍】

　　塘沽火车站旧址位于天津市塘沽区解放路街道新华路 128 号，始建于清光绪十四年（1888 年），保留有完好的砖木结构欧式单层站房建筑群和站区设施，占地 25930 平方米。现为北京铁路局天津分局四等货运火车站。旧址包含主体站房和一栋二层小楼。主体站房为砖木结构欧式单层建筑群，坐东朝西，与铁轨延伸的方向平行排列。南北长 130 米、东西宽 18 米。旧址主体站房灰色瓦屋顶，墙体青砖砌造，白灰作灰口，欧式木质门窗，尖脊屋顶造型凸现欧式建筑风格。原房间布局中有 4 个候车室，每个室内面积约 200 平米。距旧址主体站房南缘 180 米铁路西侧有一长 11 米、宽 6 米的砖混结构二层小楼。该楼原为一层，后经改造成为二层。上下之层间的东侧水泥圈梁上刻有 "TANGKU" 站名标志。

　　塘沽火车站是我国自主修建的第一条标准轨铁路——北洋铁路上的一座火车站，它见证了我国铁路事业的发展历史。保存完好的欧式风格建筑，对研究这一时期的历史建筑艺术特点具有十分重要的学术价值。

　　2013 年，塘沽火车站旧址由国务院公布为第七批全国重点文物保护单位。

天津五大道近代建筑群
不一样的抗日战场

　　五大道是个约定俗成的称谓，是指原天津英租界内一个风格独具的历史文化街区。它坐落在天津市和平区体育馆街管界内，包括总长 17 公里的 22 条街道，面积 1.28 平方公里。其四界范围是马场道以北，成都道以南，西康路以东，马场道和南京路交口以西。该街区平行并列着 5 条东西向主干道路，均以中国西南地区 5 座名城命名，即成都道、重庆道、常德道、大理道、睦南道，另有一条马场道。"五大道"里有千余座欧洲不同时期和不同风格的西式建筑，被称为万国建筑博览会。

　　"五大道"是天津租界的一部分，在 1861~1945 年的 85 年间，先后有英、法、美、德、日、俄、意、奥、比 9 个国家在天津划分过租界。只是美租界在 1902 年并入英租界，所以人们常说天津有八国租界。在当时，租界是享有"治外法权"的"国中之国"。一方面，租界可以提供外国保护，免受动乱袭扰；

● 金邦平旧居

另一方面，租界居住环境较为安逸；因此，大批中外历史人物曾经在天津租界居住。

八国租界都有各自的市政制度和市政机构，也有各自的警察（当时称巡捕）。租界之间有明确的界线，大都形成一条街道。人们平日可以在各租界之间穿行，但是在法律和行政管理上，各租界是独立的。黄包车在不同租界之间拉客，要在每个租界都缴纳车捐。租界巡捕或华界警察不得越界抓人，罪犯逃入租界需要通过引渡程序才能抓捕。于是，就出现了两种现象。其一是，利用租界的特殊环境从事刑事犯罪，作案后跑过一条街就进入另一国租界，巡捕很难及时抓捕。另外一种现象，就是租界成为"政治犯"的避难所。民国以后，被打败遭通缉的军阀、北洋政府下台的官僚以及主张复辟的满清亲贵、遗老遗少们，跑进天津租界，如同到了外国，不仅人身安全，更可以恣意享乐，还可以策划阴谋，伺机重新上台。所以，便有了"北京是前台，天津是后台"的说法。从民国初年到20世纪30年代，天津租界先后住过北洋时的5位大总统、6位总理、19位总长、7位省长（或省主席）、17位督军、2位议长、2位巡阅使等，形成一个特殊的群体。

七七事变后，日本加紧建立东亚新格局，并对以英国为首的西方国家在华利益构成日益严峻的威胁，英日矛盾逐渐浮出水面。不过，日本全面侵华

● 孙氏旧宅主楼

之初，天津的外国租界区域并未受到攻击，租界依然按部就班地生活着。

在表面的平静中，各种社会力量借助租界的特殊条件开展的抗日救国运动风潮涌动。例如通过无线电将日军的行动拍发给重庆和香港；或庇护暗杀汉奸的暗杀团；或为重庆、延安系统游击队购卖武器弹药及其他必需品等等。在日方看来，"中国方面利用第三国进行抗日活动，特别是各国的租界，成了争执的中心地"，其中英、法租界，更是"由于中国行政权和日本军事力量均不能达到"，已逐步成为"抗日策源地"。彼时日本尚未与英、法各国公开宣战，理论上无权进入他国租界镇压抗日活动。

但 1938 年的"苏清武事件"，特别是 1939 年的"程锡庚被刺事件"，彻底将天津英租界送上了英日国际交涉的谈判桌。

1938 年 9 月底，日方要求天津英租界当局逮捕了抗日游击队领导人苏清武，并以其将租界作为反日基地为由要求引渡，英方认为证据不足，拒绝移交，双方在英租界问题上有了第一次不愉快的交涉。僵持中，日方授意天津日伪当局，要挟各租界严查抗日组织，引渡抗日人员，并对各租界实施强制搜查。当年 12 月 15 日起，日军开始对英法租界实施第一次封锁，控制了进出两租界的交通要道，中国人进出要接受搜查，外国侨民需凭通行证过往。1939 年 2 月短时解除封锁，但形势并未彻底好转，反趋恶化。

1939 年 4 月 9 日，津海关监督、伪中国联合准备银行天津分行经理程锡

• 卞万年旧居

庚在英租界大光明电影院突遭暗杀。日本天津防卫司令官要求英租界工部局将4名暗杀者引渡给日方，但被拒绝。为此，日方向英方提出严重警告："英、法租界是抗日共产分子阴谋活动的策源地，为各种暴力行为的避难所。英租界庇护暗杀犯人，是对日军的间接敌对行为，是对东亚新秩序的挑战。"

6月14日，日军控制了英、法租界通往日租界和中国辖区的道路，指使伪中华民国临时政府，通过驻北京英、法大使馆，向两国提出了引渡嫌犯、禁止流通法币及运出现银、对租界实行共同管理等五项"最低限度"的要求。在对英方答复不满的情况下，日军不仅封锁了英租界的水陆交通，禁止运进食物，还在租界外围设铁丝网、通高压电流，对进出租界的欧美外侨进行脱衣搜身，极尽侮辱。

由于日军租界封锁及随后爆发的洪水侵袭，天津市面通货膨胀、物资奇缺状况日趋严重，英、法租界外国侨民的生活一度陷入危急状态。1939年9月，欧战全面爆发，英国在西欧、北欧相继沦陷后即陷入孤军奋战的境地，对日抗衡难以为继。1940年6月，在英国政府的要求下，英日重启谈判。6月19日，双方正式签署《天津协定》，在迫使英方交出中国、交通两银行留存在天津英法租界内高达5700余万元的巨额白银及满足其他条件后。6月21日，日军解除了对天津英、法租界长达一年的封锁管制。

1941年12月8日，太平洋战争爆发，日本向英、美宣战。当日清晨，日军便进驻并接管了天津英、法租界，英租界改称"极管区"。1942年3月28日英租界由"极管区"改为"特别行政区"（1943年3月再次更名为"兴亚第二区"）。8月起，仍在天津的少数欧美外交人员和政界人士被日军送上火车运往南京和上海，而外国侨民则被集中起来送往山东的潍县集中营。

1943年1月11日，英国政府与重庆国民政府签订《关于取消英国在华治外法权及其有关特权条约》，即《中英新约》，其中第四条第三款和第四款规定将天津英租界交还中国，英国放弃包括租界在内的一切在华特权。1945年抗战胜利后，国民政府颁布《接收租界及北平使馆界办法》，声明"天津及广州英租界之收回，根据三十二年一月十一日中英新约第四条（三）项办理"。年底，天津市政府组成"前英、法、意租界官有资产与官有义务债务清理委员会"。1946年初，原各国租界归天津市区统一管辖。存续85年的天津英租界正式画上句号。

【遗址介绍】

　　天津五大道位于天津市中心和平区，包括现体育场街道成都道、重庆道、常德道、大理道、睦南道及马场道等六条街道。这里分布着一片民国年间形成的高级住宅区。1903 年该区域被划为天津英租界的推广界后，开始结合海河疏浚工程，填筑原有的沼泽洼地，到 20 世纪 20 年代陆续建造大片洋房，成为天津最高档的住宅区，曾吸引不少民国初年的军政要人、晚清遗老、中外实业家和知名人士落户于此。20 世纪 50 年代以后这一片区被统称为五大道。

　　五大道现存具有代表性的建筑 39 处，其中包括重庆道 114 号、大理道 66 号、云南路 57 号、睦南道 126 号、睦南道 129 号、睦南道 141 号、昆明路 117 号、成都道 14 号、成都道 60 号、河北路 239 号、河北路 267 号、南海路 2 号、睦南道 11 号、睦南道 20 号、睦南道 26 号、睦南道 28 号、马场道 2 号、马场道 42 号、马场道 44~46 号、湖北路 59 号、重庆道 4 号、郑州道 20 号、河北路 277 号、河北路 279~293 号、大理道 3 号、马场道 60~62 号、重庆道 55 号、睦南道 50 号、睦南道 70 号、睦南道 74 号、睦南道 79 号、常德道 1 号、常德道 2 号、大理道 37 号、大理道 48 号、长沙路 97 号、河北路 334 号、重庆道 64 号、马场道 98~110 号

　　和平区重庆道 114 号为金邦平旧居。金邦平（1881~1946 年），安徽黟县人。早年赴日本早稻田大学学习，1912 年任中国银行筹办处总办，后历任袁世凯文案、北洋督练处参议、资政院秘书长。1916 年任农商部总长。1917 年到津从事实业活动。旧居建筑面积 1134 平方米，为砖木结构，主体二层，局部三层，带有阁楼，风格为法国孟莎式。建筑整体呈不对称构图，形体富于变化，色彩搭配协调。外立面清水砖墙与白色墙面，

● 原伪满洲国领事馆

● *李叔福旧宅侧楼*

红瓦坡顶，上设天窗。主入口东侧局部外凸，上撑白色折线型阳台。

　　和平区大理道 66 号为孙震芳旧居。孙震芳，字养儒，安徽寿州人，系清末民初寿州孙氏财团创业人孙多森之长子，曾任通德公司总经理。旧居建于 1931 年，砖木结构，二层，局部三层，西洋别墅式住宅，建筑面积 1899 平方米。外檐水泥饰面，造型富于变化，人字构架，多坡瓦顶，自成院落。院墙入口处筑有过街门楼，院内建有游泳池、高尔夫球场、休息坪、藤萝架及美式花坪，栽植各种花草树木，环境幽雅，保存完好。

　　和平区云南路 57 号为卞万年旧居。卞万年为恩光医院首任院长，著名银行家卞白眉之子。旧居建于 1937 年，是著名华裔建筑师贝聿铭的早期作品。砖木结构，建筑面积 889 平方米。整栋楼坐西朝东，西面为三层人字组合造型，顶部为"人"字形大坡瓦顶。门窗造型方、圆各异，整个建筑层次分明、错落有序。建筑小巧别致，风格独特，保存完好。

和平区睦南道126号为徐世章睦南道旧居。徐世章（1886~1954年），字瑞甫，天津人，徐世昌十弟。早年毕业于北京同文管，留学回国后在交通部任职。1920年8月任交通部次长兼交通银行副总经理。1921年任币制局总裁。1922年去职寓居天津，曾任耀华学校董事、工商学院董事长、东亚毛织公司董事。拥有大宗房产，收购金石字画，为天津知名人士。旧居为三层砖木结构楼房，红瓦坡顶，二层设有阳台。水泥砂浆抹灰墙面，窗间墙处有水平红砖带点缀，墙面肌理别具特色。

和平区睦南道129号为周叔弢旧居。周叔弢（1891~1984年），中国古籍收藏家，文物鉴藏家，是中国北方民族工商业代表人物。旧居为砖木结构，二层小楼。该楼红瓦坡顶，上筑"人"字型天窗。正立面一侧出台，硫缸砖清水墙面，外形精巧别致，简洁大方。

和平区睦南道141号为高树勋旧居。高树勋，字建侯（1898~1972年），河北盐山人，著名爱国将领，在国民党对共产党的"围剿"中毅然脱离国民党军队，到天津寓居。抗战胜利后任新八军军长、第11战区副司令长官，1945年率部在邯郸前线起义。旧居为砖混结构，主体三层带地下室，占地面积1275平方米，红瓦坡顶，硫缸砖饰面。正立面设有凸出的半圆形玻璃窗，左侧突出一伞状塔楼。山墙上部的高耸尖顶别具特色。

和平区昆明路117号为吴颂平旧居。吴颂平原籍安徽婺源，汇丰银行买办吴调卿之长子。曾任山西教育厅长。日本侵华期间与日特勾结，后任杜建时顾问。旧居为吴自行设计，经奥地利工程师、国家建筑鉴定议员盖苓鉴定，1934年由泰兴厂营建。旧居砖木结构，二层楼房，平面

● 徐氏旧居

● 纳森旧居

呈八字形，外檐用缸砖砌筑，入口位于夹角，开拱券形洞门。左侧山面设条状阳台，右部末端筑方形平台，顶部为高举架陡坡顶。因吴本人矮小，故建筑体量宽敞但低矮。

和平区成都道14号为陶氏旧居。陶氏旧居主人陶湘（1870~1939年），字兰泉，号涉园，江苏武进人。长期在实业界和金融界任职。1915年，在北京创办修绠堂书店，经营古旧书40余年。20世纪20年代初迁居天津，专注藏书和著书，最终成为天津近代著名藏书家。陶氏旧居是一座砖混结构的三层楼房。平顶方窗。外墙为混水墙面。建筑入口设方形门厅，上筑长方形拐角阳台。建筑西南方前凸，二层形成宽敞露台，带护栏。内部空间设计合理，采光良好。整座建筑造型精巧别致、风格简洁明快。

和平区成都道60号为张自忠旧居。张自忠（1891~1940年），山东临清人。著名抗日将领，民族英雄，1940年5月6日以中华民国上将衔陆军中将之职殉国，牺牲后追授为陆军二级上将军衔。旧居为砖木结构，二层楼房，建筑面积1999平方米。外檐中部由方柱支撑，形成上、下两层内廊，设金属护栏。首层两翼外凸，呈多边形，上筑阳台。顶层信平顶，后檐设过桥与后楼相接。建筑立面处理遵循现代简约风格，采用天津地方材料，造型朴实无华。

和平区河北路239号为李吉甫之子1937年建造，著名建筑师齐玉舒设计。砖混结构，主体二层，局部三层，西式楼房，建筑面积2496平方米。首层入口由石柱支撑，形成门廊，右侧上方筑长方形平台，上置金属护拦。二层开一列平窗，檐下转角处设跨甬阳台，其上筑半圆雨厦。外檐墙水泥饰面，大坡顶，顶部开有多处天窗。

和平区河北路 267 号为顾维钧旧居。顾维钧（1888~1985 年），著名外交家。经唐绍仪推荐任袁世凯秘书，自 1912 年在北洋政府和国民党政府历任外交总长，内阁总理、外交部长、大使和重要国际会议代表。1956 年任海牙国际法院法官，直至退休。曾出席巴黎和会。二战后参与筹建联合国的工作。旧居为砖木结构，三层英式住宅，建筑面积 1573 平方米。入口作券式洞门，两侧有绳纹式立柱，门楣有浮雕装饰，上筑人字形雨厦，坡顶错落。

和平区南海路 2 号为曹锟旧居。曹锟（1862~1938 年），天津人。早年投效袁世凯，升至副都统。袁称帝后，入川镇压护国军。1916 年任直隶督军。1919 年成为直系首领。1922 年打败奉系，次年贿选任总统。1924 年北京政变被软禁。1926 年获释后寓居天津。旧居为砖混结构，二层带地下室楼房，建筑面积 1244 平方米。正立面中部前凸，腰线上下均由立柱支撑，顶层四坡出檐，造型稳重而有气势。

和平区睦南道 11 号为许氏旧居。该旧居为庆羯堂许氏（张作霖三姨太许夫人）寓所。旧居建于 20 世纪 30 年代。为砖木结构，三层楼房，建筑面积 1330 平方米，红砖清水墙，高耸错落式多坡瓦顶。首层拱券式入口，上筑大型晒台。楼内装修精致，设有客厅、舞厅、餐厅、书房、居室及附属房间。该建筑有 19 世纪英国浪漫主义建筑的特点。

和平区睦南道 20 号为孙殿英睦南道旧居。孙殿英（1989~1947 年），河南永城人。早年寄身绿林，1922 年投靠豫西镇守使丁香玲。1925 年后先后投靠张宗昌、蒋介石、阎锡山、冯玉祥、张学良。历任师长、军长、安徽省主席。1928 年以军事演习为名盗掘清东陵。1943 年率部投降日军。1947 年在汤阴被中国人民解放军俘获。旧居建于 1930 年，为三层（带半地下室）砖混结构楼房。前立面中央外凸，砌筑条状平台。主楼两侧分设二段式楼梯。入口设丁高基上，其两侧置洛漠塞绳纹立柱，成半开放式外廊。二层中部与首层对应，作金属护栏阳台。三层退线，顶部出檐。外檐窗为券窗、方窗两种。建筑高大舒展、错落有致，诸多立面装饰均有体现，带有折衷主义建筑特征。

和平区睦南道 26 号为伪满洲国领事馆旧址。该旧址原为大连永轮公司总经理李学孟私宅，1943 年伪满洲国租赁其作领事馆。旧址建于 20 世纪 20 年代，砖木结构，三层现代风格楼房，建筑面积 2553 平方米。清水墙，局部施琉璃砖装点。二、三层之间由方形砖柱支承，成 4 联券阳台，护栏外凸呈半圆波浪式造型。阳台及平台逐层退线收分，平顶出檐，外观层次感强。楼内有舞厅、客厅、佛堂等，均设有壁炉，内装修考究。

和平区睦南道28号为李叔福旧居，实际为李叔福之父李赞臣的住所。李赞臣（1882~1955年），天津人，"天津八大家"之一"李善人"家后代。20世纪20年代曾任长芦纲总、天津殖业银行经理。旧居混合结构，三层西式楼房带地下室，建筑面积1427平方米。中间突出，两翼对称，平屋顶，四周出檐，正面主入口处为三联拱券式洞门并刻有雕花，上部二、三楼之间立四棵高大花饰圆柱支撑挑檐，构成大型柱廊。楼房整体匀称，风格古朴庄重。

和平区马场道2号为潘复旧居。潘复（1883~1936年），山东济宁人，清末举人，曾任山东实业局局长、全国水利局副总裁、运河疏浚局副总裁等职。1919年12月任财政次长。1927年任交通总长，6月任北京政府内阁总理兼交通总长。1928年奉系失败寓居天津，投资边业银行、德兴公司，把持长芦盐销售。旧居为混合结构，二层（局部三层），建筑面积3780平方米。外檐中部台基外凸，由6根立柱支顶弧形水泥平台，下为敞开式门厅，右侧作半圆形二层平顶塔楼，是一座环境幽雅的欧式花园别墅。

和平区马场道42号为北洋总统徐世昌之女旧居。旧居为砖木结构，主体二层，建筑面积408平方米，是一座西欧乡村别墅式建筑。白色水泥墙体，棕色门窗，"人"字形红瓦坡顶，上开老虎窗及三角顶天窗，入口为小石台阶，方门厅。建筑造型小巧别致，风格鲜明，保存良好。

和平区马场道44~46号为北洋总统徐世昌之女住宅。旧居为二层砖木结构，建筑面积816平方米。建筑立面为白色水泥墙体，四周有方格图案装饰，"Ⅱ"形大坡度瓦顶，带挑檐，两边对称各开一圆形老虎窗及人字形天窗，两侧方窗均以水泥饰边。入口为小石阶，弧形方门窗，

● 曾延毅旧居

带小过厅。二楼腰部横跨一条型阳台。层次分明。保存尚好。

和平区湖北路 59 号为英国文法学校旧址。英国文法学校旧址,初创于 19 世纪末,校址设于今马场道南安立甘教会内,又称"安立甘教会学校"(AllSaint's School)。1927 年建此新校舍,砖混结构,三层西式大楼,建筑面积 3800 平方米。主楼平面呈飞机造型。墙体水泥饰面,顶部作坡瓦顶。建筑风格既受西洋古典主义思潮影响,又有英国地方传统技法。

和平区重庆道 4 号为张作相旧居。张作相(1881~1949 年),奉天(今辽宁)义县人,著名爱国民主人士,奉系重要成员。1919 年任奉天警备司令、师长等职,1924 年任军长,1929 年任吉林省长。九一八事变后任华北第二集团军总司令兼第六军团总指挥,热河沦陷去职。1933 年寓居天津。旧居是一座二层砖木结构小楼,带地下室,建筑面积 1370 平方米。外檐为浅黄色水泥墙面,二层局部为清水墙,镶饰水泥雕花。红瓦圆筒屋顶,造型高低错落有致。建筑东侧楼梯带半圆形瓶式护栏,造型精美,具有西洋古典主义风格。

和平区郑州道 20 号为孙季鲁旧居。孙季鲁曾任天津裕蓟盐务公司经理。旧居建于 1939 年,由雍惠民设计、监造。三层砖混楼房,建筑面积 210 平方米。平面呈 T 型布局。夹角部为弧形平顶三层塔楼,底层、二层为阳台式门厅,三层镶弧形玻璃窗。临街一面二层亦筑弧形阳台,其上筑弧形雨厦与之对应,外立面方、圆结合,均为琉缸砖墙体。内檐装修精致,走廊施彩色水磨石地面,客厅、居室镶菲律宾人字形地板,天花板堆做花饰。建筑小巧玲珑,做工精细,是天津别具一格的现代风格小洋楼。

和平区河北路 277 号为周志辅旧居。周志辅为中国近代实业家周学熙长子,曾任启新洋灰公司董事,后迁居美国。旧居由华信工程司建筑师沈理源设计,砖混结构,三层庭院式住宅楼,局部二层,建筑面积 1300 平方米。正立面首层为三拱券前廊,二层作双柱三开间阳台,三层退线内收,顶部为出檐式小坡顶,保存尚好。

和平区河北路 279~293 号为疙瘩楼。疙瘩楼是英商先农公司建造的商品住宅。意大利建筑师鲍乃弟(Bounbette)设计。砖木结构,四层砖木结构联体公寓式住宅楼,建筑面积 6449 平方米。大楼设 6 个券洞式入口,由院墙分隔形成独立的单元。建筑墙体采用的疙瘩砖为天津本地砖窑生产,因烧制过火而出现疙瘩。建筑师以此为立面材料,形成该建筑的特色。

和平区大理道 3 号为蔡成勋旧居。蔡成勋(1871~1946 年),天津人,1920 年任陆军总长,1922 年任江西督军。1924 年底直系失败后下台,寓居天津。旧居为砖混结构，三层西式公馆，建筑面积2100平方米。首层中部为外凸封闭门厅及阳台。顶层中部作平顶，两侧为坡顶。楼内为大开间，施以中式硬木透雕落地隔扇，做工精美，保存完好。

和平区马场道60~62号为雍剑秋旧居。雍剑秋（1875~1948年），江苏高邮人。留学回国后于1911年任天津造币总厂副厂长，后任德商礼和及捷成洋行军火买办。1918年移居天津，先后任江苏会馆、广任堂、天津基督教青年会、汇文中学董事长、南开中学董事。旧居为砖木结构，三层楼房，是折衷主义风格建筑。建筑面积1728平方米。外檐通体水泥饰面，筒瓦坡顶，挑檐。首层入口为长方形洞门，二层腰线两侧各有一阳台，水泥花饰护栏。侧山左右各突出一方形角楼，下开旁门。正立面引入西方古典建筑构图方式，构图严整对称，比例协调，线脚细腻，整体性强。三层中部内收，层次感强。

和平区重庆道55号为庆王府旧址。1925年，被清朝庆亲王奕劻长子载振（1876~1925年）购买。砖木结构，三层中西合璧式公馆，建筑面积4325平方米。中央置扇形石阶，高台基，首层、二层均设有回廊，顶层增建供奉祖先的影堂。彩花磨石地面，鹤形图案天花板，硬木门窗，彩色图案玻璃。院内东侧置花园，建有假山、石洞、六角凉亭等。

和平区睦南道50号为张学铭旧居。张学铭（1908~1983年），奉天（今辽宁）海城人，张学良二弟。1928年入日本步兵专门学校。1931年任天津市公安局局长，同年升任天津市市长，兼公安局局长。1946年任东北保安长官司令部中将总参议。去职后长期居津。旧居为砖木结构，是一幢庭院公馆式二层带地下室楼房。建筑面积1426平方米，多坡红瓦顶，缸砖清水墙。立面中央前凸，下为入口上筑阳台。侧门设半圆形玻璃雨厦。

● 詹玉甫旧居

　　和平区睦南道 70 号为纳森旧居。纳森曾任开滦矿务局英籍董事。旧居建于 1928 年，砖木结构，主体三层、两侧二层，面积 1433 平方米。红砖清水墙，大筒瓦四坡顶，门窗上设有筒瓦雨厦，腰部带阳台。建筑整体造型不对称，坡顶造型错落有致，主入口处引导性极强的拱券柱廊成为整个立面的构图中心。室外有庭院式花园，种植塔松、藤萝及各种名贵花卉树木，环境幽雅。

　　和平区睦南道 74 号为李勉之旧居。李勉之（1898~1976 年），字宝时，天津人，早年留学德国攻读机械专业。1932 年承继父业任华新纺织董事、中天电机厂董事长、经理。旧居由奥地利工程师盖苓设计，1937 年建成。砖木结构，二层别墅式楼房，共 4 幢，建筑风格相同，每幢面积 984 平方米。外檐砌花岗石基础，琉缸砖墙体，卵石混水罩面。券洞门入口。屋顶坡、平结合，设有屋顶平台。室内装修讲究。

　　和平区睦南道 79 号为卞氏旧居。卞家为津门"八大家"之一。旧居为砖木结构，四层楼房，面积 3600 平方米。缸砖清水墙，坡瓦顶。外檐为锁头式，立面两侧前凸，上为方形阳台。二层中部筑有一半圆形曲线阳台，阳台正门两侧有绞绳式立柱装饰。建筑色调朴素、庄重。

　　和平区常德道 1 号为曾延毅旧居。曾延毅，字仲宣，湖北黄冈人。保定军官学校毕业。1929 年任天津特别市公安局长，后任第 35 军副军长及山西隰州警备司令。旧居为三层砖木结构楼房，建筑面积 1344 平方米。红砖清水外墙，方门窗，门厅由水泥柱支撑，上筑半圆形阳台，设金属护栏，门前为扇形石阶。立面中部外凸，顶层为红瓦坡顶，自成院落。

● 张绍曾旧居

　　和平区常德道 2 号为林鸿赉旧居。林鸿赉，原天津中国银行副经理。旧居建于 1935 年，英国别墅式住宅楼房，占地面积 3300 平方米，楼房建筑面积 1238 平方米，另有平房 59 平方米。主体建筑砖木结构，带半地下室二层楼房，人字屋架，红缸砖清水墙，多坡出檐屋顶，配以硬木平窗。楼体前立面中部前凸，两翼稍作退线。入口两侧配以圆柱，其上虚设大跨度券式门楣，经石阶进拱形门厅。建筑保存完好。

　　和平区大理道 37 号为訾玉甫旧居。訾玉甫为祥发顺木器行经理。旧居为砖混结构，主体二层，总建筑面积 1140 平方米。建筑呈"L"型布局，多坡红瓦顶，出檐，上置有曲线优美的阁楼和天窗。红砖清水墙面，白色线脚。楼前、后高台阶入口处，分别以圆形和方形立柱各撑一条状和弧形阳台，形成敞开式门厅前廊。整栋建筑逐层收分，错落有致。

　　和平区大理道 48 号为陈光远旧居。陈光远（1873~1934 年），河北武清人。民国初期的江西督军，为直系军阀冯国璋的嫡系。1922 年卸职，1924 年寓居天津。旧居建筑面积 930 平方米，砖混结构，局部三层别墅式楼房。外檐黄色琉缸砖墙面，入口上方作大跨度转角，下为门厅，上筑阳台，层次鲜明。主楼顶建八角凉亭，造型新颖美观。

　　和平区长沙路 97 号为关麟征旧居。关麟征（1905~1980 年），陕西户县人。1924 年入黄埔军校第一期。1933 年率部参加长城抗战。1937 年任军长，参加台儿庄会战，升任军团长。1939 年任第十五集团军总司

● 安乐邨局部

令。1949 年任陆军总司令。旧居砖木结构，有主楼、附楼各一幢。建筑面积 390 平方米，主楼为三层，外檐作缸砖清水墙，局部作抹灰饰面，三层外檐疙瘩砖饰面。长方形主入口上筑雨厦。入口右部为半圆形塔楼，造型别具一格。附楼为红砖清水墙。主楼和后楼之间有平台相连接。院内有草坪、花坛和鱼池，是一座具有英国风格的庭院式住宅。

和平区河北路 334 号为张绍曾旧居。张绍曾（1880~1928 年），直隶大城人。初入天津警备学堂，日本陆军士官学校炮兵科毕业。1911 年任第二十镇统制，后任北洋政府陆军训练总监、陆军部总长。1923 年任国务总理，后退居天津。旧居为砖木结构，二层，建筑面积 1463 平方米，风格为巴洛克风格。建筑外观规整华丽，线条流畅。楼门口朝东，首层入口台基两侧由两根贴墙的罗马柱支撑，水波纹花饰支撑，柱头装饰精美。有两块水泥板做的"人"字型出檐雨厦，外檐水泥饰面，窗楣部位有装饰，平顶。

和平区重庆道 64 号为龚心湛旧居。龚心湛（1871~1943 年），安徽合肥人。清末监生，后入金陵同文馆。民国初期皖系政治人物，曾任代理国务总理。1926 年退出政界来津经营实业，任大陆、中孚银行董事、耀华玻璃公司总董、开滦矿务局董事等职。旧居建筑面积 936 平方米，砖木结构，西式三层楼房，带地下室，清水墙，中央为石阶，出檐门厅，上置护栏阳台。门窗作假壁柱，楣子有装饰，建筑庄重典雅。

和平区马场道 98~110 号为安乐邨公寓楼，原为英国教会首善堂所建。公寓楼共有 3 栋建筑，呈品字形布局。建筑为砖木结构，四层西式公寓住宅楼，总建筑面积 10525 平方米。首层高台阶券洞门，上筑铁护栏阳台，二层为一字形连券门，局部为敞开式过廊。红砖墙、红瓦坡顶，周边出檐，里弄亦规划入建筑群内，构成封闭式小区。

天津五大道现存建筑展现了来源丁英、法、意、德、西班牙等不同国家的建筑风格，包括西洋古典传统、中世纪传统、巴洛克折衷主义、各种新型装饰风格、现代建筑等多种建筑风格，其中也融入了中国传统建筑语汇，风格纷呈，建筑艺术多样。这些建筑生动地反映了 20 世纪初多元文化在此的交融，整个功能完善的居住区见证了西方的现代生活方式、建筑与规划理念等在中国的传播。同时，与这些旧居相关的众多历史名人和事件，也使天津五大道近代建筑群成为中国近现代社会文化剧烈变革的历史见证。

2013 年，天津五大道近代建筑群由国务院公布为第七批全国重点文物保护单位。

法国公议局旧址
天津日军受降地

　　天津，这座饱受日军欺侮和奴役的中国北方最大的工商业城市，自1900年八国联军侵华后，就成为日本侵略中国的桥头堡和基地，自那时起日本就在天津设立了中国驻屯军司令部，后改名为华北驻屯军司令部、华北方面军司令部、天津防卫司令部，战后被国际法庭列为甲级战犯的关东军司令南次郎、梅津美治郎以及中国派遣军总司令冈村宁次、陆军大将多田骏等人都曾在该司令部担任过要职。1937年7月30日天津沦陷后，开始了长达8年暗无天日的生活，天津人民在日军铁蹄下受尽了折磨，很多人惨死在日军的刺刀下、

● 法国公议局大楼

监狱中，日军在天津的罪行罄竹难书。

1945 年 8 月 15 日日本投降后，根据国民政府下达的指令，驻华北各地日军开始陆续向天津集中，听候发落。同时在华北各地的日本侨民也陆续向天津集中，等候遣返。而这时的天津，中国军队尚未进驻，天津治安及安全处于半真空状态。如此时发生问题，天津将成为一个巨大的火药桶，天津人民将遭到难以估量的伤害。尽管当时有一部分八路军武工队已挺进到杨柳青，但力量单薄，不足以形成对敌威慑力量。

8 月下旬，蒋介石根据南开大学张伯苓先生的提议，任命张廷谔为天津市市长，9 月初任命刚从美国急调回来的杜建时为副市长兼北宁铁路护路司令。张廷谔建议由李汉元任天津警察局局长，获得蒋介石批准。李汉元 1929 年到天津警察局工作，1931 年任天津英租界警务处副处长，1939 年因拒绝向日军引渡抗日学生，被迫弃家逃到香港，后到印度受训。受训结束后回到重庆，仍做警务工作。鉴于日本投降后天津的形势，李汉元主动提出只身先期回天津，为全面接收天津做准备。1945 年 9 月上旬，李汉元到达天津。为稳住局面，他通过在北京任日伪治安总署署长的秦华向日伪天津治安部队和警察局打招呼，让他们暂时维持社会治安，等待接收。

天津作为北通东三省、南达当时国都南京、东有出海港口的海陆相衔的交通枢纽，战略地位非常重要。为防止集中在天津的日军生变，蒋介石任命自己的亲信杜建时为北宁铁路护路司令，将北宁路及其沿线机场、港口牢牢控制住。但国民党军队一时难以到达天津，为此，蒋介石与盟军顾问魏德迈将军达成一致意见，由国民政府授权驻冲绳美国海军陆战队第三军团从塘沽登陆，代表中国政府接受驻津日军投降。

9 月 30 日，美国海军陆战队在塘沽登陆，并将法国公议局大楼改为驻津美军司令部门。10 月 8 日上午 9 点，驻天津日军向中国国民革命军军队投降仪式在驻津美军司令部门前广场举行。国民政府第十战区代表施奎龄、天津市市长张廷谔、副市长杜建时以观礼身份出席了受降仪式。在受降仪式上，驻津日军司令官内田银之助及另外 6 名日本军官各自解下佩刀交给美国海军陆战队第三军团司令骆基中将，以示缴械投降，随后双方在投降备忘录上签字。仪式结束后，内田银之助和 6 名日本军官被美军押往南货场日军战俘营听候发落。

【遗址介绍】

　　法国公议局旧址位于天津市和平区承德道 12 号。法国公议局大楼始建于 1929 年，由法国建筑师慕乐做方案设计，后由义品公司工程师门德尔森正式设计。1931 年建成后作为原法租界法国公议局办公大楼使用。

　　旧址大楼为二层混合结构，带半地下室，局部三层，建筑面积 4700 平方米。建筑形式具有罗马古典复兴主义特点，古典三段式设计很明确，中央主体突出，左右两翼对称。整幢建筑用仿花岗岩块石砌筑，造型稳重壮观。大楼建成后作为原法租界法国公议局办公大楼，中央一层有三个半圆拱的铁花门，二层立面的中央为 6 根爱奥尼克巨柱式空柱廊，柱墩间有典型的瓶饰栏杆，巨柱间有半圆拱门。两侧实墙用爱奥尼克壁柱。二楼的议事厅铺人字木地板，顶棚中央有彩色轧花玻璃采光窗，墙壁上半部有图案花饰，很有气魄。

　　2006 年，法国公议局旧址由国务院公布为第六批全国重点文物保护单位。

● 大楼内景

河北省

山海关八国联军营盘旧址
日军侵华的指挥机构所在地

　　1900 年，八国联军占领北京以后，清政府与列强签定了丧权辱国的《辛丑条约》，允许列强在北京至山海关铁路沿线驻军。自 1902 年开始，列强在山海关南部沿海相继建立起营盘，在山海关火车站南侧修建了专门接待外国人的"六国饭店"，修建了由六国饭店至各国军营的马拉小铁路。从此，山海关的海防权全部由列强把持，直到第二次世界大战后才全部撤出。

　　日本营盘位于肖庄村南 4 华里处，俗称"四炮台"。原是清代后期为加强海防而建筑的军营，因四角各有一炮台而得名。其做为日本营盘，开始于1902 年，九一八事变前常驻人数在百人左右。直到 1945 年 9 月，日本投降后才撤出。营盘中有将军楼、军官楼、士兵楼、警卫楼、库房、马厩等建筑，此外还有水泥浇铸的水牢、旱牢各一座，另有高出地面的砖石砌拱地道。营内建筑物大部分拆毁，现仅存"将军楼"一座。此楼为两层小楼，南北长 15.15 米、东西宽 9.76 米，原系日军少将住所，为典型的日式建筑，整个营盘占地共约二百余亩。旱牢保存完整。水牢已填平，1980 年曾开过一次，污水尚存，还有人骨在内。在马厩遗址中发现铺地墓碑一方，上刻"故陆军步兵少佐""从五勋四"字样。1933 年日本侵略军为大举入关而借机挑起的"榆关事变"就是在这座"将军楼"内蓄谋、指挥、发动的。山海关失陷后，日军入城，烧杀掠抢，四处搜捕抗日军民，滥杀无辜，实行血腥镇压的命令也是由"将军楼"发出的。还将藏于奎

● 山海关八国联军营盘旧址

光楼内的国宝文物"天下第一关"木制匾额劫运日本。同时，他们又将这里作为侵华战争中由东北向关内大举进犯的指挥机构和军需屯兵转运处。并在这里组建了日伪"渤海训练处"，专门培训特工人员，向各地输送或打入中共内部组织。他们不仅将水牢、旱牢用来关押，更用法西斯残暴手段残害我军抗日战士和抗日民众，使这里成为日本帝国主义屠杀中国人民的又一场所。

【遗址介绍】

　　山海关八国联军营盘旧址位于河北省秦皇岛市山海关区。营盘旧址始建于1902年。八国联军军营系英、美、德、意、日、法、俄、奥8个帝国主义列强于1900年入侵山海关，1901年9月，清政府签订了丧权辱国的《辛丑条约》，八国联军在山海关南部沿海一带，驻扎军队，修建营盘。

　　现存旧址有英国军营旧址、法国军营旧址、德国军营旧址、意大利军营旧址、日本军营旧址、八国联军接待站（六国饭店）等。

　　英国军营旧址位于山海关区南海村南。始建于1902年，占地面积达3万平方米。至今仍保存有8幢房屋，其中除3幢局部维修外，其余5幢仍保存原貌。建筑物多为青砖、红瓦、木结构、百叶窗。另外旧址中有2幢库房，保存较完整，是德国军营的建筑物。1914年第一次世界大战爆发后，德军撤出，营址由英军吞并。

　　法国军营旧址位于山海关区小湾村北。始建于1902年，占地面积约6万平方米。建筑包括指挥室、士兵房、军械库、面包房、禁闭室等，西南角建有军官家属住房，其中一座房屋的前檐上方刻有"1904"，应系建筑年代。建筑多为青砖绿瓦顶，少数红砖绿瓦顶。旧址中的14幢房屋至今保存基本完整。

　　德国军营旧址位于山海关马头庄乡小湾村南。始建于1902年，分南北两院，南院原有2幢二层楼房、3幢平房，除一幢平房外，其他建筑保存完好。北院利用了明代长城内侧的小方城，至今北门仍保存完整。

　　意大利军营旧址位于山海关区小湾村南。始建于1902年，占地面积约9000平方米。

　　日本军营旧址位于山海关区肖庄村南。始建于1902年，占地面积2.4万平方米，在清代修建的炮台原址上修建。旧址中原有将军楼、军官楼、士兵楼、警卫楼、库房、马厩等，并附设水泥水牢、旱牢各一座。建筑均为砖木结构，其外原有夯土墙，今已圮毁。现将军楼、水牢、旱牢保存比较完整。

　　2006年，山海关八国联军营盘旧址由国务院公布为第六批全国重点文物保护单位。

山海关
打响长城抗战第一枪

　　山海关地处华北与东北的交通要冲，南临渤海，北依燕山，长城阻塞，雄关紧扼隘口。这一战略要塞，自古为兵家必争之地。九一八事变后，日本帝国主义者把山海关看成是控制满蒙的支点，是"稳定"满洲，进而长驱直入中国内地的新起点。

　　自 1900 年八国联军入侵之后，山海关、秦皇岛等地就允许帝国主义屯兵驻扎。所谓"榆关天险"，在不平等条约束缚下，早已门户洞开，尤其日军营盘，地名四炮台，南距山海关城不过 2 公里。关城南门外火车站驻有日本守备队，东门外不远就是日本关东军驻地。南门、东门都在日军监视下，我方只能出入北门和西门。关城东北一公里的威远城至吴家岭一线，都掌握在日本关东军手中。这一线地势高于山海关附近长城，居高临下，足可以控制全城。

●天下第一关

　　九一八事变后，日军把伪满洲国的边界推到了山海关，1932 年 12 月 8 日，锦州日本第 8 师团一列铁甲车，以追击义勇军为名，开到山海关站东端长城缺口，突然向城内发炮 38 发。炮声隆隆，全城惊骇。9 日晨 6 点，两架日机在城内低空盘旋，铁甲车仍停在车站示威，一艘日本母舰和两艘驱逐舰开抵秦皇岛。晚 7 时许，3000 名日军进入那道台坟阵地，向我军开枪射击。

　　日军炮击山海关，国民党政府竟以"事出误会"处之。暂告平息之后，山海关驻军将领何柱国赶往北平汇报。张学良主持召开军事秘密会议，并以海陆空军副总司令名义做了军事部署。

　　1933 年 1 月 1 日，日军向山海关发起全面进攻，何柱国下令坚决抵抗，并向全军发布《告士兵书》："愿与我忠勇将士，共洒此最后一滴血，于渤海湾头，长城窟里，为人类张正义，为民族争生存，为国家雪奇耻，为军人树人格，上以慰我炎黄祖宗在天之灵，下以救我东北民众沦亡之惨。"并提出战斗口号："以最后一滴血，为民族争生存；以最后一滴血，为国家争独立；以最后一滴血，为军人争人格！"

　　当时中日双方无论在兵力上还是武器装备上都相差悬殊，日军调动了关东军精锐第 8 师团 3000 多名步兵攻打山海关，出动飞机 8 架、军舰 2 艘、铁甲车 3 列、坦克 20 辆、野战炮 40 门，从陆海空进攻山海关。而当时驻守山海关的只有东北军第 9 旅 626 团 1346 人，没有任何重型武器，最先进的武器是机关枪。战士们用手榴弹、步枪甚至大刀片与敌军对抗。因寡不敌众，1 月 3 日下午，山海关陷落。

　　山海关抗战虽以中国军队悲壮失败收场，但它打响了长城抗战的第一枪，揭开了华北抗战的序幕。1 月 7 日，中共中央通过了《中央关于日本帝国主义进攻华北的决议》，中华苏维埃临时中央政府、工农红军革命军事委员会于 1 月 17 日发表了与全国各军队共同抗日宣言，进一步扩大了中共关于统一战线方针的影响。

● 山海关城墙

【遗址介绍】

　　山海关位于河北省秦皇岛市东北 15 公里处。关城在山海之间，北踞燕山，南抵渤海，故名山海关。这里位居东北、华北间的咽喉要冲，自古为兵家必争之地，古诗称"两京锁钥无双地，万里长城第一关"。山海关于明洪武十四年（1381 年）由名将徐达建关设卫、构筑而成。关城平面呈方形，周 18 个箭窗。额枋前高悬巨匾，上书"天下第一关"，每字高达 1.6 米，系明进士萧显于成化八年（1472 年）书写。登临关城之上，南眺渤海，波涛浩渺，北望长城，山巅蜿蜒，山海壮观。

　　关城四周还有瓮城、东罗城和牧营楼、临闾楼、威远堂等严密坚固的军事设施，形成关城外围的屏障。关东一公里的欢喜岭上高高矗立的威远城与关城周围星罗棋布的烽火墩台彼此呼应，组成了铜墙铁壁般的防御体系，为我国历史上著名的军事重镇。

　　1961 年，万里长城——山海关由国务院公布为第一批全国重点文物保护单位。

八路军 129 师司令部旧址

缔造从 9000 到 30 万的传奇

1937 年卢沟桥事变之后，在国家、民族生死存亡的紧急关头，中国国民党和中国共产党携手合作，共同抗击日本帝国主义的侵略。1937 年 8 月 25 日，中国共产党发布《抗日救国十大纲领》。同日，中共中央发布了改红军为八路军的命令：四方面军 29 军、30 军、陕甘宁独立第 1、2、3、4 团等部改编为陆军第 129 师，以刘伯承为师长，徐向前为副师长。9 月 30 日，除部分留守陕甘宁边区外，129 师师部率 9100 余人开赴华北抗日前线。1940 年 6 月，129 师在刘伯承、邓小平等率领下进驻河北涉县，直到 1945 年 8 月抗战胜利后才离开。

在战火纷飞的年代，129 师将士们踏遍了涉县的山山水水，和广大军民一

● 八路军 129 师司令部旧址

起，同御敌寇，共渡危难，领导地方党组织，宣传发动群众，建立革命政权，组织人民武装，广泛开展游击战争，击退了敌人数百次清剿和"扫荡"，留下了他们辉煌的足迹。同时，帮助根据地人民开展大生产运动，进行经济、文化、军工等建设，与太行人民鱼水相依、同舟共济、建渠抗旱、开荒节粮、空舍清野、抗击敌顽，参加了威震中外的百团大战，指挥了长生口、神头岭、响堂铺、上党、平汉、磁武涉林反顽等战斗、战役，粉碎了日军的"六路围攻""九路围攻"和无数次"封锁""蚕食""清剿""扫荡"，把边区建设成了一块坚不可摧的抗日根据地。

在八年抗战中，129师歼灭日伪军达42万余人，解放县城109座。在115师一部配合下，创建了东起津浦铁路，西抵同蒲铁路，南跨陇海铁路，北至德石、正太铁路的晋冀鲁豫解放区，面积达18万平方公里，人口达2400余万，为抗日战争的胜利作出了重大贡献。部队由出师抗战时的9100人发展发展壮大到30万正规军、40万地方部队，形成了赫赫有名的"刘邓大军"。

【遗址介绍】

八路军129师司令部旧址位于河北省涉县赤岸村、王堡村，总面积约1834平方米，由下、上、后3个四合院及1个防空洞组成。1940年以前，司令部下院为赤岸村的公房，是节庆日进行集会、请神、唱戏等活动的场所，上院和后院为民居。

1940年6月，129师司令部、政治部从辽县桐峪镇迁到涉县王堡村，12月底，司令部迁往赤岸，政治部仍留驻王堡。刘伯承、邓小平、李达、李雪峰等曾长期在这里居住、办公，至抗战胜利前一直为129师军区所在地。1964年赤岸大队将此院落予以重修，1979年将旧址辟为革命纪念馆。现在旧址内仍然完好地保留着129师政治部主任蔡树藩、129师政治部副主任兼太行军区副政委黄镇的旧居，以及指战员在王堡亲手建筑的政治部礼堂。村外还保留着129师政治部官兵自己动手修建的土窑洞，这些土窑洞就是当年政治部首长们的宿舍和办公室。

1996年，八路军129师司令部旧址由国务院公布为第四批全国重点文物保护单位。

晋察冀边区政府及军区司令部旧址

华北敌后的抗战大本营

1937 年抗日战争爆发后，中共中央与国民党政府达成一致抗日协议，当年 8 月 25 日中央洛川会议后，中国工农红军改编为国民革命军第八路军，下辖 115、120、129 三个师。115 师、120 师和八路军总部先后东渡黄河，开赴华北抗日前线。面对国民党军队节节败退，八路军总部命 115 师开往晋东北迎击日军，在平型关痛击日军后，时任 115 师副师长聂荣臻根据中共中央的指示，以五台山为中心，创建晋察冀抗日根据地。同年 11 月 7 日，晋察冀军区在五台山石咀普济寺成立，军区司令部驻金岗库村，政治部驻大甘河村，聂荣臻任司令员兼政委，标志着晋察冀抗日根据地初步形成。11 月 18 日，军区领导机关由五台山迁往河北阜平。1938 年 1 月 15 日，晋察冀边区临时行政委员会成立，宣告了中国共产党创建的全国第一个敌后抗日根据地——晋察冀抗日根据地正式形成。

晋察冀边区地处同蒲线以东，正太线、石德线以北，张家口、多伦、宁城、锦州一线以南，东临渤海。行政上划分（1942 年）为北岳、冀中、冀察、冀热辽 4 个区。区内除冀中大平原外，大多是山岳地带。总面积 20 万平方千米，人口 2500 万。

● 晋察冀边区政府旧址

边区成立后，1938年2月，为了配合国民党军队正面作战，对平汉路等交通干线实施破袭战。同年秋粉碎了日军5万人的25路大"扫荡"。1939年11月在反"扫荡"战斗中击毙日军中将阿部规秀（抗战中第一个被击毙的日军中将）。1940年，聂荣臻指挥晋察冀边区46个团参加百团大战。

1941~1942年，日伪军队对晋察冀边区发动"铁壁合围大扫荡""五一大扫荡"和大规模"肃正作战"，修筑大量道路、封锁沟、据点。晋察冀边区则派出"武装工作队"深入敌后作战。晋察冀边区的生产条件落后，又有日伪威胁，发展生产不易。边区政府通过开展减租减息、建立互助组织、民主选举等手段得以在艰苦战争环境下发展生产。1943年最后一次"扫荡"之后，日军无力再进行大规模扫荡。

1945年大反攻作战中晋察冀军队包围北平、天津，占领张家口、承德、山海关等70多座城市，正规军发展到32万余人，民兵发展到90余万人。8月，日本宣布投降，抗日战争结束。

在八年抗战中，边区军民和日伪作战32000余次，毙伤日伪军30万余人，对抗日战争做出了重大贡献。在此边区，军民创造了地雷战、地道战等一系列游击战法，被中共中央誉为"敌后模范的抗日根据地及统一战线的模范区"。

【遗址介绍】

晋察冀边区政府及军区司令部旧址位于河北省阜平县境内。抗日战争期间，中共中央北方分局、晋察冀边区政府、晋察冀军区司令部都曾设在城南庄，领导边区军民进行抗战斗争。

1948年4月11日，解放战争进入战略反攻的重要时刻，毛泽东和周恩来、任弼时等在此居住、工作了46天，住在晋察冀军区司令部，并在此召开有关土改和军事方面的会议。毛泽东在城南庄简陋的小屋里写下了《1948年的土地改革工作和整党工作》《新解放区农村工作的策略问题》两篇重要著作。5月26日，中央领导由这里迁往平山县西柏坡。

晋察冀边区政府旧址包括晋察冀边区政府成立处和晋察冀边区政府史家寨北村驻地两部分。晋察冀边区政府成立处即晋察冀边区军政民代表大会旧址，位于阜平县城阜平中学院内（原阜平县城第一完全小学），1938年1月晋察冀边区军政民代表大会在此召开，成立了晋察冀边区政府。

1996年，晋察冀边区政府及军区司令部旧址由国务院公布为第四批全国重点文物保护单位。

晋冀鲁豫根据地旧址
中共最大的抗战根据地心脏和指挥中枢

晋冀鲁豫根据地是抗日战争时期中国共产党领导的敌后抗日根据地，位于德石、正太、同蒲、津浦铁路之间，南瞰黄河，东部南跨陇海铁路，内分太行、太岳、冀南、冀鲁豫4个战略区，面积18万平方公里，人口2400多万，是中共最大的抗战根据地。

1937年10月，八路军129师进入太岳和太行山区，创立晋冀豫抗日根据地，成立了晋冀豫军区，在潼关、郑州、石家庄、太原之间的晋冀豫地区全面展开了游击战争，基本上掌握了晋东南各县政权，形成了以中国共产党为主的抗战局面。

1938年1月，129师东进纵队挺进冀南平原地区，与冀南特委一起，开展游击战争，创建抗日根据。4月，冀南军区成立。8月14日，成立冀南行政主任公署，辖30余县，位于高邑、安阳、禹城、东光之间的冀南根据地形成。

● 晋冀鲁豫军区旧址

1937 年冬至 1938 年底，中共在山东西部和河南东北部成立了鲁西特委和第十支队，泰（安）西特委和第六支队，苏鲁豫特委和挺进支队，直（隶）南特委和黄河支队，鲁西南党组织和第五支队，并建立了几个小块根据地，为形成冀鲁豫根据地打下了基础。

1939 年 2 月，八路军 115 师一部进入冀鲁豫地区，与地方党组织建立冀鲁豫、鲁西、湖（微山湖）西 3 个抗日根据地。

1941 年 7 月 18 日，晋冀鲁豫边区政府成立，辖太行、太岳、冀南、晋豫 4 个行政区。随后，鲁西、冀鲁豫、湖西根据地则合并为冀鲁豫根据地。这样，位于郑州、徐州、禹城、安阳之间的冀鲁豫根据地即全部形成。

1945 年 8 月 20 日，成立晋冀鲁豫中央局，邓小平、薄一波为正副书记；成立晋冀鲁豫军区，刘伯承为司令员，邓小平为政治委员。从此，太行、太岳、冀南、冀鲁豫等 4 个根据地组成统一的晋冀鲁豫战略根据地（后称解放区），成为全国七大战略区之一。中共晋冀鲁豫中央局和晋冀鲁豫军区与抗战时期成立的晋冀鲁豫边区政府同驻河北省涉县，后迁至邯郸市。

八年抗战中，晋冀鲁豫抗日根据地军民作战 3 万余次，歼灭日伪军 42 万余人，收复国土 18 万多平方公里，县城 105 座，解放人口 2400 万，占各根据地总战绩、总面积、总人口的 1/5 到 1/4，不仅圆满地完成了本地区的抗战任务，而且对夺取整个抗日战争的胜利起了重大作用。

【遗址介绍】

中共晋冀鲁豫中央局和军区旧址

中共晋冀鲁豫中央局和军区旧址位于河北省武安市南 25 公里处的冶陶镇冶陶村，包括中央局旧址、军区司令部旧址、领导人旧址、华北财经会议旧址、华北财经办事处旧址、土地会议会址、南征会议会址、防空洞、地道等。

中央局旧址为一四合院建筑，坐北朝南，长 45.2 米、宽 20 米，始建于 1931~1932 年，原为洋学堂，1941~1942 年为抗日学校。

军区司令部旧址也称军区作战部，为一典型四合院建筑，坐北朝南，始建于 1920 年左右，土改后，分给村民居住。

　　刘伯承、邓小平、李达旧居位于冶陶村中央局旧址大院东 200 米处，坐南朝北，由二个小院组成，建于 1932 年，原为武安县伪县长住宅。前院为李达旧居，中院为刘伯承、邓小平旧居，后院为勤杂人员居住。

　　薄一波旧居位于军区司令部东约 5 米，为一四合院建筑，坐北朝南，建于 1930 年左右，原为本村财主住宅，后分给村民居住。1946 年 10 月，薄一波和夫人胡朋曾在此接见过美国进步人士斯特朗。

　　徐向前、王宏坤旧居位于刘伯承、邓小平、李达旧居东 10 米，为一四合院建筑，坐北朝南，建于 1930 年，保存较好。

　　滕代远旧居位于村东北，距中央局旧址大院约 300 米，为四合院建筑，坐北朝南，建于 1930~1935 年。

　　华北财经会议旧址位于冶陶镇冶陶村，为普通民房，建于 1930 年。

　　华北财经办事处旧址位于冶陶镇冶陶村黄家巷，建于 1914~1916 年，

● 晋冀鲁豫边区政府高等法院大门

● 晋冀鲁豫边区政府旧址

为一民宅。

土地会议会址位于冶陶镇冶陶村东，为一四合院建筑，始建年代不详。

南征会议会址位于冶陶镇冶陶村北原普光寺，现已不存。

从 1947 年初开始，为防止国民党军队空袭，驻地解放军和民兵开始挖防空洞、地道。共挖防空洞 17 个，一字排开，洞与洞相连，地道长 300 余米。西边第二孔为当时制图科，第三孔为徐向前办公地点。

1946 年 10 月~1948 年 4 月，中共晋冀鲁豫中央局、晋冀鲁豫军区和边区政府部分机关曾驻此地。刘伯承、邓小平、董必武、薄一波、徐向前、王宏坤、滕代远、李达等老一辈革命家曾经战斗和生活在这里。

2006 年，中共晋冀鲁豫中央局和军区旧址由国务院公布为第六批全国重点文物保护单位。

晋冀鲁豫边区政府旧址

晋冀鲁豫边区政府旧址位于涉县城西北 7.5 公里的索堡镇弹音村，由边区政府办公室旧址、高等法院旧址、大小食堂旧址、府仓院旧址和杨秀峰旧居、戎伍胜旧居、教育厅厅长旧居等 8 处院落组成。

1942 年 2 月，晋冀鲁豫边区政府迁到弹音村，杨秀峰、戎伍胜等领导同志在此居住达 3 年之久。边区政府旧址办公室，坐北朝南，占地面积为 759 平方米，由正房、戏台、西屋等建筑组成。8 处旧址中，除杨秀峰旧居于 2002 年改建外，其余均保持了原状。

2013 年，晋冀鲁豫边区政府旧址由国务院公布为第七批全国重点文物保护单位。

察哈尔都统署旧址

伪蒙傀儡政权首府所在地

抗日战争时期，在南京、沈阳、张家口分别并存着汪伪、伪满和伪蒙3个傀儡政权。伪蒙疆自治政府治于张家口原察哈尔都统署，其傀儡头目是德穆楚克栋鲁普。当事人俗称为"德王府"和德王。

七七事变后，日军向华北各地大举进攻。1937年8~11月，张家口、大同、绥远先后被日军占领。日本占领张家口后，在张家口成立了伪"察南自治政府"，辖万全等10县。又分别于10月和11月，成立了伪"晋北自治政府"（辖大同等13县）和伪"蒙古联盟自治政府"。察南、晋北、蒙古3个伪政权成立后，日军基本上控制了察、绥两省和内蒙古大部及山西北部地区。为便于控制这3个伪政权，1937年11月22日，在张家口成立了伪"蒙疆联合委员会"，以协调3个伪政权之间的关系。1939年9月，伪蒙疆联合委员会在日军指使下改组为"蒙疆联合自治政府"，在张家口举行成立大会。定张家口为首府，红白蓝黄四色七条为联合自治政府旗帜，借用元太祖成吉思汗734年为纪元年号。德王（德穆楚克栋鲁普）任主席。统辖伊、乌、巴、锡、察5个盟和察南、晋北2个自治政府，厚和（呼和浩特）、包头、张家口3市，32个县，36个旗。总面积达45万平方公里，人口达525万。

德穆楚克栋鲁普亲王即德王，字希贤。内蒙古的王公，主张内蒙古独立。察哈尔地区锡林郭勒盟苏尼特右旗人，第十六代苏尼特扎萨克杜棱郡王，曾任锡林郭勒盟盟长，1902年2月8日出生，1908年袭札萨克多罗杜棱郡王爵职。1913年北洋政府授为札萨克和硕杜棱亲王。1919年执掌旗政。1924年任锡林格勒盟副盟长、察哈尔省政府委员。1925年2月，任北京善后会议委员，1927年出任参议院参政。满洲事变之后，德王与日本军方面联络，与云王（乌兰察布盟盟长云端旺楚克亲王）等王公于1933年组织内蒙古王公会议，并且向国民政府要求自治。1934年4月，经南京国民政府批准，蒙古地方自治政府在乌兰察布盟百灵庙成立，德王任秘书长，实际主持政务。

1936 年，德王出任察哈尔蒙政会副委员长，2 月 10 日，在日本关东军支持下成立蒙古军政府并任总司令、总裁。11 月 24 日，傅作义调派第 35 军主力攻克伪蒙古军第 7 师驻守的百灵庙，是为"绥远抗战"。1937 年七七事变后，日本关东军很快就控制了华北和内蒙古之间的平绥铁路，10 月 17 日占领包头。德王、李守信等人投靠日本人，出任伪蒙疆傀儡政权首脑。

1937 年 10 月 27 日，内蒙王公德王在日本特务机关策划下，在归绥市德王庙召开"第二次蒙古大会"，宣布蒙古"自治"，成立了"蒙古联盟自治政府"。经日本关东军指定，云王任伪自治政府主席，德王任副主席。由于云王称病，德王总揽了该政权的一切事务。

1938 年，德王出任蒙古联盟自治政府主席，后合并"察南自治政府"及"晋北自治政府"，成立"蒙疆联合自治政府"，领有巴彦塔拉（今黄河北岸前套平原的呼和浩特市、包头市所辖相关旗县区）、察哈尔、锡林格勒、乌兰察布、伊克昭（今鄂尔多斯）等 5 个盟与晋北（大同）、察南（张家口）2 政厅。联合政府的首都设于呼和浩特，名义上归南京的汪伪国民政府所辖，实际是一个独立的政权，在日本和伪满洲国驻有单独的外交机构，悬挂其"四色七条旗"，汪伪与伪蒙疆自治政府双方在界限两侧分别设卡，征收关税、过境费，人民出入边境则需要办理"出入境证"。

1941 年 2 月 15 日，德王赴日，参加祝贺日本皇纪二千六百年纪念典礼。他仍然妄图实现其"蒙古建国"的梦想，为此曾分别拜见日本天皇裕仁和首相近卫文麿等人。当时日本首脑们没有给予他明确的答复。不久，太平洋战

● 察哈尔都统署旧址

争爆发，日本为了强化对德王和伪蒙政权的控制，同意将伪"蒙古联合自治政府"易名为"蒙古自治邦"。德王任主席。从此，德王与溥仪这对"政治孪生兄弟"，更加死心踏地成为日本帝国主义侵略中国的忠实工具。

1945 年第二次世界大战结束后，蒙古自治邦解散，德王的政治活动受到限制，一直寓居北平。1949 年初，德王假道兰州去了阿拉善旗定远营（今阿拉善左旗巴彦浩特），发起"蒙古自治"。8 月 10 日组成了"蒙古自治政府"，德王任主席，并向广州国民政府发出了自治通电。9 月 20 日，因解放军逼近银川，德王逃往阿拉善旗西北部拐子湖一带，成立了"蒙古军总司令部"。1950 年初，德王逃往蒙古人民共和国，后被蒙方遣返，以伪蒙疆首要战犯囚禁于张家口，1963 年因特赦被释放，被聘为内蒙古文史馆馆员。1966 年 5 月 23 日在呼和浩特过世。

【遗址介绍】

察哈尔都统署旧址位于河北省张家口市桥西区明德北街 57 号，是一处保存较为完整的清代官衙建筑，由第二任察哈尔都统巴尔品于清乾隆二十七年（1762 年）建造。察哈尔都统署坐北朝南，南北 133 米、东西 50 米，占地面积约 6650 平方米，为四进院落。现存建筑包括大门及左右耳房、仪门及左右耳房、大堂及左右耳房、官邸大院、上房宅院，另有石狮子（已残）等。主体建筑分布在南北向的中轴线上，两厢对称。大堂为丰体建筑，位于都统署中心，为都统升堂理事的地方，面阔五间，六根红漆大柱托起屋顶。都统署建筑均为青砖灰砌，做工精细，布瓦顶。大门、大堂和上房为悬山顶建筑，仪门前为卷棚顶，后设硬山顶。

1914 年，北洋政府设察哈尔特别区都统公署。1928 年，国民政府将特别区改为察哈尔省，省府委员会制，并设主席，驻地均在都统署。1937 年日寇侵占张家口，都统署被用作伪察南自治政府，后改为察南政厅。1945 年冀察军区部队光复张家口市，都统署成为晋察冀边区行政委员会驻地。1949 年内蒙古自治区政府进驻此地，直到 1952 年迁至呼和浩特市。作为民国原察哈尔地区的省级军事行政中心，察哈尔都统署见证了这一地区的历史变迁。

2006 年，察哈尔都统署旧址由国务院公布为第六批全国重点文物保护单位。

地道战遗址
可攻可守的地下长城

地道战作为一种作战方式，在中国自古便有，宋、明、清都有记载，但在抗日战争中被发挥到了极致。大概在 1942 年左右，冀中等华北平原地区开始有个别村庄利用地窖来躲避敌人的扫荡。后经过不断的发展，逐渐从单一的躲藏发展到能打能躲、防水防火防毒的地下工事，并形成了房连房、街连街、村连村的地道网，可灵活机动地内外联防，互相配合，打击敌人，使无坚可守的冀中平原成为阻击日本侵略军的重要地域。

1941 年秋，冀中平原的抗日斗争进入困难阶段，日伪军"扫荡"日益残酷。冀中人民抗日武装为了保存自己的力量，长期坚持平原游击战争，开始挖掘和利用地道对日伪军进行斗争。冬初，清苑县冉庄民兵先在自己家中挖了单口隐蔽洞，很快遭到日伪军的破坏。民兵把单口隐蔽洞改造成能进能出的双口隐蔽地道，但仍不能有效地进行战斗，多数地道又遭到破坏。

1942 年夏季反"扫荡"开始后，中共冀中区委和冀中军区号召冀中人民普遍开展挖地道的活动，地道的构造不断改进和完善，初步形成户户相通、村村相连；有的还发明了连环洞，即洞下有洞、洞中有洞、有真洞、有假洞，令人眼花缭乱。这种既能隐蔽、转移又便于依托作战的地道网络，成为长期坚持冀中平原抗日斗争的坚强地下堡垒。地道一般宽 1 米、高 1.5 米，顶部土厚 2 米以上；地道内设有了望孔、射击孔、通气孔、陷阱、活动翻板、指路牌、水井、储粮室等。

在战斗中，这种被改进的地道很快发挥了它的威力。1943 年 3 月，驻灵寿的日伪军 200 多人包围了正定县高平村。拂晓，敌人开始进攻，民兵、群众进入地道作战，激战至中午，敌人伤亡 40 多人，狼狈逃回据点。

1945 年 4 月 1 日，日伪军 500 余人向冉庄发动进攻，冉庄民兵 20 余人利用地道进行作战，毙伤日伪军 13 人，迫其撤退。6 月 20 日，驻保定日军率伪军第 14 团千余人向冉庄进犯，冉庄民兵 30 余人先在村边进行阻击，尔后迅速转入地道，经数小时激战，毙伤其 29 人，日伪军被迫撤退。从 1942 年至抗日战争胜利，冉庄民兵共进行地道战 11 次，毙伤日伪军 96 人，并缴获许多武器、弹药和其他军用物资。

使用地道战的地区大概是北起北京南郊，西到河北省保定中部偏南，东到沧州以西廊坊偏南，南至石家庄北部及衡水中北部地区。大概是以保定中东部为中心，直径为 130 公里的区域内。

我国目前现存的抗日战争时期地道遗址主要有的保定冉庄遗址、邯郸山底遗址、顺义焦庄户遗址、定襄西河头遗址、曲阳地道遗址等 5 处。

【遗址介绍】

冉庄地道战遗址

冉庄地道战遗址位于河北省保定市西南 30 公里处，七七事变后，冉庄人民为保存自己、抗御外侮，于 1938 年春开始挖地洞，并由单口洞逐

● 冉庄地道战遗址

步发展成为双口洞、多口洞，最后挖成长达 16 公里的地道网。整个村落设有各种构思巧妙的地道口，并筑有多处战斗工事，构成一个立体火力交叉网。形成能打能藏、可攻可守、进退自如的地下长城。冉庄民兵利用地道优势，在抗日战争和解放战争中，配合武工队、地方部队、野战军对敌作战 157 次，歼敌 2100 余名，曾荣获"地道战模范村"称号。冉庄地道战遗址现仍保留着 20 世纪三四十年代冀中平原村落的环境风貌。

1961 年，冉庄地道战遗址由国务院公布为第一批全国重点文物保护单位。

西河头地道战遗址

西河头地道战遗址位于山西定襄县城西 2.5 公里的西河头村。1940年，百团大战告捷后，惨败的日寇向晋察冀边区军民实行了野蛮的"三光政策"。定襄境内的日寇也对西河头、炭窑沟、藏孤台 3 个村庄进行了洗劫，先后制造了 8 起惨案，枪杀百姓 400 多人，烧毁民房 2000 余间。为了躲避日寇的烧杀抢掠，抗日军民遵照毛泽东"保护自己，消灭敌人"的积极防御思想，依据当地的地形条件挖掘了大量的地下隧道。据统计，1942~1948 年，全县 157 个村子中有 80 多个村庄都挖有地道，地道总长是 200 多公里。西河头地道战开挖于 1942 年，最初只能应急藏身，到1947 年，经全村 500 余劳力突击 40 个昼夜，挖成南、中、北 3 条主干线、

● 西河头地道战遗址

纵横 52 条支线的上、中、下三层，全长 5 公里。

2006 年，西河头地道战遗址由国务院公布为第六批全国重点文物保护单位。

焦庄户地道战遗址

焦庄户位于北京市顺义县东北燕山余脉歪坨山下，距北京 60 公里，现属龙湾屯镇。

焦庄户人民同国内外敌人开展地道战斗争是从 1943 年春天开始的，当时只是挖了几个隐蔽洞。这种洞只能藏一两个人和少量食物。一旦被敌人发现只有束手就擒。为了跟敌人长期斗争，村党支部发动群众，把单个隐蔽洞连接起来，并在地道内安装了翻板、单人掩体和暗堡等战斗设施以及数十个休息室和指挥所，供民兵和群众较长时间的在地道内战斗和生活。

到了 1946 年，村里共挖了 11.5 公里长的地道，村内纵横交错并和邻村相连，形成了能打能防的战斗型地道网。

2013 年，焦庄户地道战遗址由国务院公布为第七批全国重点文物保护单位。

● 焦庄户地道战遗址碾盘射击孔

山西省

八路军总部旧址
流动的战魂

　　八路军总指挥部（简称八路军总部）是抗日战争时期中国共产党指挥华北抗日游击战争的最高首脑机关。它由八路军总司令部、总政治部和后勤系统（包括供给部、卫生部、兵站部）组成。抗战期间，根据抗日形势的发展和抗战的需要，八路军总部先后有过 19 个驻地。

　　云阳镇八路军总部（1937 年 8 月 25 日~9 月 6 日）是八路军第一个总部驻地，位于陕西省泾阳县云阳镇文家大院，旧址现保存有正院、东院、西院 3 套院子。1937 年 8 月 25 日，中共中央军委根据洛川会议的精神，中国工农红军主力改编为国民革命军第八路军，下辖第 115 师、120 师和 129 师；同时，成立了八路军总部，朱德、彭德怀任正副总指挥。总部驻云阳期间，组织八路军 3 个师分别在云阳镇、富平县庄里镇永安村、泾阳县桥底镇举行了抗日誓师大会。

　　南茹村八路军总部（1937 年 9 月 23 日~10 月 22 日），是八路军总部东征抗日后的第一个驻地，位于山西省五台县茹村乡南茹村。1937 年 9 月 6 日，朱德、彭德怀等率八路军总部机关东渡黄河后，于 9 月 23 日进驻五台县南茹村。期间，总部颁布了中共第一个发动群众开展游击战的指示，帮助五台县人民创建了地方党组织、抗日民主政权和游击队；指挥 115 师首战平型关，歼灭日寇最精锐的板垣师团千余人，取得了抗战以来第一次大捷；指挥 120 师伏击雁门关、129 师夜袭阳明堡飞机场，有力地支援了忻口作战；领导全军实现了抗日战争重大战略部署的变更，制订了创建敌后抗日根据地的区域规划。

　　太原会战开始后，日军沿正太铁路疯狂进攻娘子关。为了打击日寇，稳定山西人民的抗敌信心，1937 年 10 月 27 日，八路军总部进驻太行山区和顺县马坊镇，11 月 7 日转移到石拐镇，11 月 25 日进驻洪洞县高公村。12 月 30 日，移驻赵城县马牧村（今洪洞县马二村）。期间，总部指挥八路军主力在正太铁路以南的旧关、东石门、七亘村、黄崖底、广阳等地连续重创日军，歼敌 4000 余人，迟滞了日军西犯太原的步伐；根据山西战局的发展，确定总部南进太行山区，八路军各部开辟晋察冀、吕梁、晋冀豫抗日根据地，在华北敌后实行战略展开。

1938 年 2 月 20 日，日军集中 3 万余人进攻晋南、晋西，国民党第二战区长官部向西撤退。为了鼓舞士气，朱德、彭德怀率八路军总部离开赵城县马牧村，东进太行山区，于 2 月 28 日进驻浮山县山交村，3 月 15 日抵达沁县小东岭村。期间，总部向民众广泛宣传抗日救国十大纲领，开展了减租减息运动；指挥 129 师取得了长生口、神头岭、响堂铺 3 次战斗的胜利；开辟恒山、大青山抗日根据地。

1938 年 4 月初，日军纠集 3 万余人"九路围攻"晋东南抗日根据地。4 月 10 日，八路军总部由沁县小东岭移驻武乡县马牧村。14 日，转移到义门村。20 日，移驻寨上村。期间，粉碎了日寇的"九路围攻"，指挥八路军主力收复了武乡、安泽等 18 座县城。

1938 年 5 月，日军集中兵力进攻徐州，并准备南下攻取武汉，暂时减弱了对八路军的压力，八路军总部决定由山区向平原地区发展。5 月 23 日，总部机关离开寨上村，移驻沁县新店镇南底水村。8 月 8 日，八路军总部撤离沁县南底水村，迁至屯留县故县镇（今长治市郊区故县村），连续驻扎了 135 天。

● 八路军总司令部旧址

北村八路军总部是八路军总部在太行山区的第一个长期驻地，位于山西省潞城县店上镇北村。抗战相持阶段到来后，日军加紧对太行山区进行"扫荡"。1938年12月21日，八路军总部由故县镇迁驻潞城县北村。该村依山傍水，松柏成林，易于隐蔽。因此，总部在此驻扎了199天。期间，根据中共中央的指示，中央军委将战斗在山西前线的八路军总部改称八路军前方总部（但习惯上仍称八路军总部，朱德兼任总指挥，彭德怀兼总指挥，左权兼参谋长），另在中共中央军委驻地延安王家坪设立八路军总部。为了指导华北抗战，总部派八路军主力挺进到冀南、冀中、鲁西北、大青山、山东等地；与国民党谈判达成"抗日救国八大纲领"；指挥太行军民粉碎了国民党顽固派制造的反共摩擦，巩固发展了抗日民族统一战线。

砖壁村八路军总部位于山西省武乡县石门乡砖壁村。砖壁村地处太行山深处，四周群山环绕，丘陵起伏，地势险要，易守难攻；松柏丛生，便于隐蔽。村东北有玉皇庙、佛爷庙、娘娘庙、李家祠堂组合的建筑群，占地一万平方米，适合部队驻防。因此，八路军总部曾三次在此驻扎。

第一次是1939年7月15日~10月11日。1939年7月8日，日军向晋东南抗日根据地发起第二次"九路围攻"，八路军总部撤离潞城县北村，于7月15日进驻砖壁村。在此驻扎期间，指挥总部特务团在沁县大桥沟伏击日军，重创敌人；指挥120师在灵寿县陈庄毙敌2000余人，粉碎了日军的第二次"九路围攻"。

第二次是在1940年6月26日~11月5日。1940年6月26日，因日寇偷袭武乡县王家峪八路军总部驻地，总部第二次转移到砖壁村，驻扎了125天。期间，总部组织战地工作巡视团，到冀南、山东巡视部队工作，训练新建部队；派考察团到晋察冀、冀中、平西等地区进行考察；直接指挥了百团大战和武乡县关家垴歼灭战、砖壁保卫战，打破了日军的"囚笼政策"。

第三次是1942年5月27日~6月17日。1942年5月19日，日军集结2万余人分多路向辽县（今左权县）麻田地区进行"铁壁合围"，妄图消灭八路军总部等首脑机关。为确保安全，总部于5月27日经由武军寺第三次转移到砖壁村。

八路军总部进驻砖壁村总共长达233天，在此指挥八路军作战次数最多，发展、巩固抗日根据地成效最大。总部旧址现保存有总部防卫工事、地堡、哨洞、炮兵阵地等遗迹。

王家峪村八路军总部（1939 年 10 月 11 日~1940 年 6 月 26 日）位于山西省武乡县韩北乡王家峪村。1939 年 10 月 11 日，鉴于砖壁村缺少水源，八路军总部转移到洪水河南岸崇山峻岭、沟壑深幽的武乡县王家峪村，在此连续驻扎了 258 天。期间，总部指挥了磁（县）武（安）涉（县）林（县）反顽作战、冀南反顽战役，打退了国民党顽固派的第一次反共高潮；指挥晋察冀军区部队在涞源县一举歼灭日军号称"精锐"的第二混成旅团，击毙日军中将阿部规秀；指挥太北、晋察冀、晋西北、鲁南军区部队进行了反"扫荡"战役；制定"百团大战"作战方案；开展生产自救运动，创办了黄崖洞等抗日兵工厂。

关家垴歼灭战后，日军疯狂围攻八路军总部驻地砖壁村。为了确保总部的安全，1940 年 11 月 5 日，彭德怀等率总部离开砖壁村，于 8 日进驻辽县武军寺。由于该村地处清漳河支流北岸，经济比较发达，背后是突出孤立的悬崖峭壁，地势险要，被誉为"太行山上小江南"。总部在此连续驻扎了 236 天，期间指挥了"百团大战"第三阶段反"扫荡"作战；组织武工队到敌占区开展反"蚕食"斗争；召开生产工作会议，动员开展军民大生产运动。

麻田镇八路军总部位于山西省左权县麻田镇上麻田村。麻田镇地处晋、

• 八路军总司令部北村旧址

● 八路军前方总部旧址

冀、豫三省要隘，易守难攻，有"晋疆锁钥、山西屏障"之称。因此，八路军总部曾两次驻扎于此，长达 1694 天。麻田镇也由此发展成为太行山的"小延安"。

第一次是 1941 年 7 月 1 日~1942 年 5 月 19 日。"百团大战"后，日军对华北抗日根据地实行"更大规模的报复作战"，多次突袭、奔袭八路军总部驻地武军寺村。1941 年 7 月 1 日，八路军总部由武军寺移驻移驻辽县麻田镇。期间，指挥总部警卫团取得了黄崖洞保卫战的胜利，歼敌千余人，开创了中日战况上敌我伤亡对比空前未有之纪录。

第二次是 1942 年 6 月 17 日~1945 年 8 月 20 日。1942 年 5 月，日军攻入太行山后，6 月 17 日，总部由武乡县砖壁村东返麻田镇。1943 年 10 月，根据中共中央"精兵简政"的指示，八路军总部与 129 师师部合并（简称前总），直接指挥太行、太岳、冀南和冀鲁豫等军区部队。其他军区的部队由延安总部指挥。

王家坪村八路军总部（1938 年 12 月~1947 年 6 月 23 日）位于陕西省延安市宝塔区南市街道办事处王家坪村。1938 年 12 月，根据中共中央的指示，中央军委将战斗在山西前线的八路军总部改称八路军前方总部，另在中央军委驻地延安王家坪设立八路军总部。

【遗址介绍】

南茹八路军总部旧址

南茹八路军总部旧址位于五台县茹村乡南茹村。旧址建于民国初期，总占地面积 2400 平方米，房屋 80 间，建筑面积 119 平方米，为典型的北方四合小院。

2013 年，南茹八路军总部旧址由国务院公布为第七批全国重点文物保护单位。

八路军总司令部北村旧址

八路军总司令部北村旧址位于山西省潞城市店上镇北村，是八路军总司令部东征第一次长期驻扎的地方。旧址原为当地绅士杜宗铭的房屋。现保存总部、北方局、膳食科、警卫连、总部军法处、鲁艺驻地等 6 个院落，共 175 间房，占地面积 4800 平方米。

2006 年，八路军总司令部北村旧址由国务院公布为第六批全国重点文物保护单位合并项目，归入第一批全国重点文物保护单位八路军总司令部旧址。

● 南茹八路军总部旧址

八路军总司令部旧址

八路军总司令部旧址位于山西省武乡县的砖壁村和王家峪村。砖壁村在武乡县东部，距县城45公里，王家峪村在洪水河南岸一条狭谷中。两村皆位于太行山腰，四周群山环绕，地势险要。

砖壁村总部旧址由村东玉皇庙、佛爷庙、娘娘庙和李家祠堂等建筑组成，建筑群内有朱德、彭德怀、左权住室和总部参谋处、秘书处、会议室和中共北方局九月高干会议旧址等。王家峪村总部旧址，由河北的3座相连农家院落组成，西院为接待处、参谋人员住处、总部马棚，中院为总部参谋处、秘书处及朱德、彭德怀、左权和警卫人员等的住室，东院为各地干部回总部开会时的住室。

1961年，八路军总司令部旧址由国务院公布为第一批全国重点文物保护单位。

八路军前方总部旧址

八路军前方总部旧址位于山西省左权县麻田镇麻田村，由总部大院、邓小平旧居、左权旧居三部分组成。总部大院坐北朝南，一进四合院落，正面为砖木结构楼房，两侧为平房共30间。邓小平旧居在总部大院南侧，坐西朝东，一进院落，砖木结构楼房与平房共17间。左权旧居在总部大院东南侧，坐东朝西，一进院落，砖木结构平房9间。

1996年，八路军前方总部旧址由国务院公布为第四批全国重点文物保护单位。

平型关战役遗址
神话破灭的地方

平型关战役发生于 1937 年 9 月中旬，是抗战期间太原会战中的一场战役，由国民政府第二战区司令官阎锡山领导，历时一个月，属中等规模战役。

日军在 1937 年 7 月底侵占北平、天津后，于 8 月进攻南口、张家口。在华北除沿平绥线西进、循津浦线南进外，主要的进军方向是沿平汉路南下。但为了排除右侧翼中国军队的威胁，乃猛烈进攻山西。9 月，日军分两路攻略晋北，一路沿平绥路西进，攻占大同；一路从由广灵进攻灵丘、平型关一线，企图会同正（定）太（原）线之敌，夺取太原。国民党第二战区司令长官阎锡山制定了沿长城各隘阻击日军的作战计划，决心在平型关集合重兵歼灭来犯之敌，并请求八路军配合侧击日军。

国民党平型关战役总指挥前期为第六集团军总司令杨爱源，后期为第七集团军总司令傅作义。中国参战部队有第 33 军、第 15 军、第 17 军、第 35 军、第 61 军、第 2 军、第 34 军、第 19 军、第 8 军（林彪 115 师和贺龙 120 师），总兵力 15 万人；日本有第 5 师团（日本陆军最精锐的师团之一，师团长坂垣征四郎中将）、关东军"蒙疆兵团"，总兵力 3 万人以上。

平型关之战历时一个月（从 9 月 3 日制定作战计划到 10 月 2 日全线撤退），

● 平型关战役 115 师指挥所

战场绵延数百里，历经大小战斗数十次，著名战斗有团城口争夺战、团城口反攻战、平型关伏击战、鹞子涧保卫战、东跑池争夺战、茹越口反攻战等，迟滞了敌军的前进。

平型关伏击战，又称"平型关大捷"。9 月 24 日晚，八路军第 115 师冒着大雨，沿着崎岖山路秘密地向平型关挺进。拂晓前，部队到达白崖台一线，埋伏在公路两侧十几里长的山地里。师指挥部派出一支队伍，迅速由南向北以隐蔽动作穿过公路占领一个高地，以便切断敌人后路。

9 月 25 日凌晨，日军第 21 旅团（板垣师团）后续部队第 21 联队第 3 大队与辎重部队一部由灵丘沿公路向平型关开进。前面是 100 余辆汽车，接着是 200 余架马车，后面是骑兵掩护。由于雨后道路泥泞，车行缓慢，行军队伍不整。

晚 8 时 30 分，敌主力部队进至老爷庙附近，八路军第 115 师指挥所发出冲击信号，115 师设伏部队以居高临下之势向敌人展开猛烈攻击，日军大部分汽车被击毁，有少数能发动的也因受到其他车辆的阻碍，互相冲撞，不能行驶。聚在公路上的敌军乱作一团。

此次战斗，八路军消灭日军 1000 余人，击毁敌军汽车 80 余辆，马车 200 多架，缴获九二式步兵炮 1 门，炮弹 2000 余发，步枪 1000 余支，轻重机枪 20 余挺，掷弹筒 20 余个，战马 500 余匹，此外还有大批军用品和秘密文件。八路军伤亡约 500 人。

平型关大捷是八路军出师华北抗日战场后的首战，同时也是全国抗战爆发以来中国军队的第一个大胜利，打破了日军不可战胜的神话，大大提高了共产党和八路军的威望。

【遗址介绍】

平型关战役遗址位于山西省繁峙、灵丘县交界处。平型关古名瓶形寨，为明代内长城关隘，北连恒山余脉，南接五台山，东通冀北，西抵雁门，地势极为险要，为兵家必争之地。平型关前，老爷庙梁、桥沟一带为一条狭长的古道。沟谷全长约 7 公里、宽约 30 米，两边陡峭，崖高数丈，是连接冀北和晋北的要地。

遗址内保存有 115 师指挥所（关帝庙）、林彪和聂荣臻住所窑洞 2 间及平型关战役指挥所在地等革命遗址及革命纪念建筑物。

1961 年，平型关战役遗址由国务院公布为第一批全国重点文物保护单位。

白求恩模范病室旧址
国际合作的典范

在中国人民进行抗日战争的艰苦岁月里，许多国际友人千里迢迢来到中国。他们把支援中国抗战当作自己的职责，当作开展世界反法西斯战争的重要任务，在抗战中做出重要的贡献，发挥了积极的作用。

抗战时期在华开展医疗活动的国际友人，有姓名和事迹可考者达 38 人。其中加拿大美国医疗队有白求恩（加）、帕森斯（美）大夫和琼·尤恩（加）护士；印度援华医疗队有爱德华（队长）、巴苏华、柯棣华、木克华、卓克华（后木克华、卓克华较早回国）；国际红十字医疗队，有德国的贝尔、白

● 白求恩模范病室旧址

乐夫、顾泰尔、马库斯、王道,波兰的傅拉都、戎格曼、甘理安及夫人、陶维德、奥地利的富华德、严斐德、肯特,罗马尼亚的扬固、柯让道及夫人、捷克的柯理格、基什,保加利亚的甘扬道,匈牙利的沈恩,苏联的何乐经,英国的高田宜等;单独来华或已在中国就地参加医疗工作的有美国的马海德、加拿大的布朗、麦克卢尔、哈利生,新西兰的霍尔,奥地利的傅莱,朝鲜的方禹镛等人。他们或到前方诊治伤病员,或协助训练医务人员,或参与筹设医疗机构,都在多方面做出颇大成绩。

1938 年 1 月,白求恩受加拿大共产党和美国共产党的派遣,率医疗队一行 3 人来到武汉。2 月,白求恩和尤恩告别了同来的帕森斯大,夫前往延安。6 月,白求恩到达山西五台金刚库村,晋察冀军区聘请他担任卫生部顾问。为了及时抢救伤员,白求恩总是要求实行火线救护,多次参加了野战医疗救援,每次都会站在最前沿"作战",他说这样可以更及时、更方便援救,减少流血伤亡代价,拯救更多生命。

为了大力改进战伤救治工作,培养更多的医务人员,白求恩主张抗日根据地应有一个比较正规的医院,于是他一边工作,一边发动大家开展了"五星期运动"——集中 5 个星期时间,把设在松岩口龙王庙简陋的医疗二所改建成了正规医院。1938 年 9 月 15 日,这所模范医院正式落成,命名"模范病室"。

随着抗日战争的扩大和深入,八路军伤病员日渐增多,医务人员的缺乏成为突出问题。1939 年,晋察冀军区创办卫生学校,白求恩大夫为学校拟定教学计划,并根据自己参加游击战争医疗工作的经验,编写了《游击战中师野战医院的组织和技术》的教材。在此书中,从医院的组织方案到手术的实施以及各种医疗技术均有详述,并有专章介绍实用医疗方法,如木锯代离断刀,丝线代羊肠线,木棍、鞋、秫秸当夹板等,大大促进了八路军医务人员的培养和成长。

1939 年秋,在一次为受伤的战士手术中,白求恩不慎被刀片划破手指受到感染,引起败血症,后劳累过度而病倒。1939 年 11 月 12 日,白求恩逝世于河北唐县黄石口村。11 月 17 日,晋察冀边区军民为他举行了隆重葬礼。12 月 1 日,延安各界举行了追悼大会,毛泽东题了挽词。12 月 21 日,毛泽东写了《纪念白求恩》一文,号召中国共产党员学习他"毫不利己,专门利人"的精神。

【遗址介绍】

白求恩模范病室旧址位于山西省五台县松岩口村。

抗日战争初期，松岩口是晋察冀军区后方医院所在地。1938年6月17日，国际共产主义战士白求恩从延安来到晋察冀军区司令部驻地金岗库，被司令员聂荣臻聘为军区顾问；6月18日来到军区卫生部驻地耿镇河北村，6月19日来到松岩口后方医院。为了改进救护治疗工作，白求恩亲自设计并参加施工，于9月15日建成了有手术室、消毒室、医务室、牵引室、洗涤室、病房等设施的外科病室，被晋察冀军区司令部命名为"白求恩模范病室"。模范病室对改进晋察冀边区医疗卫生工作和救治伤病员，起了积极的示范作用。

模范病室旧址以一座四合院式的旧龙王庙改建而成，坐北朝南，长41米、宽28米，占地面积1148平方米。手术室为左侧耳房一间，面宽5米、进深5.6米；手术室对面有戏台一座，面宽10米、进深9米，当年召开"模范病室"落成典礼大会时，白求恩曾在台上讲话。戏台右侧的小房子为洗涤室。四合院内十几间南、北房为病房。病室旧址在1940年被日本侵略军焚毁，1974革命遗址及革命纪念建筑物均按原貌重建。

1982年，白求恩模范病室旧址由国务院公布为第二批全国重点文物保护单位。

晋绥边区政府及军区司令部旧址
中共中央与敌后战场联系的通道

  晋绥边区是抗日战争时期中国共产党在山西省西北部和绥远省东南部（今内蒙古自治区中南部）创建的 19 个抗日根据地之一。

  1937 年 9 月，八路军第 120 师师长贺龙遵照中共中央的命令，率部开赴晋西北地区，从侧后打击沿同蒲铁路南侵的日军，创建抗日根据地。为配合国民党军正面战场的作战，120 师在雁北的井坪、平鲁、雁门关等地连续打击日军，鼓舞了人民的抗日信心。与此同时，120 师派出地方工作团深入各县，协同中共山西地方组织及其领导的抗日武装，发动群众，改造旧政权，开展游击战争。至年底，开辟了以管涔山为中心，包括 10 余县范围的晋北抗日根据地。1938 年 2 月，日伪军 1 万余人首次对晋西北发动围攻，国民党军未作有效抵抗即行撤退。120 师奋起反击，连续收复 7 座县城，保卫了根据地。8 月，遵照中共中央指示，120 师第 358 旅政治委员李井泉率第 715 团等部 2000 余人挺进绥远，于当年冬开辟了大青山抗日游击根据地。晋绥两地接壤，统一领导，合称为晋绥抗日根据地。晋绥抗日根据地是中共中央所在地陕甘宁边区的屏障，又是中共中央与敌后战场联系的通道。它与晋察冀、晋冀豫抗日根据地鼎足而立，形成对日军占领的太原及同蒲铁路的战略反包围。

  1938 年 12 月，120 师开赴冀中地区作战。至 1940 年 1 月，留在晋西北地区的 120 师第 358 旅与驻晋西北的山西新军青年抗敌决死队第 4 纵队、暂编第 1 师、工人武装自卫队等部，协同作战，多次粉碎日军进攻，保卫了抗日根据地。在国民党顽固派发动的第一次反共高潮中，阎锡山部旧军在山西各地"讨伐"新军，第 358 旅支持晋西北新军打退了旧军的进攻。1940 年 1 月，中共中央指示 120 师和中共晋西北区委，成立以贺龙为书记的晋西北军政委员会，统一党政军民的领导。2 月初，120 师主力由晋察冀边区回到晋西北。与此同时，成立晋西北行政主任公署，由国民党军著名爱国将领、新军暂编第 1 师师长续范亭任主任。8 月，根据地军民参加著名的百团大战，并粉碎了日军的报复"扫荡"。此时，根据地面积已有23个完整县和34个县的部分地区，人口约150万。11月，晋西北军区成立，贺龙、关向应分别兼任司令、政治委员，续范亭任副司令。军区的成立推进了地方部队和人民武装的发展。

太平洋战争爆发后，日军为变华北为其"兵站基地"，对抗日根据地加紧进攻。1941~1942年，日军对晋西北抗日根据地千人以上的"扫荡"19次，累计400余天。由于日军对抗日根据地分割、封锁、"蚕食"，在"扫荡"中实行烧光、杀光、抢光的"三光"政策，又加上连年的自然灾害，根据地面积缩小1/3，人口减少2/3，根据地处于极端困难时期。1942年9月，建立中共中央晋绥分局，关向应为书记（由副书记林枫代理）；晋西北军区改为晋绥军区，贺龙为司令员（后吕正操接任），续范亭为副司令员。在晋绥分局统一领导下，根据地军民继续贯彻中共中央和中央军委关于加强党的一元化领导和根据地军事建设的指示，在精兵简政、减租减息和整风、生产等方面都取得显著成绩；主力军、地方军和民兵三结合武装力量体制得到加强；反"扫荡"反"蚕食"斗争，取得很大胜利。自1943年起，根据地的困难局面开始好转。遵照毛泽东把敌人挤出去的指示，至1943年底，根据地军民攻克或挤走日军据点58处，收复大片地区，粉碎日军"扫荡"13次。1944年，根据地军民抓住日军收缩兵力、加强重点守备的有利时机，连续向日伪军发动攻势作战，拔除据点176处，解放人口40余万，切断离石至岚县、忻县至静乐、汾阳至离石和静乐至宁武的公路交通，迫使日伪军退守公路沿线的县、镇据点。1945年，晋绥抗日根据地军民执行中共中央扩大解放区、缩小沦陷区的指示，又发起春、夏季攻势，打通了日伪军控制的离石—岚县、忻县—静乐、神池—五寨等3条公路，收复沿线据点，把日伪军压缩到同蒲铁路和太原—汾阳公路附近据点。8月10日起，根据地军民转入大反攻，逼近归绥（今呼和浩特）、太原两城和平绥、同蒲铁路，并对拒绝投降的日伪军发动猛烈进攻，解放城镇53座，夺取了晋绥边区抗战的最后胜利。

八年抗战中，第120师及晋绥军区部队，作战近2万次，消灭日伪军12万余人，建立了晋绥抗日民主根据地。还协同晋察冀军区部队开辟了恒山区，加强了平西区，巩固了冀中区，并保卫了陕甘宁边区，为抗战胜利作出了重大贡献。

● 晋绥军区司令部旧址

【遗址介绍】

晋绥边区政府及军区司令部旧址位于山西省兴县蔡家崖村。旧址坐北向南，分东西两个相对独立的院落。总占地面积 4500 平方米，建筑面积 1180 平方米，原为晋绥开明绅士牛友兰的宅院和花园，抗日战争时期全部捐献抗日民主政府。

东院为四合院，原晋绥行署正副主任续范亭、牛荫冠长期居住和工作在这里。院子的正北面为倚山建造的石窑洞 3 孔，紧连东侧又建 1 孔。东西厢各有石窑 2 孔。正南为普通瓦房数间。

西院原为牛友兰的后花园，当地人称"花园院"。1941 年 120 师暨晋绥军区司令部进驻此院后，军区主要领导人贺龙、吕正操等长期居住在这里。1948 年春，毛泽东、周恩来、任弼时等率中央机关迁往西柏坡途中曾居住在这里。院子的正北面为倚山建造的 6 孔石窑洞，前带插廊。西北面的大石窑为当时军区司令部增建的礼堂。院子的西南有瓦房 8 间，为警卫排住房。院子正中是"六柳亭"，又名"六角亭"，由贺龙亲自设计，亲自栽树。

1996 年，晋绥边区政府及军区司令部旧址由国务院公布为第四批全国重点文物保护单位。

黄崖洞兵工厂旧址
八路军装备制造中心

　　人们讲起抗日战争中的八路军，往往称之为"土八路"，其实"土八路"并不土。仅就战斗在太行山区的八路军流动工作团而言，便是一支人才济济、技术精英集聚、研制成果累累、功勋卓著的技术大军。

　　八路军流动工作团是随着以山西为中心的抗日根据地组建的军工企业，它为八路军开展敌后游击战提供武器装备。为适应游击战的需要，队伍跟随主力部队流动，故称流动工作团，也誉为"驮在驴背上的兵工厂"。

　　抗战初期，由于八路军的迅速扩展，许多新战士手中无枪，凭着大砍刀、长矛梭镖与日军拼杀，不少人壮烈牺牲。身为流动工作团领导人的八路军军工部部长刘鼎急战士所急，他以曾在德国、苏联学到的军械制造知识，从根

● 黄崖洞兵工厂旧址

据地的客观条件出发，很快设计出八路军步枪的结构图，并责成黄崖洞兵工厂组织实施。黄崖洞兵工厂从自有的技术、设备、物资条件出发，立足于适应八路军游击作战的特点，经过反复试验，于1940年8月1日研制出一种重量轻、体积小、射击精度高、便于战士携带且使用灵巧的新型七九步枪。这种步枪比普通型步枪短10厘米，形似马枪，故取名八一式步马枪。造枪用的钢材取之白晋铁路，是民兵于夜间破路拆卸的铁轨。全枪仅3.36公斤，采用三棱刺刀，机动灵活，实战效果优于日本造的三八式步枪。从此，流动工作团的各兵工厂开始批量生产这种步枪，在抗战期间共制造了万余支。

手榴弹是抗战中八路军使用最广泛的杀敌武器，这是因为太行山区煤、铁矿产丰富，手榴弹制造技术比较简单，又易于普及，兵工厂、游击队、民兵都能制造，八路军战士几乎人人都配有手榴弹，但手榴弹投掷距离短，只适应近战，且杀伤力不强。1940年百团大战，八路军缴获了一批日军在山地作战中具有较强杀伤力的掷弹筒（口径为50毫米的迫击炮），彭德怀指示流动工作团要抓紧研制。在技术人员的努力下，掷弹筒很快被仿制成功，但由于缺少铸造弹体的灰生铁，五〇炮弹难以制造。外购在敌人严密封锁下根本不可能，只能依靠自力更生解决，作为流动工作团重要兵工厂的武乡县柳沟铁厂承担了这一任务，并经反复试验终于成功。自1941年4月起，太行山抗日根据地开始了炮弹的批量生产，当年出产炮弹4万多发。黄崖洞兵工厂制造的五〇小炮和炮弹，每年可装备16个团，使八路军对日作战的火力又上升到了一个新的起点。1942年，又开创了八二迫击炮、弹的生产，大大增强了八路军的战斗力。

抗战初期，八路军的地雷、手榴弹、枪炮等多数用黑火药装填，虽然能杀伤敌人，但威力有限。为了提高作战能力，1940年，流动工作团开始着手研究现代火炸药的制造。1941年5月，流动工作团的化学工程师们因地制宜，采用缸室法建成了制造硫酸的化工厂，开始了硫酸的工业性生产。硫酸是火药之母，它的问世，使现代火炸药走进了八路军的武器库，无烟发射药、硝铵炸药使八路军军的炮弹、枪弹威力大增。抗战后期，八路军生产无烟火药15400多斤，硝铵炸药23500多斤，给日军以严重打击。

【遗址介绍】

黄崖洞兵工厂旧址位于山西省黎城县黄崖洞镇下赤峪村黎城与武乡交界板山上的黄崖洞。"黄崖洞"是一个山区的名称，泛指方圆约 10 平方公里的地区。黄崖洞兵工厂是抗日战争时期八路军最早的军工基地，在抗日战争中为八路军提供了大量的军事装备，也是当地军民共同抗击侵略者的战场。

1939 年 7 月，八路军在这里的水窑山建立了兵工厂，将原来在韩庄的修械所迁入。在半年的时间里，由原来的 200 余人发展为 700 余人。起初，兵工厂只生产一些步枪，后发展成能生产手榴弹、马尾弹、掷弹筒、五〇炮等一些重要的武器弹药，年生产的武器装备可武装 16 个团，是当时华北地区八路军主要的武器生产地。1943 年日军侵入兵工厂，工厂破坏严重，遂撤往平顺西安村。

当时兵工厂包括生产区、管理区、生活区。遗址现存当年的厂房残基和后来修复的部分工房，家属区仅剩残垣断壁。从工厂区向北是黄龙洞，该洞为天然石洞，在峭壁之上，洞内宽 18 米、进深 72 米、高 25 米，当年，这里储藏着兵工厂生产的武器弹药。

2006 年，黄崖洞兵工厂旧址由国务院公布为第六批全国重点文物保护单位。

太岳军区司令部旧址
太行山区的小延安

太岳军区是抗战时期八路军晋冀鲁豫军区下属军区之一，成立于 1940 年 6 月 7 日。是根据朱总司令指示，薄一波率决死一纵队在晋东南开辟抗日根据地，在沁源开展游击战，粉碎阎锡山"十二月事变"以后，为了适应新的斗争形势，根据黎城会议整编建立的。由 386 旅旅长陈赓任司令员，王新亭任政委。军区归属八路军 129 师指挥，下设 3 个军分区。

军区成立伊始，司令部驻于闫寨崔家大院。1940 年 11 月 18 日，日军第 41 师团、第 36 师团和独立混成旅团各部 7000 余人对沁源进行了第一次"扫荡"后，闫寨成为一片废墟。太岳区领导号召军民挖窑洞安居，继续战斗。军区党政军领导亲自动手，带领官兵打土窑洞 170 余孔。1944 年秋司政机关南撤。

太岳军区司令部在闫寨村驻扎期间是太岳军区开创、巩固、发展的关键时期。粉碎了阎锡山妥协投降日军、进攻新军的"十二月事变"，整顿并扩大了太岳区军事力量，参加了"百团大战"，粉碎了日军对太岳区的两次大"扫荡"。薄一波、陈赓等在这里领导和指挥了著名的围困日军两年半的"沁源围困战"，指挥开展了岳南区的武装斗争，壮大了军事力量。

1942 年 10 月，日军为建立华北剿共"实验区"，以一个大队兵力第二次侵占沁源，同时在城外扎下 15 个据点，挂出了"山地剿共实验县"的招牌，企图使沁源伪化，实现其"山地剿共实验区"的毒辣计划。为了粉碎日军的阴谋，太岳军区决定实行长期围困的作战方针，建立围困作战指挥部。以太岳军区第 38 团和第 25、第 59 团各一部为骨干，与县、区地方武装和民兵结合，组成 13 个游击集团，对沁源县城和闫寨、交口等地日军展开围困战。

沁源军民以沁源城关为中心，发动群众全部转移，把水井填死，粮食深埋，生活用品搬空，使纵横数里的村庄成为"无人区"。日军得到了一座空城。占领后，日军一面分区清剿，一面安据点、修碉堡、筑公路，企图长期占领。根据太岳军区首长的指示，指挥部动员民兵配合主力，展开积极进攻，把日军由原来的 15 个据点压缩为城关、交口等几个据点。接着又掀起"抢粮运动"，乘夜摸进敌据点将敌人抢劫的粮食运出来。后来又发展到"劫敌运动"，不仅夺回敌人抢走的羊、牛和其他财物，而且连敌人的军用物资甚至衣服、靴子也"劫"，敌人惟一的补给运输线也被八路军和民兵用地雷封锁。粮食运不进去，沁源的日军只得杀野狗、军马充饥。在我军民长时间的围困下，日军惶惶不可终日，只得退出一个又一个据点，最终狼狈不堪地逃出沁源县境。自此，历时两年半的沁源围困战胜利结束。

沁源围困作战中，沁源民兵配合主力部队参战 2700 余次，击毙日伪军 3000 多人，取得了辉煌的战果，创造了群众性长期围困战的范例，极大地鼓舞了太岳抗日根据地军民的抗战斗志和胜利信心。

沁源围困战是中外战争史上的奇迹，它成功创造了对占领我腹心地区之敌进行斗争的范例，当时就受到中共中央的重视和表彰。1944 年 1 月 17 日，党中央机关报《解放日报》发表了题为《向沁源军民致敬》的社论："抗战以来六年半的长时间里，敌后军民以自己的血肉头颅，写出了可歌可泣的英勇史诗。在这无数史诗中间，晋东南太岳区沁源县八万军民的对敌斗争，也放出了万丈光芒的异彩。……模范的沁源，坚强不屈的沁源，是太岳抗日民主根据地的一面旗帜，是敌后抗战中的模范典型之一。"

● 太岳军区司令部旧址

【遗址介绍】

太岳军区司令部旧址位于山西省长治市沁源县城东南 7 公里处闫寨崔家大院。该建筑由三孔院落平行布列组成，通面宽 60 米、通进深 22 米。建筑依山开凿窑洞 10 孔，主体 8 孔，坐北朝南，为薄一波、陈赓、警卫班、参谋部等办公室和居室。窑洞总占地面积 215 平方米。

2013 年，太岳军区司令部旧址由国务院公布为第七批全国重点文物保护单位。

内蒙古自治区

百灵庙起义旧址
打响蒙古族人民抗日第一枪

百灵庙起义指的是在 1936 年 2 月 21 日，根据中共西蒙工委和乌兰夫的指示，中共地下组织领导"蒙古地方自治政务委员会"的保安队千余人在绥远的百灵庙举行的武装起义。

九一八事变后，东北及内蒙古东部沦陷。在内蒙古西部地区，以德王为首的一批蒙古王公封建上层就发动了"内蒙古高度自治运动"。1933 年 7 月 26 日，在百灵庙召开了内蒙古自治第一次会议。同年 8 月 24 日，德王等发出"自治"通电稿。9 月 28 日召开预备会议，拟定了向国民党当局要求自治的呈文。10 月 9 日，正式召开了第二次自治会议，通过了《内蒙自治政府组织大纲》。1934 年 4 月，国民党当局为阻止这次自治运动，批准成立了蒙古地方自治政务委员会（百灵庙蒙政会）。蒙政会成立后，德王为了推行蒙古自治，从察哈尔、乌兰察布盟各旗和土默特旗招募士兵 700 余名，组成了一支千余人的蒙古族武装—蒙政会保安队，作为其军事武装。

日本方面得寸进尺，多次派遣特务出入百灵庙，对德王进行间谍和诱降活动。1936 年 2 月 12 日，德王在日本关东军参谋田中隆吉和驻德王府的日本特务机关长浦的操纵下，成立了伪"蒙古军总司令部"。4 月 24 日，德王顺

• 百灵庙

从关东军的旨意，在锡盟乌珠穆沁右旗召开所谓"第一次蒙古大会"，决定成立"蒙古军政府"，通过了建立"蒙古国"的一系列决议案。

德王这种公开和日本侵略者勾结、出卖民族利益的行动，引起了正义的蒙汉民众的反对。根据中共西蒙工委和乌兰夫的指示，"蒙政会"保安处科长云继先、朱实夫与"蒙政会"进步官员、保安队教官纪贞甫、云蔚等进行磋商，决定带领保安队官兵千余人于2月21日在绥远的百灵庙举行武装起义。起义后，部队被国民党军包围缴械。在全国人民的声援下，国民党被迫将他们改编为蒙旗保安总队，营连以上军官大部分由共产党员担任，实际上已成为中国共产党在内蒙古地区秘密掌控的一支大规模蒙古族抗日武装。这个部队就是后来的蒙古混成旅，后统称新三师。部队成立后，便转战于百灵庙、大庙、固阳等地，1937年10月曾在绥远大黑河、小黑河、桃花板南茶房一带与日寇进行了激烈的战斗，予敌以重创。绥远沦陷后，部队又转战包头、伊克昭盟一带。

党中央高度评价这支形式上属于国民党、实则由我党领导的抗日民族武装，称其是"内蒙民族中的先进力量"。部队中以乌兰夫为首的党的干部在新三师组织了一批批进步青年加入了党组织，还有一批青年经由这支部队被辗转送到延安。

百灵庙起义给日本帝国主义及伪蒙政府一个措手不及的打击，粉碎了他们原定的自治计划，打乱了日本帝国主义入侵内蒙古西部的日程表，是蒙古族人民抗日觉醒的重要标志之一。

【遗址介绍】

百灵庙起义旧址位于内蒙古自治区达尔罕茂明安联合旗百灵庙镇，是内蒙古人民百灵庙抗日武装暴动的纪念地。

1936年的百灵庙抗日武装暴动是针对蒙古反动民族上层德王投靠日本、妄图背叛国家的军事暴动。朝克沁大殿因被德王利用作为"蒙政会"保安队存放军械弹药的库房，在1936年2月发生抗日武装暴动时即成为起义部队主要攻取的目标之一。1936年11~12月，在绥远抗战中，中国军队反击驻百灵庙日伪，毙伤敌军2000余人，因此百灵庙又是该战役的纪念地。

百灵庙始建于清康熙四十一年（1702年），是绥远西部著名黄教大寺之一，其地处在交通要冲。百灵庙平面呈方形，南北宽110米、东西长54米，占地面积5940平方米，主要建筑有朝克沁大殿、甘珠尔殿、丹珠尔殿、却日殿、天王殿。

2006年，百灵庙起义旧址由国务院公布为第六批全国重点文物保护单位。

辽宁省

旅顺船坞旧址
流血的伤口

    19世纪60~90年代的35年时间，清政府中部分上层统治者掀起了一阵兴办洋务的热潮，史学界通常称为"洋务运动"时期。所谓"洋务"主要包括训练新军，购置洋枪洋炮和兵船战舰等武器，兴办工厂和矿山、修铁路、办电报、办学堂等。从19世纪60年代开始，清政府就想用新式兵舰建设海军，到1884年已有南洋舰队、北洋舰队和粤洋舰队等3支海军队伍。

    旅顺船坞旧址位于辽宁省大连市旅顺口区港湾街58号。1875年，清政府委派李鸿章筹办北洋海军。李鸿章大量订购外国军舰，为北洋水师的创建奠定了基础。到1881年，北洋水师已成为包括铁甲舰、快船、运输船、鱼雷艇等共25艘舰船组成的舰队。有船还需建坞，于是在1881年，李鸿章选派马

● 旅顺船坞大坞全貌

建忠前往旅顺进行勘察。马建忠将船坞选在黄金山下，同年秋，李鸿章亲临旅顺进行勘察，随后派袁保龄为旅顺筑港工程总办。1881~1888 年为建港一期工程，雇佣德国人汉纳根为顾问。可是到了 1888 年，船坞尚未完工，而订购的"致远""靖远""经远"等巡洋舰均已开到中国。为了加快速度，李鸿章将船坞又全部承包给法国人德威尼。同年 12 月签订合同，主要工程项目有：船石坞 1 座，坞外停泊军舰的石澳，四周条石砌岸，修船辅助工厂 9 座，大库 5 座，铁路轨线 2700 米，起重机架 5 座，从龙引泉至大坞引自来水。1890 年 9 月全部竣工，共耗白银 1393500 两。

在建船坞的同时，又于 1880 年首筑黄金山炮台，1886 年在旅顺西海岸修筑了威远炮台等保护船坞的岸炮群，1889 年以后，修筑椅子山、案子山等 3 座陆路炮台，在椅子山东南修筑了松树山，二龙山等 9 座陆路炮台，配备大炮 100 门左右。船坞和岸、陆炮台的建成，使旅顺口成为一个完备的海军基地。

船坞修成不久便派上了用场，1894 年 9 月 17 日，中国海军在黄海上与日军大战，北洋海军损失严重。18 日凌晨，定远、镇远、平远、靖远、济远、来远、广丙 7 条伤舰进入船坞待修，船坞工匠及北洋海军官兵奋战一个月便修复了伤舰。

甲午战后，按照马关条约，清王朝割让包括旅顺在内的辽东半岛给日本。此举引发其他列强的觊觎和不满。在俄、德、法等国的斡旋下，日本同意由清政府出钱赎回辽东半岛。1898 年 3 月 27 日，沙俄以干涉还辽有功，强迫清政府租借军港旅顺口。1900 年，义和团事变中，俄国占领了东北全境。

俄国抢占日本通过马关条约获得的利益，独占满洲，并进而威胁朝鲜，引发日本强烈不满。1904 年 2 月 8 日，日军偷袭旅顺口，日俄战争爆发。经过极其惨烈的战役，日军夺取旅顺口军港，并于 1894 年 11 月 22 日在旅顺进行大规模屠杀，血洗全城。此后，一直到 1945 年，旅顺军港及船坞都被日海军侵占。

● 旅顺船坞一号大坞泵房

【遗址介绍】

　　旅顺船坞旧址位于大连市旅顺口区得胜街道港湾街 58 号旅顺港内，始建于 1883 年，竣工于 1890 年。现存大船坞及相关建筑遗存 9 处。沙俄和日本侵占期间分别对大船坞进行了扩建。

　　现船坞全长 163.2 米、底长 125.7 米、宽 21.96 米、坞口宽 30.3 米。该船坞自建成至今一直在使用中，因年久失修，船坞局部损坏。

　　其他建筑遗存包括现吊装车间（原钳工车间）、现分厂一车间（原铸铁厂）、原岸电工序用房（原名打铁厂）、现七〇一研究所工作组（原打铁厂）、现电工仓库（原电灯厂）、原工厂泵房（原名吸水机器厂）、现空压站（原吸水机器厂）、现生产处办公用房（原厂房）、现木工车间（原吊车房）。

　　2013 年，旅顺船坞旧址由国务院公布为第七批全国重点文物保护单位。

旅顺监狱旧址
中国的奥斯维辛集中营

　　旅顺监狱，也称旅顺日俄监狱，是沙俄和日本先后在中国土地上设置的用以监禁和屠戮中国人民的魔窟，至今已有一百多年的历史。

　　1902 年，强租旅大地区的沙俄为了强化对中国人民的统治，在旅顺元宝房强占大片耕地开始修建旅顺监狱。因日俄战争爆发，监狱只建成 85 间牢房和前楼就被迫停建了。战后，日本占领旅大地区，对旅顺监狱进行了大规模的扩建。牢房由 85 间增加到 253 间，墙外增设窑场和菜地，同时在院内修建了 15 座工场，强迫犯人为其生产军需品和日用品，监狱四周建起周长 725 米、高 4 米的红砖围墙，架设电网，围墙内占地面积 2.6 万平方米。

　　旅顺监狱中关押的"犯人"一般有数百人，1942 年太平洋战争爆发后，关

●　旅顺监狱旧址

押最多时达 2000 人。监狱内关押的多是中国人，也有朝鲜和日本人。中国犯人在这里受到最严酷的迫害。监狱规定，日本犯人可以在狱中吃白米饭，韩国犯人可以吃小米，而中国犯人在狱中只能吃发霉的高粱米饭。中国人如果吃了白米饭立即可以"经济犯"处罚。

在监狱二楼的行刑室布满了吊杠、虎凳等刑具。行刑时，受刑者被剥光衣服，嘴里堵上湿毛巾，面朝下背朝上捆绑在"火"字型的虎凳或吊杠上，四肢被皮带勒紧，用灌铅的竹条轮番抽打，称为"笞刑"。当时的《关东州刑法令》规定，笞刑只能用于毒打中国人，而不用于日本犯人。有的犯人不堪折磨被打昏后，看守就用凉水将其泼醒再打；有的被打得皮开肉绽，血肉模糊，甚至被打死。监狱规定，"笞刑"在 30 鞭以下的一次执行，如鞭数增加 30 鞭，就增加一次执行。即如果是 60 鞭，先打 30 鞭，受刑者被拖回牢房，过些日子，待伤口将要愈合时，再打 30 鞭，依此类推。这使得受刑者伤口长久不能愈合，腐烂化脓，甚至生蛆。

每天，被监禁的人们还要过两次"鬼门关"——检身室。囚犯先脱下囚衣，然后全身赤裸高举双手跨过木杠，换上工作服后去监狱内的各种车间劳作。下班后再赤裸身体跨过木杠，换上囚服。一年四季，天天如此，严冬时节，许多老弱者因而被摧残致死。

监狱设有诊断室和 18 间病牢。表面上许多患病者被送至此处治疗，实际上，只是有些轻伤病者被简单处置后再送回服役，而传染病或者病重者则被直接打上"催命针"，或被穿上特制的皮衣而箍得眼眶和鼻孔冒血，以加速其死亡。

监狱中除了普通牢房还有暗牢，被称作"狱中之狱"，每间只有 2.5 平方米，阴暗潮湿。牢房墙壁上有一个内大外小的圆孔，外壁有滑动的铁板，供看守监视之用。被投入暗牢者，除加脚镣外，另被戴上一具特制的"皮手铐"，将被囚者的手腕固定在腰部，使其难以坐、起、卧。只几日，便可使被囚者痛苦地死于牢中。在监狱东北角，有一座二层楼式的秘密杀人场——绞刑室。行刑时，刽子手用白布蒙住将被处死者的面部，将其强行按坐在活板上，脖子套上绞索，然后突然打开活板将其绞杀。随后，尸体被蜷曲着塞进木桶钉上盖，然后埋在监狱外的荒地里。据不完全统计，仅 1942~1945 年，就有 700 多人在这里被绞杀。

● 旅顺监狱内部

【遗址介绍】

旅顺监狱旧址位于辽宁省大连市旅顺口区向阳街 139 号。监狱围墙内有各种牢房、工场，还有检身室、刑讯室、绞刑室等，占地面积 2.6 万平方米。监狱围墙外有窑场、菜地、果园等。占地面积达 22.6 万平方米。

从 1902 年监狱始建到 1945 年 8 月，这座监狱关押了大批所谓的"政治犯""经济犯"。被囚禁者大部分是中国人，也有反对日本侵略战争的朝鲜、日本、俄罗斯、埃及、德国等国人士。中国共产党人纪守先和朝鲜爱国志士安重根等在旅顺监狱英勇就义。

1944 年 5 月 ~1945 年 8 月，在此关押的中国抗日人员及中国和平居民有 1000 余名、日本人 300 余名、朝鲜人 80 余名。1945 年 8 月 15 日，日本宣布无条件投降，第二天田子仁郎仍秘密绞杀了刘逢川等 5 位共产党员和抗日志士。1945 年 8 月 22 日，苏联红军接管旅顺监狱，难友们得以重见天日。

1988 年，旅顺监狱旧址由国务院公布为第三批全国重点文物保护单位。

关东州殖民统治旧址
日本在中国最早的殖民统治体系

1894 年，甲午战争后，日本侵占辽东半岛，实行军事统治。由于俄、德、法三国干涉，日本向清政府勒索巨额赔款后，于翌年退还辽东。1897 年 12 月，沙俄海军进入旅顺口港，将其作为在中国北部、朝鲜和日本海的前沿阵地，并更名为亚瑟港。1898 年 3 月 27 日，沙俄与清政府签订《旅大租地条约》，正式向清政府租借辽东，租期 25 年；5 月 7 日，沙俄又强迫清政府签订《续订旅大租地条约》。租借地北界向北推进，西到半岛西岸的普兰店湾北岸，东到貔子窝。

沙俄侵占大连地区后，即在旅顺和大连湾设置警察署，实行军事统治。1899 年，在今大连地区设关东省，又称关东州。州衙门下设民政厅、财政厅、外务局等统治机构。沙俄关东州下设金州、貔子窝、亮甲店、旅顺、岛屿 5 个行政区和金州、貔子窝、旅顺 3 个市。同年 7 月，沙俄将青泥洼改为达里尼特别市（后来的大连市）。1898 年起，沙俄开始修建南到旅顺、大连，北到哈尔滨的东清铁路支线，即南满铁路。

1904 年 2 月，日俄战争爆发，俄军于 1905 年 1 月战败投降。同年 9 月，俄将旅顺和大连的租借权转让给日本。大连地区变为日本殖民地。沙俄侵占旅大时期，关东州租借地面积 3200 平方公里，日本侵占大连地区后又扩展复县五岛和普兰店以北隙地 262 平方公里，总面积 3426 平方公里。

日本侵占旅大后，沿用"关东州"的名称，并逐步建立起一整套殖民统治的行政体系。日本统治旅大 40 年间所建立的统治机构几经演变，大体可分为 4 个时期，即军政署时期、关东都督府时期、关东厅时期、关东州厅时期。

日俄战争还在进行之际，日本先后在已占领地区建立金州、青泥洼、复州、旅顺 4 个军政署。这个时期的军政署，先隶属于满洲军总司令部，后归辽东军守备司令部统辖。1905 年 5 月，辽东守备军司令部废止，改称满洲军总兵站监部，撤销军政署，设置关东州民政署，官员由文职人员担任。同年 10 月，满洲军总司令部在辽阳设关东总督府，又恢复到当初的军管统治。

关东总督府直属日本东京大本营。原属于满洲军总兵站监部的关东州民政署和原属于满洲军总司令部辽东兵站监部的"关东州"以外的各地民政署，全部移交关东总督府管辖。"关东州"及东北长春以南铁路附属地所有日本的军事和民政要务统归其掌管，是日本侵略者在中国东北的最高权力机关。至 1906 年 2 月，关东总督府除统辖关东州民政署外，尚统辖奉天、安东、营口等 8 处军政署。

为巩固旅大的殖民统治，日本政府于 1919 年 4 月 12 日废止关东都督府官制，实施关东厅官制，将原关东都督府中的陆军部分离出去成立关东军司令部，把原民政部改为关东厅，设关东厅长官。关东厅内设事务总长、民政部长、外事部长，下设大连、旅顺民政署。

1934 年废除关东厅，设"关东州厅"，受关东局（1934 年 12 月 26 日成立，设在日驻伪满大使馆内，日驻伪满大使总管关东局事务）管辖。关东州厅的管区内共设 2 市 4 民政署，即大连市、旅顺市及旅顺、金州、貔子窝、普兰店民政署。

1938 年 4 月，关东州厅市建制改为 2 市 4 民政署（118 区、14 町、64 会），即大连市（辖 118 区）、旅顺市（辖 14 町）及旅顺（辖 10 会）、金州（辖 16 会）、普兰店（辖 18 会）、貔子窝（辖 20 会）民政署，总称五管内，直至 1945 年 8 月 15 日日本投降为止。

● 关东总督府旧址

【遗址介绍】

关东州总督府旧址

关东州总督府旧址位于大连市旅顺口区得胜街道港湾街 45 号，建于 1899 年左右，1903 年改为远东大总督府。日俄旅顺争夺战后，这里成为日本海军镇守府办公场所，后降为要港部。1945~1954 年为苏联海军司令部，1955 年移交我国。现存主楼、大门岗楼和附属平房。

旧址主楼为欧式建筑，二层楼房，建筑面积约 1600 平方米，2000 年进行改造，内部结构尚存。日俄旅顺争夺战后，这里成为日本海军镇守府办公场所。

关东州总督府是沙俄在关东州的军政中心，旧址对于研究大连近代史有重要的价值。

2013 年，关东州总督府旧址由国务院公布为第七批全国重点文物保护单位。

关东州厅旧址

关东州厅旧址位于旅顺口区光荣街道友谊路 59 号，由沙俄殖民者建于 1900 年，1906~1936 年先后作为日本关东都督府、关东厅、关东州

● 关东厅旧址

厅的办公场所，是当时日本在旅大地区级别最高的殖民统治机构。1937年关东州厅迁往大连。整个院落占地面积 26500 平方米，现存主楼和警卫室。

主楼坐北朝南，呈长方形，长 101 米、宽 28 米、高约 8 米，建筑面积 6057 平方米。二层砖石结构，欧式建筑，具有明显的俄罗斯民族风格。立面为白色，点缀红色装饰，坡屋顶施绿色鱼鳞瓦，整体色调清新淡雅。院墙正门造型独特，门内西侧为原警卫室，风格与主楼一致。

关东州厅旧址见证了沙俄和日本对中国的殖民统治，具有重要的历史价值。建筑风格独特，是大连近代建筑中的代表作品，具有较高的艺术价值。

2013 年，关东厅旧址由国务院公布为第七批全国重点文物保护单位。

侵华日军关东军司令部旧址
日本侵华的主要军事工具

1904 年 2 月，为争夺我国东北的日俄战争爆发。5 月，日军攻占了辽东半岛的金州。9 月，日本在金州设立关东守备军司令部及军政署，对金州及其他占领区实施军政统治。开始了日本军国主义在"南满"的殖民统治。10 月，废关东州民政署，在辽阳设关东总督府（1906 年 8 月改称关东都督府，迁至旅顺）。1906 年 6 月，日本在奉天设立驻东北的总外交机构——奉天总领事馆。年底，又设立"南满洲铁道株式会社"（简称"满铁"），在"南满"推行"三头政治"，进行殖民统治。

1907 年，日本在"关东州"驻扎一个步兵师团和六个铁道守备队的兵力，隶属关东都督府陆军部。这是早期的关东军。1919 年 4 月，日本军国主义侵略野心膨胀，将关东都督府改为关东厅，将原关东都督府陆军部升格为"关东军司令部"，实行所谓军政分治。从此，关东军正式命名。关东军主力为陆军步兵师团。

1931 年九一八事变后，随着日本在我国东北扩张侵略，关东军的地位不断提高。在所谓"四头政治"，即关东厅、满铁、奉天总领事馆、关东军司令部的殖民统治中，它很快跃居首位，不仅控制军事，而且参与政治、经济、外交等侵略活动，其势力由南满扩张到整个满洲。8 月，武藤信义接任关东军司令官后，兼任"驻满全权大使"和关东厅长官。后来，它又取得对满铁的监督权。1934 年关东厅被废止，其权力由关东军司令部行使。关东军司令部由此成为日本统治东北的最高权力机构。

关东军主要由陆军步兵师团组成。从 1919 年 4 月关东军司令部初设到九一八事变前，各师团由于在国内留有留守部队，故编制比日本国内常设师团略小，每师团定额为 10583 人。1931 年九一八事变爆发时，关东军兵力增至 2 万。九一八事变爆发后，日本大肆向我国东北增兵，到 1937 年七七事变前夕，关东军总兵力约 20 万。七七事变后，关东军力量急剧膨胀，到 1942 年底，总兵力达 70 万。1943 年下半年起，因南方战场吃紧，日本大本营抽调关东军增援南方。到 1944 年底，关东军所辖步兵师团减少 1/3，但总兵力仍有 45.6 万人。1945 年初，日本败局已定，大本营为挽救危局，决定彻底改变关东军作战态势，对美作战，把满（洲）朝（鲜）作为一体，坚持持久战，为此竭力拼凑关东军。到 1945 年 7 月，关东军兵力又膨胀到 75 万。

为达到侵占东北进而侵吞整个中国的目的，关东军司令部精心密谋、策划，不断挑起事端，制造战争借口，如 1928 年的"皇姑屯事件"，1931 年的"万宝山事件""中村大尉事件"等等，终于在 1931 年 9 月 18 日借口"柳条湖"事件，蓄意制造了九一八事变。短短 14 个小时就占领了整个沈阳城。第二天占领长春，接着攻占了昌图等满铁沿线各据点。9 月 11 日，占领吉林。11 月 4 日，发动对黑龙江省的侵略，19 日占领省城齐齐哈尔。随后，关东军发起对辽西的进攻，1932 年 1 月 3 日占领锦州。此后，关东军又回头来继续征服北满，2 月 5 日占领哈尔滨。至此，东北全部沦陷于关东军之手。

关东军司令部是日本帝国主义在东北实行殖民统治的最高权力机构，是伪满洲国的"太上皇"。九一八事变后，日本帝国主义策划、建立了一个由关东军操纵的"独立国家"——"满洲国"，定"国都"长春，并将长春改名"新京"。1932 年 3 月 10 日，溥仪出任伪满洲国"执政"的第二天，在与关东军司令官签订的密约中就决定"满洲国"的"国防和治安"委诸日本管理，

● 关东军司令部旧址正门

所需经费由伪满负担；中央及地方各署要任用日本人，"而其人物之选定"要征得关东军司令官的同意。1933年8月，日本内阁又炮制了《满洲国指导方针要纲》，决定"对'满洲国'的指导，在现行体制下，在关东军司令官兼帝国'驻满大使'的内部统辖下，主要通过日籍官吏实际进行"。伪满洲国建国后，在行政上实行由关东军统辖的"总务厅中心制"和"次长制"，即在伪国务院和各省政府中，其行政工作都由总务厅、总务司实际主持，这些总务厅、总务司的长官都由关东军指定的日本人担任，并且在伪国务院之下的各部，省、县、旗政府中设次长。次长也一律由日本人担任，代表日本政府的利益发号施令，对关东军负责。不仅如此，为了充分控制伪满皇帝溥仪，关东军司令部对溥仪采取了特别措施，即在溥仪身边设一名关东军的常驻代表，被称为"帝室御用挂"的日本军人，负责控制和监督溥仪的一切言行。由此可以看出，关东军司令部是名副其实的伪满洲国的"太上皇"。

关东军作为伪满政权的"太上皇"，对东北人民实行残酷野蛮的法西斯统治。它操纵伪满"国防""治安"等大权，肆无忌惮地对东北抗日军民进行血腥的讨伐与屠杀，制造了一起又一起血案，同时设立关东宪兵队与关东军情报部（特务机关），镇压东北各族人民的反日活动，他们推行集家并村的集团部落政策和保甲制度，对城乡居民进行严密监视与迫害。为巩固其法西斯殖民统治，关东军控制交通和金融，推行经济"统制"政策，进行疯狂

● 关东军司令部旧址主体建筑

的经济掠夺，把我国东北变成战争资源的供应地。此外，还推行殖民主义奴化教育，摧残中国民族文化。

关东军司令部曾先后在旅顺、沈阳、长春3地设过司令部。在1931~1945年的14年间，先后任命了本庄繁、武藤信义、菱刈隆、南次郎、植田谦吉、梅津美治郎、山田乙三7任司令官。

1945年8月8日，苏联政府宣布对日作战。15日中午，日本天皇裕仁被迫宣读《停战诏书》。18日，驻哈尔滨的关东军投降。19日，关东军总司令官山田乙三签署无条件投降书，驻长春、吉林的关东军投降。20日，驻沈阳的关东军投降。22日，驻旅顺大连的日军投降。9月5日，关东军总司令部被苏远东军解除武装。日本侵略我国东北长达20多年的主要工具——关东军——彻底覆灭。

【遗址介绍】

侵华日军关东军司令部旧址位于旅顺口区光荣街道新华大街18号，始建于1900年前后。原是俄关东州炮兵司令部。1905年末，日本在此设立关东总督府陆军部，1919年4月，日本关东都督府陆军部改为关东军司令部，并在这里策划了震惊中外的九一八事变。第二天，关东军司令部迁到沈阳，这里改作关东军下属陆军医院。1945年苏联红军进驻旅顺后为苏军某师司令部。1955年后，移交我国。现存原关东军司令部主楼、警卫队和三座仓库。

主楼建筑为平面呈长方形，长约77.1米、宽约16.8米，二层楼房，中部为二层半，高约10米，左右对称，砖木结构，欧式风格。警卫队旧址位于主楼正北，平面呈凹字型，一层。警卫队旧址与司令部之间东西两侧排列3座库房，均为一层，东侧2座、西侧1座。警卫队旧址及库房建筑风格与主楼一致。

2013年，侵华日军关东军司令部旧址由国务院公布为第七批全国重点文物保护单位。

大连中山广场近代建筑群
日本侵华金融机构聚集地

　　大连中山广场近代建筑群于 1900 年由沙俄始建，称尼古拉耶夫卡亚广场，日本殖民统治时期称大广场。1904 年，日本殖民当局继续实施沙俄的城市规划意图，在广场相继建成不同类型、建筑形式各异的 10 幢建筑。这些建筑的设计师均为日本人，建筑本身亦大多用于日本侵占时期政治、经济、金融机构，带有鲜明的殖民痕迹。

　　从沙皇俄国在大连地区成立了第一家银行——华俄道胜银行旅顺支行开始，许多的银行及分支机构逐渐设立。19 世纪末，日本各财团遵照当时驻沈总领事林六治郎"武力只能征服一时，惟有经济渗透方能控制永久"的意旨，逐步开始对中国进行金融渗透。1905 年日本占领大连后，各财团纷纷涌进了大连，并相继开设了银行。特别是横滨正金银行、朝鲜银行、东洋拓植株式

● 关东银行旧址

会社三大金融机构控制了大连的整个经济命脉，形成了以大连为中心，南满铁路附属地为依据，延吉、哈尔滨等区域为支撑点的金融网络势力，操控东北的金融业，从而保障日本财团的物资运转和货币流通。

三家日本银行的老大应属横滨正金银行，在日本的军队入侵东北之前，它就于1899年在营口设立了支店，这也是日本银行入侵东北的开始。当时的营口，银行业的老大是俄国的道胜银行。随着日俄战争的形势发展，道胜退出了营口，正金银行却跟随着日本陆军的脚步侵入了大连、奉天、旅顺、辽阳、铁岭、开原、安东和长春。

正金银行采用的是银本位，因为关东都督府和满铁的结算都是以银元为单位，所以在1906年，正金银行取得了钞票的发行权，事实上成为了中央发券银行，可谓风光无限。正金在东北地区风光了近20年，1917年，日本政府收回了正金银行发行货币的权利，朝鲜银行的"鲜银券"成为关东州和满铁附属地的法定货币，朝鲜银行取代正金银行办理国库金事务，也就是这个时期，朝鲜银行在中山广场上始建分行。

朝鲜银行在1911年前叫韩国银行，实际上是一家日本银行，1909年随着安奉铁路的竣工，朝鲜与东北三省的贸易开始活跃，朝鲜银行继正金银行之后在安东设置了支店，这也是它入侵中国东北的开始。

朝鲜银行发行的银行券是金票（金本位），与正金银行的银票不同，这也是8年后它取代正金银行发行钞票的根本原因。正金银行和朝鲜银行在中国东北打下了深厚的根基，甚至在溥仪在长春成立伪满洲国之后，两家银行还帮助伪满筹建了满洲中央银行。

东洋拓殖株式会社成立于1935年，是三大银行中成立最晚的。如同它名字中的"拓殖"二字，它与日本在东北三省的移民和拓殖相伴相生。它成立之初的资金是1500万日元，所支持的是迁移100万户的庞大计划，因而东洋拓殖的业务主要是从事不动产和企业金融服务，鲜少涉及其他一般业务。

【遗址介绍】

　　大连中山广场近代建筑群位于辽宁省大连市中山广场周边，由原大连民政署、原朝鲜银行大连支行、原大和旅社、原东清轮船会社等组成。

　　位于大连市中山区中山广场2号的原大连民政署（今辽宁省对外贸易经济合作厅）是由日本早期著名设计师前田松韵设计的具有哥特复兴风格的建筑，建造年代为1908年。砖木结构，地上二层，正立面均衡对称，西厢侧楼依广场和道路的空间形态作前探后伸状。主楼中央高耸方形尖塔，底层采用白色连续券式窗楣，上层窗采用白色柱式划分。红色砖墙包以白色条石装饰，显得典雅秀丽。

　　位于中山广场1号原朝鲜银行大连支行（今中国工商银行大连中山广场支行）建于1918年，是一座具有罗马古典建筑风格的钢筋混凝土建筑。正面为大厅，侧楼为三层办公用房。大厅内用12根巨柱擎住屋面。整个建筑显得庄重、威严。

　　位于中山广场4号的原大和旅社（今大连宾馆）兴建于1909年。为九层钢筋混凝土结构，建筑面积1万平方米，具有巴洛克的建筑风格。外部造型庄严，内部大厅及门厅装饰华丽，是当时有代表性的宾馆。

　　位于大连市西岗区胜利街35号的原东清轮船会社（今大连艺术展览馆）建于1902年。主楼是地上二层地下一层的砖混结构西欧半木屋式建筑。外墙用红砖砌筑，间以白色条石装饰，屋面开老虎窗，墙身上高耸尖顶。整个建筑小巧活泼，具有德国建筑风格。

　　2001年，大连中山广场近代建筑群由国务院公布为第五批全国重点文物保护单位。

● 大和旅馆旧址

本溪湖工业遗产群
殖民掠夺的见证

　　本溪湖工业遗产群位于辽宁省本溪市。本溪太子河流域蕴藏着丰富的煤铁资源，利用煤的历史最早可以追溯到汉代，铁资源的利用也有 1000 多年的历史。

　　1904 年日俄战争时期，日本势力进入本溪地区，以军用为名掠夺本溪煤铁资源。当时，日本八大财阀之一大仓财阀的首脑大仓喜八郎派人沿安奉铁路进行资源调查，确认本溪湖煤田和庙儿沟铁矿的开采价值。1905 年向日本驻辽阳关东总督府提出开采本溪湖煤田的申请，12 月关东总督府以"军用优先"为借口非法批准该申请。大仓财阀从日本订购设备，迅速建立了本溪湖煤矿，1906 年 4 月建成第一斜井，当年产煤 300 吨。1907 年 10 月建第二斜井，1908 年安装 75 瓦发电机，向矿内供电并于第二年设立电灯公司向煤矿外供电照明，此后采煤量迅速增加，到 1910 年已达 5.8 万吨。

● 本钢一铁厂旧址

　　1906 年本溪设县以后，经过近 3 年的谈判，并在三国干涉还辽的背景下，1910 年 5 月签署《中日合办本溪湖煤矿合同》，企业定名为"本溪湖商办煤矿有限公司"，期限 30 年，资本额北洋大银元 200 万，中日各一半。这一时期主要有两个特点：一是公司名为商办，其实中方是官股，但事实上中日合办期的主导权还是在日本一方。这一时期由于发现本溪煤铁含磷、硫较低，公司开始炼制低磷铁，并与普通生铁共用同一设备，为当时的世界炼铁史上所少有。在合办的 20 年中，公司生产原煤 7834517 吨，焦炭 1485143 吨，铁矿石（富矿）1328003 吨，生铁 838090 吨（其中低磷铁 38506 吨），共获利 1506 万元，产品主要销往日本，少量销往国内其他地区，低磷铁全部供应日本海军工厂。

　　1931 年九一八事变爆发，10 月，关东军进驻本溪湖煤铁公司，中国职员全部被解聘，日本独占公司一切权力。1932 年，关东军司令部抛出《关于合并满洲制铁业的要纲草案》，谋求合并和收买本溪湖煤铁公司，后因大仓反对未能实现。1935 年，关东军放弃吞并企图，4 月发表《本溪湖煤铁有限公司处理纲要》，确定本溪湖煤铁公司由大仓组和伪满洲国合办，公司改称本溪湖煤铁股份有限公司。1938 年公司再一次改组，在日本关东军的参与下，本溪湖煤铁公司被编入"满业"（满洲重工业开发株式会社）的势力范围。日本独占的 14 年里，公司共生产原煤 1045 万吨，焦炭 371 万吨，富铁矿 363 万吨，贫铁矿 261 万吨，生铁 260 万吨（其中低磷铁 167 万吨）。相较九一八事变前的 26 年，煤是 1.3 倍，焦炭是 2.7 倍，富铁矿是 2.7 倍，生铁是 3.2 倍，低磷铁是 2 倍。这一时期，公司的私人资本性质在逐渐淡化，先后被划入满业、满铁的势力范围，原先还只是对中国进行经济掠夺的日本私人资本，最后也沦为日本战争机器的一部分，公司产品主要销往日本、朝鲜，其中低磷铁全部销售给日本海军。

【遗址介绍】

本溪湖工业遗产群位于本溪市溪湖区河东街道、河西街道、竖井街道等，建于清至民国年间。工业遗产群包括本钢一铁厂旧址、大仓喜八郎遗发冢、本溪湖火车站、本溪湖小红楼和大白楼、东山张作霖别墅、本钢第二发电厂工业旧址、本溪煤矿中央大斜井和彩屯煤矿竖井等遗存。

本钢一铁厂旧址位于溪湖区河东街道河沿社区，为一炼铁工业遗址，始建于民国初年，包括一条完整的炼铁生产线，现已关停，厂区内现存炼铁高炉、炼焦炉、洗煤楼、热风炉和除尘设备等一系列设施设备，部分有所拆损。

大仓喜八郎遗发冢位于溪湖区河东街道站前社区，坐北朝南，建于1934年，冢为钢筋混凝土结构，平面整体呈正方形。

本溪湖火车站位于溪湖区河东街道站前社区，始建于1904年，1911年改建，现存仓库和2个站台。该建筑北侧分为东、中、西3个垛。

本溪湖小红楼和大白楼位于溪湖区河东街道铁工社区，分别建于1912年和1921年，均为砖瓦混凝土结构，两楼建筑面积2400平方米。原是清末中日合资的本溪商办煤铁公司和伪满洲国本溪湖煤铁公司的办公大楼。外观基本保持原貌，内部改动较大。

东山张作霖别墅位于溪湖区河东街道铁工社区，共2座房屋，均建造于1927年，主体建筑东西长37.5米、南北宽20米，为3层建筑，砖石水泥结构。主体建筑西侧7米处为俱乐部，南北长21米、东西宽13米。

本钢第二发电厂工业旧址位于溪湖区河西街道河西社区，共3个单体建筑，包括2个冷却水塔、1座办公楼，均为日伪时期建筑，水塔和办公楼均为钢筋混凝土结构，由西向东排列。

本溪煤矿中央大斜井位于溪湖区河西街道河西社区，井口宽约5米、高约4米，巷道深1500米。厂区内，日伪时期修建和遗留的变电所、小矿车保存完好，仍在使用中。

彩屯煤矿竖井位于溪湖区竖井街道高山社区，始建于1938年2月，当时号称东洋第一大竖井。新中国建立后重建，1954年再次投产。分为地上和地下2个部分，建筑东西长20米、南北宽10米、高60米。目前设备保存较好，新旧设备共存。

本钢一铁厂是中国现存最早的钢铁企业。以本钢一铁厂旧址为代表的本溪湖工业遗产，见证了我国近现代煤铁生产的发展历史，大仓喜八郎遗发冢等遗存也是日本帝国主义掠夺本溪煤铁资源的历史见证，具有突出的历史价值和科学价值。

2013年，本溪湖工业遗产群由国务院公布为第七批全国重点文物保护单位。

沈阳中山广场建筑群
九一八事变日军指挥部所在地

　　1905 年日俄战争后，日本将沈阳城西的南满铁道以东至和平大街的范围占为"铁道附属地"，并在附属地内部进行大规模的建设。1913 年，日本人在铁道附属地中心修建大广场，起名"中央广场"。1919 年改称为"浪速广场"。浪速，是日本城市大阪的旧称，拿来做了沈阳城内一座广场的名字，日本的侵略野心可见一斑。

　　中山广场最出名的建筑是大和旅馆。从 1909 年开始，日本人在东北共建了 7 座大和旅馆，作为它的"满铁"连锁宾馆。第一座建在大连，后来几座分别在旅顺、长春、哈尔滨等。1927 年，大和旅馆建成后堪称沈阳最大、最豪华的宾馆，当时规定只有少佐以上的日本军官才有资格进入。九一八事变之前，日本关东军中的激进分子以这里为据点，经常聚会。事变当天，这里成为日军的指挥部，正在沈阳大和旅馆的日本关东军高级参谋坂垣征四郎在

● 东洋拓殖株式会社奉天支店旧址

接到柳条湖爆破成功的电话后，以关东军司令官本庄繁的名义连下了四道命令，要求关东军进攻北大营和沈阳东北军，而架设在"大和旅馆"院里的日军240毫米大炮炮弹直接打到了北大营。

1932年2月16日，由关东军司令官本庄繁主持，在大和旅馆里召开了"东北政务会议"，决定迎接溥仪为"满洲国"执政，并对傀儡政权中的职务进行了分配。会后不久，伪"满洲国"宣布成立。

除大和旅馆外，中山广场还有5座日式建筑。位于中山广场东侧的现市总工会办公楼是日本原东洋拓殖株式会社奉天支店旧址。该会社创建于1908年，是日本官商合资的特殊金融机构，1922年在沈阳成立了东洋拓殖株式会社奉天支店，1926年由日本人设计，该大楼建成后会社迁至于此。

位于中山广场东北角的两栋钢混办公楼是伪满洲兴业银行旧址，建于1920年，建筑面积为2881平方米。

位于中山广场北端南京北街196号现招商银行中山支行是日本原三井物产会社旧址。该社创建于1918年，总会社设在日本东京，它是日本三大财团之一，是日本掠夺和剥削东北人民的重要工具。

位于中山广场西北端现市公安局所在建筑是日本原大和警务署，建于1906年，占地面积为3万平方米，共建7栋楼房。它是日伪统治时期对付沈阳人民的专政工具。

位于中山广场西侧现中国工商银行沈阳市分行中山支行所在建筑是日本原横滨正金银行奉天支店。1905年日本横滨正金银行在沈阳（奉天）城内中

● 三井银行大楼旧址

街设立奉天出张所（支店），1921年该支店从城内迁入日本租界（南满附属地）。1925年10月又迁至中央广场西侧。

直至1945年抗战胜利之前，矗立在中山广场中央的是一座白色的方尖碑"日俄战争纪念碑"，碑文上书有"明治三十七年日露战役纪念碑"，该碑在日本投降后被国民政府拆除。浪速广场也被更名为中山广场。

【遗址介绍】

沈阳中山广场建筑群位于沈阳市和平区，始建于1913年，至1937年基本完成，是当时日本在满铁附属地内建设的第一大广场。现存大和旅馆、东洋拓植株式会社奉天支店、横滨正金银行奉天支店、朝鲜银行奉天支店、三井洋行大楼、奉天警察署旧址等6栋建筑，集中展现了对当时多种流行建筑风格的成熟运用。

大和旅馆旧址位于和平区太原街道八一社区中山路97号，建于1921年，是当时沈阳有名的高级旅馆。欧式风格，建筑主体为三层，局部四层，立面做中轴对称式布局，正立面中间部分设券廊。

东洋拓殖株式会社奉天支店旧址位于和平区太原街道八一社区中山路101号甲，建于1922年，1931年9月19日，日本关东军司令部由旅顺迁到这里。建筑为三层，立面做三段式处理，正立面中部设贯通两层的科林斯式壁柱。

横滨正金银行奉天支店旧址位于和平区太原街道八一社区中山路104号，建于1924年，是日本正金银行设在奉天的分行。该建筑高两层，立面多设贯通两层的矩形壁柱，强调纵向线条。

朝鲜银行奉天支店旧址位于和平区太原街道八一社区中山路110号，建于1920年，是日本朝鲜银行设在奉天的分行。建筑高两层，立面布局为中轴对称式，正立面中部设贯通两层的爱奥尼式壁柱。

三井洋行大楼旧址位于和平区太原街道八一社区中山路108号，建于1937年，是日本三井财团设在奉天的私营银行。建筑为现代建筑风格，立面简洁扁平，不做凹凸线脚。

奉天警察署旧址位于和平区太原街道中山社区中山路106号，建于1926年，是日本设在沈阳的重要侵略机构。该建筑立面布局为中轴对称式，造型简洁，立面体现出艺术装饰风格的影响。

2013年，沈阳中山广场建筑群由国务院公布为第七批全国重点文物保护单位。

关东厅博物馆旧址
侵略殖民地的帮凶

近代资本主义的出现，使博物馆文化呈现出前所未有的变化，一个个博物馆诞生于资产阶级革命后期。随着先行进入资本主义发展的快速轨道，有些国家进入帝国主义，并对其他地区展开殖民侵略。帝国主义的侵略是全方

• 关东厅博物馆旧址

位的，军事侵略的同时，文化侵略亦紧随而至。在一系列文化侵略里，在殖民地建立博物馆是一个较为普遍的现象，由此构成了世界博物馆近代发展史上一个独特的景观。英国、法国都曾经在其殖民地建立过博物馆，日本作为后起的帝国主义国家，在侵略亚洲各国的同时，亦开始在一些地区规划博物馆。

作为中国东北第一座博物馆，关东厅博物馆先后经历了沙俄打地基、日本人建馆、前苏联接管和中国政府管理几个历史阶段。甲午战争结束后，旅大地区被沙俄殖民统治了 7 年，关东厅博物馆的地基即是此时沙俄所建，原计划建为军官俱乐部。1905 年，日本通过"日俄战争"夺回对旅大地区的控制权后，于 1916 年在沙俄地基的基础上改续建成博物馆，即现在的旅顺博物馆主馆大楼。日本经营关东厅博物馆的 30 年中，该先后隶属于关东都督府、关东厅、关东州厅等机构，馆名也应势而变，由最初的"物产陈列所""关东都督府满蒙物产馆"到"关东都督府博物馆"再到"关东厅博物馆""旅顺博物馆"。馆名的改变反映出日本殖民统治的一步步升级。

"博物馆是国家意志的体现"，关东厅博物馆的陈列正说明了这一点。其早期展品的搜集范围主要是关于满洲、蒙古的物品，其次是关于中国内地以及可供参考之物品，此外还包括考古分馆陈列的有关中国西北乃至国外的文物。日本租借旅大和控制东北铁路以后，试图进一步侵占东北，进而以东北与蒙古为依托，侵占全中国。因此，该时期陈列以"强调满蒙历史独特面貌"而设。在早期陈列中，从动物部、植物部、水产部及矿物部的这些自然类展品的特点可知，此时殖民者主要是为了开发产业而行；风俗部展示多个地区和国家的资料，目的是为了让参观者知晓"日本帝国版图内"的历史、风俗习惯；图书部作为博物馆中研究人员的参考资料，一部分也开放给民众或研究者观览；参考部内容则庞杂，荟萃诸多国家诸多类别的资料，是殖民者炫耀其在当地的有力统治，呈现各项殖民地治理成果。

1925 年后，陈列方式及内容发生了转变。一方面是受世界博物馆发展的影响，一方面也与殖民者进一步的殖民活动有关。此时博物馆的馆藏与陈列不再局限以关东州为主，内容涵盖满洲、蒙古、中国内地、新疆、中央亚细亚及印度等地。这些殖民成果的取得，当然需要"自我彰显"的平台，于是契合时机而调整陈列。

进入 20 世纪 30 年代，随着伪满洲国的建立，日本为了达到使满洲从中国大陆分离的目的，关东厅博物馆开始由综合性向专门性转变，改为考古出土文物与历史文物的陈列。此时展览宗旨在于"塑造满洲是一个独立的文化圈"，展品因而又以满洲出土文物为主。

关东厅博物馆是日本侵略者在中国建立的第一座博物馆，收藏与展示深受殖民者掌控，具有鲜明的"殖民地色彩"，是日本帝国主义进行殖民侵略、实行殖民统治不折不扣的"帮凶"。

【遗址介绍】

关东厅博物馆旧址位于辽宁省大连市旅顺口区列宁街42号。博物馆主体建筑坐北朝南，建筑面积5600平方米。馆舍主体二层，局部三层，地下一层，砖石木框架结构，既有近代欧式风格，又有东方艺术装饰特色为近代折中主义建筑风格。该博物馆是中国最早的博物馆之一，也是目前全国最大的花园式博物馆之一。

关东厅博物馆旧址是研究中国近代史、博物馆发展、近代建筑史的重要实物佐证。

2006年，关东厅博物馆旧址由国务院公布为第六批全国重点文物保护单位。

张学良旧居
"东北易帜"地

　　张学良旧居位于辽宁省沈阳市沈河区朝阳街少帅府巷 46 号，又称张大帅府，为奉系军阀张作霖和爱国将领张学良父子官邸。这里曾是东北地区政治活动中心，"东北易帜"等历史事件发生于此。

　　张作霖自幼出身贫苦农家，参加过中日甲午战争，后投身绿林，势力壮大，清政府无力征剿，就将其招安。张作霖协助清廷剿灭杜立三等土匪势力，后又消除蒙患，维护国家统一，逐步提升，先后担任奉天督军、东三省巡阅使等，号称"东北王"，成为北洋军奉系首领。第二次直奉战争胜利后，张作霖打

• 大青楼

进北京，任陆海军大元帅，代表中华民国行使统治权，成为国家最高统治者。

1927 年 4 月，日本田中义一上台后，向张作霖强索铁路权，逼张解决所谓"满蒙悬案"，从而激起了东北人民的反日怒潮。9 月 4 日，沈阳两万人示威游行，高呼"打倒田中内阁"。由于全国反帝浪潮的冲击，加之张作霖本人的民族意识，奉系政府未能满足日本在"满蒙"筑路、开矿、设厂、租地、移民等全部要求，并有所抵制，这为日本内阁所不能容忍，日本关东军则断定东北人民的反日游行系张作霖煽动所致，对他恨之入骨。

1928 年 6 月 4 日凌晨 5 点 30 分，张作霖乘坐的专列经过京奉、南满铁路交叉处的皇姑屯三洞桥时，被日本关东军预埋炸药炸毁，张作霖被炸成重伤，送回沈阳后于当日死去。

张作霖死后，其子张学良继任东北保安总司令。国民政府劝说张学良改旗易帜，服从南京国民政府。日本为把东北变为它的殖民地，多次在沈阳举行大规模演习，向张学良再三示威，企图威逼张学良在东北"独立"。此时张学良肩负国耻家仇，毅然于 1928 年 12 月 29 日凌晨，在大帅府的大青楼发出通电：宣布东三省自是日起，"遵守三民主义，服从国民政府，改易旗帜"。同时，改奉天市为沈阳市，改奉天省为辽宁省。

东北易帜，是张学良出自爱国至诚为反帝反侵略而采取的一大进步行动，维护了国家统一和民族尊严，挫败了日本帝国主义攫取中国东北的阴谋。国民政府至此获得了形式上的统一。

● 小青楼

● 赵一荻故居

【遗址介绍】

　　张学良旧居从1914年开始兴建,到1931年止,占地面积3.6万平方米,总建筑面积27600平方米,形成由中院、东院、西院和院外建筑等4部分组成的风格各异的建筑体系。整个建筑群包括东院的三进四合院、小青楼、大青楼、关帝庙,西院的红楼群及院外的赵四小姐楼、帅府舞厅和边业银行。其建筑融中、西风格为一体,具有较高的艺术价值,是我国优秀近代建筑群之一。张学良旧居自建成后,作为张氏父子两代人的官邸,曾历经两次直奉大战、东北易帜、处决杨常、武装调停中原大战、九一八事变等重大历史事件,是东北近代历史的见证。

　　1996年,张学良旧居由国务院公布为第四批全国重点文物保护单位。

东北自建铁路遗址
与侵略者的经济战争

　　近代，铁路成为列强抢夺和控制中国的工具。清末民初，外国资本在中国境内直接投资的铁路共有 10 条，即中东路、南满路、安奉路、胶济路、滇越路、道清路、穆棱路、天图路、金福路和溪碱路。20 世纪 20 年代初，中华民国政府交通部把胶济路和道清路赎为国有铁路后，除了滇越路在云南省外，其余的有外国直接投资的 7 条铁路都在东北境内。因此，错综复杂的铁路交涉不断发生。其中最为突出的是俄、日、英三国在东北境内的争夺。沙俄通过 1896 年《中俄密约》《东省铁路合同章程》和 1898 年《旅大租地条约》攫取了中东铁路干线，即满洲里至绥芬河，支线即哈尔滨至旅大的修筑权，干支线形成"丁"字形铁路运输网，并连接俄国铁路。1898 年英国获得关内外铁路借款权，使京奉铁路干线和沟帮子至营口支线形成"人"字形铁路网，这样，英国就拥有了辽宁西部京奉路的管理权。而日本则通过 1904~1905 年的日俄战争，不仅从沙俄手中夺取了长春至旅大的南满铁路，并在战争期间擅自修筑安东（今丹东）至奉天的安奉铁路，东三省南部出现了日本独资经营的"人"字形铁路干线。这样，俄、日、英三国就控制了东北主要的铁路干线，形成了中东路、南满路、京奉路三大铁路运输系统。

　　通过不平等条约，列强不仅攫取了东北的铁路权，而且获得了诸多附属的侵略特权。如沙俄除获得中东路修筑权、投资权和管理权外，还取得了条约中没有规定的铁路附属地经营权、设置俄国护路军和警察等特权及以哈尔滨为中心包括沿线城市在内的铁路附属地的殖民统治特权，形成了附带侵略特权最多的"中东铁路王国"。日本的南满铁道株式会社除经营铁路之外，还经营大连、营口和安东港以及抚顺、辽阳煤矿等企业，控制铁路附属地的行政、文教和工矿等殖民统治权，形成了东三省南部的"满铁王国"。

　　从 1921 年到 1931 年九一八事变前，在张作霖、张学良父子的倡导和倾力支持下，东北地方当局和商民为了摆脱列强对东北的控制和掠夺，冲破了重重阻力和困难，以商民自办、官商合办和官办 3 种形式将资金投入到铁路建设中。在东北掀起了一个自建铁路的高潮。在短短 10 年时间里，利用本国资金和技术修筑了朝锦、打通、开丰、奉海（1929 年更名为沈海路）、吉海、呼海、昂齐、鹤岗、齐克、洮索等 10 条铁路，营业里程总计 1521.7 公里，占当时全国铁路总长的 10% 以上，形成了以京奉铁路（1929 年更名为北宁路）干线为基础的东北自建铁路网和铁路运输系统。其中，开丰路由商民自办；锦朝和打通两路利用京奉路的利润；吉海路由吉林省政府投资；昂齐路是京奉铁路局、奉天省政府和黑龙江省政府联合投资；齐克路由东三省交通委员会和黑龙江省政府共同投资；洮索路由兴安屯垦公署与东北交通委员会联合投资，此六路为官办形式。奉海路由奉天省政府与商民联合投资，呼海路和鹤岗路都由黑龙江省政府与商民联合投资，此三路为官商合办铁路。与此同时，上述 10 条自建铁路加上自营的洮昂路，使得东北自建自营铁路占当时全国自主铁路的 82.38%，位居全国自建自营铁路之首。

在自建铁路的 10 年时间里，东北地方政府曾先后 3 次制定自建铁路网计划。1922 年，张作霖制订了修建纵贯东三省的铁路东、西干线计划。筹划在"南满铁路"东侧铺设奉天至海龙的铁路，其中，东干线由奉天起，经海龙、吉林到呼兰，连接奉、吉、黑三省；西干线由打虎山起，经通辽、洮南、白

● 奉海铁路局旧址

城子到齐齐哈尔，连接奉、黑两省。1928 年 5 月和 1930 年 9 月，又先后制订了两个自建铁路网计划，规划形成一个从北端包围日本南满铁路、跨越中东路哈满干线、贯穿东三省和临近省区的庞大的铁路网。

在制定铁路网计划的同时，东北地方政府还自上而下地设立了组织管理机构。成立于 1924 年 5 月的东三省交通委员会是东北地区铁路交通的最高决策机关，负责整体统筹规划。各路则分别设立了相应的组织管理机构，奉海路、开丰路、吉海路、呼海路、洮索路等均成立了相应的铁路公司或工程局。

东北自建铁路推动了地区经济的开发和近代化建设，使农副产品商品化，城乡之间交流频繁，差距缩小；工业企业尤其是重工业的近代化水平不断提高，引进了先进的技术设备和科学有效的管理方法，奠定了东北地区重工业基地的基础。同时，这些自办铁路不但相互之间实行客货联运，并将南满铁路培养线也吸纳入自办铁路联运系统中来，而且还实行了货运减价、减免捐税等一系列政策，与满铁控制的铁路系统展开运输竞争。自办铁路不仅打破了满铁铁路系统对东北交通运输的长期垄断，使其营业额大为降低，而且有效地抵制满铁铁路系统的扩张，对维护东北铁路权益免受日本觊觎发挥重要作用。

● 吉海铁路总站旧址

【遗址介绍】

奉海铁路局旧址

奉海铁路局旧址位于沈阳市大东区东站街道东站社区东站街 1 号，建成于 1931 年。

建筑由杨廷宝先生设计，欧式风格。建筑平面为"一"字型，坐北朝南，框架结构，总建筑面积为 3100 平方米。建筑造型东西对称，中部三层，其上有绿色坡层顶及钟楼。面北门廊高近 10 米，两侧圆形石柱装饰爱奥尼柱头，雨搭上收为桃尖形。南侧中部二层为平台。中部两侧为二层，立面上分段处理，两翼略低，使整座建筑中心突出，错落有致。西侧附属用房 1 处，为一层平房。

2013 年，奉海铁路局旧址由国务院公布为第七批全国重点文物保护单位。

吉海铁路总站旧址

吉海铁路总站旧址位于吉林市船营区新安街道新安社区吉沈铁路 435 千米处，建于 1929 年。建筑占地面积 897 平方米。

吉海铁路总站旧址由林徽因设计，由主体站舍和与其相连的中塔组成。主体站舍为哥特式大型尖屋顶建筑，坐东南朝西北，面向铁路，造型似雄狮伏卧，狮尾设计为钟塔。站舍全部用方石建造，屋顶为折型木结构，外挂琉璃瓦。钟塔高 29 米，顶部建有塔亭，塔内有螺旋形木制阶梯，沿木梯可登上塔亭。

吉林至海龙铁路是在半殖民地状态下，由中国人在东北自建的第一条铁路，铁路总站建筑造型独特，寓意丰富，是我国近代建筑史上的杰作。

2013 年，吉海铁路总站旧址由国务院公布为第七批全国重点文物保护单位。

大屠杀遗址
反人类的罪恶凭证

日本侵华战争是迄今为止人类历史上最残暴、最野蛮的侵略战争之一。在这场令世界侧目的侵略战争中，日本军国主义的邪恶本质和法西斯面目完全暴露出来，其野蛮罪行之一就是对中国无辜平民的肆无忌惮的屠戮掠杀。

日本侵略者对中国人民的残酷屠杀伴随着侵华战争的全过程。屠城、屠镇、屠村惨案之多，罄竹难书。每次屠杀都是在军官指挥下有组织的行动。日军每攻陷一城一池，一般是四面设防，关起城门，逐户搜寻中国平民百姓，或当场屠杀，或集体屠杀。日军所到之处，必是以屠杀开始，焚烧房屋后撤走，这已成为日军各部队对待和平居民与城镇的行动准则。

有学者研究统计，日军一次屠杀千人以上的惨案就有近130次。具体如下：

1932年，抚顺平顶山惨案，3500人遇难；新宾县大屠杀，1万人遇难。

1933年，榆城大屠杀，数千人遇难；延吉县海兰惨案，1700人遇难。

1934年，依兰大屠杀，2万人遇难。

1935年，老黑沟惨案，1000人遇难。

1937年，上海金山卫惨案，1.12万人遇难；阳高城惨案，数千人遇难；天镇城惨案，2300人遇难；保定城惨案，2000人遇难；固安县惨案，1500人遇难；灵丘惨案，1200人遇难；朔县大屠杀，4800人遇难；宁武城大屠杀，4800人遇难；原平三大惨案，3700人遇难；正定大惨案，1506人遇难；赵县惨案，1149人遇难；梅花镇大惨案，1547人遇难；成安大屠杀，5300人遇难；常熟惨案，6000人遇难；济阳城惨案，2300人遇难；清丰县城大惨案，1000人遇难；镇江大惨案，1万多人遇难；太仓大惨案，数千人遇难；苏州大惨案，1万多人遇难；东亭许巷血案，1801人遇难；无锡大惨案，1.42万人遇难；常州血案，1万人遇难；江阴县大屠杀，2万人遇难；芜湖大屠杀，1万人遇难；南京大屠杀，36.33万遇难；杭州大屠杀，4000人遇难。

1938年，盱眙城惨案，2000人遇难；吉安惨案，1000人遇难；凤阳惨案，

5000 人遇难；新乡大惨案，2300 人遇难；长治惨案，1000 人遇难；太湖马迹山惨案，1400 人遇难；滕县大屠杀，2259 人遇难；长垣城惨案，1700 人遇难；浚县惨案，4500 人遇难；临沂大屠杀，3000 人遇难；盐城大屠杀，1 万人遇难；凤阳城大屠杀，5 万人遇难；合肥大屠杀，5000 人遇难；汉王惨案，2000 人遇难；阎窝惨案，1000 人遇难；金乡惨案，3347 人遇难；淮北牛眠村大屠杀，1780 人遇难；晋城大屠杀，5000 任遇难；南澳岛大屠杀，2000 人遇难；信阳惨案，1 万人遇难；武汉惨案，2 万人遇难。

1939 年，常营村大屠杀，1100 人遇难；武乡县扫荡，1500 人遇难；海南大屠杀，1 万人遇难；入侵汨罗县，1200 遇难；四次长沙大屠杀，36460 人遇难。

1940 年，昔阳县大惨案，1253 人遇难；冀鲁豫区"五五"大惨案，1477 人遇难；安国城大惨案，1000 人遇难；太岳区根据地大"扫荡"，1000 人遇难；蠡、安、博地区大"扫荡"，1000 人遇难；太行山区大惨案，2000 人遇难；沁源大惨案，5000 任遇难；兴县惨案，1300 人遇难；沁县大惨案，5000 人遇难。

1941 年，潘家峪大惨案，1230 人遇难；应县下社惨案，1700 人遇难；"四一二"大扫荡，4000 人遇难；海南岛汀迈惨案，1300 人遇难；平陆县八政村惨案，3000 任遇难；浦江县惨案，1200 人遇难；北岳区大"扫荡"，4500 人遇难；临沂大屠杀，3000 人遇难；平山两次大"扫荡"，4330 人遇难。

1942 年，晋东南地区大"扫荡"，1.3 万人遇难；惠州大屠杀，5000 人遇难；吴江四镇大"扫荡"，1500 人遇难；内黄县枣林村大屠杀，1300 人遇难；冀中五一大"扫荡"，5 万人遇难；龙陵大屠杀，1 万多人遇难；铺江、诸暨、东阳大惨案，1400 人遇难；金华惨案，2855 人遇难；横峰大屠杀，2.5 万人遇难；松阳县大惨案，3000 任遇难；冀鲁豫区"九二七"大惨案，1200 人遇难；昆山血案，1800 人遇难；文昌县文北惨案，3700 人遇难；南阳惨案，1549 人遇难；潘家戴庄大惨案，1280 人遇难。

1943 年，南县厂窖大惨案，3 万人遇难；苏中四分区"扫荡"，1000 人遇难；阜平平阳惨案，1000 人遇难；任丘大屠杀，数千人遇难；桃源县大屠杀，4579 人遇难；井陉老虎洞黑水坪惨案，1000 人遇难；临澄县大惨案，6959 人遇难；常德城大屠杀，3300 人遇难。

1944 年，冀东"扫荡"，3000 人遇难；湘桂战役期间大屠杀，1.9 万人遇难；益阳城惨案，6959 人遇难；襄城六王冢血案，2000 人遇难；湘潭大惨案，2.5 万人遇难；茶陵惨案，9440 人遇难；全州大屠杀，7600 任遇难；宁乡县大惨案，1125 人遇难；邵阳大屠杀，2.48 万人遇难；武冈县大屠杀，1.13 万人遇难；江华县大惨案，3234 人遇难；揭阳惨案，1500 人遇难；桂阳屠杀，3737 人遇难；桂林大屠杀，1300 人遇难；独山大惨案，1.9 万人遇难；荔波县城大屠杀，5000 人遇难。

1945 年，洋溪大屠杀，2664 人遇难；乐会大屠杀，1000 人遇难；双峰山大屠杀，7600 人遇难；三亚荔枝"朝鲜村"大屠杀，1300 人遇难。

大规模屠杀数量众多，日军残杀民众的手段也是惨无人道，无所不用其极。有学者研究统计，日军在中国实行杀人的方法有 250 余种之多。仅在南京大屠杀中，就有个别和集体枪杀、用机枪扫射、用炸药和地雷大规模的炸死、以活人当靶子练刺杀、砍头、奸杀、烧死、破腹、狗咬、溺毙和各种虐待致死等等，其方法之残忍，手段之恶劣，无法用语言来形容。

日本法西斯对无辜平民肆无忌惮的屠戮掠杀，使中国人民的生命财产遭受到巨大损失。自 1931 年九一八事变开始，日本侵华 14 年，在中国屠杀了上千万的中国人，直接间接死于这场战争的中国人民达 3500 万以上。

【遗址介绍】

平顶山惨案遗址

平顶山惨案遗址位于辽宁省抚顺市东洲区南昌路 17 号，系日本帝国主义侵华战争期间屠杀中国人民的现场遗址。

1904 年日俄战争后，日本侵略者开始攫取抚顺煤矿开采权。1931 年九一八事变后，日本侵略者全面占领了抚顺，对抚顺人民实行了残酷的殖民统治。

● 平顶山惨案遗址

　　日本的侵略，激起了中国人民的强烈反抗。1932 年 9 月 15 日（农历中秋节）午夜，辽宁民众自卫军一支部队途经平顶山村袭击了盘踞矿山的日本侵略者，击毙了杨柏堡采炭所所长渡边宽一，打死打伤其他日本人多名，捣毁了一些矿山设备。为了报复，日本侵略者于第二天派出宪兵、警察和防备队员几百人，将平顶山村二千四五百人和附近千金堡、栗子沟村的五六百人驱赶到平顶山下，以"通匪"的罪名对村民进行了集体屠杀。同时日本侵略者还将平顶山村房屋烧毁夷平，村庄从此不复存在。屠杀后，日本侵略者又将尸体焚烧并掩埋在平顶山下。此次屠杀，平顶山村 3000 余名无辜百姓横遭杀戮，其中 2/3 是妇女、儿童，400 多户人家几乎被杀绝，800 多间民房被烧毁。屠杀幸存者百余人，但其中大部分因为无人救治而伤重死亡，最后仅有四五十人幸存。

　　1988 年，平顶山惨案遗址由国务院公布为第三批全国重点文物保护单位。

南京大屠杀遗址

　　在日本侵华的历史上，规模最大的一次屠杀发生在南京。侵华日军松井石根所部于 1937 年 12 月 13 日攻陷南京后疯狂杀戮，血染古城，使侵华日军南京大屠杀死难同胞丛葬地位于江苏省南京市。1937 年 12 月 13 日，日本侵略军攻陷南京城，制造了震惊中外的南京大屠杀事件。这是日本帝国主义侵华最凶残、最具有代表性与典型性的暴行之一，是第二次世界大战中的特大惨案之一。侵华日军在长达 40 天的屠杀中，有

• 南京大屠杀遗址

30 多万人惨遭不幸。经文物普查，确认了南京大屠杀死难同胞遇难处及丛葬地多处。

江东门"万人坑"遗址位于南京市水西门大街 418 号（原茶亭东街 195 号）。1937 年 12 月 16 日，日军将放下武器的中国士兵和甲民万余人囚禁于原国民党陆军监狱内，骤以轻重机关枪扫射致死。1938 年初由慈善团体收尸，掩埋于江东门两大坑内（俗称万人坑）。1998 年 4 月 ~1999 年 11 月，又在距原遗骨室 30 米的北侧草坪上，发现一遇难同胞遗骨现场，共挖出 208 具遗骨。

挹江门丛葬地在挹江门附近。1937 年 12 月 ~1938 年 5 月，南京崇善堂、南京红十字会等慈善团体先后六批，共收死难者遗骸 5100 多具，埋葬于挹江门东城根及其附近姜家园、石榴园等地。

东郊丛葬地，1937 年 12 月南京东郊一带惨遭杀害的同胞尸蔽丘陇，骨暴荒原。适至翌年 4 月，由崇善堂等慈善团体在中山门外至马群镇一带收尸 33000 余具，就地掩埋于荒丘或田野。1938 年 12 月，经伪市政督办责成其卫生局又于马群、邵山、马鞍、灵谷寺等处，收集死难者遗骨和残骸 3000 余具，丛葬于灵谷寺之东。于 1939 年 1 月立"无主孤魂墓碑"为志。

中山码头遇难同胞丛葬地，1937 年 12 月 16~18 日，避居国际安全区的青壮难民惨遭日军杀害者共达万人以上。

煤炭港丛葬地，1937 年 12 月 17 日，日军从各处搜捕我已解除武装之士兵及平民 3000 余人，拘禁于煤炭港下游江边，以机枪射杀，其伤而未死者，悉被押入附近茅屋，纵火活焚致死。

汉中门外丛葬地，1937 年 12 月 15 日，避难于国际安全区的平民和已解除武装的军警共 2000 余人遭日军搜捕后，被押赴汉中门外，用机枪扫射；至次年 2 月 11、18 日两天，始由慈善团体南京红十字会收敛得遗骸共 1395 具，掩埋于汉中门外之广东公墓及二道埂子一带。

草鞋峡丛葬地，1937 年 12 月 13 日，逃聚在下关沿江待渡之大批难民和已解除武装的士兵共 5.7 万余人遭日军捕获后，被押解至草鞋峡，用机枪集体射杀。

鱼雷营丛葬地，1937 年 12 月 15 日夜，侵华日军将被其搜捕的平民和已解除武装之守城官兵 9000 余人押至鱼雷营，以机枪集体射杀。同月，日军又在鱼雷营、宝塔桥一带再次杀害 3 万余人。

花神庙地区丛葬地，白 1937 年 12 月 ~1938 年 4 月，南京红十字会和崇善堂两慈善团体在中华门外雨花台、望江矶、花神庙一带，共掩埋遇难同胞尸体27239具。

燕子矶江滩丛葬地，1937年12月，3万余解除武装的士兵和2万多难民，避聚于燕子矶江滩，遭日军机枪横扫，被杀人数达5万余人。

北极阁附近丛葬地，1937年12月，北极阁附近惨遭杀害者达2000余人。罹难同胞遗骸经南京崇善堂收敛，丛葬于北极阁山麓及近山城根等处。

清凉山丛葬地，1937年12月，数以千计的无辜同胞在清凉山附近原吴家巷、韩家桥等地遇难。

上新河地区丛葬地，1937年12月，大批难民共28730余人悉遭日军杀害于此。劫后，湖南木商盛士征、昌开运两先生捐救掩埋一批遗尸。嗣于1938年1~5月，又经南京红十字会在上新河一带收埋死难者遗骸计14批，共8459具。

2006年，侵华日军南京大屠杀死难同胞丛葬地由国务院公布为第六批全国重点文物保护单位。

潘家峪惨案遗址

潘家峪惨案遗址位于河北省唐山市丰润区潘家峪村。潘家峪村是抗日堡垒村，是冀东抗日根据地的中枢。冀东军分区的一些重要机关以及兵工厂、印刷厂等都曾设在这里，12团的指战员们打完仗，也总愿来这里休整。1939~1940年，这里被敌军扫荡了138次，为保护抗日根据地，潘家峪人民曾与敌军交手54次。

• 潘家峪惨案遗址

1941 年 1 月，日本侵略者策划了血洗潘家峪的阴谋。1 月 25 日晚，驻唐山、丰润、滦县等 16 个据点的 3000 多名日军和 1000 多名伪军在日指挥官佐佐木的率领下将潘家峪包围起来。他们进入村中，用枪托、刺刀，把人们全部驱赶到位于村中心的西大坑。西大坑长 30 米、宽 10 余米，周围是一人高的石坝，当时坑底有一尺多厚的积雪。因为人多，坑边也站满了人。日军怕开枪时人群容易疏散，临时改变了主意，将人们赶到了潘家大院。院内遍地铺满松枝柴草，浇了煤油，院外搭着梯子，日军端着机枪站在院墙上做好了射击的准备。

大屠杀一直延续到次日下午 7 点。全村有 1230 人被杀害，31 家绝了门户，1100 多间房屋被烧毁。

惨案后，日军把潘家峪周围 25 公里划为"无人区"，拆毁房屋，填平水井，驱散居民，多次"清乡""扫荡"，潘家峪一带笼罩着白色恐怖。但是潘家峪人民不屈不挠，幸存者成立了"潘家峪复仇团"，与敌人展开了积极斗争。1942 年 7 月 18 日，复仇团与八路军冀东军分区 12 团战士在迁安县甘河槽设伏，与敌激战 5 个小时，全歼 150 名日军，俘虏 100 余名伪军。

2006 年，潘家峪惨案遗址由国务院公布为第六批全国重点文物保护单位。

厂窖惨案遗址

1943 年 5 月，侵华日军发动鄂西作战（日军称之为"江南歼灭战"），5 月 9~12 日在厂窖地区实行惨无人道的杀光、烧光、抢光的三光政策，屠杀手无寸铁的中国居民、难民和放下武器的国民党官兵，制造了震惊中外的"厂窖惨案"。

厂窖镇位于洞庭湖西北滨，荆江南岸，三面临水，形如半岛。小镇扼洞庭湖西北水路要冲，历来为兵家必争之地。

太平洋战争爆发以来，日军船舶损失惨重，运输兵员、军需品、物资原料的船舶严重不足。在中国战场上，长江航运在宜昌到岳阳段为中国军队控制，日军在攻占宜昌后掠夺的大量船舶无法投入使用。日军第 11 军为打通长江航道和消灭中国野战部队，夺取中国的粮仓，迫使中国政府投降，于 1943 年 5 月初发动了鄂西作战。日军采用逐次蚕食的方针，分别对南县、安乡，公安、枝江和宜昌以西等 3 个地区依次实施 3 期作战。主要是歼灭国民党部队第 73 军、第 44 军等部。

厂窖惨案即发生在日军鄂西战役的第一期。日军这期作战重点是打击部署在湖区核心区域之南县、安乡、华容等地的国民党军队第73军。日军发动鄂西第一期作战后，分多股兵力由湖北进犯湖南，从藕池附近、石首、华容、岳阳等地，向安乡、南县水陆进犯。同时配合飞机轰炸，最后以厂窖为中心形成一个合围圈。当时，驻守华容、南县、安乡的国民党第73军等部主力1万多人奉命撤退，准备西渡常德，以摆脱日军的围追堵截，刚到厂窖，便被逼入这个南北长10余公里、东西宽约5公里的狭长的半岛。被逼入这个半岛的，还有当地居民2万余人，以及包括一部分公务人员、学校师生在内的湘鄂两省随军涌来的2万多难民。军民共有5万余人被包围在以厂窖为中心、方圆20多公里的地带，陷入进退不能的生死境地。一时间，军民不分，难民如潮，形势一片混乱。

5月9日凌晨，数百名日本兵向永固垸扑来，将所俘之人绑到各禾场，胡乱地用东洋刀砍，用枪尖刺。日军撤离后，幸存者挖坑埋葬死者1000多人。现在，这里被人们称为"千人坑"。

现在被叫作"血水库"的黑洲子，在厂窖大垸西部，当时有五六千名难民逃到这里。5月10日，日军飞机朝这里投弹扫射，步兵、骑兵往来冲杀，共杀害3000多人，鲜血染红了河水。

5月10日下午，瓦连堤的群众遭到日军追捕，60多个难民躲进了杨凤山屋场。日军将其中20多名妇女赶进一所民房，连人带房烧了个精光，又将30多个男人和小孩逐个捆绑成串，用刺刀押着，赶到附近水塘里，全部淹死。

瓦连堤边的肖家村27户人家共129人被日寇全部杀光。如今，人们把这段堤叫作"绝户堤"。

• 厂窖惨案遗址

　　日本武装汽艇到处追杀水上船民，被堵截在厂窖 20 多里河线的 2000 只船几乎全部烧光，船毁人亡，河上漂满了尸体。当时，厂窖正值洪水季节，日军将堤垸挖开几十处，大片青翠的禾苗被洪水淹没。

　　农民毕成举的小孩不满 2 岁，被日军用刺刀挑起举着取乐。农民肖长清有眼疾，日军叫他带路，他说眼力不好，不能带路，日本兵就用刀剜出他的双眼，暴行令人发指。

　　5 月 9~12 日，灭绝人性的侵华日军在这座小镇疯狂屠杀中国军民，仅 3 天共杀害 3 万多人，伤残 3000 余人，强奸妇女 2000 余人，烧毁民房 3000 余间，炸沉、焚毁船只 2500 余艘，抢劫粮食、牲畜、衣物等不计其数。当时，厂窖尸横遍野，血流成河，鸡犬无声，天沉云幂。

　　厂窖惨案是侵华日军在在中华大地上制造的仅次于南京大屠杀的第二大惨案，是太平洋战争中的最大惨案，也是二战时期法西斯日平均杀人最多的惨案。

　　厂窖惨案遗址位于南县厂窖镇新春村，总面积 50 平方千米，包括"厂窖惨案"新春村白骨坑遗址、"厂窖惨案"华中村白骨坑遗址。

　　2013 年，厂窖惨案遗址由国务院公布为第七批全国重点文物保护单位。

沈阳二战盟军战俘营旧址
国际战俘集中营

太平洋战争爆发后，日本相继攻陷香港、新加坡、菲律宾等英美盟军在太平洋地区的军事要塞，并俘虏大批盟军战俘。为了加强对盟军战俘的管理和为战时日本经济服务，日本在本土和海外先后设置了 16 个俘虏收容所。这些战俘集中营收容关押了大批盟军战俘。据统计，到 1943 年 2 月，上述 16 个日军收容所收容的盟军战俘，除因各种原因死亡者外，已达 168666 人。

在中国境内，日军设置了香港、台湾、上海和奉天 4 个盟军俘虏收容所。

香港俘虏收容所。1941 年 12 月 25 日，日军进攻香港。由于水源供应不足，再加上盟军的空中援军没有及时赶到，以英属殖民地总督杨慕琦为首的英印联军选择了投降。香港陷落后，8.5 万多英印联军全部向日军投降。日军占领香港后，大举向南推进。1942 年 2 月，日军又攻占新加坡，以英国陆军中将阿瑟珀西瓦尔为首的英印联军选择了投降。这也成了英国陆军史上的一次奇耻大辱。

香港陷落后，关于如何处置盟军战俘成为日本当局一个棘手的问题。尤其是临时收容所的条件十分恶劣，再加之食物、水源等供应不足，住宿条件又十分差，战俘几乎是睡在露天的水泥地上，许多战俘感染上痢疾等传染病。为了安置和处置这些战俘，1942 年 1 月 31 日，在日本中国派遣军的管辖下设置香港俘虏收容所。香港沦陷后的 8 万多英印联军战俘并不是全部都收容在香港俘虏收容所中，日军将上述这些俘虏进行分类，将一些高级将领、士兵和技术人员收容到俘虏收容所中，让他们从事铁路、公路和飞机场的修建工程，或者让他们从事战略资源的采掘工作，如矿山工人、码头搬运工等。而一些当地的印度俘虏，日军则将他们编成特殊劳动队，对他们进行反英亲日宣传。通过这些亲日教化，以期达到瓦解盟军军心的目的。这样，日军通过利用盟军战俘，既可以通过强化劳动来加强对他们的管理，又可以解决战时劳动力资源供应不足的困境。

香港俘虏收容所在本所下又下设深水支部、孤军营支部、香港岛支部、爵士道训练所、医院第一分院、医院第二分院、医院第三分院和孤军营北收容所等 8 个分所。据统计，1942 年 1~4 月，日军就利用战俘 2 万多人从事飞机场的整修、公路的铺设和矿山的开垦等工作。

上海俘虏收容所。为了进一步利用盟军战俘来扩充生产和军事劳务，日本陆军大臣东条英机便向中国派遣军司令畑俊六下达了在上海建立盟军战俘营的训令。于是，在香港俘虏收容所成立的第二天，也就是在 1942 年 2 月 1 日，上海盟军俘虏收容所成立。该收容所位于上海市郊 30 余里的杨行镇附近的日本驻上海陆军兵营。

上海俘虏收容所成立后不久，日军就从南洋将盟军将领及一些技术兵源源不断地运送到上海俘虏收容所。这些盟军战俘在日军的强迫下从事各项繁重的劳动，生活环境极其恶劣。许多战俘不堪忍受日军的虐待而逃跑，一旦逃跑被抓回，就受到严刑拷打、关禁闭或断绝食物等严厉的惩罚，有的甚至被当众处死。上海俘虏收容所的盟军战俘主要从事修建道路、农耕生产、建筑、开矿等劳务。他们中的大部分每月劳动时间在 24 天以上，每天大约 16 个小时。据统计，至 1942 年 6 月，上海俘虏收容所共收容英国、美国将校及其他人员

● 沈阳二战盟军战俘营旧址

达 1600 多人。

台湾俘虏收容所。成立于 1942 年 7 月，包括 1 个本所、6 个分所和 2 个临时分所。本所在台北市，第一分所在金瓜石，第二分所在台中，第三分所在屏东，第四分所在花莲，第五分所在玉里，第六分所在大直。两个临时分所是斗六临时分所和员林临时分所。

台湾俘虏收容所关押的一般都是盟军的高级将领、文职人员和技术兵。据统计，1942 年 12 月，在台湾俘虏收容所共关押盟军战俘及其他人员人数为 1456 人。

奉天俘虏收容所。同香港、上海和台湾俘虏收容所相比，奉天俘虏收容所开设的时间比较晚，开设于 1942 年 12 月，由日本驻中国关东军司令部直接统辖。奉天俘虏收容所共包括在奉天市的本所、在四平省的第二分所以及第一、二、三派遣所。这些收容所的战俘基本都是盟军将领和一些技术人员。据统计，截至 1945 年 6 月 20 日，在奉天本所共关押盟军战俘 1220 人，第二分所四平省分所关押 34 人，他们都是英美盟军的高级将领和一些高级文职人员。美国陆军中将乔纳森温莱特、英国陆军中将阿瑟珀西瓦尔、香港总督杨慕琦等就被关押在这里。

二战中，日本的盟军战俘营成了日军利用盟军战俘从事繁重劳务的集中营。在这里，战俘们被剥夺了人身自由，在日军的虐待下从事各项劳动，为日本战时军事所需制造出大批军事和工业器材。但是，日军对战俘的待遇却是极其残忍的。就拿每天的食物配给来说，奉天俘虏收容所战俘每天吃的主要是玉米面、高粱米面等做成的馍，而蔬菜主要是土豆、倭瓜等。由于生活条件极端恶劣，因而造成大批盟军战俘患病甚至死亡。据统计，1943 年 2 月末，在日军的 16 个俘虏收容所里关押的 168666 名盟军战俘中有 23514 名战俘患病，当月有 360 人死亡。据此推算，一年里至少有 4000 多名盟军战俘因生存条件恶劣导致患病死亡。

【遗址介绍】

　　沈阳二战盟军战俘营旧址位于沈阳市大东区珠林街道爱群社区青光街，原称"奉天俘虏收容所"，是二战期间日本设立的专门关押太平洋战场盟军战俘的集中营，1942 年 11 月 11 日~1945 年 8 月 15 日共关押过美国、英国、澳大利亚、荷兰、加拿大、新西兰等国战俘 2000 多名。现存战俘营房、看守用房、战俘医院、水塔、锅炉房烟囱以及两座战俘营房遗址、食堂遗址和部分围墙。旧址占地面积约 5 万平方米。

　　战俘营原有战俘营房 3 组，位于院落南侧。现存 1 组，主楼高两层，砖混结构，建筑面积约 1400 平方米。营房东侧连接一平房，为战俘厕所和洗衣、盥洗室，面积 150 平方米，与营房主楼构成一个完整单元。其余两座营房地基基本保留，其中一座现存残墙 13 米。

　　日军看守用房和战俘营房相对，位于院落北侧。建筑面积近 640 平方米，东侧过廊连接着厕所和盥洗、洗衣用房。看守用房南侧有战俘营水塔和锅炉房烟囱，现均保存完好。

　　战俘医院位于战俘营西南，二层，建筑面积约 520 平方米。

　　战俘集中营东侧现存几段围墙，南侧保留围墙地基 80 多米。战俘营房北侧是战俘营食堂，现仅存基址，占地面积约 930 平方米。

　　2013 年，沈阳二战盟军战俘营旧址由国务院公布为第七批全国重点文物保护单位。

● 沈阳二战盟军战俘营旧址纪念广场

吉林省

万人坑
日军铁蹄下中国劳工的不归路

在日本侵华14年间，日本侵略者除在占领区血腥屠杀中国人民之外，另一罪行便是疯狂掠夺中国物产资源、兴建各种工程和办厂开矿，大量奴役中国劳工，其总数达到3700万人。在这些工程和厂矿中，中国劳工惨遭虐待，被迫害致死者近千万人。

仅以当时东北和华北煤矿为例：当时在东北有40多个煤矿，较大的有抚顺、本溪、阜新、辽源、北票、本溪、延吉老头沟等。华北有大煤矿20余处，较大的有大同、井陉2处。由于日本侵略者以掠夺资源为目的，执行残酷的"以人换煤"政策，劳工在条件极其恶劣的矿井下，每天服苦役十几个小时，遭受非人的待遇，被迫进行沉重的劳动，患矽肺病（毒性的红色矽铁粉，坑道里常年红尘飞腾所致）、心脏病、肠胃病、关节炎，尤其是霍乱病者甚众。因此，劳工病死、饿死、被打死者不计其数，伤亡率异常惊人。当时工人有个歌谣："手中端着糠菜饭，身上披着麻袋片，回到工棚仔细看，工友死了一大半。"劳工死后常被抛尸荒山野岭，造成遍布各地、白骨累累的"万人坑"。

在日本统治东北的14年中，抚顺煤矿迫害致死劳工最多，至少有20万人。死亡人数最少的是老头沟煤矿，10900人。死亡率最高的是阜新煤矿，7万人。本溪、北票、阜新、辽源4矿劳工死亡率均达40%以上，其他几处劳工的死亡率应达20%以上。40余处煤矿劳工迫害致死者，以最保守的估计应达50万人以上。

日本在山西大同、河北井陉2处煤矿迫害中国劳工致死者分别为大同6万人，井陉3万人。但是华北有大煤矿20余处，所以其被日本人奴役和迫害致死者亦必有数十万！

目前，据不完全统计，抚顺地区发现"万人坑"30多处；大同发现"万人坑"20多处；北票仅在台吉南山"万人坑"约1.7万平方米内，就挖掘出6500多具遗骨；阜新煤矿仅1939、1940年两年日本人即在设立了4个"万人坑"；井陉南大沟占地10亩的"万人坑"，有3万名以上的劳工葬身于此。

● 辽源煤矿死难矿工墓纪念碑

【遗址介绍】

辽源矿工墓

辽源矿工墓位于吉林省辽源市西安区安家街道安仁路36号，俗称"万人坑"。1931年的九一八事变后，日本军国主义对辽源煤矿进行了疯狂的掠夺和残酷的殖民统治，制造了一个个"万人坑"，辽源矿工墓是其中最集中的一处。

辽源矿工墓西南高，东北低，呈缓坡，总面积2900平方米。地表有明显的封土堆。1964年将此地发现的漫山遍野的矿工尸骨整理成3000座矿工坟，并将其中7处典型遗存建成死难矿工遗骨陈列馆开放参观。在墓地西南现存炼尸炉遗址1处。炼尸炉建筑在上坡山，是一处水冲刷出来的自然沟塘，铁轨横架于沟塘之上。炼尸时，先将尸体横七竖八的放在铁轨上，下面放好木柴和煤炭，然后在尸体上浇汽油，最后点火焚尸。

2013年，辽源矿工墓由国务院公布为第七批全国重点文物保护单位。

阜新万人坑

阜新万人坑坐落在辽宁省阜新市太平区孙家湾南山，占地5平方公里，埋葬着7万矿工的遗骸。他们大多数死于1937~1945年，死于日本侵略者的残酷迫害与压榨之下。

阜新地区共有4处万人坑。其中，新邱兴隆沟墓地始建于1939年8月，

● 阜新万人坑

当时购地323.977万平方米，原为建井采煤，后划出5万多平方米为墓地；城南墓地始建于1939年11月，购地4196438平方米，也从中划出一部分土地为墓地；孙家湾墓地始建于1940年8月，占地20.388万平方米；五龙南沟墓地始建于1940年11月，占地17524平方米。孙家湾万人坑是迄今为止保存完好的墓地，四周立有"满炭墓地"的刻字石桩。

1968年阜新矿务局在孙家湾南山万人坑筹建"阶级教育展览馆"，在整理部分坟墓和遗骨中，发掘出3个群葬大坑，就原址保持原葬形态，建起东西两座展馆。东馆墓坑由北及南，顺东山坡挖就，北高南低，长16米、宽2米，底深不足1米，共摆放137具尸骨。据初步考察，这些人在生前是关押在日本警备队参加过下菜园子大暴动的"特殊工人"和关押在思想矫正院的反满抗日矿工。坑内所埋尸身分作5组，有的单层摆放，有的码摆5层，发掘后露出尸骨或仅外露头骨的共83具。西馆分南北两坑，间距22米。南坑干沟坡挖就，东高西低，高低差约1米，南北长11.1米、宽3.5米，坑深不及1米，埋尸52具，分双行将4尸下肢交叉相压。北坑平低，南北长13米、宽3.5米、深约1米，埋尸58具，尸体单层平放。两坑露出的尸骨中均有肢体残缺者，有的肢骨、椎骨、肋骨折断或颅骨穿洞、断裂。

2006年，阜新万人坑由国务院公布为第六批全国重点文物保护单位。

大同煤矿万人坑

大同煤矿万人坑位于山西省大同市矿区煤峪口南沟，分上、下两洞。上洞宽5米多、深40多米，系一自然山洞。下洞宽4米左右、深70多米，为旧时小煤窑的坑道。坑内层层叠叠地堆满了死难矿工的尸体。

● 大同煤矿万人坑

　　日本帝国主义侵华部队占领大同煤矿后，野蛮地推行"以人换煤"的血腥政策，疯狂掠夺大同的煤炭资源，以建房、筑路为名，诱骗或强抓京、津、鲁、豫、苏、冀、皖等地大批农民和手工业者，下井充当矿工。大批外地劳工被迫在闷热、潮湿、煤尘弥漫的矿井里，每天干十几个小时的重活，相继患上了痢疾、伤寒等疾病。奄奄一息时，被扔到荒郊野外、河滩山谷、山洞和旧煤窑中，日积月累便形成了一个个白骨累累的"万人坑"。

　　当时大同矿区共有杨树湾、老爷庙、黄草洼、大南湾等较大的"万人坑"20 余处，煤峪口南沟是现存最大、最完整的"万人坑"。

　　2006 年，大同煤矿万人坑由国务院公布为第六批全国重点文物保护单位。

侵华日军淮南罪证遗址

　　侵华日军淮南罪证遗址位于安徽省淮南市大通区，包括万人坑、站后碉堡、碉堡水牢、秘密水牢、窑神庙、日军司令部、日军弹药库、日军地堡、日军南宿舍碉堡 9 处遗址。

　　万人坑位于淮南市大通舜耕山北麓，形成于 1943 年春，共 3 条，各深 3 米、长 20 米、宽 5 米，内有被日军杀害的许多抗日志士和一万多名罹难矿工遗骨。站后碉堡位于原大通火车站西面，建于 1939 年，高 14.1 米，面积 28 平方米，是日军在大通地区修建的 36 座碉堡中最高的一座。碉堡水牢位于原大通矿南，现大通一小校园西北角，建造于 1939 年冬，用石块砌筑而成，分上下两层，上层为碉堡，地坪以下为水牢，面积 44 平方米，直径 7 米、深 2.2 米。秘密水牢于 1939 年冬建造，砖木结构，长 3.5 米、宽 2.5 米、高 3.2 米。为建筑秘密水牢，日军从蚌埠骗来 18 名瓦工，水牢建成后，日军将其关进水牢，之后杀害。大通窑神庙建于 1941 年 7 月，是一座灰瓦屋顶、斗拱飞檐的日式建筑，位于大通二小校园北面，

● 侵华日军淮南罪证遗址

建筑面积 95 平方米。日军司令部为一四合院，房屋面积 1200 多平方米，建成于 1938 年。日军南宿舍碉堡建成于 1939 年，是专为保卫日军及家属而建。日军地堡和日军弹药库均建于 1938 年。

侵华日军淮南罪证遗址是日本军国主义侵略罪行的有力见证，集中反映了日军在我国内地大肆侵略、残害百姓及掠夺煤矿资源的暴行。

2013 年，侵华日军淮南罪证遗址由国务院公布为第七批全国重点文物保护单位。

三灶岛侵华日军罪行遗迹

三灶岛侵华日军罪行遗迹位于珠海市金湾区三灶镇茅田村、竹沥村、鱼弄村、轿顶村、海澄村、上表村、正表村、春花园村、三灶岛南部，包括万人坟、千人坟、日本摩崖文字、慰安所、碉堡、弹药库、兴亚第一国民学校遗址和兴亚第二国民学校遗址等。

日军侵华期间，在珠海地区（当时属中山县五、六、七、八区）犯下了罄竹难书的罪行。现属珠海的香洲、斗门以及三灶岛等大大小小的岛屿，只要是有百姓、有财富的地方，都未能逃过日本侵略者铁蹄的践踏。日军所到之处，烧杀抢掠，无恶不作，其罪行之残暴令人发指。

日军侵略珠海地区，罪孽之深重，尤以三灶岛（原属中山县七区）为烈。日军曾于 1937 年 10 月 24 日、11 月 1 日和 1938 年 3 月 18 日 3 次入侵三灶岛。经过前两次的入侵和侦察，日军在 1938 年 3 月 18 日以 6000 余兵力在三灶岛莲塘湾登陆，设立以藤田中将为首的海、陆、空军组成的司令部，把三灶岛作为日本侵略中国华南的一个重要军事基地。从此，日军为了站稳、巩固和经营这个"基地"，不择一切手段，甚至把三灶岛变成了人间地狱也在所不惜。

1938 年 4 月 12~14 日，日军为了报复三灶岛上人民的反抗，对三灶人

● 三灶岛三二三死难同胞纪念碑

民进行了惨绝人寰的大屠杀。12 日，日军洗劫鱼弄村，强迫群众挖了一个 10 米多宽、2 米多深的大坑，把群众五个一串、十个一排拉到坑边，用铁丝网围住，然后丧心病狂地用两挺机枪扫射，又在尸体上浇上汽油焚烧。当天，鱼弄村遇难群众共 586 人。13 日，日军大批出动，在三灶岛实行"三光"政策，见男人就杀、见妇女就强奸、见房就烧、见东西就抢，无恶不作。当天下午 7 时，日军放火烧毁了上表、草塘等 36 个村庄，共计 3240 间房屋和 164 艘渔船，三灶岛化为一片火海。14 日，日军在草塘、沙岗、莲塘等地进行了大规模屠杀，抓到男的就活活打死或活埋，抓到妇女就先行强奸再杀死或砸死，小孩则投入水中淹死或抛到空中用刺刀刺死，日军残暴的法西斯兽行简直灭绝了人性。经过三天的血腥扫荡，日军在三灶岛共计屠杀中国民众 2000 多人，岛上 35 岁以下的妇女被日兵强奸者达 70% 以上。当时的三灶岛上残垣断壁、尸横遍野，三灶岛变成了一座荒凉凄惨的死岛。

在沦陷 8 年中，日军杀害三灶岛同胞 2891 人，饿死 3500 人，除此以外，日军为了修建机场在当地和中山县地区抓捕劳工，机场修好之后却把这些劳工屠杀或驱赶下海淹死。

抗战胜利后，逃离三灶的群众陆续返岛，他们收拾死难同胞骨骸，葬于上茅田村东，1948 年，由当地华侨和港澳同胞筹款修建了万人坟和千人坟。

日军在侵占三灶岛期间，还在正表村军为三灶岛适龄儿童接受日本奴化教育开设小学。接受奴化教育的学生，每周必须到日本人的神社里参拜。现存兴亚第二国民学校遗址，就是日军在三灶岛开展奴化教育的历史见证。

2013 年，三灶岛侵华日军罪行遗迹由国务院公布为第七批全国重点文物保护单位。

伪满皇宫及日伪军政机构旧址
傀儡政权总部

    1932年3月9日，在日本军队的精心策划下，末代皇帝溥仪从天津秘密潜逃至东北，在长春成立了傀儡政权——伪满洲国。伪满洲国初期为"共和"体制，不久后以溥仪为"元首"；初期称号为"执政"，年号"大同"，溥仪后称"皇帝"，年号"康德"。

    伪满洲国的行政机构为伪"国务院"，其首长为"总理"。伪"国务院"下辖外交、民政、财政、司法、实业、交通、文教、军政等部。"财政部"后改名"经济部"，"军政部"后改名"军事部"，"实业部"后拆分为"兴农部"和"勤劳部"，又成立了"厚生部"等部门。各"部"长官为"部长"，但是实权掌握在由日本人担任的各"部"次官手中。由日本人担任的"国务院总务厅"长官为实际上的"总理"。各"部"的日本裔次官每周二举行聚会，商讨并决定"国家"政策和各种具体事务，被称为"火曜会"。

    伪"满洲国"的立法机关称"立法院"，实际立法权掌握在关东军手中。伪满洲国没有成文宪法，而是由各项专门法律来替代宪法。咨询机关称"参

● 缉熙楼

议府"，其首长称"议长"。首任"议长"由臧式毅担任。伪满洲国的最高司法机关是"最高法院"，宫廷机构为"宫内厅"。

伪满"军事力量"由伪"满洲国家军队""后方警备""治安维持"三部分组成，全境被分为11个军管区。伪满军事权力为日本关东军所控制，其军队的调动、演习、装备更换、人事变动都要经过关东军司令部的批准。

伪满洲国的中央银行为"伪满洲中央银行"。伪满洲国货币为元，与日元等值。流通货币为伪"满洲银行券"，不可兑换金银。朝鲜银行券和日元在伪满洲国境内也可自由流通。

伪满洲国原有的工业主宰部门为南满洲铁道株式会社（简称"满铁"）。伪满洲国成立后，其他日本财阀的资金迅速涌入。1937年后，伪满洲国对于工业部门采取经济统制政策，推行"一业一社"的原则，每个行业都成立一个垄断性的公司。根据这个原则，"满铁"交出了自己的工业部门，经过重新组合，组成了庞大的康采恩——"满洲重工业开发株式会社（满业）"，垄断了伪满洲国境内所有的钢铁、煤炭、化工和电力产业。

为了把东北变成其扩大侵华战争和发动太平洋战争的基地，日本对东北的经济和资源实行了严厉的统治和疯狂的掠夺，重点是煤、铁、石油等矿产资源和基础工业。东北的工矿业畸形发展，民族工矿业凋敝，农村经济破产，

● 伪皇宫旧址兴运门

• 长春关东军司令部旧址

经济迅速殖民地化。日寇为了最大限度地保证殖民主义物资掠夺，必须最大限度地压缩东北人民的消费水平，因此从 1935 年开始，日寇先后对重要的战略物资和人民生活必需品实行全面的配售统制，东北人民的生活陷入了极端贫困与痛苦之中。

为强化日本殖民统治，日本侵略者极力向东北青少年灌输奴化教育思想，教师也只能按照日本的意图授课。东北沦陷的 14 年中，青少年学生每天都要背诵"建国精神""回銮训民诏书"等，被强制灌输"中日亲善""日满不可分""民族协和""建国精神"等奴化思想。东北教育遭到空前破坏，青少年的心灵受到极大摧残。

【遗址介绍】

伪满皇宫及日伪军政机构旧址包括分布于长春市宽城区的伪满洲国皇宫旧址、侵华日军关东军司令部旧址、侵华日军关东宪兵队司令部旧址 3 处；分布于朝阳区的伪满洲国国务院旧址、伪满洲国军事部旧址、伪满洲国司法部旧址、伪满洲国综合法衙旧址、伪满洲国经济部旧址、伪满洲国交通部旧址、伪满洲国民生部旧址、伪满洲国外交部旧址 8 处。

伪满洲国是 1931 年九一八事变后，日本侵略者利用前清废帝爱新觉罗·溥仪在东北建立的一个傀儡政权。通过这一傀儡政权，日本在中国东北实行了 14 年之久的殖民统治。其间保留了一批统治机构的建筑遗存。

伪满皇宫旧址位于长春市宽城区东广街道黄河路北社区光复北路 5 号，是辛亥革命废黜的清朝末代皇帝爱新觉罗·溥仪在日本帝国主义的扶植下充当伪满洲国傀儡皇帝时的宫廷。建于 1932 年，至 1945 年扩建为现状规模。宫廷主体部分为 4.6 万平方米。伪满皇宫旧址主体由内廷和外廷组成，二者以中和门为界分落南北。内廷有缉熙楼、中膳房、茶房、西膳房、司房、佣人住房、西花园与同德殿、书画库、御花园等建筑设施，是溥仪及其眷属的日常起居区。外廷有勤民楼、怀远楼、嘉乐殿、日本宪兵室等建筑设施，是溥仪的政务活动区。伪满皇宫西部还设有御用汽车库、跑马场、禁卫军营房、花窖与东部的建国神庙、祭祀府、近卫军营房等建筑设施。伪满皇宫既有中国传统建筑，又有日本风格的殿堂，还有西欧古典情调的楼宇，古今杂陈，中外并置，是当时中国东北特殊社会状况在建筑上的真实反映。

侵华日军关东军司令部旧址位于长春市宽城区新发街道贵阳社区新发路 577 号，建于 1933 年，占地面积 342212 平方米。司令部旧址建筑为钢筋混凝土结构，主体部分地上四层、地下一层，建筑面积 15276 平方米。四层高的主体建筑顶部周圈作批檐处理，楼面上建有 3 座仿日本天守阁样式建造的阁楼，中间两层、两侧一层，以山面为正立面。大楼一层和顶部阁楼为白色墙面，中间三层为褐色墙面，色彩对比鲜明。司令部旧址西侧现存日本关东军司令官邸，欧式建筑。地上二层，钢筋框架结构，顶部铜瓦铺盖。为仿德国城堡式二层建筑，立面采用颜色深浅不一的褐色面砖，色彩斑驳陆离，白色檐口，整体上给人古色古香之感，官邸内部装饰极为豪华。

侵华日军关东宪兵队司令部旧址坐落于长春市宽城区新发街道贵阳社区新发路 329 号。旧址始建于 1932 年，1933 年竣工，占地面积 30881

● 伪司法部旧址塔楼局部

● 伪满洲国综合法衙旧址

平方米。在日本帝国主义侵占东北的 14 年中，关东宪兵队司令部在此策划了一系列针对中国人民抗日活动尤其是针对中国共产党领导的抗日群众组织及抗日联军的镇压活动，杀害了大批共产党人和爱国人士，对中国人民犯下了严重罪行。旧址主体建筑是一座坐北朝南的四层大楼，钢筋混凝土结构，建筑面积 12165 平方米。

伪满洲国国务院旧址位于长春市朝阳区桂林街道新民大街 126 号，始建于 1935 年，占地面积 50600 平方米。伪满洲国国务院系伪满洲国国务活动的办公场所，该傀儡政权的中枢机关。旧址地上五层、地下一层，主体建筑面积 20500 平方米。平面呈"五"字形，带有象征意义。楼顶铺棕色琉璃瓦，外墙为咖啡色饰面，东西两侧中部顶层各有一方攒尖。门廊采用四根变异的塔司干柱式，高达三层楼。塔楼檐下以四根倚柱突出墙面。塔楼顶部则为具有东方传统风格的重檐方攒尖。整个建筑既具有西方折衷主义风格，又兼具日本风格的"帝冠式"，并与中国古典建筑形式相结合，设计思想体现了当时日本建立大东亚共荣圈的政治意图。

伪满洲国军事部旧址位于长春市朝阳区桂林街道新民大街 71 号，始建于 1935 年，占地面积 53850 平方米。伪满洲国军事部前身是伪满洲国军政部与伪满洲国民政部的警务司，1943 年正式更名，管辖国防、兵事、军政，是武力镇压抗日民众的中心。旧址主体建筑地上原为四层、地下一层，建筑面积为 17000 平方米。主体建筑平面呈箭头形，钢筋框架结构，楼层主体立面处理简洁，红色砖贴面无繁琐装饰，设计手法现代。屋顶的样式采用日本"帝冠式"大屋顶，并以山面作为主入口方向。屋顶及檐部均以中国传统的绿色琉璃瓦装饰。出入口门廊的 4 个支撑方柱和廊盖为白色花岗岩石料。场地内还有车库、锅炉房等附属建筑。

● 伪满洲国交通部旧址

伪满洲国司法部旧址位于长春市朝阳区桂林街道新民大街 828 号，建于 1935 年，占地 32656 平方米。伪满洲国司法部成立于 1932 年 12 月，设有总务、法务、行刑三司。旧址建筑平面呈长方形，建筑面积 16328 平方米。地上三层、地下一层，钢筋混凝土结构。屋顶及檐部均以绿色琉璃瓦装饰。中部门廊顶部具有明显的中国建筑特色；下部每个支撑点的三根立柱带有西方建筑特色。塔楼两侧的两个凸出部分处理奇特，上部为中国传统坡顶形式，而两侧又立着两根西洋式的壁柱。塔楼部分逐渐向上收拢，开窗也从下至上越来越小，中部开设 3 个顶窗。塔楼顶部层层错落，上部设有"帝冠式"的屋顶，为典型的折衷主义风格。

伪满洲国综合法衙旧址位于长春市朝阳区桂林街道自由大路社区自由大路 108 号，南邻南湖公园，面朝新民广场。旧址建筑始建于 1932 年，1936 年竣工。占地面积 103850 平方米。伪满洲国综合法衙是伪满洲国最高检察厅、最高法衙、伪新京特别市高等检察厅、高等法衙的办公场所。作为伪满洲国的最高司法机关，是日本帝国主义和伪满傀儡政权统治、镇压中国人民的主要工具之一。旧址建筑地上五层、地下一层，建筑面积 15999 平方米。钢筋混凝土结构，正中塔式楼顶，紫红琉璃瓦，外墙用咖啡色薄砖贴面，表面采用曲线圆角。楼内设有刑讯室和绞人机等几十种刑具，充满了法西斯的残暴气息。

伪满洲国经济部旧址位于长春市朝阳区桂林街道自由大路社区新民大街 829 号，始建于 1935 年，建筑面积 43200 平方米。伪满洲国经济部是伪满洲国掌管经济职能的中枢机关，是为日本帝国主义掠夺东北经济服务的部门。其前身是伪满洲国财政部。旧址建筑共四层，平面呈长方形，钢筋混凝土结构。建筑设计上十分简洁，建筑在立面处理上为三段式，基座部用现代简洁手法处理。中部立面无繁锁装饰，两侧严谨对称，墙面棕黄色砖贴面。上部为女墙，富有几何图案感，顶部为一收敛的中国传统硬山式屋顶，檐仅伸过墙面，上铺棕红色琉璃瓦。

伪满洲国交通部旧址位于长春市朝阳区桂林街道自由大路社区新民大街 1163 号，建于 1935 年。伪满洲国交通部内设总务、铁道、邮政、水运四司，是伪满洲国交通、邮政的中枢机关。该机构在伪满洲国时期控制了中国东北沦陷区境内的路、海、空运输及邮政管理，直接服务于日本帝国主义的侵略政策和掠夺政策。旧址建筑共四层，建筑平面呈长方形，建筑面积 8279 平方米。钢筋混凝土结构。立面从下到上处理为三段式：底部以质感粗糙的花岗岩饰面；中部用相当简洁的现代手法处理，楼体立面大部分墙面采用棕色瓷砖贴面，正立面中央墙饰有花岗岩壁柱，壁柱雕刻有几何图案；上沿为中国传统式。门廊顶饰以女墙。顶部中央采用中式传统屋顶样式，紫红琉璃瓦装饰。

伪满洲国民生部旧址位于长春市朝阳区永昌街道人民大街 3623 号，建于 1935 年。伪满洲国民生部于 1937 年 7 月 1 日由民政部改组而成，主要掌管学校教育、保健卫生、社会设施、礼教等事宜，内部专设劳务司，通过其行政职能为日本在中国东北的殖民统治和奴役中国劳工服务。旧址建筑平面呈长方形，面积 5310 平方米，主楼二层、地下一层，钢筋混凝土结构。建筑正门朝东，在 5 级台阶上有 6 根圆柱支撑着挑檐，挑檐与四坡屋顶间设一夹层。在中间 4 根圆柱后方，门的上部有半坡檐做点缀。第二层楼全部为拱窗，在一、二层窗之间有双柱浮雕。

伪满洲国外交部旧址位于长春市朝阳区重庆街道建设街 1122 号，建于 1932 年。由法国经济发展协会提供的"有偿贷款"，法国普拉士莫班公司设计和施工。伪满洲国外交部下设宣化、政务、通商和总务四司，职能是指挥监督驻外使节、领事，掌握关于国际交涉、通商保护侨民之事务。但伪满洲国没有独立的对外资格，其外交部只是为日本殖民统治和经济掠夺的服务机构，是日本整个外交活动的附庸。旧址建筑平面形式自由，具有西方建筑风格。建筑高两层、地下一层，砖木结构，入口处为半月形的拱门。建筑面积 9700 平方米。

2013 年，伪满皇宫及日伪军政机构旧址由国务院公布为第七批全国重点文物保护单位。

伪满洲国中央银行旧址

东北金融市场的垄断者

　　九一八事变后，日本侵略者为了控制东北的经济命脉，首要目标是夺取中国东北的金融机构。事变的第二天，荷枪实弹的关东军就派兵占领了奉天省官银号。紧接着，辽宁省城四行号联合发行准备库，中国银行、交通银行等也相继被占领。9月21日，关东军在占领吉林的同时也封闭了吉林省官银号。黑龙江省官银号也是在关东军占领齐齐哈尔的同时被查封的。九一八事变前，东三省官银号、边业银行、吉林省永衡官银号和黑龙江省官银号被称为"四行号"，是中国东北的主要金融机构。关东军占领了这"四行号"，就等于掌握了东三省的金融命脉。

　　1932年伪满洲国成立后，关东军便积极策划成立伪满洲中央银行。1932年3月8日，伪满中央银行首先成立了委员会，由日本人五十岚保司任委员长，委员若干，并于3月15日召开伪满洲中央银行筹备会议。开始伪满中央银行

● 伪满中央银行旧址

的筹建工作。同年 6 月 11 日，伪满公布了第 25、26、27 号教令，即《货币法》《满洲中央银行法》和《组织法》。6 月 15 日，合并东三省"四行号"，正式成立了伪满州中央银行。

伪满洲中央银行的分支机构遍及伪满洲国，下设奉天、吉林、齐齐哈尔、哈尔滨 4 个分行。在全伪满洲国各地设有众多支行，在重要的地区还设有办事处。1932 年 6 月设立之初，分、支行达 127 家，至 1938 年，增至 142 个分支行和办事处。

伪满洲中央银行从 1932 年成立到 1944 年末共发行货币 1537237 万元。1935 年前货币发行量比较平稳，从 1936 年开始，伪满货币的发行量大幅度增加，特别是太平洋战争爆发后，伪满货币的发行量急速增加。1945 年 7 月，货币发行量猛增至 80 亿元，比 1932 年增长 52 倍，到伪满垮台，最后的发行额高达 136 亿元，为伪满洲中央银行开业当时发行额的 96 倍。

极度的通货膨胀使人民的生活水平下降到最低点。1941~1945 年，生活必须品的 70% 都是在市场上进行交易的。其市场价格在日本战败前已达到公定价格的 3000 倍，广大的东北人民则挣扎在死亡线上。

作为伪满洲国金融中枢机关，伪满洲中央银行在中国东北沦陷的 14 年里，控制东北的经济命脉，垄断货币发行，调控国民经济，排挤民族资本，完全服务于日本帝国主义的殖民掠夺和侵略战争，充当日本侵略者的附庸。随着日本帝国主义无条件投降，伪满洲国的垮台，伪满洲国中央银行也结束了它的罪恶使命。

【遗址介绍】

伪满洲国中央银行旧址位于长春市朝阳区重庆街道人民大街 2030 号，始建于 1934 年，1938 年竣工。占地面积约 3 万平方米。

旧址主体建筑地上四层、地下三层，建筑面积 26075 平方米。主体建筑装饰具有希腊古典风格。建筑主体以钢结构为框架，整体浇注混凝土。楼体外部的正面及东侧面是用东北产花岗石贴面。室内设有通厅，28 根大理石贴面的塔司干巨柱式凌空支承屋顶，大厅中部有一个巨大的拱形钢结构玻璃天窗。楼内配备有当时先进的暖气及空调设备。

2013 年，伪满洲国中央银行旧址由国务院公布为第七批全国重点文物保护单位。

长春电影制片厂早期建筑
日本文化侵略的宣传基地

　　株式会社满洲映画协会（简称"满映"）是日本侵华期间在东北长春经营的远东最大的电影制片厂。早在20世纪20年代"满映"成立之前，"南满洲铁道株式会社"（简称"满铁"）就设立了映画班，配合日本军事侵略活动，拍摄了一大批纪录片。其主要内容是对日本关东军侵占东北的城市进行拍摄，并在日本国内和当时"满铁"的沿线城市放映，着眼点主要围绕政治，宣传日满协和，歌颂日军功德，为其殖民统治服务。

　　伪"满洲国"建立以后，为了加强对沦陷区的思想统治和文化渗透，伪满洲国国务院于1937年8月2日最终通过了《电影国策案》，商议由伪满洲国和"满铁"各出资一半共500万元筹建"满映"。8月21日，"株式会社满洲映画协会"正式成立。"满映"的宗旨非常明确："满洲国电影之指导精神：一教育人民有王道乐土的世界观。二打破向来之陋习，并使人民具有积极参加五族协和新兴国家建设之心理。三施与建设新国家所需要的勇敢及豪强之精神。此项指导精神，深信为满洲国'电影国策'之根本精神也。"可见日本想通过"满映"实施文化侵略的实质。

　　"满映"从其诞生之日起，就带着强烈的殖民主义政治色彩。因为它并不是作为进步的民族文化传播的使者向人们展示电影艺术，而是由日本关东军及其控制的伪政权，为了达到向中国人民灌输殖民主义思想和文化的目的而建立的"舆论媒体"。此后，日伪统治机构又借助强权，控制了"满映"的电影制作、输出、输入、发行、上映等，完全独霸了东北的电影市场。作为思想和政治的形象宣传工具，当时东北境内的电影内容一直受到日本殖民主义者的严格审查。有损于日本帝国主义和伪满政府的、有损于日本"皇室"的、有损于日伪官吏的，特别是有悖"皇军""圣战"思想内容的影片，均被查禁。代之上映的是由"满映"精心炮制的影片。

　　"满映"生产的影片分为"娱民电影""时事电影"和"启民电影"3种。

"娱民电影"类似于故事片,是"国策影片"。主要是通过黄色、恐怖的内容来毒害中国人民。如《蜜月快车》《富贵春梦》《冤魂复仇》《铁血慧心》等,赤裸裸地宣传"日满亲善""王道乐土""五族协和"等殖民统治思想。《壮志烛火》为日本帝国主义侵占东北涂脂抹粉。"太平洋战争"爆发后,满映的"国策"影片更是充满了"决战必胜"的战争气味。他们把电影作为决战的思想武器,利用电影为侵略者打气助威。他们认为:"在决战前夜,狂呼增产的今日,电影在宣传、慰安、告知、启发、指导上所占的地位,要高出任何一个部门。为了使民众彻底了解大东亚战争以及怎样完遂大东亚战争,所以电影制作当局,就该有充分的反省。"这一时期的电影都是为迎合日本对外侵略而拍摄的。如《兰花特工队》对日本偷袭美国珍珠港大加赞赏,《黄河》则把侵略魔鬼美化成了救人的菩萨。

"启民电影"主要是宣传片、教育片和纪录片,主要目的是宣传和灌输军国主义思想。如《北方部队》宣传军国主义思想,《开拓团之春》鼓吹日伪一体。后来,当日军节节败退时,"满映"仍实行战时体制,随军拍摄纪录片,极力掩饰其失败的命运,愚弄广大群众,为日本军国主义鼓噪助威。

"时事电影"就是新闻片,主要记录伪满时期的时事,其宗旨依然是粉饰太平,为日伪政权歌功颂德。如《满映通信》《满映时报》等对日本移民进行时事政治教育。当时有"满映通讯"(日文)和"满映时报"(中文),

• 长春电影制片厂

以一周或一天为间隔，快速报道日伪统治现状，配合形势进行宣传。各电影院在放映故事片前都要放上一两个这样的片子。在 8 年的时间里，"满映"共拍摄故事片 108 部、"教育"片和纪录片 189 部、新闻片"满映通信"307 部、"满映时报"313 部。

1945 年 8 月抗战胜利，随着"满映"理事长大特务头子甘柏正彦的自杀，"满映"也随之灭亡。为把"满映"这一重要文化设施掌握在人民手中，建立自己的电影生产基地，中共派党员刘建民、赵东黎秘密进入"满映"，于 1945 年 10 月 1 日成立了东北电影公司。1946 年 10 月 1 日，东北电影公司更名为东北电影制片厂。1955 年 2 月，改名为长春电影制片厂。

【 遗址介绍 】

长春电影制片厂早期建筑位于长春市朝阳区红旗街道红旗街 1118 号。现存早期建筑包括办公楼 1 座、摄影棚 2 栋、洗印车间 1 栋、录音室 1 栋及小白楼 1 座，总建筑面积约为 3.5 万平方米。

办公楼、摄影棚、洗印剪辑车间和录音室等建筑均建于 1939 年，呈"口"字形布局，是制片厂内的核心建筑族群。办公楼中间三层、两侧二层，其余部分建筑均为二层，外墙用黄褐色瓷砖镶贴。小白楼是位于核心建筑群西北面一栋独立的二层小楼，约建于 20 世纪二三十年代。用矮石墩和木栅栏围合，共有 16 个房间。小白楼曾是伪满治安部大臣于琛澂的别墅，1943 年被"满映"出资买下，成为一个文艺沙龙，原"满映"理事长甘粕正彦曾在此居住。日伪政府垮台后，这里一度成了中共地下党指挥护厂的中心。东影回迁长春后，小白楼被划给长影，用来接待一些著名演员、作家。从 20 世纪五六十年代开始，几乎所有著名演员、导演、编剧到长影拍片或访问都住在小白楼，并在这里进行电影剧本创作。作为创作基地的"小白楼"，是长影艺术创作的中心，并被许多电影剧作家们称为"中国电影剧作家的摇篮""兼容并蓄的艺术沙龙"。

2013 年，长春电影制片厂早期建筑由国务院公布为第七批全国重点文物保护单位。

黑龙江省

伪满洲国哈尔滨警察厅旧址
法西斯鹰犬

1932年3月，根据伪满洲国建国的原则，统辖与指挥全满警察的最高警察机关——警务司——成立了。警务司也是中央警察机关，隶属于军政部，包含4科2室，后变为5科1室。在省设立警务厅，在县设立警务局，在县域内设立数个警察署，在警察署之下设数个分驻所——警察团。警务厅长受命于警务司长，警务局长受命于警务厅长，警察署长受命于警务局长，警察分驻所直接受命于警察署长。

1937年七七事变后，为适应形势发展的需要，日本法西斯侵略者对原有的警察系统进行整顿，将原来的军政部改称为治安部，这样一来，伪满警察归属治安部，并将多数满铁职员、关东厅警察官、日本外务省系统的警察官转入"满洲国"，将警务局分出一部分成立了保安局，直属于关东军司令部，警务司长兼保安局长，各省警务厅长兼地方保安局长。

• 伪满洲国哈尔滨警察厅旧址

　　1943年，警务司升为警务总局，归国务院总务厅日本人长官直接管辖，完全贯彻日本人的意图和政策，伪满完全成了警察国家。1945年7月1日，警务总局与保安局合署，直至日本投降。

　　在伪满洲国，除了有满系警察外，还有日系警察，两系警察并存，但均由日本人执掌大权，控制整个警察系统。在中央警察机关——警务司，司长均由日本人担任，负责指挥全满警察执行任务；在地方警察机构，同样是日本人控制要权，如哈尔滨警察厅内的各部门主要领导均由日本人充任，并通过日本人警务指导官制度（后改为总务主任制）掌握伪满警察大权。在警务系统内的人事任免大权也由日本人操纵控制，并且该项权力由警务司执掌。

　　为了适应其侵略、巩固殖民政权的需要，日本法西斯侵略者还设置了海上警察、森林警察、国境警察、铁路警察、经济警察、特务警察、劳务警察、治安警察、游动警察等名目繁多的警察。特务警察主要控制全民的思想、言论、出版、集会、宗教信仰以及流言倾向动态等；铁路警察主要是在车站和列车中进行盘问搜查；经济警察主要负责强迫农民交纳农产品，维护配给制度，保证将大量物资运往日本；劳务警察主要负责强制征集摊派劳工，以满足军需生产和军事工程的劳力需要。

　　为培养出对伪满政权效忠的鹰犬和打手，维护殖民政策，日本侵略者十分注重对伪满警察的教育和训练，主要通过各级警察学校、警察训练所和短

● 伪满哈尔滨警察厅门厅

期培训班来实行——在中央设立中央警官学校，在各省设立地方警察学校，在各县设立警察训练所。

伪满警察作为日本法西斯侵略者的帮凶，作为其侵略东北和巩固日伪政权的工具，在东北沦陷时期，从政治、经济、思想等方面强化对东北社会的控制，与日本法西斯侵略者一起镇压东北抗日力量，镇压东北人民。

【遗址介绍】

伪满洲国哈尔滨警察厅旧址位于哈尔滨市南岗区荣市街道秋林社区一曼街241号，建成于1931年，使用面积2180平方米。1933年7月，该建筑被伪满洲国哈尔滨警察厅占用。旧址是一座具有欧洲古典主义兼巴洛克风格的建筑。主入口以典型的古希腊廊柱和山花构成，立面处理是三段式手法。整座建筑通体洁白，屋顶为双折坡顶，两侧屋顶檐上装有古典式女儿墙，建筑比例严谨，主次分明。

伪满洲国成立后，这里成为日本侵略者残酷镇压中国人民的罪恶场所，不计其数的为反抗日本侵略者而进行英勇斗争的共产党员和爱国志士在这里被关押、折磨致死，著名抗日女英雄赵一曼烈士就曾在这里被关押和行刑。

2013年，伪满洲国哈尔滨警察厅旧址由国务院公布为第七批全国重点文物保护单位。

侵华日军军事要塞遗址

侵华战争的活化石

　　1931 年九一八事变后，日本帝国主义不仅武装侵占了中国东北，建立了所谓的"满洲国"，而且觊觎北部苏联远东地区。为使东北成为进攻苏联的战略基地，日军在沿东北中苏、中朝、中蒙边境战略要地修筑了 17 处庞大的秘密筑垒地域——地下军事要塞。从吉林的珲春、黑龙江东宁一带开始，沿绥芬河市、鸡西虎头镇，到富锦市、孙吴县、黑河市，又到海拉尔、阿尔山地区，绵延 5000 余公里。

　　日本关东军要塞的修筑是在极其保密的情况下进行的。从 1934 年至 1945 年 8 月共分三期进行。1934~1940 年是日本关东军修筑要塞的第一阶段。经过策划和施工，东部正面的东宁、绥芬河、半截河、虎头，北部正面的霍尔莫津（胜山）、瑷珲、黑河，西部正面的海拉尔等 8 处要塞在 1937 年以前已修筑完成。1938 年 2 月 14 日关东军编成第 1~8 国境守备队配置。1939~1940 年，关东军在东部正面的五家子（珲春）、鹿鸣台、观月台、庙岭及北部正面黑河上游

　　• 东宁要塞遗址

的法别拉等 5 处修筑军事要塞，并配置第 9~13 国境守备队。从 1940 年开始，日本关东军修筑要塞除将重点放在已建成的国境阵地的扩充，在各要塞防线之间"填补"作业外，又在东北部正面修筑富锦和凤翔（今萝北）要塞，组建第 14 国境守备队，在西部正面大兴安岭乌诺尔开始修筑新的要塞工程。前两期要塞的修筑主要用于对苏进行攻势作战和机动掩护。

日军在太平洋战争失利后，东北边境日军要塞的修筑进入第三阶段，开始转入防御。随着国际形势的变化，日本关东军被大量抽调南方。1945 年，日军作战方针采用抵抗的战略，东北要塞的修筑转向守势，主要采取防御措施，修筑大面积的地面阵地。

在东北边境日军要塞中，东部正面的东宁、虎头、绥芬河、珲春、鹿鸣台、观月台、半截河、庙岭 8 处要塞是日本关东军准备发起主攻的重要地区，是对苏进攻的桥头堡。东部要塞的分布占整个要塞防线的 47%。侵华日军在东北边境要塞驻守相当多的兵力，关东军国境守备兵力共有 102 个中队，其中 49 个在东部正面；55 个炮兵中队有 29 个在东部正面。在日军《对苏攻势作战计划》中，一直主张采取东部突破、西部决战或东部攻击、西部防御的措施。为此，关东军投入巨大精力，配置众多兵力和进攻性较强的远程重炮，以确保战略进攻时攻击部队能够迅速进入攻势，并使要塞做到攻守兼备的作用。西部正面有海拉尔、乌奴耳、阿尔山 3 个要塞，是关东军对苏攻势作战总体战略中采取配合东线作战、主要部署防御阻击战的地区。北部正面有沿黑龙江修筑的霍尔莫津、瑷珲、黑河、法别拉 4 个要塞，为配合东西两线作战而采取持久防御作战的部署。东北部正面有凤翔和富锦 2 个要塞，其作用是在东部正面日军开展攻势作战时，扼制苏军沿松花江和小兴安岭东侧方向的推进。

东北边境日军要塞工程浩大，其修筑由数百万中国劳工艰苦劳作完成。劳工被运送到要塞后，如同进入了人间地狱，他们衣不蔽体、食不果腹，每天十几小时的重体力劳动，累死、病死和被打死的劳工数不胜数。直接参加秘密军事工程者，在每次竣工后皆遭集体屠杀，极少生还。有学者研究表明，在日本占领东北的 14 年中，关东军修筑军事工程动用的中国劳工，前 9 年每年大约为 15 万人，后 5 年每年大约为 30 万人，总共奴役中国劳工和战俘达 285 万人，其中修筑秘密军事工程的劳工有数十万人遭日军集体屠杀。

【遗址介绍】

侵华日军东北要塞

1945年8月，苏军以机械化纵深作战迂回包抄和陆空闪电战术捣毁了关东军要塞。要塞并非固若金汤，也没有真正发挥其阻挡苏军进攻的作用。

侵华日军东北要塞位于黑龙江省牡丹江市东宁县、鸡西市虎林市、黑河市孙吴县。东宁要塞是东北边境日军17个要塞中规模最大的要塞。它东与俄罗斯接壤，主要由勋山、胜哄山、朝日山、麻达山、409高地、三角山等军事工事构成。永久性阵地7处，用钢筋混凝土构筑重要部位的野战阵地达45处，一般性野战阵地3处。各阵地修筑了坚固的地下要塞和地面永备工事，在面向边境的山坡上每个要塞均配备了大口径火炮，共配备240毫米火炮10门、300毫米火炮8门，形成交叉火力网。阵地前沿设有防坦克壕，阵地之间的交通壕纵横交错四通八达。坚固的地下工事中有士兵宿舍、炊事室、指挥所、被服库等。东宁要塞驻扎着日军第东宁要塞驻扎着日军第一国境守备队。驻军最多时有3个师团、1个旅团守备队、两个国境守备联队，兵力达13万之多。

虎头地下要塞群位于黑龙江虎林市虎林镇，其军事工程大体由猛虎山、虎东山、虎北山、虎西山、虎啸山等5个大型军事阵地组成，其中以猛虎山为主阵地。要塞设施完备，地下要塞依托山体在底部和中部挖掘，顶部浇灌水泥混凝土，厚度达20~50厘米。要塞分数层，各要塞阵地通过在山中的地下坑道相互连接，地下有指挥所、发电所、水站、医疗所、休息室等，地面上有观测所、换气孔、射击口。因虎头所处地理位置东

● 虎头要塞遗址

● 阿尔山车站

濒乌苏里江，与苏联军事要冲伊曼城隔江相望，山岭起伏，西伯利亚铁路和伊曼河上的铁桥清晰可见，日军为此专门设置了一个重炮阵地，配备了当时日本陆军唯一一尊最大口径41厘米的榴弹炮和其他口径的榴弹炮，目的是炮击西伯利亚铁路，切断苏军的军需物资和增援部队。要塞由日军第四国境守备队驻守。

2006年，侵华日军东北要塞由国务院公布为第六批全国重点文物保护单位。

侵华日军阿尔山要塞

侵华日军阿尔山要塞遗址位于内蒙古自治区阿尔山市中蒙边境一带，现存遗址包括南兴安隧道碉堡、阿尔山车站、花炮台阵地遗址、五岔沟机场4处，总占地规模约为1498925平方米。

南兴安隧道、碉堡位于白狼镇林俗村北岭南与岭北分界线处，全长3219米，是东北，也是内蒙古最长的铁路隧道，至今保存完好。避车洞、防寒门、排水沟、渗水井、遮断信号设施设备齐全。整个隧道东南西北走向，呈S型，占地面积288000平方米，为人字坡型顶。位于隧道东西入口出口处，各修建了建筑面积600平方米，用于守护隧道的堡垒一座。碉堡共有六层，地下二层、地上四层，最顶层是瞭望楼。

阿尔山车站位于温泉街道神泉社区爷爷山西南山脚处，建于1935~1937年，占地面积925平方米，面西背东，呈南北向排列，三层六顶，是日本宗教建筑与民居建筑结合的产物，集交通、军事两大用途的综合体。

● 五岔沟机场飞机库

　　花炮台阵地分布在天池镇伊尔施村东南、西北向的河谷地带，占地 75 万平方米，有日军指挥部、暗堡、观察所、车库、发电室、营房、防坦克壕、军犬舍、水井、薄铁加工铺等永久性工事和附属军事设施。其中日军指挥部保存最为完好，依山体走向挖山凿石而建，长 170 米，内设 12 间房。

　　五岔沟机场修建在五岔沟镇五岔沟村东南洮儿河河谷地带，占地 46 万平方米，有跑道 2 条、飞机库 1 个、弹药库 9 个、地面掩体 1 个，飞机库、弹药库和跑道之间有通道连接。

　　2013 年，侵华日军阿尔山要塞遗址由国务院公布为第七批全国重点文物保护单位。

日军生化武器实验基地遗址
人间地狱

在第二次世界大战所有交战国中，日本是唯一在战场上使用化学武器和生物（细菌）武器的国家。其他主要参战国如美国、英国、苏联、德国等均有生产生化武器的手段或是开发这种非常规武器的应急计划，并有一定数量的贮备，但在 1945 年 8 月 15 日日本投降之前，这些国家都没有对敌对国使用过生化武器。日本军国主义者在侵华战争期间，却公然违反国际公法，在中国大量研制和使用生化武器，进行化学战、细菌战，野蛮、残忍地屠杀中国人民。

从 1931 年九一八事变到 1945 年 9 月 2 日日本投降的 14 年里，侵华日军先后在我国的敦化、海拉尔、太原、宜昌、济南、南京、汉口、广州等处，设立制造毒气的工厂或化学武器的装配厂；在上海、宜昌、太原等地驻扎有从事化学战争的部队。吉林敦化是日本在中国最大的化学武器生产中心，它生产化学武器的数量超过了日本大久野岛化学武器工厂；规模次之的则是内

● 第七三一部队旧址

● 七三一部队冻伤实验室遗址

蒙古海拉尔的化学毒气厂。据不完全统计，抗日战争时期，日军先后在我国
14 个省、市 77 县、区，使用碳酰氯、氢氰化物、溴氰化物和氯乙酰苯、二苯
基氰胂和二苯氯胂、三氯化胂、芥子气和糜烂性毒气等化学武器达 2000 多次，
造成 10 万多名中国军人和平民的死亡。

　　20 世纪二三十年代之交，日军就在东京日本陆军军医学校内建立了以石
井四郎为首的细菌研究室，对外称"防疫研究室"。1931 年九一八事变后，
日军将细菌战的 A 型研究——亦称攻击型研究，即用活人做实验对象，检验
其用于战场的效果——转移到中国东北。此后至 1945 年 9 月日本投降的 14
年时间里，由石井四郎一手策划组建了许多秘密基地。先后在哈尔滨建立"第
七三一部队"，在长春建立"第一〇〇部队"，在敦化建立"第五一六部队"
在南京建立"荣第一六四四部队"，在北京建立"北平甲第一八五五部队"，
在广州建立"波第八六〇四部队"等。

　　日本细菌战部队的人员共有 2 万余人，其中规模较大的有以下 5 支。

　　第七三一部队。1932 年 8 月下旬，石井四郎与 4 名助手及 5 名雇员来到
黑龙江省，在拉滨线（拉林—哈尔滨）的背荫河车站附近建立了第一个细菌
实验所，对外称"关东军防疫给水部"，又称"东乡部队"，1941 年 6 月改

称"第七三一部队"。基地由 100 栋砖瓦房组成。1936 年春，石井四郎的细菌实验基地移到哈尔滨以南 20 公里的平房地区，面积约有 6 平方公里，营区内有 150 多栋楼房，其主楼"四方楼"面积达 9200 平方米。

第七三一部队组建时的编制大约是 300 人，1940 年扩大到 3000 人，到临近日本投降时增加到 5000 余人。其中医师和研究者占 10% 左右，技术后援人员占 15%，余者为使用细菌武器的战斗人员等。第七三一部队本部下辖 8 个部：第一部是研究部，主要从事鼠疫、霍乱、副伤寒、赤痢、炭疽等病毒的研究，并用活人做实验，据此特负责管理关押 400 人的秘密监狱。第二部是实验部，主要进行有关细菌炸弹的开发和测试，并负责培育和繁殖供散布瘟疫的寄生虫。第三部名为防疫给水部，主要负责制造细菌炸弹。第四部负责管理生产病原菌的设备和储存与保养随时生产出来的细菌。第五部为教育部，第六部为总务部，第七部为资材部，第八部为诊疗部。

第一○○部队。1936 年春组建，对外称"关东军军马防疫厂"，地点设在长春城南 6 公里处的孟家屯（现为长春汽车制造厂的水箱厂），占地面积约 20 平方公里。它的内部结构与七三一部队类似，分为第一至第四部和一个总务部。第一○○部队主要生产炭疽、鼻疽、鼠疫和马鼻疽 4 种病原体细菌，先后在大连、海拉尔、拉古、克山、密山、鸡西等地建立了支队，侧重研究在野外大量使用各种细菌和烈性毒药大规模杀害牲畜和人的方法及其效果，其试验范围南到广东，西到西安古丝绸之路上的一些城市，近及长春市内及其周围地区，北至满洲里、内蒙古与苏联的边界及至西伯利亚地区。

荣第一六四四部队。1939 年 4 月 18 日在南京建立，位于南京市中山东路的一所原六层楼高的中国医院内，对外的公开名称是"中支那防疫给水部"或"多摩部队"。荣第一六四四部队与第七三一部队一样，研究已知的所有疾病，但主要侧重于研究霍乱、斑疹伤寒和鼠疫，另加蛇毒、河豚毒、氢化物和砷。

（华北）甲第一八五五部队。七七事变后，日军迅速侵占了北平市天坛西门的原国民党政府中央防疫处，建立了"北支那防疫给水部"，直属于日本陆军参谋本部第九技术研究所（登户研究所），直接受日军华北派遣军总司令部领导。部队长初为黑江，继为菊池。1939 年 10 月，西村英二上任，"北平甲第一八五五部队"正式命名，成为日军在北平、南京、广州和新加坡组

● 七三一部队锅炉房遗址

建的四支新的细菌战部队之一。

第一八五五部队总部及 3 个直属分遣队驻扎在天坛公园内的神乐署和原中央防疫处，编制兵员 1500 人。总部下辖 13 个支部和办事处，分布于天津、塘沽、海南、青岛、石家庄、太原、运城、郑州、开封、新乡、确山、郾城等地。日军华北派遣军所属野战师团、独立旅团设有防疫给水班，编制十几人至 20 人左右。主要研制和生产鼠疫、伤寒、霍乱、痢疾、黑热病、疟疾等细菌和原虫，并饲养大批老鼠和跳蚤。

（广州）波字八六〇四部队。日军侵占广州及珠江三角洲地区后，于 1939 年初正式编成波字八六〇四部队，对外称"华南防疫给水部"，本部驻广州市原百子路中山大学医学院内。该部为师团级单位，编制 1200 余人，其中专业将校 100 人，是日军在华南地区的一支重要细菌战部队。1939 年 6 月、1940 年 6 月、1941 年 5~6 月和 1942 年，在广九铁路沿线及广东阳江、乐昌、谦江、湛东和海南等地投放大批鼠疫、伤寒霍乱、白喉、赤痢等病菌，造成华南地区在 1942~1943 年间鼠疫、霍乱等疫病流行，残害了大量中国军民。

据不完全统计，侵华日军 5 支细菌战部队仅通过人体试验所杀害的中国人（含少数朝鲜人、苏联人和蒙古人）达 20899 人，其中第七三一部队杀害 8400 余人，第一〇〇部队杀害 5400 余人，荣第一六四四部队杀害 6080 余人，华北甲一八五五部队杀害 19 人，波字八六〇四杀害 1000 余人。

【遗址介绍】

侵华日军第七三一部队旧址

侵华日军第七三一部队旧址核心区位于黑龙江省哈尔滨市平房区兴建、友协、新疆、新伟4个街道办事处管辖区内，另有一处位于平房区平新镇平乐村辖区内，一处位于南岗区龙橡街龙江橡胶厂院内。

旧址建成于1938年，目前，尚有重点保护旧址23处。包括本部大楼、四方楼细菌实验室及特设监狱基址、地下室通道、黄鼠饲养室、小动物地下饲养室、吉村班冻伤实验室、笠原班病毒实验室基址、二木班结核菌实验室、动力班锅炉房、南门卫兵所、铁路专用线、给水塔、瓦斯发生室、地下瓦斯储藏室、地下蓄水库、航空班、山口班细菌弹组装储存室、田中班昆虫动物培植室、北岗焚尸炉、北洼地焚尸炉、兵器班、城子沟野外实验场、细菌弹壳制造厂，占地面积14.46万平方米。七三一部队本部区域原有建筑与构筑物80余处，总占地面积6.1平方公里。

1936年8月，日本天皇敕令陆军参谋本部在中国东北地区建立两支细菌部队，哈尔滨平房的"关东军防疫给水部"即是其中之一。1938年9月石井部队本部（平房）建筑工程基本完成。1939年9月，根据日本关东军关东宪兵队司令部命令，日伪军警宪特等开始向石井部队"特别移送活人"作为细菌实验材料。1941年8月，为了加强隐蔽性，部队名称变更为满洲第七三一部队。1945年8月10日七三一部队组织人员乘火车南逃，各支队也自行组织人员撤退，逃跑前奉命将各种罪证设施炸毁。

侵华日军第七三一部队旧址是日本帝国主义侵略中国、实施灭绝人性的细菌战、残害中国人民和国际反战义士的有力见证，已成为中华民族进行爱国主义和革命传统教育的重要场所，是人类崇尚和平与构建和谐世界的反面典型实物资料。

2006年，侵华日军第七三一部队旧址由国务院公布为第六批全国重点文物保护单位。

巴彦汗日本毒气试验场遗址

巴彦汗日本毒气实验场遗址位于鄂温克旗巴彦托海镇马啼坑嘎查，建于1940年，实验场得名于巴彦汗山。

此处是日本关东军在中国东北地区设置的最大的生化武器实验场，土筑造构约有千余处，分布在近110平方千米的草原上。日军在实验场构筑了型制各异的工事，工事主要包括指挥所、实验工事群、大小牲畜及小动物试验坑、蓄水池及地下工事、汽车和坦克掩蔽部、堑壕、交通

壕、碉堡、步兵作战掩体、土筑炮阵地、单兵坑等类型。主实验区比较
集中分布的有 6 处。其中南部多为马蹄形单坑；北部多为能容纳汽车和
战车的大坑和马蹄形及其他型制的大坑；东北部是一片较大连片的堑壕、
交通壕、能容纳汽车和战车的大坑、炮位阵地、步兵作战掩体等；西北
部多为马蹄形步兵作战掩体，并在工事中间有均匀着弹点的炮弹坑；中
部多为步兵作战掩体，炮阵地；在东北部高地和西部高地，实验场边缘
地带分别筑有混凝土碉堡，蓄水池和地下掩蔽部；东南高地则是一个单
的连片实验工事群。巴彦汗日本毒气实验场遗址是控诉日军侵华的有力
罪证。

2013 年，巴彦汗日本毒气实验场遗址由国务院公布为第七批全国重
点文物保护单位。

● 巴彦汗侵华日军毒气试验场遗址

上海市

提篮桥监狱早期建筑
关押、审判、执行日本战犯的重要场所

提篮桥监狱早期建筑位于上海虹口区提篮桥街道舟山居委长阳路147号，由上海公共租界工部局始建于1901年，启用于1903年5月，1916年以后又陆续进行扩建和改建，1935年定型。这座监狱原名"公共租界工部局警务处监狱"，后屡易其名，人们通常称之为"提篮桥监狱"。该监狱建筑精良，规模宏大，设施齐全，收押犯人最多时达8000余人，在20世纪30年代有"远东第一监狱"之称。

20世纪上半叶，提篮桥监狱曾因禁过章太炎、邹容、任弼时、张爱萍、江上青等志士仁人。

1937年，日军攻占上海，租界沦为孤岛.太平洋战争爆发后，日军占领租界，

• 监狱大门

● 十字楼

接管了提篮桥监狱。1943年，加入轴心国一方的汪伪政权宣布收回租界，将提篮桥监狱更名为"司法行政部直辖上海监狱"。

抗战胜利后，这里是除辽宁抚顺战犯管理所外，中国境内关押日本战犯的重要场所之一和最早审判日本战犯的地方。侵华日军第34军参谋长镝木正隆等5人在狱内的绞刑房执行绞刑，14名日本战犯枪决于监狱刑场。

1945年12月起，提篮桥监狱开始关押日本战犯及战犯嫌疑人。到1948年，这里累计关押过几百名日本战犯，其中包括有侵华日军第34军参谋长镝木正隆，侵华日军第13军军团长泽田茂、侵华日军驻台湾总督，司令官安藤利吉，侵华日军第六方面军司令官冈部直三郎，日本法务官谷瑞人，侵华日军海军大佐松平一郎等19人。此外，还有南京大屠杀主犯、侵华日军第6师团长谷寿夫，侵华日军第23军司令官、日本驻香港总督矶谷廉介，侵华日军第68师团长堤三树男，侵华日军第十四独立警备队司令官大井川八郎，侵华日军第22军司令官、日本驻香港总督田中久一，侵华日军某集团参谋长福地春功等。

抗战胜利后，从1945~1946年，国民政府根据《波茨坦公约》精神，在重庆成立战争罪犯处理委员会，并先后在北平、沈阳、南京、广州、济南、汉口、太原、上海、徐州、台北 10 个城市组建军事法庭，逮捕、关押、审判、执行日本战犯。其中，南京军事法庭直属国民政府国防部，其他 9 个军事法庭隶属于各"战区"。

这 10 所军事法庭的审判时间分别安排在 1946 年 4~12 月，其中时间最早的是第一绥靖区审判战犯军事法庭（上海）和第十一战区审判战犯军事法庭（北平），时间都是在 1946 年 4 月。而盟军设在上海提篮桥监狱内的美军军事法庭，首次开庭时间是 1946 年 1 月 24 日，因此提篮桥监狱是二战胜利后中国境内第一个审判日本战犯的场所。

当美军军事法庭在提篮桥监狱开庭时，法官、检察官、辩护士（律师）、翻译、记录员等工作人员均由美军军官担任。法官以密德顿准将为首组成，检察官由韦斯德上校等二人担任，辩护士为赫金斯中校、蓝文少校。被告 18 人，为首者是侵华日军第 34 军参谋长镝木正隆和汉口宪兵队司令官福本龟治。据当时的媒体报道，美军军事法庭的首次审判，包括庭审中的问答情况，均通过现代通讯设备，向全球广播。

1946 年，在提篮桥监狱，美军军事法庭还对其他 29 名日本战犯进行过多次审判，被审判的对象主要是摧残、虐待被俘的美国飞行员和菲律宾盟友的日本战犯。

各种资料表明，当时中国境内对日本战犯执行死刑的场所主要在南京的雨花台刑场、上海的提篮桥刑场、广州的流水桥刑场等处。其中提篮桥监狱不仅有室外刑场，还有室内刑场，而且都处决过日本战犯，这在中国境内也是罕见的。

70 年的风雨沧桑，目前在中国国土上，能基本保持历史原貌的关押日本战犯的场所现在已为数极少。提篮桥监狱相关设施保存完好，为社会保留了一处非常完整的关押、审判、处决日本战犯的建筑实体。

【遗址介绍】

提篮桥监狱占地面积约 4 万平方米，周围有 5 米多高的围墙，曾号称远东第一大监狱。监狱现存早期文物建筑包括十字楼、三号监、四号监和长阳路 147 号大门。

十字楼于 1934 年 5 月由三森营造厂建造，1935 年 8 月启用，高 6 层，有电梯，建筑面积 6500 平方米，有监舍 150 间，其中每间面积 8 平方米的监室（内有固定的桌、凳、铁床和抽水马桶）144 间，面积 20 多平方米的监室 6 间，楼顶设 4 个放风场。6 楼设有 2 间防暴监房，3 楼设有国内罕见的绞刑房。

三号监建于 1917 年 2 月，1920 年上半年启用，原名 F.G 监，俗称南监，抗战胜利后改称"仁监"，1950 年 9 月起改称"三监"或"三号监"。5 层高，分南北两面，背靠背、肩并肩排列在楼面中心部位，整排监室的外面为走廊；楼梯设在监楼的东西两侧，每层有监室（牢房）92 间，共计 460 间，每间面积 3.5 平方米左右，监楼总建筑面积为 5250 多平方米。

四号监建于 1917 年，启用于 1922 年 6 月，原称 H.I 间，俗称北监，抗战胜利后改称"爱监"，1950 年 9 月起改称"四监"或"四号监"。其内部结构与三号监相同，高五层，共计有监室 460 间，总建筑面积 5250 多平方米。

提篮桥监狱长阳路 147 号大门由上海大宝工程建筑厂于 1932 年建造，1933 年启用。该门为钢骨水泥结构，中间为一大门，专供车辆进出，两侧另设小门，分别供监狱工作人员和探监的犯人家属进出。大门门楼上设有瞭望台和射击孔，上下有旋转式楼梯相连。该大门用叠涩造型，厚实、有透视感，为装饰艺术派风格。

2013 年，提篮桥监狱早期建筑由国务院公布为第七批全国重点文物保护单位。

江苏省

金陵大学旧址
高高飘扬的旗杆

金陵大学原是美国基督教会创办的一所私立大学，肇始于清光绪十四年（1888 年）。它是国内历史悠久、规模较大的著名教会大学之一，同美国康奈尔大学为姊妹大学。当时社会评价为"中国最好的教会大学"，享有"江东之雄""钟山之英"的美誉。

1887 年，在全国要求改革八股取士，建立新式学堂的呼声中，美国基督教美以美会的传教士傅罗于 1888 年在南京创办了汇文书院；1891 年美国基督会在南京鼓楼西面建立基督书院；1894 年美国长老会在户部街创办益智书院。1906 年基督书院和益智书院合并为宏育书院，以基督书院为院址。1910 年 2 月，宏育书院并入汇文书院，定名为金陵大学堂，推荐包文任学堂监督，由著名

• 金陵大学旧址

书法家、两江师范学堂监督李瑞清题写校名"金陵大学堂"。此后监督改称校长，学堂也随之改称为金陵大学。

金陵大学的建立旨在建成一所完备的高等学府，校长包文任为此制定了宏大的建校规划，先是购置土地，建立新校舍。当年即购得位于鼓楼西南坡的两千余亩土地，开始筹建新校舍。同时从美国聘请测绘师、建筑师等规划设计新校舍，全部工程由芝加哥帕金斯建筑事务所承包，建筑材料除屋顶用瓦、墙砖等基本材料外，所需术材、水泥、玻璃等大多从国外进口，乃至大楼前的草皮也从美国运来。建筑群在建设之初就精心设计，所用建材十分讲究。它的总体特色是中西合璧的建筑风格和气氛，即主要建筑沿一条南北丰轴线布置，建筑形式体现中国北方官式建筑的特色，而北大楼的体量组合方式却是西式的，总体布局中的几何规则式绿地、广场也与美国大学校园相类似。

金陵大学内有一根旗杆颇为值得一书。1934 年 9 月，与金陵大学仅一墙

● 金陵大学礼拜堂

之隔的日本驻华公使馆竖起了一根钢架式旗杆,与金陵大学北大楼齐高。金陵大学师生们每天抬头都要看到刺眼的太阳旗,感到非常气愤。10月初,金大30多位学生发出倡议,要竖立一根高出北大楼的旗杆,以示中国人民不可侮的精神。倡议一发出,立即得到广大师生的响应。金大及附中师生员工、金大校友纷纷捐款。1935年8月,耗资1700元的钢管式旗杆在学校礼拜堂南侧落成,旗杆高40余米,高高飘扬的国旗超出北大楼3米多,也超出了与之毗邻的太阳旗。

1937年8月13日,淞沪抗战爆发后,面对紧张的局势,金陵大学仍克服种种困难,于10月4日在南京正式开学。出于对安全的担心,许多学生未能到校注册。部分学生按教育部公布的15所供借读的学校名单联系借读,另一部分学生则请长假。至开学注册工作截止时,金陵大学到校学生210人,以农学院人数最多,达100余人。开学后各系课程均照常开班,各项事业亦设法继续进行。不久,迫于抗战形势日趋严峻,金陵大学农学院于11月开始由南京分批西迁到成都华西坝华西大学。12月3日,最后一批人员撤离。金陵大学在南京成立了留宁委员会,由美国教授贝德士、史德蔚、林查理、史迈士和农学院森林系主任陈嵘教授、齐兆昌先生等留下负责看管财产。

1937年12月,金陵大学南京校园被"南京安全区国际委员会"列为难民区收容所,涌进了大批的难民。1941年,汪伪国民政府在金陵大学原址兴办(汪伪)中央大学。

【遗址介绍】

金陵大学旧址位于江苏省南京市今南京大学校园内。

1921年第一批校舍建成,至1926年形成一定规模。今存旧址建筑的东大楼、西大楼、北大楼、图书馆、东北大楼、礼拜堂、学生宿舍等十余幢,这些建筑物一律都是青砖墙面,歇山顶,上覆灰色筒瓦。建筑造型严谨对称,进深较大,窗户较小,显得封闭稳重,体现了中国北方官式建筑的特征。

2006年,金陵大学旧址由国务院公布为第六批全国重点文物保护单位。

南京国民政府

抗战初期国民党指挥大本营

南京国民政府，成立于 1927 年 4 月 18 日，由以蒋介石为核心的中国国民党建立，是中华民国的最高行政机关。定都南京，政府由行政院、立法院、司法院、考试院、监察院五院组成。1937 年起带领中国进行抗日战争。

1937 年 7 月 17 日，蒋介石在庐山发表著名的"最后关头"演说和严正声明，明确表示："卢沟桥事变已到了退让的最后关头"，"再没有妥协的机会，如果放弃尺寸土地与主权，便是中华民族的千古罪人"。但是他同时也表示"在和平根本绝望之前一秒钟，我们还是希望和平的，希望由和平的外交方法，求得卢事的解决"。确定了"只应战不求战"的战略方针。

7 月 30 日，平津失陷后，南京国民政府召开国防会议和国防联席会议。在会议上，国民政府领导人分析得出"日本是没有信义的，他就是要中国的国防地位扫地，以达到他为所欲为的野心……如果看到我们国家不打仗要灭亡的，当然就非打仗不可"的结论。会议后国民政府首先与中共就红军改编事宜达成协议，将红军主力改编为国民革命军第八路军，任命朱德，彭德怀分别为正副总指挥，各地民主人士包括之前救国会的抗日七君子等都转变到拥立蒋中正的立场，全国抗日统一战线就此形成。

同时，国民政府颁布了《战争指导方案》和《作战指导计划》，提出以持久战为主旨，将中国划分为 5 个战区：第一战区为冀省及鲁北，为主战区；第二战区为晋察绥地区；第三战区为苏南（长江以南）及浙江；第四战区为闽粤两省；第五战区为苏北（长江以北）及鲁省。同时分配了各战区的战斗序列。至此，国民政府在华北，沿海等地区调集主力，构建防御阵线开始了全面的抗战！

全面抗战开始后，鉴于中日军事和国力的巨大差距，以及中国大纵深，人口多的特点，国民政府制定了以空间换时间，积小胜为大胜为大胜的战略方针。并陆续组织了淞沪会战、太原会战、徐州会战和武汉会战等著名战役。

　　淞沪会战开始于 1937 年 8 月 13 日，11 月 12 日结束，历时 3 个月。此次战役，日军投入 10 个师 28 万人的兵力，中国投入 70 个师的兵力，虽装备恶劣但士兵大都拼死杀敌，共毙伤日军 4 万多人，有效化解了日军三月亡中国的战略，粉碎了日本速战速决的迷梦，使日军在华北、华中上千公里的战线上陷入消耗战，而国民政府趁机完成了企业和国家机关的转移。

　　太原会战开始于 1937 年 8 月，11 月结束。会战的最高指挥官为为国民政府第二战区司令长官阎锡山，八路军积极参加了作战。此次会战有效地呼应了淞沪会战，日军伤亡近 3 万人，消耗了日军的作战力量，阻击了日军沿平汉南下作战的计划。

　　为了阻止日军华北军沿津浦铁路南下和华中日军会合，国民政府由第五战区司令官李宗仁指挥组织了徐州会战。此会战国军调集了 60 万的兵力，在台儿庄取得大捷，又一次打击了日军的嚣张气焰。此次会战历时 4 个月，为刚刚迁都至重庆的国民政府组织武汉地区的防御赢得了宝贵的时间。

　　武汉会战 1938 年 6 月至 10 月的武汉会战，是双方投入兵力最多的一次战役。国民政府组织了 100 万余人，而日军组织了近 30 万人，此役日军被击毙近 4 万人，战略物资被大量消耗，中日战争至此进入持久战。

● 原国民政府外交部旧址

● 原国民政府临时参议院旧址

　　淞沪会战失利后，首都南京遭受日寇巨大威胁，国民党中央和国民政府自料南京无法坚守，为坚持长期抗战，遂决定依照既定方针，作出了迁国民政府于重庆办公的重大战略决定。11 月 17 日，作为国家元首的国民政府主席林森率国民政府直属的文官、主计、参军三处的部分人员乘"永丰舰"启碇西上，从而揭开了抗战时期国民政府迁都重庆的序幕。11 月 20 日，林森一行抵达汉口，林森以国民政府主席的身份发表了《国民政府移驻重庆宣言》，宣布：国民政府"为适应战况，统筹全局，长期抗战起见，本日移驻重庆"。自此，国民政府正式宣告将首都由南京迁往重庆。

　　南京沦陷后，国民政府办公地落于日伪之手。如外交部旧址成为日军"中国派遣军总司令部"所在地，侵华日军总司令冈村宁次在此办公；考试院旧址为汪伪国民政府所在地；交通部大楼屋顶，在南京守卫战中被日军炸毁；党史史料编纂委员会成为日伪军兵营；临时参议院旧址成为汪伪军事训练部、侨务委员会、边疆委员会、赈务委员会、社会部、军政部等机构所在地；最高法院旧址先后成为"督办南京市政公署"和"汪伪南京特别市政府"的办公地点；国民大会堂旧址则被伪宪政实施委员会占用。

【遗址介绍】

原国民政府旧址

国民政府外交部旧址位于江苏省南京市鼓楼区中山北路 32 号。该建筑筹建于 1931 年 3 月。最初由天津基泰工程司建筑师杨廷宝设计，建筑物平面呈"工"字形，建筑面积 4000 平方米。建筑物的前后两部分以大楼梯相连接，空间富于变化。建筑物采用传统的中国古典建筑形式，重檐歇山顶，琉璃瓦屋面，地上二层，半地下室一层。前有月台踏步，墙身柱间辟有大玻璃窗。细部采用清式斗拱彩画，天花藻井。后因国民政府紧缩经费，这一方案未能实行。1932~1933 年，上海华盖建筑事务所赵深、童寯、陈植对外交部建筑也进行了设计，他们考虑到官殿式建筑造价过高，于是既不抄袭西方建筑样式，也不照搬中国官殿式建筑的做法，而是根据现代技术和功能的需要，采用了经济、实用又具有中国固有形式的特点，设计出了新民族形式的建筑，这一方案得到采用。

外交部大院占地面积 45.6679 亩，建筑面积 8500 平方米，由姚新记营造厂承建。1934 年 3 月开工，次年 6 月竣工。建筑费用 30 余万元。

临时政府参议院旧址在湖南路 10 号。现大院占地面积 6300 平方米，主要建筑仍为当年江苏省咨议局之遗存，为前后两进及东西厢房组成的四合院，占地面积 4600 平方米。前进通面阔十间 73.6 米，中间入口有突出的门厅，蒙莎式屋顶，中间耸起钟塔楼，室内进深 10.5 米，前后有廊，廊深约 2.9 米。后进面阔十间 57 米，室内进深 8 米，前后走廊 2.9 米。

四合院中间原有大厅，1929 年奉安大典时，孙中山遗体自北京迁来南京，曾停枢厅内举行公祭。该大厅在"文革"期间拆去。

2001 年，原国民政府旧址由国务院公布为第五批全国重点文物保护单位。

国民大会堂旧址

国民大会堂旧址位于江苏省南京市长江路 264 号，现为南京人民大会堂。

该建筑是为筹备"国民大会"的召开而兴建的。由公利工程公司著名建筑师奚福泉设计，上海陆根记营造厂施工，1936 年 5 月竣工。全部建筑采用钢筋混凝土结构，二层，占地面积 3400 平方米。采用中国传统特点的对称形式，勒脚、墙身、檐部三段式构图，而在装饰上大为减化，仅在檐口、雨棚、门厅等处加了民族风格的装饰。正面呈"凸"字形，内厅走廊宽敞，厅顶呈拱形，墙体为斩假石，厅楼上方镶嵌"国民大会

● 国民大会堂旧址

堂"5个斗大金字。它与一墙之隔的江苏美术展览馆浑然一体，交相辉映，是当时较为流行的新民族形式建筑实例之一。

南京解放初期，35军文工团进驻，后由南京市人民政府直接管理。

2006年，国民大会堂旧址由国务院公布为第六批全国重点文物保护单位。

中央陆军军官学校旧址
抗日战争中国战区受降仪式见证地

中央陆军军官学校旧址位于南京市玄武区玄武门街道廖家巷社区黄埔路。此地原为清朝陆军学校，1928年南京国民政府在此开办中央陆军军官学校，1937年11月，南京失陷后迁至成都。1945年9月9日上午，这里见证了抗日战争中国战区受降仪式这历史性的一刻。

中央陆军军官学校是南京国民政府设置的最早的军事教育机构，主要为其培养陆军基层军官，并短训部分在职军官。蒋介石、李济深分任校长、副校长，何应钦、张治中先后任教育长。1928~1933年，中央陆军军官学校先后建造了大量的校舍，计有西式平房62幢、西式洋楼17幢，共1075间，形成以西式建筑为主调的建筑群，其中最具有代表性的建筑有1号楼、大礼堂、憩庐和122号楼。大礼堂和憩庐至今保存完好。

从1937年抗日战争全面爆发，到1945年8月15日日本宣布无条件投降。中国人民经过8年艰苦卓绝的斗争，终于迎来了抗日战争的伟大胜利。

1945年9月9日上午，抗日战争中国战区受降仪式在南京中央陆军军官

• 大礼堂大门

学校大礼堂内隆重举行。当时，大礼堂内人头攒动，气氛热烈。8 时 56 分，中方代表入场。8 时 58 分，侵华日军最高指挥官冈村宁次等人入场。受降席居中座的是陆军总司令何应钦，左为海军上将陈绍宽、空军上将张廷孟，右为陆军二级上将顾祝同、陆军中将萧毅肃。投降席上有日本中国派遣军总司令冈村宁次、驻华日军总参谋长小林茂三郎、副总参谋长今井武夫等 7 人。参加受降仪式的中国方面代表还有国民党将领汤恩伯、王懋功、李明扬、郑洞国等。盟军将领有美军麦克鲁中将、柏德勒少将，英军海斯中将等。

上午 9 时整，何应钦将日军投降书交付冈村宁次阅读签字。冈村宁次将投降书一一阅读，签字时手微颤抖，签字盖章完毕，低头俯视投降书达 50 秒钟。9 时 6 分，何应钦将蒋介石第一号命令交驻华日军总参谋长转送冈村宁次，冈村宁次再于受降证上签字盖章。9 时 10 分，中国战区受降仪式完毕，日本代表退出会场。

何应钦向全国及全世界人士发表广播讲话，宣布南京受降仪式顺利完成。他说："这是中国历史上最有意义的一个日子，这是八年抗战艰苦奋斗的结果，东亚及世界人类和平与繁荣亦从此升一新纪元。"

【遗址介绍】

在中国传统文化观念中，"九"被认为是极阳之数，有着完全胜利的寓意。所以，选定受降仪式时间为 9 月 9 日 9 时，有着特殊的意义。

中央陆军军官学校旧址现存大礼堂和憩庐，均由张谨农等设计，杨仁记营造厂建造。大礼堂始建于 1928 年，1929 年竣工，位于学校中央，坐北朝南，平面呈长方形，占地面积 1530 平方米。建筑高二层，钢筋混凝土结构。正立面入口处凸出门廊，四组爱奥尼双柱承托三角形山花。坡屋顶，上覆灰色波纹金属瓦。憩庐是蒋介石起居、工作的主要场所，亦称总统官邸。1929 年竣工，平面呈长方形，砖木结构，占地面积 300 平方米，高二层，有一层地下室。墙壁为红砖砌造，屋顶覆盖红色板瓦。

中央陆军军官学校旧址是研究中央陆军军官学校历史以及南京受降仪式的重要历史遗存。旧址建筑风格突出，对研究中国近代建筑发展具有较高的价值。

2013 年，中央陆军军官学校旧址由国务院公布为第七批全国重点文物保护单位。

国民政府中央广播电台旧址
抗战宣传的重要阵地

国民政府中央广播电台创办于 1928 年，是国民政府继中央通讯社和《中央日报》之后创办的第三家全国性中央宣传机构。电台初设于南京丁家桥国民党中央党部内，后从德国订购全套无线电广播设备和中波机，并在江东门开建新的发射台。1931 年发射台正式建成，并于 1932 年 11 月 12 日孙中山先生诞辰纪念日投入使用。这是当时亚洲发射功率最大的广播电台，号称"东亚第一，世界第三"，播音范围覆盖中国大部分国土，甚至还包括东亚其他国家和东南亚部分地区。

南京国民政府中央广播电台旧址见证了抗战爆发后电台西迁重庆之前国民政府在抗战宣传方面所做的大量工作及其产生的积极影响。事实证明，国民政府广播在揭露日本侵略战争的罪行，呼吁国人团结一致，积极参加抗日战争，反对外来侵略的斗争中发挥了重要的作用。

1937 年七七事变后，全民掀起了一致抗日的热潮，在"打倒日本帝国主义"的强烈呼声中，国民政府中央广播电台进一步加强了抗战宣传，对播出节目立刻实行了战时宣传体制，取消了一般的文艺节目，增加了战时新闻的播报，增加了午夜播音，专播战讯。除了前线新闻和抗日演讲外，其他专题节目全部停止。

1937 年 9 月 25 日，日本大规模轰炸南京，凄厉的防空警报响彻全城，但是当天的中央广播电台播出的却是八路军 115 师取得平型关大捷的消息。这一胜利的消息无疑给炮火中的人们带来了一线生的企盼。

国民政府中央广播电台在抗战爆发后还加强了对敌宣传。1937 年 10 月，淞沪一带已成为喋血战场。日军海陆空部队一齐出动，还将"放音机"带到阵地，以华语向中国士兵广播，企图蛊惑、欺骗奋勇作战的中国军民。陈果夫应对这一情报写信给中央广播电台事业管理处处长吴保丰，要求"建一地下室播日本话，以电线架放音器至最前线对敌宣传"，但由于当时条件所限，最后是中央广播电台担负起了向敌方直接宣传的重任。中央广播电台西迁至武汉后，对敌宣传工作更加活跃。

抗战爆发后，国民政府一直没有放弃向欧美国家寻求外援。利用中央电台的对外广播即是寻求支援的方式之一。中央广播电台开播两年后，台内同仁自行设计制造了一部 50 瓦短波机，后来又扩建为 500 瓦，于 1936 年 2 月 23 日正式播音，这就是南京短波电台。七七事变之后，1937 年 9 月 12 日，宋庆龄作了题为《告美国民众》的广播演讲，她告诉美国人民，在中国的土地上，大批无家可归的人们正在蒙受灾难、忍受饥饿。9 月 19 日，日本方面狂妄地发出警告，声称将于 9 月 21 日午后对南京进行大轰炸。日本的这一行径遭到英、法、苏等国的强烈反对。国民政府适时地利用美、英等国的姿态，在报纸和广播里大造舆论，希望以此抑制日军暴行和取得国际社会同情。10 月 15 日，国民政府外交部长王宠惠还专门进行了对美广播，控诉日本侵略罪行，并向美国发出求援信号，希望各国"发动全力，对于中国此次生死关头之奋斗，予以赞助"。强烈的呼声的确得到了一些回应，国际各界人士纷纷表示对中国抗战的同情和支持。当日军总攻南京时，他们惨无人道的大屠杀行径通过电波传到大洋彼岸，全世界爱好和平的人们为之震惊。1937 年 12 月 13 日，杜威、爱因斯坦、罗素、罗曼罗兰等联合发表宣言，声援中国抗战。

随着中央广播电台的战时宣传体制的推出，文艺广播也被赋予了激励抗

● 配电房

战的重任。音乐节目只保留军乐，更多的是播放抗日歌曲。《义勇军进行曲》《大刀进行曲》《救国军歌》《热血》等一大批铿锵激越的歌曲在日本飞机盘旋俯冲的呼啸声中、在不绝于耳的爆炸声中，通过强力电波化作民族抗争的有力呼喊。1937年9月11日，平津流亡同学会来到中央广播电台的演播室。赵启海的《松花江上》、张瑞芳的《牧童歌》、谭兴的《九一八小调》和雄浑的大合唱《打回老家去》《前进歌》《救国军歌》唱出了日本侵略者的罪恶，唱出了失去家园的人们的苦难，也唱出了不抵抗政策的荒谬。歌声通过电波飞向千家万户，飞向战场。

1937年11月20日，中央广播电台奉命播报一条重大新闻——《南京政府移驻重庆之宣言》。宣言称国民政府为长期抗战起见，移驻重庆，以展开更持久之战斗。这些言论，对于战时军民的心理来说也是极其必要的慰藉和支撑。

随着国民政府机关撤离南京，移驻武汉，南京中央广播电台也决定11月23日停止播音。中央广播电台西迁的过程中，由长沙广播电台、汉口广播电台、汉口短波广播电台3座电台相继接替了中央电台的播音，成为当时全国重要的抗日宣传阵地，被当时上海某外报称为"中日广播战之开始"。此后，中央广播电台在共产党人、爱国人士和国民党内抗日派的积极参与和领导下，展开了全民抗战的广播宣传，对于鼓舞和动员亿万军民投身民族解放战争发挥了积极作用。

【遗址介绍】

国民政府中央广播电台西迁重庆后，发射台和播控中心落入日军之手，1941年汪伪国民政府成立后，利用原有的国民政府中央广播电台进行反共卖国宣传。

抗战胜利后，国民政府中央广播事业管理处派员来南京接收汪伪中央广播电台，国民政府中央广播电台随即迁回南京，发射台仍设在江东门。

国民政府中央广播电台旧址坐落在南京市鼓楼区江东街道江东村社区江东北街33号，始建于1931年，1932年5月竣工并正式开始播音。现存发射台机房、配电房和2座发射塔。

● 机房

　　发射台机房坐北朝南，钢筋混凝土结构，建筑面积约 1800 平方米。建筑造型简洁，中部高约三层，白色外墙，紫色大门，大门上部分为西式拱圈。外墙为紫砂色面砖，屋内为通到顶的约二层楼高的仓库空间。在发射机房后不远处为配电房，砖混结构，建筑面积约 300 平方米，青砖外墙，四坡顶，青瓦。发射机房的两侧是两座高度为 125 米的发射塔，各由四根钢铁基座稳稳地撑住，两塔之间的距离也为 125 米。

　　2013 年，国民政府中央广播电台旧址由国务院公布为第七批全国重点文物保护单位。

金陵兵工厂旧址
紧急西迁迅速恢复兵工生产

金陵兵工厂旧址位于南京市秦淮区中华门街道雨花路社区正学路 1 号。金陵兵工厂的前身是 1865 年由李鸿章创办的金陵机器制造局。晚清时期，金陵机器制造局与上海江南机器制造局福州船政局以及天津机器制造局齐名，是中国 19 世纪 60 年代洋务运动期间创办的四大兵工企业之一。1937 年金陵兵工厂西迁重庆与四川第一兵工厂（后改称 20 厂）合并，后改称重庆第 21 兵工厂。

1931 年九一八事变后，为配合国防需要，国民政府以制定《建设新兵工厂计划书》为起点，加速充实军备。到 1937 年七七事变前，国民政府已掌控金陵、汉阳、巩县等 6 家近代化大型兵工厂，能够仿制当时大部分轻武器和部分火炮。在国防安全方面，迟至 1935 年 3 月，有关方面已意识到重庆地形多山、便于隐蔽，两江环绕、交通便利，同时周边煤、铁储量丰富，即使沿海被封锁，仍能坚持生产，是作为长期抗战大后方的绝好选择。因此 1937 年 5 月华北事变后，蒋介石就致电兵工署署长俞大维，"凡各兵工厂尚未装成之机器，应暂停止，尽量改运川黔两地，并不露形迹。"

在烽火遍地、满目疮痍的战争环境下，将数以万计的机器设备、材料物资和数万名职工从华北、华东、华中等地陆续内迁至地处西南的重庆并渐次恢复生产，是一项极端艰难复杂的浩大工程，直到 1940 年，这一历史壮举才最终完成。在重庆，远道而来的兵工职工不惧环境险恶、生活困苦，夜以继日加紧生产杀敌武器，为抗战做出了应有的贡献。其中金陵兵工厂的西迁和复产进度最快、损失最小，而且生产成绩最为显著，在西迁的各兵工企业中首屈一指。

1937 年"八一三"淞沪抗战开始后，日寇侵略矛头直指国民政府所在地南京。金陵兵工厂自然成为每次空袭时必炸的目标，1937 年 8 月 19、20、25 日，该厂连续三次遭到轰炸，炸死 6 人、炸伤 5 人。面对敌人的暴行，全厂职工群情激昂、昼夜坚持生产，以实际行动奋起抗敌。上海保卫战中我军两门 150 毫米榴弹炮发生故障，工程师赵国才带人彻夜抢修，使重炮及时恢复战斗力。9 月初，该厂技师房俊卿、孙振东二人前往江阴要塞赶修重炮，返厂途中遭遇日机，双双殉难。时任厂长的李承干在 1947 年回忆道："吾人目击其残暴行为，热血愈为沸腾，鼓舞奋发，不分昼夜照常工作，诚有一心报国、视死如归之慨……"

11 月 12 日，上海失守，南京告急。16 日，金陵兵工厂终于接到西迁命令。自从 1931 年李承干接手厂长以来，该厂历经 6 年时间方逐步走上正轨，业务蒸蒸日上，扩建工程也刚刚完工，但日寇铁蹄逼近，只得忍痛放弃。此前 9 月 24 日，枪弹分厂职工 300 多人已先期西迁至重庆南岸铜元局。时间紧迫，经过紧急动员，全体职工冒着敌机轰炸，夜以继日地拆卸机器设备，在 16 天之内将全厂 4300 多吨设备及各种材料拆卸、装箱、编号，然后水陆并进、运往内地。11 月下旬，职工陆续离开南京。12 月 1 日，李承干带领剩余职工向工厂大门三鞠躬、挥泪告别，乘坐"松埔"轮西赴汉口。时值天寒地冻，全城秩序一片混乱，加上骨肉别离、前途难测，"国破家亡之痛，猛袭亿万人之心"。12 月 6 日，姚志良等最后一批留守人员，将库存的 70 多吨铜料、钢材、毛坯和半成品等运到雇来的两只木船上，沿江而上。此时离南京沦陷仅 10 余天。

由于航道艰险，又是逆流西上，船行迟缓；加上日机经常暗空轰炸，西迁的路途艰难重重。但抗战到底的坚强决心促使职工们迸发出巨大力量，克

● 金陵兵工厂旧址

服了途中一个又一个的困难。李承干等人经过研究，决定将物资和机器设备分段运输，在沿途的汉口、宜昌等地设置接待站，集中整顿后再向下一站进发，每船、每车均安排押运人员，有效避免了物资散失。他们没有任何起重设备，卸船装船时，从庞然大物般的水压机到元钢棒，全靠人力一点一点地用滚木、扁担绳索搬运。船行缓慢时，不用动员，工人们就会主动跳到河里，帮助推船或是上岸拉纤，工人们光着膀子、打着赤脚，用上海、南京、湖北和四川等地的不同口音，齐声喊着统一高亢的劳动号子，将重载的船只一寸一寸拖过浅滩。三峡航段当时没有航标系统，最险峻的地段全是靠工人们硬拉过去的。在饮食不继、伤寒流行的困境中，人人皆是一身泥水、两脚水泡，很多人永远倒在了西进的征途上。当装运主机的木船行至万县时，遇到敌机轰炸，船被炸翻，但工人们首先想到的不是自己的安危，而是那些被视做命根的机器，因为那是恢复生产的希望，大家纷纷跳进河里，很快将机器抢救上来。1938 年 1 月，工厂在宜昌雇木船 12 只，载运紫铜、钢材和机器设备西上，因雾重水险，在柿归、巴东触礁沉船两艘，所幸材料都打捞起来，人员亦无损失。当这支运输队伍到达重庆时，日历已翻到 3 月 8 日。而最后离厂的姚志良等人也是到 2 月底才风尘仆仆抵达江北簸箕石码头。

在西迁的路上，职工家属也是一样辛苦。因为出发时船只有限，只够运送机器和工人，全厂 500 余名职工家属只能自行离开南京。虽然从南京到重庆原有汽车通行，但当时逃难的人太多，道路拥挤，同时每名职工只有 10 元路费，不够坐车。家属们只有背上包袱，牵着儿女，硬是一站一站地从南京一直步行到重庆。

1932 年"一·二八"事变后，李承干就预见到一旦全面开战，东南一带势必难以支撑。1936 年，经过反复考察和征求意见，他下定决心一旦有变，即将工厂迁到千里之外的重庆。因此，1937 年 9 月枪弹厂迁渝后，李承干就着手寻找厂址，为总厂西迁作积极准备，经人介绍，购买了位于江北簸箕石的裕蜀丝厂 20 亩地，又加租了邻近的燮和火柴厂、黄氏小学等 30 余亩地。虽然总面积尚不及金陵厂 1934~1936 年扩建时征地的 1/5，但紧靠江边，又邻近电厂与自来水厂，位置相当理想。不过 1938 年 2 月，陆续迁来的职工们所面对的还是乱石成堆的一片丘陵，建厂困难很多，连食宿都成了问题。

国恨家仇、离乡之痛、思亲之苦、环境之劣，职工们全部体味无遗。大家只有一个共同的想法，就是早日复工，多为抗战出力。全厂按地段划分区域，在厂长李承干带领下，职工们各按其责修建房屋与安装机器，"不使分寸光阴稍有浪费"，设备随到随装，500多台机器设备于1939年2月底安装完毕。同年3月1日，该厂正式复工，同时改称第21兵工厂，对外称"重庆37号信箱"或"宁和茶社"。此时，由南京陆续来到重庆的职工已达1100人。一个月后，40挺马克沁重机枪即出厂运往前线。一个大厂从拆迁到复工仅3个月，以至于兵工署署长俞大维"初不置信，筱渝躬亲巡视"，在官山坡临时靶场观看新造机枪打靶后，"疑团始释"。

金陵兵工厂西迁是全厂员工坚持抗击日本帝国主义侵略的壮举，其搬迁速度之快、复工时间之早，堪称奇迹，是中国兵工战线上坚决抗击日本侵略者的突出事例。

【遗址介绍】

金陵兵工厂旧址位于南京市秦淮区中华门街道雨花路社区正学路1号，前身是1865年由李鸿章创办的金陵机器局。现存9座清末建筑和25座民国建筑，总建筑面积5万余平方米。

旧址中9座清末时期建筑遗存包括：机器正厂，建于1868年，二层砖混结构，建筑面积912平方米；机器右厂，建于1873年，二层砖混结构，建筑面积912平方米；机器左厂，建于1882年，二层砖混结构，建筑面积918平方米；镕铜厂和镕铜房，建于1882年，镕铜厂为二层砖混结构，镕铜房为一层砖木结构，建筑面积367平方米；捲铜厂和炎铜厂，建于1882年，一层砖木结构，建筑面积524平方米；木厂大楼，建于1887年，一层砖木结构，建筑面积847平方米；机器大厂，建于1887年，一层砖木结构，建筑面积847平方米。

现存民国时期25座建筑包括：厂房12座，建于1934~1942年间，其中钢混结构2幢、砖混结构7幢、砖木结构3幢，总建筑面积30306平方米；办公楼6栋，建于1934~1937年间，其中砖混结构5幢、砖木结构1幢，总建筑面积9229平方米；物料库2座，建于1934年，为砖混结构，建筑面积3554平方米；宿舍楼3栋，建于1937年，砖木结构1幢、砖混结构2幢，建筑面积6447平方米。

2013年，金陵兵工厂旧址由国务院公布为第七批全国重点文物保护单位。

江阴要塞遗址
抗战时期罕见的陆海空三栖立体作战地

1932 年初，日本侵略者不断在上海制造事端，"一二·八"淞沪抗战爆发后，江阴要塞已成为长江的大门，扼苏州至常熟、福山之线要冲，地位非常重要。国民政府拟订了江阴要塞步炮兵战斗实施法，开始修筑江阴至巫山间 4 条军用支线，全部路线长约 50 公里，大小桥梁 10 余座，涵洞 100 余座，花费旧币万余元。1935 年冬，国民党 87 师构筑锡澄线江阴附近工事，并修筑福山至苏嘉乍浦国防线的北段工事，宋子文向礼和洋行订购的福斯炮厂移动式十厘米要塞炮 12 门，于 1936 年运抵江阴要塞。蒋介石曾派吴国桢到德国订购一批要塞炮，以加强要塞炮台防卫能力。

1937 年淞沪抗战前，江阴要塞的备战工作在加紧进行，要塞构筑工程由军国民政府参谋本部城塞组负责实施。军政部兵工署将 8 门从德国买来的 8 厘米高、平两用半自动火炮运抵江阴要塞，弹药和观测、通讯器材齐全，4 门装在东山、4 门装在肖山。这种火炮命名为"甲炮"。甲炮高射时，射面高 6000 米，射程远为 9000 米；平射时最大射程为 14500 米。当时高、平两用火炮"甲炮"算是最先进的。同时还运来 4 门 15 厘米加农炮。这种炮命名为"丙炮"，装在西山为丙一台，弹药和观测、通讯器材齐全，弹重 50 公斤，弹型尖锐，最大射程为 22 丁米。"丙炮"亦为当时最先进的火炮。甲二台、甲四台、丙一台的官兵均由陆军炮兵学校要塞科负责的要塞炮兵干部训练班组织训练，由德国负责技术的人员指导训练。训练完毕即编属江阴要塞江防司令部。这样，江阴要塞的抗战力量得到进一步加强。

1937 年 8 月淞沪抗战爆发，1937 年 8 月，日军向上海发动进攻后，中国军事当局为保卫首都南京，防止日本凭借其海空优势，溯长江而上，决定在江阴构成封锁区。8 月中旬，日军一面进攻上海，一面对长江航道进行袭扰。从 9 月 22 日起，日军开始对江阴封锁区进行突击，因舰艇无法接近，日军便每天派出几十架的大机群，对中国军舰和江阴要塞炮台狂轰滥炸，中国官兵同仇敌忾，猛烈还击。10 月 21 日，中国又以第 2 舰队接防，继续坚守。11 月 19 日，吴福线被日军突破，大量中国军队开始向锡澄线撤退。11 月 25 日，无锡失守。日军开始由锡澄公路向江阴要塞区的背后进攻要塞。直至 12 月 3 日，日军地面部队已逼近封锁区时，要塞守军才奉命撤退。

　　江阴保卫战是中国军队在抗日战争中规模最大且最为壮烈的一次战役，也是抗日战争期间对侵华日军唯一一次大规模海军战役，是抗战期间罕见的陆海空三栖立体作战，对打击日军、拱卫首都、掩护后方做出了贡献。本次战役重创了日军，仅 11 月 25 日就击毙日军近千名，摧毁坦克数十辆。花山战斗苦战 5 昼夜，击毙日军近 2000 名、伪军 5000 余人，达到牵制日军西进并消耗兵力的预期目的。守军东北军第 112 师伤亡官兵一千数百人，第 103 师也有重大伤亡；甲午战争后所建造的海军船只大部分都损失于江阴保卫战中。在 3 个多月的海陆空战斗中，江阴要塞炮台及其防御工事大部被毁。要塞弃守时，由抗日守军将要塞炮及器械拆卸一部分，连同钢翘数门携至江北仪征，并将火炮工事销毁，以免资敌。

● 黄山炮台旧址

【遗址介绍】

黄山炮台旧址

黄山炮台，又称江阴要塞炮台，位于江阴市澄江街道花园社区花园路长江南岸的黄山各山峰和大小石湾，自古为军事要地，素有"江海门户""锁航要塞"之称，是民国时期中国海军的重要基地，是锡澄国防线的重要依托，经过参谋本部五年的经营，以东方之马奇顿视之。

黄山炮台始建于 1635 年，跨越明、清、民国三个时期，历时 360 余年，其构筑年代之早，延续时间之长，规模之大，保存之完好，为目前全国现存炮台遗址中所少见。现存民国时期钢筋混凝土结构炮台 10 座、机枪工事 3 处、观察所 1 座及弹药库等，由西向东分布在各个山头。此外，还有三合土构筑的明清古炮台遗址 2 处、清末混凝土炮台 3 座。炮台或设在江湾，或凿垒石壁，或就山势筑甬，或连通地下火药库，工事曲深奇特、千变万化。

明代为抗击倭寇，在黄山大小石湾构筑炮堤始建黄山炮台，至清代和民国屡有扩建和改造，使之成为中外闻名的江阴要塞。

明、清古炮台遗址分布在大石湾与小石湾内，大石湾遗址长约 350 米，现被泥土覆盖；小石湾遗址长约 180 米，东段已被清理，其余仍在地下。遗址为三合土质地，炮室顶已残，现存炮座、滑轨等设施。

清末张之洞督建的半周式炮台，现存东山 2 座、西山 1 座。东山嘴炮台与西山炮台大小完全一致，均为混凝土质地，旁边建有弹药库，保存完好。

民国时期的炮台自西向东分布在数千米范围内的多处山头上。现存较完好的共 10 座。其中龙头山有 6 座，东山、大馒头山各 1 座，鹅山 2 座。另外，西山顶有巷道和弹药库 1 座，龙头山自东向西有机枪掩体 3 座、弹药库 3 间以及席帽峰炮台总台观察所 1 座。基本保持了民国时期要塞炮台总台的布局。

2013 年，黄山炮台旧址由国务院公布为第七批全国重点文物保护单位。

国民党江阴要塞司令部旧址

国民党江阴要塞司令部旧址位于江阴市澄江街道高巷路 2 号，始建于 1917 年，1937 年曾作为日军驻澄警备司令部，1947 年国民党在此设立江阴要塞司令部。占地 3753 平方米，建筑面积 1249 平方米。旧址有前、中、后房屋三进及二侧厢和花园、天井。前二进建筑为中式古典建筑形

● 国民党江阴要塞司令部旧址

式。第三进为一座西式的二层小洋楼。各建筑屋面均为中国传统民居样式，外立面则采用西式砖砌柱廊，山墙顶部装饰风格也采用西洋建筑形式，中西并置，对比鲜明。建筑内部雕梁画栋，异常考究，融木雕、砖雕、灰雕及石刻艺术为一体。一、二进连接处的砖雕门楼是旧址建筑砖雕艺术的一个集中的体现。

2013 年，国民党江阴要塞司令部旧址由国务院公布为第七批全国重点文物保护单位。

韩公馆
民族抗战楷模韩国钧故居

　　韩公馆位于海安县海安镇宁海路 58-8 号，为韩国钧于 1906 年在其祖居旧址重建，是"民族抗战之楷模"韩国钧的故居，也是一组苏中地区不可多见的晚清优秀建筑群。这里见证了著名爱国民主人士韩国钧为抗战救国坚贞不屈的事迹，同时也是载入华中抗日战争史册的"苏北联合抗日座谈会会址"。

　　韩国钧（1857~1942 年），字紫石，江苏泰县海安镇（今南通市海安县）人。清末举人。历任江苏民政长、安徽民政长、安徽巡按使，1922 年出任江苏省长，并于 1924 年兼署督军。1925 年"五卅"运动前夕辞官退居海安，以文墨自娱，致力于盐垦和运河复堤等水利工程，至抗日战争全面爆发被迫停止。抗战期间主张团结对外，支持抗战。后拒任敌伪江苏省长之职，坚守晚节。

　　1937 年"八一三"淞沪抗战爆发后，日军飞机经常在海安上空盘旋。韩国钧在海安中山堂发表演讲，号召"有钱出钱、有力出力"，支持全民抗战。他募捐鸡蛋十担，慰劳前方抗日伤兵。9 月 12 日，淞沪抗战中牺牲的湖南籍飞行员陈锡纯灵柩由上海护送回归故里，途经海安时，韩国钧商请地方各界人士特设公祭，表示哀悼，并以此动员各界起来抗战。24 日，江苏省政府将《救国公债委员会决议案》送达韩国钧，他当即捐款 1000 元表示支援。此后，韩国钧在海安发起"献金"活动，动员各界人士声援抗战，并将募集到的现金和金戒指、金项链等饰全部送至镇江"江苏省抗日支援会"，极大地鼓舞了人们的抗日救国热情。

　　随着抗战局势的发展，在中国共产党抗日民族统一战线的感召下，韩国钧拥护中共"停止内战，一致抗日"的政治主张，积极支持新四军东进抗日，反对国民党顽固派韩德勤拥兵自重，制造摩擦。韩国钧在苏北声望甚高，富有号召力。陈毅为争取韩国钧的支持，于 1940 年春即从苏南派专人致书韩国钧，向其请教抗日救国大计。当时，韩国钧已久仰陈毅抗日盛名，即复函表示愿为抗日尽力，并手书一联相赠："注述六家胸有甲，立功万里胆包身。"以表对新四军的信任和支持。陈毅接信后，也回赠一联："杖国抗敌，古之遗直；乡居问政，华夏有人。"表示对韩国钧爱国精神的赞扬，感谢他对新四军的支持。

1940年春，新四军挺进苏北敌后，国民党顽固派韩德勤阻截未逞，于9月集结部队妄图攻取黄桥，大战一触即发。韩国钧应新四军苏北指挥部陈毅的呼吁，力持正义，于9月中旬邀请苏北8个县知名人士，在这座小洋房内主持召开了"联合抗日座谈会"。会议通过了致韩德勤、李明扬、李长江、陈泰运、陈毅苏中各方军事长官函，呼吁各方军队团结抗日，制止一切破坏抗战的摩擦和分裂活动。会议团结了爱国人士，壮大了抗日力量，为新四军黄桥决战的胜利提供了有利的条件。

黄桥战役后，韩国钧接受陈毅建议，和李明扬一起，于10月30日邀请各方军事代表和南通、如皋、海门、启东等12县代表，在曲塘召开了"苏北抗敌和平会议"。会议就实现苏北党政军民合作抗日问题提出了7项意见，由韩国钧、李明扬电报重庆国民政府。11月中旬，在陈毅领导下，于海安召开了苏北临时参议会，推选韩国钧为名誉参议长。会后，韩国钧致力于建立"三三制"的抗日民主政权，并发动各界民众团结抗日，为扩充地方武装做

● 韩公馆全景

• 西花厅

了很多工作。

1941 年 3 月，日军第二次占领海安，韩国钧带家人避居海安东北数十里的徐家庄。陈毅为了韩国钧的安全，曾经一再函请其北迁，未果。同年 9 月 13 日，日伪军警包围了徐家庄，涌入韩宅。他们企图利用韩国钧在民众中的声望，软硬兼施，逼迫其出任伪江苏省长。韩国钧正气凛然，"宁死不当一天亡国奴"，拒绝出任伪职。其后，日伪将韩国钧之孙带往泰州作为人质，并布下兵力将韩国钧软禁。韩国钧外遭迫胁，内怀愤忧，忧郁成疾。1 月 20 日，他致书陈毅，告知近况。23 日，韩国钧口授侄子韩同，拟电稿致重庆国民参政会："誓死殉国，命垂旦夕，年逾八旬，死何足惜。唯愿两党团结，共御外侮，恢复大业。"他在弥留之际，又郑重"告家人曰：抗战胜利之日，移家海安，始为开吊，违此者不孝。"言毕，长叹一声，愤然辞世，享年 85 岁。

韩公馆正厅的西部人称西花厅，是韩国钧会见贵宾之处所。当年陈毅率新四军移师海安时，就应邀住于此处，陈、韩二人虽相交时短，然相知甚笃，斟酒论文，接席无虚日。期间，刘少奇到海安时，亦来韩公馆会见韩国钧，韩为之设宴洗尘，新四军领导人自刘、陈以下，曾大会于韩公馆。

韩公馆后花园火车车厢式小花厅是当年韩国钧主持的"联合抗日座谈会"会址。

● 小花厅（联合抗日座谈会会址）

【遗址介绍】

韩公馆现存主要建筑包括正屋四进院落、东侧后花园及花厅、西侧楠木厅，占地 7500 平方米。正屋均为七架梁五开间，厅庑廊轩齐全，建于一条中轴线上，每进天井相隔，回廊相连。第一进为对照厅，原是韩公馆文书、账房办公的地方。第二进为大厅，为接见尊贵客人地方，韩国钧曾与刘少奇、陈毅在此共商联合抗日大计。第三进为中堂，有书房及家人卧室。第四进为堂屋，原是韩国钧儿媳的卧室、书房。四进厅屋的槅门做工精致且用冰花玻璃衬映花饰，独具特色。

主轴线院落东侧一条火巷，直通后花园火车车厢式小花厅。后花园内奇花异草，古树名木争相斗艳。一株广玉兰为韩国钧亲手所植。

楠木厅位于主轴线院落西侧，建于清顺治年间，面阔三间，进深七檩，面积 92 平方米，主要木构件为楠木，在苏中一带民居中极为罕见。因城市建设需要，1995 年自海安中大街 12 号整体迁移至此，与韩公馆合为一体。

2013 年，韩公馆由国务院公布为第七批全国重点文物保护单位。

拉贝旧居
南京大屠杀的重要物证遗存地

约翰·拉贝（1882~1950 年），德国汉堡人。1932~1938 年为德国西门子公司驻南京代表处代表。旧居为拉贝 1934~1938 年在金陵大学农学院办公和居住的处所。1937 年日军侵占南京期间，这里为拉贝领导建立的南京安全区 25 个难民收容所之一，保护了 600 多位难民免遭日军杀害。拉贝亲眼目睹日军南京大屠杀暴行，在这里写下了著名的《拉贝日记》。

抗战爆发前，拉贝的事业蒸蒸日上，其住所周围的居民对他友善热情，拉贝在这里工作、生活得极为愉快。然而，七七事变的枪声打破了拉贝宁静的生活。

1937 年 8 月，日军开始对南京狂轰滥炸。拉贝正在北戴河休假，他星夜兼程地赶回，并在院子里修筑了一个防空洞，提供给家里的佣人和附近的居民使用。11 月，他和一些西方人设立了一个安全区，希望在南京沦陷的最危险时刻，为

● 拉贝旧居

难民提供一个躲避的场所。他被推为安全区的主席，拉贝明白自己肩负的担子有多重。他说："由我出任主席，我不应再有丝毫的犹豫。我一生中最美好的青年时代都在这个国家愉快渡过，我的儿孙都出生在这里，我的事业在这里获得了成功，我始终得到了中国人的厚待。"安全区内设有 25 个难民收容所，聚集了近 30 万难民。作为非常时期的"执行市长"，拉贝利用自己的纳粹身份，与日军斗智斗勇，与日本领事馆反复交涉、抗议，阻止日军的恣意侵犯和屠杀；他把自己租住的院子设为"西门子"难民收容所，收留了 600 多个附近的居民。丁永庆、宗有琴、李世珍，当年都在这里得到过拉贝的保护。他在这里写下了著名的《拉贝日记》，记录了日军暴行的 500 多个惨案；他带领他的委员们寻求国际援助，募集资金，购买粮食和药品，特别是历尽艰辛，从上海运来了能预防脚气漫延的蚕豆。难民们对他心怀感激，称他为活菩萨。为表达对拉贝的敬意，麦卡勒姆牧师专门谱写了一首《南京难民合唱曲》，歌词幽默中隐匿着辛酸：我们要蚕豆做早饭，我们要蚕豆做午饭……1938 年 2 月，拉贝应西门子总部要求返回德国。他把躲在他家养伤的中国飞行员王光汉扮作他的佣人，安全地带到了上海，又护送到香港。拉贝回到德国后，他在柏林马不停蹄作了 5 场报告，义愤填膺地揭露日军在南京的暴行。他播放了南京红十字会主席约翰·马吉牧师拍摄的日军暴行影片。他还给阿道夫·希特勒本人和赫尔曼·戈林寄了一份暴行报告，期望德国赶快出面阻止盟友日本仍在继续的非人道暴行。为此，他受到盖世太保的迫害。二次大战结束后，拉贝因为他的纳粹身份又受到不公正待遇。在他最消沉的日子里，在他濒临饿毙的绝境中，南京的老乡没有遗忘他——来自南京的募捐、食品包裹使他重新燃起了生活的勇气。

【遗址介绍】

拉贝旧居位于南京市鼓楼区湖南路街道南秀村社区小粉桥 1 号南京大学校园内。占地面积约 2000 平方米，现存主楼、两栋附属建筑和防空洞。

旧居主楼坐北朝南，高两层，13 间，建筑面积 1905 平方米。楼为砖木结构，红瓦黑墙，是一幢西式风格的别墅。车库位于旧居的北侧，高一层，西式风格，坐北朝南，建筑面积 26 平方米。门卫室位于小粉桥与广州路交汇处，坐西朝东，西式平房，面积 10 平方米。院内有地下防空洞一处，位于主楼西北侧。

2013 年，拉贝旧居由国务院公布为第七批全国重点文物保护单位。

苏皖边区政府旧址
八路军和新四军联系枢纽

　　淮北苏皖边抗日根据地是淮北抗日根据地的重要组成部分，是淮北抗日根据地后期的中心地区。它位于淮河以北、陇海铁路以南、津浦铁路以东、运河以西的广大地区，包括皖东北和邳（县）睢（宁）铜（山）两块根据地。该根据地处在日军占领的徐州、蚌埠、淮阴三大军事重镇之间，是八路军和新四军的联系枢纽，战略地位十分重要。

　　皖东北抗日根据地位于淮河以北、津浦路以东、海郑公路以南、洪泽湖以西的安徽省东北部（包括苏北一部分）地区，总面积1万平方公里，人口约200万。1938年10月，共产党员江上清等受组织派遣，随国民党安徽省第六区专员兼皖六区保安司令盛子瑾前往皖东北地区，在皖六区军政部门任职，并秘密建立了中共特别支部。1939年2月，中共中央山东分局派杨纯到皖东北，成立了以她为书记的皖东北特委。8月，张爱萍奉命在皖东北成立了八路军、新四军驻皖东北办事处，任处长。八路军、新四军在皖东北与盛子瑾正式结成合作抗日的统一战线。1939年6月，成立中共苏皖边区委员会，书记金明，统一领导苏皖边区党的工作，下辖皖东北和邳睢铜等4个地委。此后，八路军胡炳云大队、苏皖纵队司令员兼政委江华所率陇海南进支队以及彭雪枫派张太生率领的1个主力团和120名党政干部先后进入皖东北地区作战。八路军和新四军在皖东北地区达6000余人，成为该地区抗日的中坚力量。到1940年9月，皖东北抗日根据地初具规模。

　　1941年5月，皖东北区党委成立。为了打通与邳睢铜的联系，开拓新区，新四军第3师9旅北上西进作战，开辟了邳睢铜抗日根据地；宿东游击支队在津浦铁路东侧开展游击战争，守卫了皖东北的西大门。1941年8月，华中局划淮河以北、陇海路以南、运河以西、津浦铁路以东的广大地区为淮北苏皖边区。同时撤销皖东北区党委，成立淮北苏皖边区党委，刘子久为书记；撤销皖东北专员公署，成立淮北苏皖边区行政公署，刘瑞龙为主任；成立淮北苏皖边军区，赖毅为司令员，刘子久兼政委；成立淮北苏皖边区军政党委员会，邓子恢为书记，统一领导该区的党、政、军工作，这标志着淮北抗日根据地正式形成。1942年11月，根据地实行党政军一元化领导，撤销淮北边区军政党委员会，改组苏皖边区党委，邓子恢为书记。同时撤销淮北苏皖边军区，由新四军第4师兼淮北军区，彭雪枫兼司令员，邓子恢兼政委。在淮北区党委领导下，淮北军民积极开展反"扫荡"、反"蚕食"和反摩擦的武装斗争。1942年11月中旬至12月中旬，取得了33天反"扫荡"战役的胜利。1943年3月，发动山子头战斗，歼灭进入根据地中心区的国民党顽固派韩德勤部，生俘韩德勤及其官兵各1000余人，粉碎了国民党顽固派妄图摧毁淮北抗日根据地的阴谋。

随着国际反法西斯战争形势的顺利发展，淮北军民根据中共中央关于向日军展开局部反攻的指示，从1944年3月起在全边区范围内向日伪军发动了春季攻势，作战60余次，毙伤日伪军1000余人，取得了春季攻势的胜利。7月，中共中央命令新四军第4师进军津浦路西地区。8月，彭雪枫、张震、吴芝圃率第4师主力一部誓师西征。在9月河南夏邑县八里庄的战斗中，彭

● 苏皖边区政府院门

雪枫不幸牺牲。9月13日，中共中央军委任命张爱萍为第4师师长，韦国清为副师长，继续执行西进任务。至10月，西进部队已基本上收复了原豫皖苏边区的失地。同时，淮北路东军民发起了睢宁战役，使睢宁县全境获得解放。

1945年8月，日本宣布无条件投降，但日伪残余力量仍然负隅顽抗，新四军开展战略大反攻。1945年9月攻克两淮（淮阴、淮安），苏中、苏北、淮南、淮北四大根据地连成一片，形成了统一的苏皖地区。

抗日战争胜利后，国民党以和谈为幌子，阴谋发动内战。为争取政治主动和军事机动，中共中央确立"向北发展、向南防御"的战略方针，主动撤出苏南、皖江（皖中、皖南）、浙东等根据地，苏皖边区遂成为我党坚持华中的主要阵地。由于新四军军部和中共华中局北移山东，中共中央决定在苏皖边区重组党政军领导机构。1945年10月25日，中共中央华中分局、华中军区在淮安成立。11月1日苏皖边区政府在淮阴城正式成立。边区政府下辖8个行政区，共73个县市。辖区北倚陇海路，南濒长江，东临黄海，西迄商丘、涡河、淮南铁路和裕溪口一线，总面积约10.5万平方公里，人口约2500万。

边区政府成立后，统一了法令，健全了法制；实施"三三制"原则，吸纳党外精英参政议政；废除保甲制，改造基层建设；建立群众组织，壮大人民力量；拥军优属，密切军民关系；惩奸反霸，减租土改，团结了人民，打击了敌人。

● 苏皖边区政府交际处

● 苏皖边区政府办公楼

【遗址介绍】

苏皖边区政府旧址位于江苏省淮安市淮海南路30号。旧址基本保持着原有格局和风貌,现存两个院落,占地面积6700平方米,保存砖木结构、古色古香的平房(其中部分房屋为两层楼房)48间。北院占地面积2280平方米,建筑面积768平方米,房屋33间,其中26间二层楼房为原边区政府交际处办公地点。交际处前楼为两层单檐硬山顶,面阔13.73米、进深6.44米。后楼亦为两层,面阔11.16米、进深7.7米。原小会堂已不存,原南门改为东大门。

2006年,苏皖边区政府旧址由国务院公布为第六批全国重点文物保护单位。

新四军江南指挥部旧址
插入敌伪心脏的利剑

　　新四军江南指挥部旧址位于江苏省常州市溧阳市竹箦镇水西村，是 1939 年 11 月~1940 年 6 月新四军江南指挥部司令部驻地（祠堂），为当年陈毅、粟裕等办公兼住宿的原址。

　　1938 年夏，新四军第一、二支队先后挺进苏南敌后，开展抗日游击战争。1939 年 11 月 7 日，按照中央军委决定，新四军第一、二支队领导机关合并，在溧阳水西村成立新四军江南指挥部，陈毅、粟裕分任正副指挥，统一指挥第 2、第 4 团和新编第 3、第 6 团及地方武装，开展长江南北的游击战争。指挥部的成立，有力贯彻了党中央"向南巩固、向东作战、向北发展"的战略任务，为开创苏北创造了有利条件。

● 新四军江南指挥部旧址全景

1940年春，国民党顽固派在第一次反共高潮遭到失败，把摩擦重点从华北转向华中，致使大江南北反共风云日紧。4月21日，陈毅、粟裕、罗忠毅、邓振询（即邓仲铭）联名向中央建议："苏南为解决人枪款良好地区，皖南则地形好，为向苏浙赣发展的战略重点，但目前坚持力量不够，应先放弃皖南，集中全力发展苏南，直到海边。"1940年5月4日，中共中央回电就长江以南新四军的发展方向问题作了明确指示：新四军第一、第二、第三支队的主要发展方向"不是溧阳、溧水、郎溪、广德等靠近中央军之地区，而是在苏南、苏北广大敌人后方直至海边之数十个县，尤其是长江以北地区"。

1940年6月，国民党顽固派顾祝同、冷欣、韩德勤、李品仙图谋同时从南、北、西三路向新四军大举进攻，并已基本部署就绪。在这种情况下，江南指挥部果断退出溧阳水西，转移到溧武公路以北，公开工作人员全部撤退。6月16日，新四军江南指挥部机关离开水西，井然有序地向北进发。

6月29日，陈毅化装成商人渡江北上。7月5日，命令下达，主力继续北上。去苏北要经过三道封锁线，一是运河，二是铁路，三是长江。运河与铁路很近，必须一夜渡过，运河上用大小船只连成了"浮桥"。7月6日，因抗战的需要，在丹阳东北大成桥，参谋长罗忠毅等三四十人和警卫部队的一个特务连没有

● 粟裕大将骨灰敬撒地

随大军北上，而是留在江南。随后由罗忠毅在丹北组建新的新四军江南指挥部。指挥部之所以选择于丹北，原因有二：一是管文蔚领导的挺进纵队在丹北地区打下了坚实的群众基础；二是丹北紧挨扬中，军队南上、北下都要由此地进入，此段江面渡江也最为安全。

罗忠毅率新组建的江南指挥部坐镇丹北，此时长江南北抗日局面已是热火朝天。后来组织上又派王绍杰来到江南指挥部，成为罗忠毅的重要助手。10月，黄桥战役打响，10月4日，罗忠毅率第四团三营增援。三营将士奋勇当先，把顽军第33师打得溃不成军，三营乘胜占领海安，打通了苏北新四军向东发展的道路。

【 遗址介绍 】

新四军江南指挥部旧址位于溧阳市竹箦镇水西村，是1939年11月~1940年6月新四军江南指挥部司令部驻地（祠堂），为陈毅、粟裕等老一辈革命家办公兼住宿的原址。现存原司令部、原司令部副官处、原司令部通讯班宿舍、原政治部战地服务团宿舍、原政治部印刷室等5处旧址，建筑面积约2000平方米。

新四军江南指挥部原司令部旧址，原为李氏宗祠，又名"光裕堂"。始建于明代万历年间，祠堂共3进4厢25间，回廊雕窗，斗拱画梁。新中国建立后大部分被拆除，仅剩前进右3间。1984年4月25日，遵照粟裕意愿，他的部分骨灰被撒在司令部旧址后天井内。

其余4处旧址位于司令部旧址东侧，原均为村民住宅。司令部副官处旧址和司令部通讯班宿舍旧址是两座3开间楼房，政治部印刷室旧址包括楼房3间、侧屋1间，政治部战地服务团宿舍旧址是一座4开间2厢庭院式楼房。

2013年，新四军江南指挥部旧址由国务院公布为第七批全国重点文物保护单位。

黄桥战斗旧址

奠定苏北抗日根据地基础的关键之战的见证地

  黄桥战斗旧址位于江苏省泰兴市黄桥镇镇区，现存原新四军苏北指挥部、通如靖泰临时行政委员会、黄桥决战支前委员会、新四军第 3 纵队司令部等 4 处旧址。这些旧址见证了 1940 年 9 月 30 日 ~10 月 6 日陈毅、粟裕等率领的新四军将士与国民党顽固派韩德勤部展开决战的历史。

  1940 年春，国民党顽固派发动的反共高潮被打退后，将摩擦中心由华北移向华中，密令第三、五战区和鲁苏战区大举进攻华中新四军。曾参加过台儿庄会战的抗日将领、国民党中央委员、江苏省主席兼鲁苏战区副总司令韩德勤一向反共，其所辖国民党军部队和新四军在此前曾有过多次武装冲突。

  9 月，协同新四军开辟苏北的南下八路军第五纵队第一、第二支队和新四军第五支队分别抵达涟水以北地区和大运河西岸，与新四军苏北部队形成有利的战略态势。9 月 30 日，韩德勤集中其大部兵力，由海安、泰州等地分三路向黄桥进犯。这时，八路军南下部队尚在老黄河一线，第五支队仍在运河

● 新四军苏北指挥部旧址

以西，难以对苏北部队进行战役配合。经过审慎研究，为了赢得一举解决苏北问题的时间，陈毅决心以劣势兵力在黄桥地区独立同韩部决战。粟裕协助陈毅具体组织战役并负责战场指挥，决定以黄桥为轴心，采取诱敌深入、各个击破的作战方针歼击韩部。

韩德勤的进攻部署是：韩德勤以第 89 军李守维部和独立第 6 旅翁达部为主力，组成中路军，经营溪、古溪和祖师庙、加力，进攻黄桥北面和东面地区；以鲁苏皖边区游击军李明扬部、苏北游击第 8 军陈泰运部组成右路军，以保安第 1、5、6、9、10 旅组成左路军，掩护主力之两翼，攻击黄桥以西及东南地区。

新四军苏北指挥部指挥陈毅、副指挥粟裕成功地争取了李明扬部和陈泰运部保持中立，同时采取集中兵力、诱敌深入、各个击破的战法，在黄桥地区进行自卫还击。

10 月 1~2 日，国民党军受阻于暴雨，3 日雨过天晴，即分几路扑向黄桥。4 日下午 3 时许，独立第 6 旅 3000 余人进抵黄桥附近。担任伏击的新四军苏北指挥部第一纵队分四路猛插，将独立第 6 旅分成数段。经 3 小时激战，全歼该旅，中将旅长翁达自杀。国民党军为扭转被动局面，猛攻黄桥，一部突入东门。守卫黄桥的第三纵队顽强反击。第二纵队从八字桥插至分界，第一纵队挥师南下，完成了对第 89 军的合围。

经一夜激战，至 6 日清晨将该军全歼，中将军长李守维逃跑时失足落水溺毙。黄桥战役进行时，八路军第五纵队从淮阴地区南下，新四军江北指挥部部队东进至运河，在战略上起了策应作用。

黄桥战役，陈毅、粟裕率领新四军 7000 将士与顽固派韩德勤部 3 万人决战，共歼敌 1.1 万余人，俘师、旅、团军官 10 余名、下级军官 600 余名、士兵 3200 余名，缴获步马枪 3103 支、驳壳枪 229 支、重机枪 24 挺、轻机枪 135 挺、山炮两门、迫击炮 6 门、子弹、手榴弹、电台等军用品甚多。新四军伤亡 900 余名。

黄桥战役是我军历史上以少胜多的著名战役，奠定了苏北抗日根据地的坚实基础，打击了顽固派，争取了中间势力，打开了华中抗战的新局面，具有重要意义。

【遗址介绍】

新四军苏北指挥部旧址位于泰兴市黄桥镇南街居委，旧址原为私立黄桥初级中学校址，建于 1924 年，现存工字楼，仿德式建筑，坐北朝南，上下两层，共有房屋 22 间，建筑面积 900 平方米。

通如靖泰临时行政委员会旧址位于泰兴市黄桥镇米巷居委，旧址为清代民居丁家花园，也是我国著名地质学家丁文江先生的故居。建筑群自东向西由 3 条轴线组成，轴线之间以火巷相隔，建筑面积 1458 平方米。东部轴线从南至北依次为门厅、多竹堂、小淤洲、蝙蝠厅、小方厅、桂花厅和花园。中部轴线从南至北依次为边厅、西大厅、蝴蝶厅和西厢房。西部轴线部分只有后 3 间是丁家原住宅，为西式风格建筑。

黄桥决战支前委员会旧址位于泰兴市黄桥镇米巷居委，旧址为明代何斐御史府第，清代扩建为黄桥何氏宗祠。占地面积 1300 平方米，建筑面积 950 平方米。建筑自南向北，前后共四进，主要遗存包括门厅、仪门、大厅和振裔楼。

新四军第三纵队司令部旧址位于泰兴市黄桥镇东长村，旧址为清代民居严复兴油坊会客楼，上下二层各 3 间，民居小楼，砖木结构，占地面积 385 平方米，建筑面积 140 平方米。

2013 年，黄桥战斗旧址由国务院公布为第七批全国重点文物保护单位。

浙江省

蒋氏故居
蒋经国生母罹难地

浙江奉化溪口镇是蒋介石的出生地及蒋氏父子的故里。1927年蒋宋联姻后，常携宋美龄来此小住。1936年西安事变后，张学良被送到溪口幽禁，最先的落脚点就是蒋氏故居中的文昌阁。

日本侵略军自1937年11月5日从杭州湾的金山卫和全公亭登陆后，12月24日攻陷杭州，之后陆续窜扰了除昌化、遂安、仙居、泰顺、龙泉、庆元、云和、景宁、磐安等9个县以外的所有地区，日军所到之处，烧杀淫掠，罪行滔天；同时还轰炸了除磐安、泰顺、景宁、庆元等4县以外的所有地区。仅1939年12月12日~1941年4月22日的短短一年半时间内，日军就对溪口实施了13次轰炸。

1939年12月12日下午2时左右，6架日机从溪南新建岭山岙方向冲出，直扑溪口镇，并在溪口竹林上方散开队形，插向东西两侧，扔下一连串炸弹。整个溪口镇成为一片火海。轰炸的中心集中于蒋介石故居丰镐房和别墅文昌阁。正在西平房里面念经的蒋介石原配夫人毛福梅从后门逃出，已经逃过弄口，

• 蒋氏故居

想到房门没有上锁，转身回去锁门，再走出弄口，碰上日机扔下炸弹，墙倒屋坍，当场身亡。

蒋介石接报后，即以特急电报通知在江西的蒋经国，说："顷接张恺电称，家中被炸，尔生母无踪，恐有不测，将生亦受伤，希即请假回家，照料理一切为要。"蒋经国闻此噩耗，悲痛欲绝，带妻儿星夜兼程，于 14 日下午赶到溪口，抚尸恸哭昏厥。25 日，他手书"以血洗血"四字，刻石制碑，立于其母罹难处。他在溪口武岭学校向师生发表讲演时，以拳击桌，悲愤陈词："当前我们的第一个敌人是日本帝国主义；第二个敌人是日本帝国主义；第三个敌人还是日本帝国主义！"其丧母悲痛之情及对日寇的愤恨之心表露无遗。这次轰炸，日机共投弹 13 枚，丰镐房 5 死 1 伤，文昌阁被夷为平地。以后直至蒋介石离开大陆，该地始终是一片废墟。

毛氏之死，蒋介石相当错愕忧戚，他在事发后的第三天即 12 月 14 日给蒋经国的电报上透露了内心感受，并交代蒋经国处理毛福梅丧事的原则：为避免供给敌人"多一宣传材料"，要"秘不发丧""一律从俭从简""从速安葬"。

【遗址介绍】

蒋氏故居系群体建筑，它包括丰镐房、小洋房、玉泰盐铺。其中丰镐房在溪口中街，占地 4800 平方米，建筑面积 1850 平方米，大门、素居、报本堂、独立小楼系原有，为清代建筑，其余为蒋氏于 1929 年扩建。小洋房为三间二层楼房，西式，前临剡溪，后依武山，占地 240 平方米，建筑面积 310 平方米，建于 1930 年。蒋经国留苏回奉，偕妻方良、子孝文居此。玉泰盐铺位于溪口中街篾匠弄口，乃蒋介石出生之地，前后两进，前进三间一弄楼房，后进为平房，占地 716 平方米，建筑面积 600 平方米，清末以来，盐铺曾两次失火，现房屋为 1946 年所建。

1996 年，蒋氏故居由国务院公布为第四批全国重点文物保护单位。

笕桥中央航校旧址
中国空军的摇篮

    1926年国民革命军北伐之后，主政南京国民政府的蒋介石，认为"无空防即无国防"，因此于1927年在南京成立了航空处。1929年，中央陆军军官学校于南京附设航空班，这是国民政府中央空军教育的开始。1931年的九一八事变和1932年的淞沪抗战的爆发对南京国民政府的触动较大，民众的"航空救国"呼声也日益高涨。为了进一步推动航空教育发展，1932年，蒋介石命航空署扩大航校编制，改为中央航空学校，校址设在杭州笕桥。9月1日，中央航校正式成立，蒋介石极为重视，视作中央空军的新起步，亲自兼任校长。校内官员人数从南京航空班的几十人增加到300余人。蒋介石在给航校的手谕中说："我视本校教育之成败，即为中国革命最后之成败。"到1934年，因为人数的增加，机场设备等不敷使用，于是在洛阳设立一个分校，派黄毓沛为分校校长，其他教官及飞机器材均由笕桥航校本部拨去，并将入伍期满

● 笕桥中央航校旧址

的第六期学生分送一半赴洛阳训练。到 1936 年，又设立了广州分校，其组织和洛阳分校完全一样。

中央航校在教育训练中聘用美国顾问，采用美式教学，严格招生和训练，培养了一批优秀的空军人员。1932 年，航校从美国聘请了裴伟德上校为首的外籍顾问团来校指导飞行训练工作。顾问团除裴伟德外，还有以 H·T·罗立德为首的 10 名飞行教官，以 G·B·克拉克为首的 5 名机械师和航空军医亚当博士。美国顾问对在校的飞机人员进行飞行测验中淘汰了大批的不合格者。对新生的招收也相当严格，"根据该校（指中央航空学校）的章程，必须高中毕业生才有投考资格。每次投考考生中只有 10% 的人可被录取，而每期学生在飞行训练期间，因体格检查和技术测验而淘汰的，平均约占 1/3。

在学科设置方面，有飞行学（即空气力学或飞行原理）、航行学、飞机发动机学、飞机构造学、空军战术、无线电通讯、英文等，其他还有发动

• 2 号楼

机学的工厂实习及体育、政治训育。在飞行训练方面，笕桥航校分初、中、高三阶，每级平均飞行 60 小时；而南苑、广东航校、初级飞行毕业只飞行 30~40 小时；东北和云南的航校只飞行 20 多小时。从学员入校到毕业的时间上看，每期平均要 2 年时间。到抗战爆发前，作为国民政府最大的航空人才培养基地，中央航空学校先后培养飞行员 6 期，毕业飞行人员 700 余名，机械士 343 名，照相士、轰炸士、无线电等各类人员共 39 名。这些学员有不少在后来抗击日军空中侵略的过程中发挥了重要作用。

8 月 14 日，中日空军首次直接空中交锋，在笕桥上空的空战中，中国空军取得了 3：0 的战绩，打破了日本航空军不可战胜的神话。在随后的 15、16 两日的战斗中，中国空军再接再厉，又击落敌机多架。日军丧失了鹿屋航空队包括飞行队长在内的共 5 组、木更津航空队共 4 组的机组人员。可能作战的飞机，鹿屋由原来的 18 架减为 10 架，木更津队由 20 架减为 8 架。日方同时承认："由于牺牲的增加，使对渡洋轰击感到不安。因为中攻队本来是作为对美迎击作战的攻击兵力而秘密进行准备和训练的。今在对华作战中，丧失了这支王牌兵力，实成问题。"

此后，中日双方为了争夺华东制空权进行了殊死搏斗，张治中（时任第三战区第九集团军总司令、中央军总司令）说："看见我国空军也很敏捷勇敢……但终无法克服数量上优势的压制，于是空军的出击改在夜间，大规模的遭遇战竭力避免。"虽然制空权最终易手，但至 8 月底，短短的半个月战斗中，"中国空军共袭击 67 次、空战 12 次，击落敌机 61 架，击中敌舰船 10 艘"，使日本损失包括水上机在内各类飞机共 64 架（其中有 3 架是地面炮火击落）。鹿屋、木更津航空队更是遭到沉重的打击，削弱了日本的空军力量。在一定程度上打击了日本的"三个月灭亡中国"的计划，同时也为民族抗战作出了巨大的牺牲。

【遗址介绍】

笕桥中央航校旧址位于浙江省杭州市江干区笕桥镇横塘村。

中央航空学校是近代中国规模最大并由中央直属的空军培训基地。1930 年,蒋介石决定利用杭州笕桥清朝旧兵营和校场将中央陆军军官学校航空班扩建为中央航空学校。1931 年 4 月,中央航空学校校舍和机场等建成,设立机构,采购飞机,招生办学,并先后在洛阳、广州设立分校。抗日战争爆发后,航校先后迁往云南昆明、巴基斯坦拉合尔,并改名为中央空军军官学校,而将笕桥机场作为空军的丰基地使用。至抗战胜利,学校又迁回杭州原址。1948 年冬迁往台湾。

笕桥中央航校旧址为不规则平面,沿笕丁路呈东北至西南方向狭长形分布。当时航校东部为军事设施区,有机场、飞机棚、气象台、弹油库、机修厂、飞机制造厂等建筑和设施,西部为教学生活区域,有图书馆、运动场、办公楼、学生宿舍、别墅群等建筑和设施。抗日战争中部分建筑遭破坏,后予以修复。目前航校旧址留存的建筑主要有办公楼、"醒村"别墅群、食堂、空军杭州机场医院等。

办公楼位于航校中间偏西位置,主体建筑部分为四层砖混框架结构,平面似"卫"字的上半部分。建筑体量较大,平屋顶。主体建筑正立面呈中间高、两边逐渐下降的双向二级阶梯形。屋顶中央高耸部位,顶部用水平长条形构件、2 个小八角形柱头和下面饰水平波纹的横长部分,以及中间的建筑垂直主干组成"平"字形,小八角形柱头则可寓意"四面八方"。通过巧妙的平面布局、立面构图使整个建筑表达出"保卫国土,八方平安"的象征意义,也体现了航校的建校宗旨。建筑以通长的外凸方形壁柱分割立面,开竖向的长方形钢窗,整个建筑显得稳固而挺拔。与主体建筑平面垂直的后翼部分为单层人字坡建筑,立面以壁柱分割,檐下柱间墙面饰云纹和航空标志图案,下开固定的拱形钢窗和横长形支摘窗。

"醒村"别墅群是美国顾问和国民党高级官佐的住宅,目前还保留 9 幢独立式小别墅,沿东北至西南方向分布。除第 5、6 号面向东南,其余均坐北朝南。第 30、39 号采用不规则平面,其余都为长方形平面。别墅均为二层,砖木结构,台基上开防潮孔,黄色粉刷墙面,屋顶采用木屋架,第 1~6 号别墅顶上分别开有方形或弧形老虎窗。多数别墅都设高耸的烟囱。其中的第 36 号又叫美龄楼,为宋美龄在航校的旧居。别墅群建筑一些细部的装饰图案和栏杆、窗户上的几何形图案都带有明显的西式风格。整个别墅群之间树木荫荫,环境幽雅。

食堂为一层砖木结构建筑，歇山顶。黄色粉刷墙面，设 5 处出入口，便于用餐及疏散。空军杭州机场医院笕桥中央航校 39 号楼是一幢二层砖混结构建筑，正立面设敞开式外廊。二楼两坡顶屋面上建有方形的防空射击台，四面开瞭望窗。

中央航空学校设施齐全，设备先进，采用现代化教学模式，严格训练，至抗战前培养了 500 多名学员，被誉为"中国空军的摇篮"。笕桥中央航校旧址对研究中国空军发展史、航校技术发展史具有重要的价值。笕桥机场是抗战初期空战的主战场，曾爆发著名的"八一四"空战，歼灭敌机多架，创造了中国空战史上空前的光辉战绩。

2006 年，笕桥中央航校旧址由国务院公布为第六批全国重点文物保护单位。

浙江大学龙泉分校旧址
培养杰出人才的战时教室

浙江大学龙泉分校旧址位于浙江省龙泉市剑池街道芳野村 73 号，系 1932 年芳野村村民曾水清所建，原名"曾家大屋"。1937 年抗日战争爆发，浙江大学被迫举校内迁并于 1939 年在此创办了分校，坚持教学及学术研究，在极端困难的情况下造就了一大批杰出人才，并且开展了卓有成效的抗日救亡活动，直至抗战结束。

1937 年 8 月，日寇进攻上海，杭州危急，为了坚持学业，为国家保留一批知识精英，竺可桢校长毅然率领浙江大学全体师生踏上西迁流亡办学的艰苦历程，先后在浙江建德、江西吉安、泰和，广西宜山，贵州青岩等地辗转迁徙，最后于 1940 年抵达黔北遵义、湄潭。当时全国沿海各大学也多已西迁，校长竺可桢考虑到东南各省青年学生因战乱所造成的困难而不能升学的很多，于是在 1939 年 1 月提出在浙东设立分校，并于 2 月中旬派教务长郑晓沧教授及文学院史地系陈训慈教授到浙江筹设分校。郑、陈两位教授于 3 月初到浙江进行分校的筹建工作。5 月，浙大正式成立了"浙东分校设计委员会"，决定校名为"浙东分校"。6 月，竺校长又派史地系李絜非先生及总务处陆子桐先生到龙泉，经过反复的考察研究，最后确定分校校址设在龙泉坊下。

1939 年 7 月 27~29 日，浙江大学浙东分校在永康麻车头杭州树范中学举行新生入学考试，总共录取新生 150 名，其中正取生 120 名、备取生 30 名，后来实到学生 141 名。

到 8 月中旬，分校筹备工作宣告结束，同时工作人员也开始到坊下办公。教师一部分由总校调聘，也有一些另行聘请。

分校成立后一个学期，就改名为"国立浙江大学龙泉分校"。当时有文、理、工、农 4 个学院，包括中国文学、外国语文、史地、数学、物理、化学、生物、电机、化工、机械、土木、农艺、农化、园艺、蚕桑、病虫害、农经等 17 个系。那时大学一年级学生学的是基础课程，而分校开办时学生入学后只在分校学习一年，第二年就转到总校继续学习，所以学生虽然分属 17 个系，但实际上并未设系，学生基本上以学院为单位选课和听课。1941 年增设了二年级，接着又增设师范学院，这时才有系的设置。至 1944 年，分校的 5 个学院所设置的系有文学院的中文系、外文系，理学院的数理系，工学院的机电系、化工系、土木系，农学院的农艺系、农经系，师范学院的国文系（五年制）、外语系（五年制）、国文专修科（三年制）、数学专修科（三年制）。除师范学院外，其他各系学生读完两年后仍转入总校学习。

分校第一批新生是在 1939 年 10 月 1~6 日报到注册的。10 月 7 日选课，10 月 8 日举行开学典礼。参加典礼的除本校师生员工之外，还有永康、丽水、龙泉各机关的代表和校友。这次开学盛典，由陈训慈先生主持，许多代表讲话，最精彩的发言是英文教授林天兰。他的发言大意是：浙大浙东分校的建立，从表面看是为了解决东南各省优秀青年的升学问题，但是其最大的意义则在于显示我们中国具有最伟大的力量。七七事变以来，据美国某通讯社记者报道，敌国日本没有增设一所新学校，而在被侵略之我国反而增设大学，这在东南各省人士来说，尤其足以自豪。在浙东分校创办前一年，印度举行基督教代表大会，有一位中国某大学的代表受到美国总统的约见，当美国总统听说中国许多大学向内地迁徙并继续开学时，感到非常惊奇和钦佩，并且详细询问了迁校的办法。而我们浙大不但迁校，而且在靠近敌占区的地方增设了分校，如此伟大的事业，就是在世界教育史上也是罕见的。

分校创办之初，租用芳野曾家大屋作为校舍，第二年在离芳野一里多的

● 浙江大学龙泉分校旧址

石坑垅建造了一些新校舍，包括教室、学生宿舍及单身教职员工宿舍（即风雨龙吟楼），总共有七八幢。这些房子都是木屋，屋顶是用杉树皮盖的。除这些房子之外，在庆恩寺左侧还建造了一个简陋的大厅，既是礼堂，也是饭厅。

石坑垅新校舍落成后，坊下就称为一部，是理、工、农三院及学校行政机构的所在地；文、师两院则在石坑垅，称为二部。

龙泉分校还在坊下曾氏宗祠办了一所芳野小学，规模虽小，但解决了浙大教职工子弟和当地村民孩子的入学问题。

龙泉分校从1939年开办到1946年初全部复员回杭，中间曾有一次搬迁。那是在1942年初夏，浙东战局吃紧，金华、缙云、丽水等地相继失陷，云和、龙泉危在旦夕，为了不让堂堂高等学府沦入敌手，分校决定暂时迁往福建松溪的大布。当时校方的打算是，先在大布逗留一段时间，如果形势继续恶化，则将学校迁到连城，如果局势好转，就再回芳野。从龙泉到大布约有100公里，为迁徙的方便，学校在查田、小梅、竹口、新窑等地设立了办事处，图书仪器用手拉车和竹筏运输，师生员工多徒步行走，有的人也乘一段竹筏，途中艰辛，可想而知。

抗日战争期间，浙江大学"以真理为依归，以天下为己任"，在此国难当头之际，没有忘却为国家培养栋梁之材的历史责任，龙泉分校自1939年成立后至1945年冬，筚路蓝缕，前后历时7年余，共招生7届，培养出了1000多名杰出人才，曾任华东师范大学校长的孟宪承、中国科技大学校长谷超豪等一大批科学家、文学家和教育家就是其中的代表人物。

【遗址介绍】

浙江大学龙泉分校旧址文物本体包括原曾家大屋门楼、正楼、厢房和外厢房，整组建筑占地2286平方米，建筑面积2667平方米。坐南朝北，共二进，砖木结构，面阔五进二廊，东西向有楼厢，一进门厅为二层楼，二进正厅为三层楼。建筑主体为典型的江南民居，正立面则以灰色砖墙装饰为西洋风格。

浙江大学龙泉分校旧址见证了浙江大学在抗日战争时期坚持办校的历程，具有重要的历史价值。分校旧址为浙江地方民居受西洋风格影响的典型代表，样式独特，具有较高的艺术价值。

2013年，浙江大学龙泉分校旧址由国务院公布为第七批全国重点文物保护单位。

浙东抗日根据地旧址
华中抗日的东南前哨

　　浙东抗日根据地是抗战时期中共创建的抗日根据地之一。位于浙江东部杭州湾两岸，沪杭甬（宁波）之间，东临东海，南达东阳、宁波公路一线，西跨浙赣路金萧线两侧，北达黄浦江东岸。

　　1941 年 4 月中旬，日寇发动浙东战役，占领绍兴、象山、镇海、宁波、奉化、慈溪、余姚、上虞等地。这时，毛泽东、朱德指示刘少奇、陈毅：新四军要在浙东地区积极开展抗日游击战争。当时，上海浦东一带经过数年努力，已经形成了浦东抗日根据地，建立了共产党领导的抗日武装。5~9 月，中共浦东抗日武装 900 余人分批南渡杭州湾，陆续到达三北地区（姚北、慈北、镇北），随即同浙东党组织取得联系，在姚北的相公殿旗开得胜，首战告捷，站稳了脚跟。10 月，三北抗日根据地正式形成。

● 中共浙东党委成立旧址

● 中共浙东区委旧址

　　1942 年 6~7 月，中共中央指示谭启龙、何克希、顾德欢率领浦东抗日武装 200 余人南渡三北根据地，正式成立了中共浙东区党委。根据地的抗日武装正式组建为第三支队、第五支队。同时，第三支队派遣 200 余人，由蔡群帆率领，渡过曹娥江、越过会稽山，进入诸北，同当地抗日武装会合，组成"三八部队"，开辟了诸北抗日根据地。1943 年夏，浙东抗日根据地正式创立。8 月，浙东党政军机关进驻梁弄，四明山抗日根据地正式形成。从此，这里成为整个浙东抗日斗争的指挥中心。

　　1944 年 1 月 8 日，中共浙东区党委领导的新四军浙东纵队在梁弄正式成立，下属第三支队、第五支队、浦东支队、金萧支队、三北总队、四明总队、直属大队、警卫大队、海防大队，共计 3600 余人，司令何克希，政委谭启龙。

　　从 1941 年 5 月~1945 年 8 月，新四军浙东纵队在浦东、三北、四明山、诸北、金义浦兰、诸义东、嵊新奉、路西、绍嵊等地区，前后作战 643 次，攻克据点 110 个，消灭日伪军近万人，并解放县城两座（上虞、南汇）。浙东新四军由弱到强，从不到百人发展到一万多人；根据地面积从浦东一隅发展到浙东两万多平方公里，拥有人口 400 多万，成为全国 19 块抗日根据地之一。

　　1945 年 9 月，日本无条件投降后，中共中央决定浙东、苏南、皖南的新四军主力全体北撤。9 月下旬，中共浙东区党委在上虞丰惠召开紧急会议，安排北撤事宜。随后，发布了《忍痛告别浙东父老兄弟姐妹书》。从 9 月 30 日起，浙东党政军 1.5 万余人先后渡杭州湾撤离浙东，10 月下旬陆续渡过长江，进入苏中、苏北根据地。

【遗址介绍】

　　浙东抗日根据地旧址位于浙江省慈溪市观海卫镇和余姚市梁弄镇。慈溪市境内有中共浙东区委成立旧址；余姚市梁弄镇境内有中共浙东区委旧址，新四军浙东游击纵队司令部旧址、政治部旧址以及浙东敌后各界临时代表会议旧址、浙东行政公署及教导大队旧址、浙东银行和新浙东报社旧址、鲁迅学院浙东分院旧址等，形成地域分布相对集中的浙东抗日根据地革命旧址群，系统地反映了作为全国19个抗日根据地之一的浙东抗日根据地的党、政、军、金融、新闻和教育事业各方面的历史成就和状况。

　　中共浙东区委成立旧址是"宓大昌"旧宅的第一、二进部分。清光绪年间，宓家埭人宓彰孝于杭州经商发迹后，在家乡高田村建造了三进住宅，当地群众以店号称之为"宓大昌"。旧宅由大门、主体建筑和偏房组成，占地面积2530平方米，建筑面积1670平方米。主体建筑由头门、正厅及厢房组成。正厅七间二弄，为重檐高平复式硬山顶，抬梁穿斗混合式结构。正厅前有天井，两侧有重檐马头墙结构二层楼厢房各三间。主建筑西侧为梯形布置的七开间偏房。

　　中共浙东区委旧址位于横坎头村，系木结构二层清代民居，占地面积800多平方米。由一正楼二翼楼组合而成。正楼坐东朝西，七楼七底，重檐硬山，面阔28.9米、进深12.43米。穿斗式梁架。两侧翼楼各为二开间，规格形制相同。南翼楼西间为大门。

　　新四军浙东游击纵队司令部旧址位于晓岭街，坐北朝南，合围式封

● 浙东银行及浙东报社旧址

● 新四军浙东游击队司令部旧址

闭院落，马头山墙，中为天井，前进为五开间倒座平房，后进为硬山重檐楼房，东西厢房各二间，重檐硬山楼房。

浙东敌后各界临时代表会议旧址位于余姚市学堂弄，坐北朝南，现存前进、东西厢房、后进及东西偏房等建筑，四周围墙。结构简洁，装饰素雅。

浙东行政公署及教导大队旧址在区党委旧址附近，有浙东行政公署及浙东游击纵队教导大队旧址，旧称上新屋。坐东朝西，由主楼、东西厢房、东西偏房组合成封闭式院落。硬山楼房，穿斗式梁架结构。西侧楼的墙壁上尚存当年由教导大队战士绘制的反映革命战士战斗生活和志向的7幅漫画。

浙东银行和新浙东报社旧址南邻区党委旧址系清代民居建筑，由主楼及两厢构成院落，都系重檐悬山楼房。穿斗式梁架，地面用三合土筑铺。

新四军浙东游击纵队政治部旧址位于梁弄镇晓岭街，坐北朝南，是由台门、正楼及东西的封闭式院落厢房组合而成。

鲁迅学院浙东分院旧址住距区党委旧址约2公里的宣家塔村。坐北朝南，旧时为上岳殿，3间，面阔、进深均约12米，用材粗壮，前檐设廊轩，雕刻精细。

2006年，浙东抗日根据地旧址由国务院公布为第六批全国重点文物保护单位。

新四军苏浙军区旧址

铁军征战壮山川

　　根据中共中央、毛泽东关于发展苏浙皖地区的战略部署，1944 年 12 月，中共中央华中局和新四军军部派新四军 1 师师长粟裕率第 1 师主力，由苏中、淮南渡江南下苏浙皖边区，明确要求其完成三大任务：一是发展全浙江，打通东南局面；二是普遍开展苏南、浙西敌后游击战场，并巩固江南各原有的根据地；三是加强上海、南京各大城市与交通要道的工作。

　　1945 年 1 月 6 日，粟裕率领苏中第一批南下部队和地方干部到达苏浙皖交界的长兴县仰峰岕，与在当地坚持斗争的第 16 旅会师，胜利完成渡江南进的长途行军任务。1 月 13 日，根据中共中央军委电令，苏浙军区成立，以粟裕为司令员，谭震林为政委（未到任），统一指挥江南、浙东部队。

　　苏浙军区的成立，引起顽固派的极大不安。2 月 14 日~6 月 23 日，国民党第三战区向新四军苏浙军区发起 3 次大规模进攻，新四军被迫进行还击，

● 新四军苏浙军区旧址

取得 3 次反顽战的胜利，共歼灭顽军 12300 余人。粉碎了国民党顽固派聚歼苏浙军区主力的企图。

1945 年 8 月上旬起，苏浙军区积极展开对日军的大反攻，在浙西和苏南，共解放县城 10 座，拔除日伪据点百余处，使北起京沪铁路，南至安吉、孝丰，东起太湖，西迄宣（城）芜（湖）公路的广大地区连成一片，苏浙皖解放区人口达到 370 余万。苏浙军区主力及地方武装发展到近 5 万人。

1945 年 9 月下旬，粟裕率领苏浙军区党政军领导机关由长兴县仰峰岕转移到宜兴县张渚，组织机关和部队进行北撤准备，同时进行坚持江南斗争的部署，对广大指战员、地方干部和人民群众进行宣传教育。10 月 1 日，苏浙军区向百姓散发《江南新四军北移告别民众书》，10 月下旬至 11 月中旬在苏北解放区进行了整编。新四军苏浙军区胜利完成了历史使命。

【遗址介绍】

新四军苏浙军区旧址位于浙江省长兴县槐坎乡与白岘乡境内，大部分建筑为清代到民国初期民宅。此处为抗战后期（1943 年秋至 1945 年 10 月）新四军 6 师 16 旅及以后成立的新四军苏浙军区党、政、军指挥机关和后勤保障场所，包括坐落于槐坎乡仰峰岕的新四军苏浙军区司令部、粟裕宿舍和办公室，温塘村的新四军苏浙军区一纵队司令部，台基村新四军苏浙公学，白岘乡茅山村的新四军后方医院、疗养所，尚阳村的苏南行政公署以及槐坎乡石臼村的新四军兵工厂，东风村的方司令、谭司令北山园住所，白岘乡丁岕的新四军鞋子厂，水曲岕的新四军修枪所，横岭岕的新四军被服厂和缠岭村的《苏南报》社，庄头村的新四军苏浙军区报社编辑部以及槐坎乡乔下村的中共长兴县委、长兴县抗日民主政府等 15 处革命旧址，建筑面积共计 8849.13 平方米。是江南地区抗战时期保存最为完整、内涵丰富且规模最大的一处革命旧址群。

2001 年，新四军苏浙军区旧址由国务院公布为第五批全国重点文物保护单位。

安徽省

新四军军部旧址
凤凰涅磐般的辉煌

1937 年 10 月，中国共产党为了抗击日本帝国主义，同国民党谈判达成协议，将在江西、福建、广东、湖南、湖北、河南、浙江、安徽等 8 省坚持游击战争的红军和游击队改编为国民革命军陆军新编第四军，叶挺任军长，项英任副军长。1941 年 1 月皖南事变后，中共中央为坚持抗战，命令重建新四军军部，任命陈毅代军长，刘少奇任政治委员，张云逸任副军长。抗战胜利后，1945 年 8 月 26 日，中共中央任命陈毅为新四军军长，饶漱石为政治委员。1947 年 1 月 21 日，新四军兼山东军区机关及所属部队改为华东军区和华东野战军，新四军番号取消。

新四军在成立近 10 年内，先后在湖北、江西、安徽、江苏、山东等地建立过军部。

1937 年 12 月 25 日，叶挺、项英在武汉市汉口太和街 26 号（现胜利街 332~352 号）成立新四军军部。在此期间，叶挺、项英同国民党和共产党中央两方面进行沟通、协商的同时，接待、调配了大批从延安来的高级领导干部，配备了新四军军部各处、科干部，有效解决了新四军各支队集中整编、干部任命、隶属关系和后勤给养等问题。新四军军部在这里约 12 天。

1938 年 1 月 6 日，新四军军部迁移到江西南昌市象山南路三眼井友竹花园 7 号。在此期间，项英等首先建立了新四军的领导机构。正式确定叶挺任军长，项英任副军长，张云逸任参谋长，袁国平任政治部主任，周子昆任副参谋长，邓子恢任政治部、副主任。其次健全军部内部机构设制。司令部建立参谋处、军法处、副官处、军需处、军医处、秘书处，政治部建立组织部、敌工部、民运部，并开始工作。同时还分批派员赴各地传达中央指示，动员、指导红军游击队集中整编，指挥部队向安徽岩寺集结，筹备各种军需物资，建立新四军兵站。4 月 4 日，新四军军部从南昌出发，迁往安徽。军部在这里 3 个多月。

1938 年 4 月 4 日，新四军军部由南昌迁至皖南歙县的岩寺金家大院。期间，新四军整编为 4 个支队，共一万余人。第一支队驻潜口、王村，第二支队驻琶村、琶塘，第三支队驻王和村，第四支队驻安徽霍山县流波疃。随后组织先遣队北上苏南抗日。5 月 4 日，毛泽东致电项英："在侦察部队出去若干天之后，主力就可准备跟行，在茅山地区创造根据地，然后分兵一部东进，再分一部分渡江进入江北地区。" 5 日，新四军军部离开岩寺，向太平县转移。军部在这里约 1 个月。

1938 年 5 月 7 日，新四军军部到达太平县，移驻麻村。12 日，第四支队一部在蒋家河口伏击日军获胜。14 日，中共中央书记处致电长江局、东南分局及项英，对在江南敌后建立根据地的问题作出指示。26 日，新四军军部由太平县进驻南陵县土塘村。在此期间，新四军召开了全军第一次政治工作会议和第一次参谋工作会议，提出了建设新四军的口号。7 月 28 日，项英离开土塘赴延安，参加党的六届六中全会。新四军军部随即撤离土塘。军部在这里约 3 个月。

1938 年 8 月 2 日，叶挺率新四军军部机关进驻云岭地区，中共中央东南分局也同驻云岭，项英于 10 月 22 日回到云岭。在此期间，新四军召开了第二次政治工作会议、第二次参谋工作会议以及第一次党代表大会，成立了新四军江北指挥部和新四军江南指挥部。1939 年 3 月 23 日，周恩来到达云岭，代表中共中央向新四军和中共中央东南分局传达中共六届六中全会精神及向敌后发展的方针。11 月 7 日，中共中央中原局书记刘少奇抵达淮南津浦路西新四军江北指挥部。1940 年 10 月 19 日，国民政府军事委员会正副参谋长何应钦、白崇禧发出 "皓电"，掀起第二次反共高潮。12 月下旬，顾祝同命令第 32 集团军总司令上官云湘为总指挥，秘密调集 8 万余人，包围皖南新四军部队。皖南事变后，新四军军部撤离云岭。军部在这里约 3 个月。

皖南事变后，中共中央军委于 1941 年 1 月 20 日宣布重建新四军军部，以华中新四军、八路军总指挥部为基础组成，任命陈毅为新四军代军长，刘少奇为政治委员。军部设在江苏盐城泰山庙，在这里驻扎约 7 个月。军部将活动于陇海铁路以南的八路军、新四军部队统一整编为 7 个师和 1 个独立旅，全军 9 万余人，继续坚持华中敌后抗战。

1941 年 7 月 11 日，为便于指挥反击日伪军的夏季大 "扫荡"，新四军军部撤出盐城。9月5日，新四军军部转移到江苏阜宁县陈集乡停翅港。村中有一个大水塘，水塘中间有一个约2亩地大的墩子，传说凤凰在这个墩子上停过翅，因而这墩子就叫凤凰墩，这个村便称停翅港。这里地形复杂，周围皆芦苇，便于隐蔽；傍倚阜淮公路，交通便捷，是个能攻能守的好地方。新四军军部在这里驻扎15个月。期间，中共中央东南局与中共中央中原局合并，改称中共中央华中局，刘少奇为书记。1942年3月19日，刘少奇赴延安，由饶漱石代理华中局书记和新四军政治委员。

在1941年重建新四军军部时，盱眙县城东南黄花塘是新四军第2师师部。1942年12月25日，华中局和新四军军部根据抗日斗争的需要，转移至此。在此期间，军部在艰苦卓绝的条件下，指挥抗日，粉碎了日伪军的"扫荡""清乡"和国民党顽固派的反共摩擦、进攻，在苏、皖、浙、鄂、豫五省开辟了8个敌后抗日根据地。新四军军部在这里约26个月。

1945年2月28日新四军军部从盱眙县黄花塘移驻千棵柳。4月10日迁至淮南津浦路西的大赵庄，24日再度移驻千棵柳。千棵柳村是由卢家圩和吕家圩两个小村子组成的（今名长江村）。新四军军部在这里指挥新四军顺利进行了战略反攻以及夺取抗战最后胜利。新四军军部在这里约7个月。

● 汉口新四军军部旧址

1945 年 9 月 6 日，新四军第三师第十旅解放淮阴县城后，设立清江市。同月 21 日，中共中央华中局和新四军军部移驻清江市。在此期间，中共中央发出关于向北发展、向南防御的战略方针部署。要求新四军抽调部队参加发展东北；主力开赴山东；浙江、苏南、皖南部队主力撤返江北。同时，山东分局与华中局合为华东局，陈毅、饶漱石到山东工作。后因国民党军大举进攻，10 月 28 日，新四军军部撤离淮阴。

1945 年 10 月 28 日，中共中央华中局和新四军军部自江苏淮阴分批撤离后，陆续到达山东临沂。在此期间，新四军军部与山东军区合并，成立新四军兼山东军区。中共中央华东局和华东野战军成立。苏中进行了"定陶战役"和"七战七捷"。中共中央中原局和中原军区成立，并于 1946 年 6 月 26 日举行了中原突围，揭开了解放战争的序幕。1947 年 1 月 21 日，新四军兼山东军区和华中军区合并为华东军区，山东野战军和华中野战军合编为华东野战军。新四军番号被取消。

● 南昌新四军军部旧址

【遗址介绍】

汉口新四军军部旧址

汉口新四军军部旧址位于武汉市江岸区永清街道处麻阳居委胜利街332~352号（原汉口大和街），原为日本侨民住宅，为毗邻的2栋二层住宅式砖木结构楼房，建筑面积1029平方米。建筑以砖墙承重，一、二楼均装原木楼楞，上装杉木地板。屋顶为三角形木屋架，坡屋面，上覆红瓦。外墙为混合砂浆粉刷，正面中部饰有简单的西式雕花。一、二楼均设有阳台，阳台上部为可开式玻璃窗，下部为木质活动挡板。

1937年11月12日，经中共中央同意，叶挺开始在武汉正式组建新四军军部。1937年12月25日，叶挺、项英召开领导干部会议，新四军军部在汉口正式成立。为迅速完成新四军组建工作，军部同国民党当局谈判，解决了新四军各支队集中整编、干部任命、隶属关系问题，确定了红军游击队的集中整编办法、新四军的作战部署，并多方筹集款项、武器、物资。

2013年，汉口新四军军部旧址由国务院公布为第七批全国重点文物保护单位。

南昌新四军军部旧址

南昌新四军军部旧址位于江西省南昌市西湖区友竹路7号。原为北洋军阀张勋的公馆，建于1915年，占地面积2350平方米。现有7号、8号两栋两层砖瓦楼房和一栋平房。军部主楼（7号楼）系两层砖木结构，建筑风格为法式建筑，兼具中国建筑的特色。坐北朝南，占地面积592.6平方米，建筑面积1420平方米。四周有回廊围绕，廊孔呈拱形。楼的四角均有一个六角亭，楼亭错列，别具一格。南面回廊16根立柱上的有狮子滚绣球、喜鹊衔梅等石雕。镶嵌在16座拱形门上的古瓷版画以人物、山水画为题材，是民国初年之佳作。旧址中每面窗扉上方都雕有精巧的砖雕画，一窗一景，窗扉如画框，不胜妙趣。该建筑是中国20世纪20年代的建筑代表作之一。

军部在南昌正式办公后，直接指挥了新四军4个支队的组建和集结工作。军部大部分人员出动，到各地进行了大量艰苦细致的说服工作，在短短的3个多月时间内，就将分散在赣粤边、闽赣边、鄂豫边闽东、浙南、鄂豫皖边等8省14个地区的红军、游击队汇聚成一支英勇的新四军部队，成为活跃在大江南北抗击抗击日本侵略者的主力军。

旧址还是中共中央东南分局和新四军驻赣办事处的所在地。东南分局是领导新四军及东南地方党工作的中央派出机关，新四军驻赣办事处是党在国统区设立的公开、合法的办事机构。1938 年 1 月 6 日，东南分局和新四军驻赣办事处同时在南昌成立。同年 4 月 4 日，军部离开南昌，中共中央东南分局和新四军驻赣办事处从东书院街的危家大屋移驻于此，继续坚持工作，直到 1939 年 3 月南昌沦陷前夕才撤离。

南昌新四军军部旧址是新四军历史上第一个正规军部的所在地，南方八省红军、游击队的改编中心，新四军的诞生地，在我军历史上有重要的意义。

2006 年，南昌新四军军部旧址由国务院公布为第六批全国重点文物保护单位。

岩寺新四军军部旧址

岩寺新四军军部旧址位于黄山市徽州区岩寺镇永兴居委，主要包括新四军军部旧址、新四军机要科旧址和新四军练兵、点验处。

新四军军部旧址位于荫山路 22 号金家大院，坐北朝南，是由砖木结构楼房、平房组成一个建筑群体，占地约 3000 平方米，其中建筑面积近2000 平方米。1938 年叶挺住在金家大院居中楼房（金霭时宅），左右的

● 岩寺新四军军部旧址

金霖时、金雨时宅分别为项英住处和政治部驻地。

新四军机要科旧址位于洪桥桥西的"香积"小屋。洪桥始建于明代，位于军部东百米处，为三孔石构平桥，桥上置廊，桥东端设有一焚烧文件的壁炉。距洪桥西4米处有一座明正德十一年（1517年）所建、雕饰精美的进士第门楼。

新四军练兵、点验处位于岩寺文峰塔和凤山台处，是新四军在岩寺集中整编时的主要练兵场所。文峰塔始建于明嘉靖二十三年（1544年），七层八面，高62米。凤山台以岩石砌筑，台上原有楼阁。

2013年，岩寺新四军军部旧址由国务院公布为第七批全国重点文物保护单位。

新四军军部旧址

新四军军部旧址位于安徽省泾县城西25公里的云岭地区。军部包括司令部、政治部、教导总队、战地服务团、修械所、中共中央东南局、大会堂等有关后勤单位，分设在云岭地区的罗里、南堡、中村等13个自然村内，共计有房屋130余幢，全部为居民用房。

司令部旧址位于罗里村内，拥有两座清末建筑的地主庄园，名为"种墨园""大夫第"，由71间平房、1栋楼房和1座小花园组成，总建筑面积1381平方米。军长叶挺、副军长项英以及周子昆、李一氓在此办公居住。

政治部旧址位于罗里村西2.5公里的汤村，为一座清末建筑，三间两厢，前后两进，面积255平方米。

● 新四军军部旧址

大会堂旧址位于罗里村西1公里处，原为云岭村陈氏宗祠，始建于清康熙年间，分前、中、后三进，规模宏大，总建筑面积2200平方米，前厅的木质舞台是当年新四军修建的，作为军部召开大会与开展娱乐活动的场所。

修械所旧址在大会堂东300米处，原为关帝殿，始建于明万历年间，砖木结构，保存完好。

战地服务团旧址位于云岭脚下的新村，系陈氏新村尚文厅，五间两厢民居，清光绪年间建筑。

此外，在罗里村东1公里的叶子河上，1938年冬由叶挺军长主持设计，建造了一座便民过河的木质栏板桥，当地群众为纪念叶挺，将其命名为"叶挺桥"。

1961年，新四军军部旧址由国务院公布为第一批全国重点文物保护单位。

新四军重建军部旧址

新四军重建军部旧址位于江苏省盐城市西郊泰山庙。泰山庙为四进大殿。进是山门，为司令部警卫战士所住。第二进是前殿，时已毁，成了空地。第三进是正殿，为司令部作战科办公处。第四进是藏经楼，刘少奇住在楼下东房，陈毅和张茜住在西房，中间是中共华中局和新四军军部主要领导人会议室。1941年4~7月，中共华中局（当时仍称中原局）

● 新四军重建军部旧址

在这里曾召开过多次会议。刘少奇、陈毅在这里先后写下了《我们在敌后干些什么》《为广泛开展苏北新文化事业而斗争》等重要文章。

在大殿和藏经楼的东西两侧各有 3 幢厢房，为司令部机关工作人员的集体宿舍。东边厢房最北头一间是赖传珠和孙湘的住地，赖传珠曾在这里写下了《抗战四年来的新四军》等文章。西边厢房最北头曾是饶漱石、曾山的住地。

2006 年，新四军重建军部旧址由国务院公布为第六批全国重点文物保护单位。

半塔保卫战旧址
固守待援的范例

半塔，又名半塔集，位于安徽来安县境内。抗日战争时期，半塔及其周围地区是新四军第五支队领导机关所在地，也是淮南路东进行抗日活动的中心。

1939年秋，皖东抗日游击根据地已经初具规模，新四军第四支队开辟了以定远县藕塘为中心的津浦路西抗日游击根据地，第五支队开辟了以来安县半塔集为中心的津浦路东抗日游击根据地。

1940年初春，国民党顽固派在华北反共摩擦中遭到严重失败后，便将摩擦中心移至华中，企图隔断八路军与新四军的联系，以达到各个消灭的目的。

3月，国民党安徽省主席兼第21集团军总司令李品仙调集兵力5000余人向驻定远县大桥地区的新四军江北指挥部及四支队司令部发起进攻。中共中央中原局和新四军江北指挥部决定集中第四、第五支队和位于江北、属江南指挥部陈毅领导的苏皖支队主力，首先反击对我威胁最大的李品仙部，以巩固路西阵地，尔后再挥戈东进，击破韩德勤部的进攻。

● 半塔烈士陵园

遵照江北指挥部的电令，罗炳辉于3月上旬率第五支队与由陶勇、卢胜率领的苏皖支队主力赶赴津浦路西，驰援第四支队。3月20日，在刘少奇和张云逸统一指挥下，第五支队会同第四支队、苏皖支队主力，向进攻定远以南大桥地区的李品仙部进行自卫反击，歼敌2000余名，并乘胜攻克定远县城。

第五支队主力离开路东不久，国民党江苏省政府主席韩德勤纠集万余人，于3月21日向第五支队驻地半塔集进攻，企图一举歼灭第五支队后方机关和留守部队，控制津浦路东地区，阻止新四军向北发展。半塔留守部队只有第五支队第10团、第15团少数营连及教导大队、后方机关，再加上地方游击队，只有2000余人，敌我兵力悬殊很大，形势危急。

中原局和新四军江北指挥部闻知半塔集被围攻后，在要求第五支队留守机关、部队坚守的同时，决定罗炳辉第五支队及苏皖支队主力迅速东返回援。

22日晚，五支队参谋长赵启民进入半塔集，传达中原局、江北指挥部指示：组织部队，固守半塔，以待援军。坚守半塔集的指战员英勇奋战，一次又一次地打退顽军的进攻，坚守八昼夜，创造了以少敌多、以弱击强的范例，为主力回援赢得了时间。

23日，新四军江南指挥部指挥陈毅电令苏中挺进纵队兼程前进，增援半塔。叶飞同志率部队从苏中吴家桥地区出发，昼夜兼程，边打边进，于26日到达皖东地区。27日，第五支队及苏皖支队主力到达半塔西南40里的张山集。韩德勤得悉新四军东西援军逼近，自知溃败之势不可挽回，全线动摇，仓惶后撤。

从29日起，罗炳辉率第五支队主力，在苏皖支队、挺进纵队配合下，分三路全线反击。歼敌3000余名，取得了路东地区反摩擦斗争的全面胜利。

对半塔集保卫战，陈毅曾给予高度评价，说："半塔守备是固守待援的范例。在华中，先有半塔，后有郭村，有了半塔就有了黄桥。"

半塔集保卫战胜利后，遵照中共中央关于皖东各县建立抗日民主政权的指示精神，津浦路东地区的来安、嘉山、天长、盱眙、六合、高邮、仪征、宝应等8个县先后建立了人民政权，津浦路西的定远、滁县、凤阳、全椒等4个县均建立了人民政权，使皖东抗日民主根据地的建设出现新局面。

【遗址介绍】

半塔保卫战旧址位于安徽省来安县半塔镇西北塔山上。旧址占地面积350亩，总建筑面积近4000平方米。

半塔集地处苏皖两省五县交界处，四周丘陵起伏，战略地位重要，是全国19块抗日根据地之——淮南抗日民主根据地的政治、军事、经济、文化中心。1940年4月初，刘少奇、张云逸、赖传珠率中原局、江北指挥部到达半塔，形成了领导长江以北的苏、皖、鄂、豫党、政、军工作的中心。皖南事变后，新四军2师师部、淮南区党委、淮南苏皖边区行政公署，《新路东》（后改为《淮南日报》）社和印刷厂、被服厂、兵工厂、医院等都设在半塔。半塔不仅是领导中心，还是一个名副其实的大后方。

1944年3月，新四军2师和淮南行政公署决定在半塔保卫战旧址上修建烈士纪念塔一座，1958年10月，来安县人民委员会开始续建纪念塔，并以纪念塔为中心，兴建半塔烈士陵园。1960年烈士纪念塔竣工。陈毅题词"革命先烈永垂不朽"。张云逸于1964年撰写了《半塔烈士纪念碑记》。

2006年，半塔保卫战旧址由国务院公布为第六批全国重点文物保护单位。

• 半塔烈士陵园

福建省

永安抗战旧址群
抗战时期国统区三大抗战文化中心之一

永安抗战旧址群位于福建省三明市永安市。永安是福建现存抗战文化遗存最多、最集中、内容最丰富的地方。

1938 年 5 月 ~1945 年 10 月，福建省政府约 155 个行政机关、司法、学校等单位迁至永安，一批中共党员、文化名人、台湾同胞、爱国进步人士云集于此，开展抗日救亡活动。他们在中国共产党倡导的抗日民族统一战线旗帜下，巧妙利用了国民党福建省政府官办或半官办的文化阵地，开展各种抗日文化活动，为推动抗日救亡，实行民主政治，繁荣东南文化作出了极大贡献。一向交通闭塞、文化落后的永安山城，此时不仅成为福建战时的政治中心，而且成为我国东南地区的文化人士荟萃之地，是抗战时期国统区三大抗战文化中心之一。

永安抗战文化活动贯穿于整个抗战时期，涉及政治、经济、军事、文学、艺术、新闻、教育等社会科学的各个领域。

抗战时期，永安的出版发行事业非常兴旺。其出版物之多，作者阵容之大，内容之广，战斗性之强，斗争之激烈，在东南各省独一无二。当年永安有大小专业出版社近 30 家，编辑单位近 20 个，新闻通讯机构 4 家，文化学术团体 40 余个。共有《老百姓》《人报》《民主报》和《中央日报》福建版等 12 种报纸；《改进》《现代青年》《国际时事研究》等 130 种期刊；800 多种专著在永安编辑出版，许多作品和专著出自名家之手，具有较高的艺术水平和学术价值。郭沫若、马寅初、巴金、羊枣等 100 多位著名作家、学者在永安进步刊物发表过作品。国民党直属台湾党部编辑出版的《台湾问题参考资料》《台湾研究季刊》

• 吉山村萃园

等为大陆民众了解台湾起到了很好的作用。随着出版事业的繁荣，印刷和图书发行业务蓬勃发展。抗战期间，永安大小印刷所达20家，书店17家。

抗战时期永安的戏剧活动特别活跃，尤其是话剧运动，盛况空前。戏剧团体有话剧团、评剧团、歌咏团等10多个。除定期在永安举行公演和联演外，还经常配合抗战形势，深入战地、乡村宣传演出，足迹遍及八闽大地。

抗战期间，永安的教育事业有很大的发展。省会迁至永安后，新办了省立永安中学、省立音乐专科学校（后改国立）、省立师范学校、省立农学院等多所中高等院校，吸引了全国各地的热血青年到此学习。

1945年7月，国民党顽固派在永安制造了震惊中外的"羊枣之狱"事件。羊枣在狱中被虐待致死，由此引发了国内外人士对国民党当局的一片抗议浪潮，使得永安抗战文化活动赢得了全国人民和国内外民主力量的强大声援，在更大的范围以更快的速度向前发展，为教育人民，团结人民，打击敌人，推动抗战胜利发挥了巨大作用。

此外，国民党直属台湾党部在永安期间，在在人力、物力、财力缺乏的情况下，团结台籍志士，积极投身抗日战争，发动沦陷区台胞，深入岛内活动，宣传台湾归回祖国不遗余力，为台湾光复做出了重要贡献。

【遗址介绍】

永安抗战旧址群包括吉山村萃园、上新厝、棋盘厝、材排厝、团和厝、燃藜堂、大夫第、渡头宅、刘氏宗祠、刘氏祖屋，文龙村复兴堡及永安文庙。

吉山村萃园等10幢乡土建筑为具有明清闽中地方风格的书院、祠堂和民居，是抗战时期省会近40个行政机关、司法、学校的办公及住宿场所。文龙村复兴堡位于永安市燕西街道文龙村50号，始建于清，坐西朝东，土木结构，本体占地面积1980平方米，墙高8米，平面布局呈南北长的方形，中轴线两侧各建有一座一进三路建筑。抗战时期先后入驻多家单位，特别是1943~1945年国民党中央直属台湾党部驻堡开展光复台湾工作。

永安文庙位于永安市燕东街道忠义社区大同路123号，原文庙现仅存大成殿，坐北朝南，建筑面积399平方米。重檐歇山顶，抬梁式木构架，面阔三间16.3米，进深六柱带前廊18.6米。抗战时期先后入驻福建省立师范学校以及省政府办公厅、民政厅、福建省政干团、福建省水利局、三青团福建分团部等省直单位。

2013年，永安抗战旧址群由国务院公布为第七批全国重点文物保护单位。

江西省

庐山会议旧址及庐山别墅建筑群
《抗战宣言》发表地

　　庐山与全国其他名山一样，具有奇异的风光和独特的地质构造，深藏古刹名寺，弥漫着浓郁的佛道教文化气息。除此之外，庐山还以政治名山著称，承载着厚重的政治历史，既涉及历史名人、政治人物，也不乏重大的政治事件。

　　抗战初期，周恩来曾代表中国共产党二上庐山与蒋介石等政要会谈积极抗日之策，随即蒋介石召集各党派、民主团体及各界名流举办"庐山谈话会"，并正式发表了《抗战宣言》。

　　庐山谈话会也称茶话会，源于蒋介石、汪精卫署名请柬中所言"茗叙候教"。谈话会由国民党中政会主席汪精卫、副主席蒋介石共同主持，参加者为国民党、青年党、国社党、农民党、村治派、职业教育派、救国会等政党社团领袖，教育、

● 庐山会议旧址

学术、新闻出版、工商财经等各界名流。第一期 7 月 16~20 日举行，实际出席 157 人；第二期 7 月 26~30 日举行，40 余人出席；原定 8 月 15 日前举行的第三期因抗战军事紧张而取消。

庐山谈话会是从 1937 年 6 月初开始筹备的，蒋、汪意图是：期望在民族危机紧急的时刻，听取各党各派各界的言说建议，以帮助其内政外交决策。到会议召开时，因已爆发七七事变，会议主题进一步提升到精诚团结、共赴国难、复兴民族。主持者明确要求与会者就政治、外交、经济、财政、教育等问题，知无不言，言无不尽，要批评的尽量加以批评，要发表的意见多多发表，将全国的心力、物力溶成一片，抵抗强敌，自救危亡。

庐山谈话会是在国民党实行十年一党专政后，首次调整其压制民主、堵塞言路的政策，容纳各党各派、社会各界人士共商国是，这是民国政治史上一项具有进步意义的重要举措。

7 月 17 日，蒋介石在第一期庐山谈话会第二次大会上报告卢沟桥事变情况，针对日本的侵略，发表对日方针的谈话，严正宣告：不到绝望之前仍希

● 美庐

望和平解决，但最后关头一到，我们只有牺牲到底，抗战到底，"如果战端一开，那就是地无分南北，年无分老幼，无论何人，皆有守土抗战之责任，皆应抱定牺牲一切之决心"。

《抗战宣言》发表后，参加庐山谈话会的各界代表纷纷表示拥护和赞扬。毛泽东在 7 月 23 日撰文予以高度评价，指出蒋介石在庐山发表的谈话，"确定了准备抗战的方针，为国民党多年以来在对外问题上的第一次正确的宣言，因此，受到了我们和全国同胞的欢迎"，认为它与中共 7 月 8 日的通电，"是国共两党对卢沟桥事变的两个具有历史意义的政治宣言"。从当时社会反应看，《宣言》的发表无疑是一次全国抗战的大动员，它向世界宣示了中国政府团结御侮、反抗侵略的正义立场，连日本当局也认为它宣告了"国民政府对日全面战争的明明白白的决心"。中国从此进入全民族的全面抗战的历史新阶段。

【遗址介绍】

庐山会议旧址及庐山别墅建筑群位于江西省九江市庐山。

庐山会议旧址位于庐山河西路 504 号，东濒长冲河谷，1935 年动工兴建，原为国民党庐山大礼堂，后改为人民剧院，为两层石混结构。建筑平面呈长方形，占地面积 830 平方米。旧址包括牯岭军官训练团旧址、庐山美庐别墅、359 号别墅、124 号别墅、176 号别墅、1422 号别墅。

牯岭军官训练团旧址分为传习学舍（今庐山大厦）及大礼堂（中共八届八中全会会址）两栋建筑。传习学舍建十 1936 年，混凝土结构，六层欧式建筑，平面呈长方形；大礼堂建于 1937 年，混凝土结构。美庐别墅位于庐山河东路中段，又称 180 号房，因房前有蒋介石题"美庐"石刻而得名。建于 1922 年，西式风格，砖木石结构，铁皮屋顶，两层，有大小 13 间房。359 号别墅建于 1902 年，两层西式建筑。124 号别墅建于 1919 年，俄罗斯风格，两层，石木结构，庭院宽敞，环境良好。176 号别墅建于 1896 年，石质结构，地上、地下各一层。442 号别墅建于 1919 年，石木结构，地上、地下各一层。庐山河东路 175 号别墅位于江西省庐山东谷河东路。1896 年建，近代英国风格山地别墅。建筑坐东朝西，外设围墙，自成院落，环境幽雅。现基本保持原貌。

这里不但以风景雄奇，秀美而闻名于世，同时也是中国近代史上，政治风云变换的见证。民国时期，作为国民党总裁的蒋介石，从 1926 年第一次上庐山起几乎每年都上庐山（抗战八年庐山沦陷除外）。蒋介石曾在庐山召开过 11 次党政军要员参加的最高层会议，并且每年夏天均在庐山办公，当时庐山被称为中华民国政府的"夏都"，除南京之外的第二政治中心。

　　1996 年，庐山会议旧址及庐山别墅建筑群由国务院公布为第四批全国重点文物保护单位。2001 年，庐山河东路 175 号别墅由国务院公布为第五批全国重点文物保护单位合并项目，归入庐山会议旧址及庐山别墅建筑群。

瑶里改编旧址
新四军改编地

七七事变的第二天，中共中央发布通电，号召全国军民团结起来，并提出了国共合作、共同抗日的政治主张。此后，日军又挑起"八一三"事变，大举进攻上海，扬言3个月灭亡中国。经过反复谈判，1937年8月中旬，蒋介石同意将陕北中央红军改编为国民革命军第八路军（简称八路军），当年10月，又将在南方13个地区的红军游击队改编为国民革命军新编第四军（简称新四军）。

为了尽快完成改编任务，1937年11月下旬，在赣粤边地区坚持了3年游击战的陈毅在李步新、江天辉陪同下，从南昌途经景德镇，由瑶里赴祁门舍会山。皖赣特委根据陈毅指示，一面宣传中国共产党抗日民族统一战线的主张，一面派人联络皖浙赣边区各支游击队到瑶里整训。

1938年春节前，皖浙赣边的红军游击队350多人全部到达瑶里，接受改编。同年2月，陈毅第二次来到景德镇，专程到瑶里指导改编。他在瑶里敬义堂主持召开边区红军游击队和地方党组织负责干部会议，传达了党中央关于国共合作抗日的方针、南方游击队改编为新四军的指示，着重讨论了游击队改编事项、发展地方党组织以及组织发动群众开展抗日救亡运动等问题，并对皖浙赣边区党组织主要负责人作了调整。

在瑶里期间，陈毅的哥哥陈孟熙（国民党川军上校）从景德镇赶来。兄弟久别重逢，同住一室，共叙家常，畅谈国共合作抗日大事。在瑶里吴家祠堂召开的欢迎大会上，兄弟俩发表了热情洋溢的讲话，陈孟熙站在祠堂的戏台上说："我和陈毅，一个是国民党，一个是共产党，过去打了许多年仗，现在日本鬼子打我们，是因为我们自己家里不和，家庭不和外人欺。因此，兄弟之间要团结，国共两党要殊途同归共同抗日，枪口一致对外。"陈毅接着发表演讲，台下军民不时报以热烈掌声。

1938年2月10日，经过瑶里改编，皖浙赣边游击队改称中国国民革命军新编第四军第一支队第2团第3营，随后向皖南岩寺推进，奔赴抗日前线。

瑶里改编是抗日民族统一战线正式形成的标志之一。

【遗址介绍】

　　瑶里改编旧址位于江西省浮梁县瑶里镇瑶里村，距县城 35 公里。这里是 1938 年 1 月陈毅领导南方游击队改编成新四军的地点。现包括宏毅祠、敬义堂、程家祠堂等 3 处历史遗存。

　　宏毅祠是吴家祠堂庭屋，系清代建筑，占地面积达 360 平方米，1938 年初参加瑶里改编的红军游击队驻扎于此。敬义堂为清代嘉庆年间的一栋家族私塾，占地面积约 300 余平方米。1937~1938 年陈毅在瑶里指导新四军改编时工作和居住过的地方，后成为新四军留守处。程家祠堂为清道光年间建筑，祠内高大宽敞，内有戏台，中堂大厅是家族聚会议事之地。1938 年初，陈毅到瑶里主持红军游击队改编工作时，在程家祠堂召开了 1000 余人参加的抗日动员誓师大会，至今会址侧墙还留有大会标语。

　　2013 年，瑶里改编旧址由国务院公布为第七批全国重点文物保护单位。

● 瑶里改编群众动员大会旧址

集中营遗址
法西斯魔窟

　　集中营是类似监狱的大型关押设施，用于隔离、关押持不同政见者、敌侨、以及属于某一特定种种族、宗教或政治信仰团体的成员，使其处于一个与外界隔绝范围内的设施。它与监狱最大的区别在于，集中营中关押的人由于具有某种特定的身份或行为往往不经过正常公正的法律判决遭拘留，而且没有确定的拘留期限。被关进集中营的人，往往受到无限期的监禁、饥饿、侮辱、虐待、非刑拷打和野蛮屠杀。

　　集中营一词在历史上第一次正式出现是在 1900 年。这一年，英国维多利亚女王派基钦纳到南非参与指挥英布战争，他很快击败了南非的布尔人，并在南非大肆烧杀，建立集中营关押平民，最终征服南非。

　　第二次世界大战期间，德国纳粹分子为镇压异己和推行种族主义，在国内和被占领国建立了众多集中营。集中营也称"死亡营"，通常建有用于大规模屠杀和进行人体试验的毒气室、尸体解剖室和焚尸炉。二战期间，纳粹集中营夺走了数百万人的生命，成为人类历史上最黑暗的一页。

　　在抗战时期，国民党特务组织设置了许多秘密监狱，遍布国统区，比较

● 上饶集中营旧址

大的有重庆、上饶、息烽等集中营。

上饶集中营是国民党 1941 年 1 月初发动震惊中外的皖南事变后，于同年 3 月在江西上饶州田、茅家岭、李村、七峰岩等地设立的一座规模庞大的法西斯人间地狱。当时，监狱四周架设起铁丝网，负责管理这里的是军统康泽系特务。第三战区特务团调遣一个加强排担任看守，监狱门外有荷枪实弹的卫兵日夜站岗。主要囚禁皖南事变中谈判被扣的新四军军长叶挺和弹尽粮绝被俘的新四军排以上干部，还有部分从东南各省地方以上抓来的共产党员和其他爱国进步人士，共 700 余人。

息烽集中营位于贵州息烽县，是抗战期间国民党坚持"消极抗日、积极反共"的反动政策而设立的关押中共党人和爱国进步人士的最大秘密监狱。这里先后关押了中共党员、爱国民主人士、爱国将领等 1200 多人，屠杀和折磨致死 600 多人，400 多人下落不明。

国民党特务机构"中美合作所"之下的渣滓洞和白公馆，也是两所特殊监狱，它们虽不称作集中营，但在实际上与集中营相同，是国民党军事委员会调查统计局（军统局）和美国海军参谋部情报署在 1942 年共同创建的用于训练特工的场所。在 20 世纪 40 年代初期，第二次世界大战期间，日寇"偷袭珍珠港事件"发生之后，美国政府为了从国民党当局那里获取对日作战的情报，双方签订了秘密协定，于 1942 年组建、1943 年 7 月正式成立了一个情报机关"中美特种技术合作所"，简称"中美合作所"，由国民党特务头子、军统局局长戴笠任主任，美国海军部派遣的少将梅乐斯任副主任。

"中美合作所"一方面对日进行"特种战争"和"心理作战"，另一方面则是由美国为国民党当局训练特务。该所除在其举办的两期正式训练班中培训了具有特种技能的专门特务 1000 多人外，还集训了军统局的"忠义救国军"、别动军的武装特务三四万人。抗战胜利后，这里便完全成为国民党政府专设的关押、刑讯、残杀革命人士和共产党人的罪恶机构。

1943 年底，"中美合作所"改为第一看守所，设牢狱 20 余个，白公馆和渣滓洞为其中最大两个。从这两座牢狱旧址内，发现了大量的实物和图片，记载着美、蒋特务大肆迫害革命人民的罪行。1949 年 11 年 27 日，国民党撤离大陆以前，对被囚禁在这里的 331 位革命人士进行了残酷的集体大屠杀，手段残忍，制造了惨绝人寰的"一一二七"大血案。

【遗址介绍】

息烽集中营旧址

息烽集中营旧址位于贵州省息烽县。一处在县城南 6 公里的阳朗坝猫洞；一处在县城东 8.5 公里的南望山玄天洞。

息烽集中营 1937 年始设于息烽城内，1939 年夏迁至阳朗坝，是当时蒋介石统治下的中国最大监狱。1946 年迁至重庆渣滓洞，9 年间共关押 1200 多人，其中被杀害和折磨至死的 600 余人。

猫洞为一天然溶洞。洞口宽 15 米、高 43 米。洞内 40 余平方米为审讯室。洞深 27 米处有阴河设水牢。洞外右侧为监房，多为面阔 3 间或 5 间的瓦面木板平房，计 8 栋 34 间，按"忠、孝、仁、爱、信、义、和、平"自豪命名，称为"斋房"。集中营四周有高 2 米、长 1100 余米的围墙，墙外有碉堡 4 座。

玄天洞分新、老两洞。老洞如拱形大厅，顶高约 30 米、宽 54 米、深 137 米，面积 3500 余平方米。洞口上刻有"探玄素妙"等字。洞内原分上、中、下三殿，计 28 大间。新洞又名"地母洞"，距老洞南 300 余米，洞小而深，内有阴河。四周设围墙，南北两端各建岗亭一座，遗址尚存。1938 年秋至 1946 年，杨虎城将军与夫人谢葆贞、幼子杨拯中被囚于此，先住老洞，后转新洞。

1988 年，息烽集中营旧址由国务院公布为第三批全国重点文物保护单位。

· 息烽集中营旧址

上饶集中营旧址

上饶集中营旧址坐落于江西省上饶市信州区南郊和上饶县两地。

1941年1月，国民党军队在安徽泾县对新四军北上抗日的部队发动了突然的包围袭击，造成了震惊中外的皖南事变。同年3月，国民党将被俘的新四军干部600余人以及东南五省的共产党员、抗日青年和爱国人士80余人囚禁在茅家岭、七峰岩、周田、李村等处，建立了规模庞大的上饶集中营。

周田苦营旧址位于上饶市信江区茅家岭乡周田村，1941~1942年间被捕的新四军指战员和爱国人士关押在此从事苦工劳役。

茅家岭监狱旧址位于茅家岭，原为一座小庙，1941年被上饶集中营用来迫害革命志士，使用各种非人刑具。新四军将士与敌人进行了不屈的斗争，于1942年5月25日发起了茅家岭暴动。

七峰岩高干禁闭室旧址位于上饶县黄市乡七峰岩寺内，这里峰峦高耸，悬崖峭壁，形势险峻，只有一条小道蜿蜒而上。旧址在一崖殿堂内，隔有三间囚室。

李村叶挺囚室位于上饶县皂头乡李村。1941年皖南事变发生后，新四军军长叶挺为保存革命力量下山与敌谈判，被国民党108师扣留，押送上饶七峰岩，后转李村，1941年8月被转移他处。旧址为一民宅，呈曲尺形，两大间，叶挺住正间，侧间为看守室，外有红石围墙，戒备森严。

1988年，上饶集中营旧址由国务院公布为第三批全国重点文物保护单位。

● 上饶集中营旧址

● "中美合作所"集中营旧址

"中美合作所"集中营旧址

"中美合作所"集中营旧址位于重庆市西北郊歌乐山下。占地3252亩，建筑房屋800余间。"中美合作所"将包括渣滓洞、梅园、杨家坪、造石场、白公馆、五灵观、红炉场、王家院子、熊家院子、小扬公桥、朱公馆、步云桥、岚垭等地在内的大片土地划为禁区。在这个特殊禁区内，有戴笠、梅乐斯的宅院，有2000多名中美特务的宿舍、办公厅、大礼堂、军火库、仓库以及关押革命进步人士的渣滓洞、白公馆等多处监狱，三步一岗、五步一哨，戒备森严，是国民党特务实施酷刑的主要场所之一。这里曾囚禁过爱国将领杨虎城、新四军军长叶挺和著名的共产党人罗世义、车耀先、陈然、江竹筠等。

1988年，"中美合作所"集中营旧址由国务院公布为第三批全国重点文物保护单位。

上高会战遗址
媲美台儿庄的抗战大捷

上高会战遗址亦称镜山战场遗址，分布于江西省宜春市上高县敖阳街道办、泗溪镇、汗堂镇、新界埠乡、芦洲乡及江西省新余市渝水区等地，是1941年3~4月，中国军队第19集团军与侵华日军11军团，在以上高为核心的赣西北进行的一次大规模会战的战场遗址。

上高会战遗址遗迹众多，分布范围大，主要包括镜山核心战场遗址、中国军队第19集团军总指挥部遗址、日军第34师团指挥部遗址、下陂桥决战遗址、官桥包围战遗址、上高会战抗日阵亡将士墓等。

自古以来上高就成为兵家必争之地，上高会战遗址见证了抗战时期战争之惨烈，中国军队之英勇，胜利之辉煌。

上高会战爆发前，在抗日战争正面战场上中国军队虽在南昌攻守战中失地丧师，但是74军在高安一枝独秀，尽显锋芒，其战绩得到了第九战区的表扬，获得了国民政府军委会的嘉奖。1939年7月，军委会委任王耀武为74军的第二任军长，并对74军的编制进行调整：57师正式归属74军，施中诚担任师长；李天霞擢升51师师长；张灵甫调任58师任副师长，协助师长廖龄奇。这期间，74军全军总兵力达3.1万余人。军队整体面貌有了很大的改观。

1940年百团大战后，为恢复华北治安，日本"支那派遣军"从华中抽调第13军17军团、第11军33军团增援华北方面军。第33师团原驻赣北一带，一旦调走该师团，南昌地区将只有一个第34师团防守。第34师团长大贺茂向第11军司令官园部和一郎建议，乘33师团尚未北调之际，发动对南昌周围罗卓英等部的进攻，以减轻他将来守城的压力。恰逢日本在华派遣军从上海调来池田直三少将率领的独立混成第20旅团到达南昌，以弥补第33师团走后这一地区兵力空虚的窘境，日军在南昌地区约有两个半师团的力量，园部遂批准大贺茂的行动方案。

1941年1月起，盘踞在南昌的日军陆续将派往鄂西及武汉的部队调返原驻地，并积极补充兵员，增加给养。日军积极进行渡河及夜战演习，并有侵华日空军第3飞行团主力先后飞抵南昌机场。日军拟兵分三路向中国军队发动进攻：北路第33师团自安义武宁直扑奉新一带中国守军70军，南路池田旅团从义渡街出发欲渡锦江而从后背打击上高等地中国军队，中路第34师团则兵发西山、大城，图谋向西一举攻下高安、上高的中方营垒，确保赣西的"治安"。当时日军总兵力约6.5万人，配有战车40辆、飞机150架，以第11军团司令官园部和一郎为总指挥。

1941年3月15日凌晨，战役打响。日军攻陷奉新后，强渡锦江，继续向上高进击。南路日军第20混成旅团由赣江北岸发起攻击，于夜间两次强渡锦江，遂由独城以北地区沿锦江南岸西犯，受到守军第70军第107师和第74军第51师的阻击重创。16日，中路日军第34师团沿锦江北岸向高安方向进犯，企图协同北、南两路击破守军第70军，再以三路围攻第74军。第70军第107师在日军强烈攻势面前被迫突围。18日，日军第34师团侵占高安又西进龙团圩。日军第33师团进至上富、若竹坳附近，19日遭到第守军第70军1部伏击，经苦战突围，撤至奉新。

日军第34师团突破第70军右翼部队阵地后，向西突进，在棠浦、泗溪

• 第58师战时指挥部

之线受到守军第 74 军的阻击。日军第 20 混成旅团由灰埠附近北渡锦江与第 34 师团会合。21 日，中国军队第 74 军英勇抗击日军的进攻，固守上高外围阵地。第 49 军与第 74 军第 51 师将日军第 20 混成旅团击退至锦江以北，遂渡江向北，协同江北第 70 军主力攻击日军第 34 师侧背。22~24 日，日军在数十架飞机掩护下，向上高以东第 74 军阵地发动猛攻。中国守军奋勇抗击，主阵地失而复得 3 次，为实施两翼对日军包围争取了时间。中国军队第 70 军、第 72 军和第 49 军适时赶到主战场，由南北两面包围日军，形成了南北 5 公里、东西 15 公里的包围圈。

日军第 34 师团长大贺茂中将一面向汉口日军第 11 军司令部急电求援，一面命令所部突围撤退。第 11 军司令部急令第 33 师团驰援解围，并同第 20 混成旅团掩护第 34 师团撤退。25 日，退至奉新之北路日军第 33 师团一部向官桥街、棠浦急进，被围第 34 师团亦向东方向突围，两路日军得以会合。26 日夜，第 74 军攻克泗溪，并协同第 72 军等部将日军压迫于官桥街、南茶罗一带。27 日，日军向奉新、南昌方面突围、狼狈溃逃。中国军队第 49 军、第 70 军分两路对日军实施侧后追击，予以重创。28 日，中国军队主力进攻官桥街，与日军激战至下午，将日守军 600 余人全部歼灭，并毙日军第 34 师团少将指挥官岩永，收复官桥街。31 日克复高安，截断了日军东逃归路。4 月 1 日，

● 上高战时监狱被押人员写在墙上的字

日军以 15 架飞机掩护突围，向斜桥方面逃窜。中国军队乘胜追击，收复了沿途城镇。2 日，中国军队克复子西山、万寿宫、奉新等地，8、9 两日又克安义外围的长埠、宋埠、平洲、弓尖各要点。日军伤亡重大，后撤回原驻地。双方恢复战前态势，会战结束。

上高会战，日方参战兵力 6.5 万余人，中方参战兵力近 10 万人。经过 26 天的激战，中国军队毙伤日军 1.5 万余人，击落敌机 1 架，缴获日军军马 2800 余匹，辎重物资无数，以劣势装备打败了装备优良的日军，取得了抗日战争以来罕见的胜利，给日本侵略者造成了极为沉重的打击。这场战役彻底粉碎了日军战略意图，在当时被誉为"媲美台儿庄胜利的赣北大捷""抗战四年来最精彩之战"，是中国抗日战争中 13 次大捷之一，也是抗日正面战场 22 次影响最大的会战之一。

在战役中担任攻击主力的第 74 军被国民政府军委会授予"飞虎旗"，此为国民革命军中最高奖励。

【遗址介绍】

上高会战遗址现留有众多抗战遗址，主要有上高会战抗日阵亡将士墓、镜山核心战场遗址、中国军队第 19 集团军总指挥部遗址、日军第 34 师团指挥部遗址、中国军队第 19 集团军总部特务营遗址、中国军队第 74 军第 58 师战时指挥部遗址、官桥日军毒气弹埋藏遗址、中国军队第 74 军指挥部医院遗址、上高战时监狱遗址、中国军队第 72 军新 15 师战时指挥部遗址、中国军队第 19 集团军妇女战地服务团遗址、中国军队第 74 军第 58 师师部遗址等 10 余处遗存。

上高会战抗日阵亡将士墓位于江西省宜春市上高县敖阳街道镜山路居委镜山，始建于 1941 年 5 月。旁边尚存有抗战标语。

镜山核心战场遗址位于江西省宜春市上高县敖阳街道镜山路居委镜山山上，纵横盘绕于境山东麓，修建于 1941 年，战壕一般宽 1.2 米、深 1.5 米，镜山战壕全长 6.4 公里，保存基本完整。

中国军队第 19 集团军总指挥部遗址位于江西省宜春市上高县汗堂镇

道陂村道陂自然村，为民国早期建筑，坐东朝西，砖木结构，长54米、宽18米，面积为972平方米。

中国军队第19集团军总部特务营遗址位于江西省宜春市上高县汗堂镇下山村竹埠自然村，清代建筑，坐北朝南，砖木结构，长41米、宽20米，面积为820平方米。

中国军队第19集团军妇女战地服务团遗址位于江西省宜春市上高县汗堂镇汗堂村汗堂自然村，清代建筑，坐北朝南，砖木结构，长36米、宽21米，面积为756平方米。

中国军队第74军第58师战时指挥部遗址位于江西省宜春市上高县泗溪镇官桥官桥自然村，民国早期建筑，坐北朝南，砖木结构，长38米、宽19米，面积为722平方米。

官桥侵华日军遗留毒气弹埋藏遗址位于江西省宜春市上高县泗溪镇官桥村官桥自然村，是日军溃逃时埋藏毒气弹地点，发掘点长45米、宽17米，面积765平方米。

中国军队第72军新15师战时指挥部遗址位于江西省宜春市上高县泗溪镇刘家村刘家自然村，清代建筑，坐北朝南，砖木结构，长34米、宽18米，面积为612平方米。

侵华日军第34师团指挥部遗址位于江西省宜春市上高县野市乡南村村南村自然村，为清代建筑，坐北朝南，砖木结构，长50米、宽25米，总面积为750平方米。

上高战时监狱遗址位于江西省宜春市上高县芦洲乡田背村田背自然村，建于1937年，为砖木结构，坐北朝南，长28米、宽15.5米，面积为434平方米。

中国军队第74军第58师师部遗址位于江西省新余市渝水区下村镇大桥村大桥自然村，建于20世纪20年代末，砖木结构，坐北朝南，长32米、宽17米，面积544平方米。

上高会战闻名中外，日方称之为锦江作战、鄱阳扫荡战。该役日方参战兵力6.5万余人，战车40余辆，飞机100余架，中方参战兵力近10万人。经过26天的激战，尤其是三天三夜的镜山阻击战，中国军队以劣势装备打败了装备优良的日军，保证了赣西北大地寸土未失，取得了抗日战争以来重要的胜利，是研究抗日战争与军事史的案例，具有重要的历史价值，是爱国主义教育基地。

2013年，上高会战遗址由国务院公布为第七批全国重点文物保护单位。

山东省

徂徕山抗日武装起义旧址
中共抗日力量打响山东抗日第一枪

　　徂徕山抗日武装起义旧址位于山东省泰安市岱岳区房村镇黑石埠村。
1938年1月1日，中共山东省委在此组织发动抗日武装起义，成立八路军山
东抗日游击第四支队，由此打响了中国共产党在山东抗日的第一枪。

　　1937年七七事变后，抗日战争全面爆发。由于华北国民党大军抵抗不力，
致使日本侵略军长驱直入。1937年9月，中共中央北方局发出号召："每一
个优秀的共产党员，脱下长衫，到游击队去！"中共山东省委迅速率领机关
干部和济南市一部分党员，分批由济南迁到泰安，和中央派来的红军干部、
省民先队、平津流亡学生组成抗日救亡队伍，在泰安地下党的配合下，分赴
泰安、莱芜等地，深入农村城镇，开展抗日救亡斗争。

　　10月3日，日军攻占德州，战火烧到山东境内。国民党官员和地方豪富
纷纷南逃，山东局势日益紧张。中共山东省委在济南秘密召开紧急会议，决

● 徂徕山大寺

定在泰安徂徕山直接领导这一地区的抗日武装起义。此后，中央派来山东的红军干部赵杰、程绪润、韩明柱以及江明带领的部分参加第三路军训练班的青年学生来到泰安。还有一批获释出狱和回乡的共产党员也回到泰安等地，成为发动武装起义的骨干力量。

徂徕山处于山东全省腹地。它北依泰山，南靠蒙山，东临莲花山，西近津浦铁路；内有群山可屏，攻守兼宜；附近一带各县共产党的力量较强，群众基础好，有利于开展游击战争和建立抗日根据地。因此，山东省委在 1937 年 10 月研究部署全省抗日武装起义的计划时就已确定，省委直接领导泰安、莱芜、新泰、宁阳、泗水等县的党组织，以徂徕山为集结点，发动抗日武装起义。

占据徂徕山，一是可以控制北面的泰新和泰莱、南面的新汶、西面的泰汶几条公路及津浦铁路等交通命脉，具有重要的战略位置；二是便于和全省其他地区联系；三是这一地区党的工作基础较好。

关于徂徕山起义的时机，时任中共山东省委书记的黎玉分析认为，应选择在国民党、韩复榘部队开始撤退或已溃散，而日本侵略军未到或已到达但立足未稳之际。过早，则可能遭到韩复榘军队或地方保安队的镇压；过迟，则可能丧失时机，被蜂起的地方反动势力或土匪势力挤掉。

形势果然如中共山东省委所料，1937 年 11 月 16 日，日军沿津浦路进犯到黄河北岸，逼近济南。韩复榘见势不妙，弃城南逃。

12 月 24 日，日本飞机首次轰炸泰安城火车站和铁路沿线，山东省委决定仅留少数人员在泰安城负责联络，其他人员转移至篦子店民众夜校。27 日，日军再次轰炸泰安，分两路渡过黄河，占领济南，形势急转直下。当天下午，省委在篦子店召开紧急行动会议，黎玉、洪涛、林浩、程照轩、孙陶林、武中奇等 10 人参加会议，确定"县城沦陷之时即为起义之日"。会后，由武中奇和几位女同志赶制了部队起义的旗帜和印章等。

紧接着，黎玉又在泰安城南的夏村召开发动抗日武装起义的工作会议，决定派张北华、远静沧到泰西地区活动，组织发动泰西武装起义，以策应徂徕山起义。

30 日，山东省委机关撤离篦子店。林浩、洪涛带领省委机关部分干部、平津流亡学生、民先队员、泰安县委及泰安县抗敌自卫团、妇女救国会部分成员奔赴徂徕山。黎玉、景晓村则带领另一部分干部到山阳村与赵杰等人组织的抗日武装会合。31日，黎玉、景晓村和赵杰率领队伍赶到徂徕山。当晚，得知日军占领泰安城的消息后，黎玉决定在第二天举行徂徕山抗日武装起义。

1938年1月1日清晨，伴随着火红的朝霞，在徂徕山上，一面绣有镰刀斧头和"游击"二字的红旗高高飘扬，各地赶来的160余名抗日志士，携带着五六十支各式枪支和长矛、大刀等原始武器，聚集在徂徕山西麓的四禅寺（当地人称"大寺"），举行了庄严的起义誓师大会。省委书记黎玉宣布"八路军山东人民抗日游击队第四支队正式成立"，同时宣布洪涛任司令员、黎玉兼任政委、赵杰任副司令员、林浩负责政治部工作。

四支队暂编成2个中队和1个宣传队。省委机关、泰安县委和抗敌自卫团、青年学生编为第一中队，在泰安六区组织起来的队伍编为第二中队，以杨纯等10名女战士为主编成宣传队。

随后，由孙汉卿、董琰、单昭洪等率领的新泰县起义部队来到徂徕山，编入第一中队。4日，刘居英、程绪润、秦云川等带领在莱芜县莲花山起义的部队来到徂徕山，编为第三中队。原国民党谷良民部队的5名士兵也携枪投奔抗日队伍。短短几天，起义部队就扩大到400多人。

徂徕山起义部队整训两周后，随即开始对日伪军作战。

• 四禅寺大殿和东西配殿

1938年1月26日，四支队在寺岭村打响了抗击日本侵略的第一枪。当时，四支队在徂徕山南东良庄活动，经侦察得到可靠情报——有一股日军将从大汶口去新泰。司令部当机立断，决定组成突击队，打鬼子的伏击。部队从二、三中队中挑选了部分精干人员和武器，由赵杰、封振武率领，于26日拂晓隐蔽进入设伏阵地——位于公路边的寺岭村。下午3点，日军的一支马车运输队由大汶口方向进入了伏击圈。指挥员一声令下，战士们居高临下向敌人猛烈开火，一阵排子枪，一阵手榴弹，打得敌人人仰马翻。战斗中，三中队班长杨桂芳杀敌心切，抽出大刀要冲上去砍鬼子夺机枪，但不幸被敌人的枪弹击中胸口，壮烈牺牲，成为四支队创建以来的第一位烈士。寺岭战斗后，四支队离开东良庄到新泰境内活动。

2月18日，封振武、赵玉、李镇卿等率二中队精干武装在新泰城西四槐树设伏，炸毁敌人大小汽车各一辆，炸死炸伤敌人40余人，其中还有一名大佐。

四槐树伏击战之后，山东省委在新泰召开会议，决定四支队分成两个大队向南、北两个方向发展。在之后的两个多月时间里，四支队走蒙阴、下费县、进莱芜、上博山，队伍迅速壮大。4月8日，四支队在莱芜东关官寺广场举行会师庆祝大会，四支队正式编为山东人民抗日联军独立第一师，洪涛任师长、林浩兼政委、赵杰任副师长、孙陶林任政治部主任。此时，四支队已发展到近3000人，成为鲁中地区的一支主要抗战力量。

1938年12月，八路军山东纵队成立，四支队编为八路军山东纵队第四支队；1939年3月，四支队取消团级机构，1、2、4三个团缩编为3个基干营；1940年5月，四支队3个基干营恢复为四支队1团，又相继发展成立了四支队2团、3团；1940年9月，四支队主力1团编为山东纵队1旅2团，2团编为1旅3团，四支队后方司令部改称四支队并兼泰山军分区；1941年8月，四支队兼泰山军分区主力编建为山纵第4旅，四支队番号撤销。

徂徕山抗日武装起义是山东省委直接发动领导的一次起义，发挥了山东抗战的源头作用、山东抗日队伍的种子作用，在山东首次打出了八路军的旗号，打响了山东省委独立领导山东抗战的第一枪，揭开了山东省党组织独立自主领导抗战的序幕。

● 徂徕山抗日武装起义纪念碑

【遗址介绍】

徂徕山抗日武装起义旧址位于泰安市岱岳区房村镇黑石埠村。

1938 年 1 月 1 日，中共山东省委组织发动泰安、新泰、莱芜、泗水等地群众和平津沦陷区的流亡学生，共 200 余人，在徂徕山脚下的四禅寺（俗名大寺）庄严誓师，宣布抗日武装起义，编为八路军山东抗日游击第四支队。队伍以徂徕山为根据地，转战于鲁中南地区，给敌人以沉重打击。

四禅寺俗称大寺，"北齐河清二年建，金元重修，国朝乾隆己丑年山雨坏决，今修建"。寺院内立有金代、清代、民国修复四禅寺石碑 5 通，寺院墙外立有 10 余块碑。

2013 年，徂徕山抗日武装起义旧址由国务院公布为第七批全国重点文物保护单位。

台儿庄大战旧址

中国军队扬威不屈之地

　　抗战开始后，中国军民虽奋力抵抗，但阻挡不了日军的猖狂进攻，未及半载，平津陷落，沪宁失守。日本侵略军于 1937 年 12 月 13、27 两日相继占领南京、济南后，为迅速实现灭亡中国的侵略计划，连贯南北战场，1938 年春，日军矶谷、板垣两师团决定以南京、济南为基地，从南北两端沿津浦铁路夹击徐州。以李宗仁为司令长官的第五战区驻节徐州，指挥津浦线中国军队抗击日本侵略军。

　　3 月 20 日，日军第 10 师濑谷支队南进连陷临城（今薛城）、枣庄、韩庄后，不顾第 5 师和第 10 师长濑支队在其两侧进攻受阻，孤军深入，向台儿庄突进，企图一举攻占徐州。李宗仁以第 2 集团军总司令孙连仲率部固守台儿庄，第 20 军团军团长汤恩伯率部让开津浦铁路正面，转入兰陵及其西北云谷山区，诱敌深入，待机破敌。3 月 23 日，日军由枣庄南下，在台儿庄北侧的康庄、泥沟地

● 台儿庄大战旧址

区与守军警戒部队接战。24 日起，日军反复向台儿庄猛攻，多次攻入庄内。守军第 2 集团军顽强抗击，与日军展开激烈的争夺战。第五战区以第 20 军团主力向台儿庄机动，拊敌侧背，与第 2 集团军形成内外夹击之势，并令第 3 集团军进至临城、枣庄以北，断敌后路。日军为解台儿庄正面之危，速以第 5 师坂本支队从临沂驰援，进至兰陵北面的秋湖地区，即被第 20 军团第 52 军包围。4 月 3 日，第五战区发起全线反攻，激战 4 天，歼灭日军濑谷支队大部、坂本支队一部共万余人。其余日军残部于 7 日向峄城、枣庄撤退。

台儿庄战役是是中国抗日战争初期继平型关大捷后的又一伟大胜利，是日军战役进攻中的一次败退，在日军侵华战争以来尚属首次，打破了"大日本皇军不可战胜"的神话。战役的胜利，在政治上增强了全国军民抗战必胜的信心，鼓舞了抗日军队的士气。李宗仁率领第五战区各集团军众志成城、精诚团结，以偏师弱旅战胜骄狂不可一世之日军精锐。

【遗址介绍】

台儿庄大战旧址位于山东省枣庄市台儿庄区。旧址包括清真古寺、火车站和新关帝庙。

清真古寺位于台儿庄区东北部中正门里，始建于清乾隆七年（1742年），占地面积 3400 平方米，建筑面积 1200 平方米。曾是敌我双方争夺的焦点。现存的讲堂、房舍墙壁上弹痕累累。

台儿庄火车站位于台儿庄区西南部，始建于清光绪二十五年（1899 年），在台儿庄大战中被战火焚毁，1995 年依原貌复建。

新关帝庙又称山西会馆，位于台儿庄区东南顺河街，初建于清雍正十三年（1735 年），原占地面积 2 万平方米，建筑面积 1 万多平方米。现仅存一座大殿和部分配房，台儿庄大战时是 31 师师长池峰诚的前沿指挥所。

2006 年，台儿庄大战旧址由国务院公布为第六批全国重点文物保护单位。

中共中央中原局旧址
中原地区抗日游击战争的指挥中心

抗战爆发后，随着八路军在敌后的发展，华北各地纷纷建立起抗日根据地。相比之下，中共在华中地区的敌后力量则较为薄弱。在这种情况下，1938 年 11 月，中共六届六中全会确立了"巩固华北，发展华中"的战略方针。

为了贯彻这一战略方针，中共中央发出指示，调整华中地区的组织部署：撤销长江局，成立中原局；以刘少奇、朱瑞、朱理治、彭雪枫、郑位三为中原局委员，刘少奇兼中原局书记；所有长江以北的河南、湖北、安徽、江苏地区党的工作，概归中原局指导。

指示发出后，刘少奇及朱理治、李先念、郭述申等 10 多名干部离开延安，于 1939 年 1 月到达河南确山县竹沟镇，开始着手组建中原局机关。

同年 3 月，刘少奇奉命返回延安，中原局书记由朱理治代理。

9 月，刘少奇携徐海东等 40 多名干部离开延安再赴华中。

10 月下旬，刘少奇率中原局机关、干部大队及教导队学员离开竹沟向皖东进发。

中原局机关离开不久，即发生了"竹沟惨案"。

"竹沟惨案"又称"确山惨案"。

竹沟位于确山县西部，从全民抗战爆发到 1939 年 11 月，这里是新四军第四支队第 8 团队的留守处，中共豫南特委、中共河南省委及中共中央中原局的所在地。刘少奇、李先念、郑位三、彭雪枫、朱理治、陈少敏等同志在这里高举抗日民族统一战线的旗帜，为发展壮大中共力量，组织开展敌后游击战争，开创华中地区抗战新局面做出了卓越贡献。它不仅是党在中原抗战的领导中心，还是新四军成长壮大的一个主要阵地，新四军 2 师一部、4 师和 5 师都是从这里出发并发展起来的。

1939 年 11 月 11 日，国民党第 31 集团军总司令汤恩伯命令国民党少将参议耿明轩纠集国民党顽固派确山、泌阳、信阳三县的常备队 1800 多人突然袭击竹沟。

中共河南省委书记刘子久和8团留守处主任王国华沉着冷静，指挥留守处人员与敌人进行英勇顽强的反击，打退国民党顽军多次进攻，并于12日夜胜利突围。国民党顽军占据竹沟后，灭绝人性的杀害新四军伤病员、抗日战士家属和革命群众200余人，制造了震惊全国的"确山惨案"。

13日，突出重围的中共河南省委在桐柏县龙窝召开紧急会议，决定刘子久、危拱之到洛阳坚持省委工作，其余干部、战士随王国华到四望山坚持武装斗争。

【遗址介绍】

中共中央中原局旧址位于河南省确山县城西32公里的竹沟镇。在土地革命战争和抗日战争时期，中共中央中原局和中共河南省委曾先后设在竹沟镇。它地处确山、桐柏、泌阳三县交界处，是桐柏山的心腹地，三面环山，东面平坦开阔。镇东大沙河自北向南流过，东临南北交通干线平汉铁路，地理位置十分优越。

中共中央中原局旧址由4所民居建筑组成，坐北面南，有房屋32间。其中有中原局办公室、刘少奇工作室和住室、接待室、警卫人员住室以及刘少奇亲手种植的石榴树、郭述申住室等。房屋均为青砖灰瓦硬山式建筑。在竹沟镇还有新四军八团留守处、教导队和镇北会议砖窑旧址等。

1988年，中共中央中原局旧址由国务院公布为第三批全国重点文物保护单位。

● 中共中央中原局旧址

八路军 115 师司令部旧址
山东的小延安

　　八路军第 115 师是八路军的 3 个主力师之一，第一个开赴华北抗日前线。在首战平型关告捷后，115 师兵分多路：一部兵力留守陕甘宁边区，一部兵力创建了晋西南抗日根据地，一部兵力与兄弟部队联手开辟了晋察冀根据地和巩固了山东抗日根据地，一部参与开辟和坚持了晋冀鲁豫、华中的苏北等抗日根据地，为坚持华北、华中抗战乃至夺取全国抗战胜利发挥了重大作用。

　　山东，地处太行山以东、黄河下游，东部山东半岛伸入黄海和渤海之间，为平津海上的门户，南、北与苏、皖、豫、冀相接，抗日战争时期属于华北东翼，战略地位极其重要。抗战全面爆发后，1937 年 7 月 ~ 1938 年 6 月，中共山东省委和苏鲁豫皖边区省委先后组织举行了冀鲁边起义、鲁西北起义、天福山起义、黑铁山起义、鲁东起义、徂徕山起义、泰（安）西起义、鲁东南起义、鲁南起义和（微山）湖西起义等著名的十大起义，解放了邹平、蓬莱、福山和乐陵等 15 座县城，建立了 10 余块抗日游击根据地，部队发展到 4 万余人。1938 年 6 月，山东各地抗日起义武装逐步统一使用八路军游击部队番号。至 12 月，除冀鲁边和鲁西北两地起义武装外，山东各地起义武装统一整编为八路军山东纵队，辖 10 个支队和 2 个团，另有地方部队 1 万余人，并创建了拥有鲁中、清河、胶东和泰西等辖区的山东抗日游击根据地。

　　八路军山东纵队和山东抗日根据地是在没有八路军主力参加的情况下创建和发展起来的，这既是其显著的特点，又存在着缺乏骨干、抗日根据地不够巩固而亟待加强的弱点。1938 年 4 月 21 日，中共中央军委发出在冀鲁两省广泛开展平原游击战争的指示，9 ~ 11 月召开的中共六届六中全会作出了巩固华北的战略决策。根据以上指示和决策，1938 年 6 月 ~ 1939 年 3 月，八路军第 115 师先后以第 343 旅第 685 团第 2 营组成的第五支队、第 343 旅政治委员萧华率领的旅机关一部分干部、第 343 旅第 685 团主力组成的苏鲁豫支队和第 115 师师部、直属队、第 686 团组成的东进支队，梯次进入山东。

　　进入山东后,罗荣桓率115师主力与山东纵队并肩作战,先后在鲁西、鲁南、冀鲁边、鲁中、滨海地区发动群众,建立抗日民主政权,发展人民武装,巩固和扩大抗日根据地。1939年8月1日,山东纵队正式组建为八路军第一纵队,徐向前任司令员,朱瑞任政治委员。到1940年底,山东抗日根据地面积已达3600平方公里,人口1200万,成为联系华北与华中两大敌后战场的枢纽。

　　1942年8月,山东纵队改称山东军区。1943年3月,第115师与山东军区组建为新的山东军区,罗荣桓任司令员兼政治委员,在抗日战争最艰难的岁月,领导山东军民进行精兵简政,实行主力部队地方化,加强连队基层建设,开展分散性、群众性游击战争,针对日军对根据地的"扫荡"和"蚕食",提出"敌人打过来,我们就打过去"的"翻边战术",扭转了山东抗日根据地的被动局面。1944年,开始在山东抗日根据地组织了一系列战役,实行局部反攻。1945年,罗荣桓指挥部队在山东进行大反攻,控制山东境内的津浦、胶济、陇海铁路,收复除济南、青岛少数城市之外的山东大部地区。

　　至1945年9月抗日战争结束时,山东军区部队发展到约27万人,占八路军近103万人的26%强,占人民军队约132万人的近21%;山东解放区拥有人口2400万、面积达1215万平方公里,占全国解放区人口9550万的25%强、面积近9517万平方公里的约13%,为坚持抗战和争取抗战胜利及以后的进军东北做出了重大贡献。

● 八路军115师司令部旧址

【遗址介绍】

八路军 115 师司令部旧址位于山东省莒南县大店镇。八路军 115 师由红一方面军第 15 军团和陕南红军 74 师合编而成，在八年抗战中始终战斗在最前线，曾转战山西，挺进山东，创建了晋察冀、晋西南、鲁西、鲁南、滨海等抗日根据地。同日伪军作战 2.6 万余次，歼灭日本侵略军 6700 人，莒南县一度成为山东党政军的指挥中心。

旧址原为庄氏居业堂和四余堂，是两座大四合院套小四合院的清式建筑。两院主房为砖瓦、梁墙混合承重重梁挂柱，清水砖墙；偏房多为乱砖石或土坯垒砌外抹泥灰。东院居业堂原有房屋 57 间，西院四余堂原有房屋 52 间，占地 3288 平方米。现存当时房屋 34 间。东院有罗荣桓居室、作战会议室，西院有黎玉的居室和机要室等。还珍藏有当时的床、桌椅及有关文件、材料等文物。

1996 年，八路军 115 师司令部旧址由国务院公布为第四批全国重点文物保护单位。

河南省

冀鲁豫边区革命根据地旧址
最大的平原抗日根据地

冀鲁豫边区是抗日战争时期党领导的敌后抗日武装在河北、山东、河南三省交界的广大地区创建的一个东至津浦路、西至平汉路、北至石德路和滏阳河、南跨陇海路的敌后抗日根据地。

1937年底至1938年春，在日本侵略军大举进攻下，华北重镇太原、济南相继沦陷，国民党军队向南溃退，地方政权瓦解，使平汉、津浦、陇海、石德四大铁路之间的广大地区成为真空地带。河北省委和山东省委根据中共中央和北方局的指示深入这一地区，发动群众，建立抗日武装，为创立冀鲁豫抗日根据地打下了良好的基础。

1938年春，直南、豫北、鲁西南地方党组织建立了游击队，初步打开了冀鲁豫根据地的局面。同年底，八路军115师部队进入鲁西南地区，推动了该地区的抗日游击战争和根据地建设。1939年2月，八路军115师344旅代旅长杨得志等率部分兵力，从晋东南进到濮阳、内黄、滑县一带，与地方武装合编为冀鲁豫支队，开展游击战争，连续取得反日伪军"扫荡"的胜利。至年底，部队扩大到7000余人。1940年4月，八路军第二纵队主力在黄克诚率领下，由太行山区东进到冀鲁豫边区，同冀鲁豫支队会师合编，成立冀鲁豫军区，黄克诚兼任司令员，崔田民任政治委员。同时，成立鲁西军区，萧华任司令员兼政治委员，杨勇任副司令员。不久，黄克诚根据中央军委命令，率八路军第二纵队344旅和新编第2旅由冀鲁豫南下，加强华中抗日根据地。至1940年底，冀鲁豫根据地向南发展到陇海路，西面、北面接连晋冀豫根据地，东面与山东根据地相邻。1941年1月，冀鲁豫边区行政主任公署成立，晁哲甫为主任，崔田民、贾心斋为副主任。至此，包括直南、豫北、鲁西南地区的冀鲁豫抗日根据地初步形成。

抗日战争进入相持阶段后，冀鲁豫根据地处在极端困难时期。根据地军民执行精兵简政、主力部队地方化、敌进我进等方针，粉碎了日伪军多次"扫荡"，渡过了严重困难局面。

1941 年 7 月，中共中央北方局决定，冀鲁豫区与鲁西区合并，成立新的冀鲁豫区党委、军区和行署。新的冀鲁豫区党委书记为张霖之，行署主任为晁哲甫。新的冀鲁豫军区仍由二纵队兼任，纵队司令员杨得志，军区司令员崔田民，纵队兼军区政治委员苏振华。为了统一冀鲁豫边区，加强对敌斗争，1942 年底，中共中央决定将湖西区及豫皖苏水东区划归冀鲁豫边区，黄敬任区党委书记。

1943 年，冀鲁豫抗日根据地进入恢复和再发展时期。在八路军总部的统一指挥下，冀鲁豫军区和太行军区于七八月间先后发起卫（河）南战役和林（县）南战役，取得歼灭日、伪军 1.2 万余人的重大胜利，开辟了卫南、豫北广大地区。

1944 年，冀鲁豫军民发动攻势，攻克日军据点 50 余处，恢复昆（山）张（秋）地区，打开了东平、汶上的局面；随即收复鱼台、单县、丰县、沛县间地区，恢复了微山湖中心区，并向郓城、菏泽等地攻击，使鲁西各小根据地连成一片。5 月，冀鲁豫区与冀南区合并，成立中共中央冀鲁豫分局和新的冀鲁豫军区，黄敬任分局书记，宋任穷任军区司令员，黄敬任政委。同年 7 月，冀鲁豫军区派一部分兵力南下，恢复黄河以东的水东根据地，开辟水西根据地，在 14 个县建立了抗日民主政权，扩大了豫东根据地。

● 冀鲁豫边区革命根据地旧址

1945 年春、夏，冀鲁豫根据地军民同其他敌后抗日根据地一起，对日、伪军展开了反攻作战，扩大了解放区。8 月，晋冀鲁豫地区部队开始对日、伪军全面反攻。20 日，晋冀鲁豫军区成立，刘伯承为司令员，邓小平为政治委员。在新的军区统一指挥下，各地反攻作战密切配合、协调一致，一部进攻开封、新乡、安阳、邯郸等地，一部配合山东解放区部队进攻济南，解放了全区大部分城镇。此时，冀鲁豫抗日根据地面积达 10 多万平方公里，人口 100 余万。

【遗址介绍】

冀鲁豫边区革命根据地旧址位于河南省清丰县双庙乡单拐村和范县颜村铺乡颜村铺。冀鲁豫边区地处华北的门户，冀鲁豫三省结合部，是联结中原地区向四周拓展的战略枢纽。作为中国共产党在抗日战争时期创立较早的革命根据地之一，它见证了抗日战争时期和解放战争初期冀鲁豫革命根据地从创立到巩固，并由"小冀鲁豫"发展为"大冀鲁豫"，从而奠定了解放战争胜利基础的过程。

颜村铺革命旧址是抗日战争时期冀鲁豫边区"濮、范、观"中心区，边区党委、行署、军区机关常驻地之一。段君毅、杨得志、曾思玉等在这里领导八路军和广大人民群众同日伪、国民党、土匪进行了殊死斗争，创立和巩固了以濮县、范县、观城为中心的冀鲁豫边区敌后抗日根据地。现保存有领导人及机关住址房屋 21 间。

单拐革命旧址是 1944 年 9 月至 1946 年秋，中共中央北方局、平原局（也称冀鲁豫分局）、冀鲁豫军区司令部和军区第一兵工厂所在地。平原局、北方局在这里领导边区军民开展整风运动、民主民生运动和大生产运动，指挥对日伪军的攻势作战和战略大反攻。兵工厂则制造出我军历史上生产的第一门大炮——"盖亮号"九二式七十毫米步兵炮，为中国革命做出了杰出贡献。现保存有冀鲁豫军区司令部及旧址，以及邓小平、宋任穷、王宏坤、杨勇、曹里怀等同志旧居 20 余处建筑。

冀鲁豫边区革命根据地旧址建筑群建于清末民初，为硬山式灰瓦顶、抬梁式结构建筑，具有鲜明的中原民居建筑特点，建筑装饰做工精细，可以反映出豫北地区这一时期的建筑风格。

2006 年，冀鲁豫边区革命根据地旧址由国务院公布为第六批全国重点文物保护单位。

张祜庄园
豫西抗战的大本营

　　张祜庄园位于河南省郑州市巩义市区东 30 千米的新中镇新中村琉璃庙沟，俗称"张诰家"，始建于明末清初，这是一座纵跨明、清、民国三个时期的大型庄园，原是曾与康百万齐名的"西康东张"张氏家族的宅院，也是"柏茂钱庄"和早期的"柏茂学堂"所在地。现存大部分为清代晚期至民国时期建筑。然而，鲜为人知的是，抗日战争期间，这里一度成为八路军豫西抗日独立支队司令部和豫西专员公署办公处所，见证了豫西抗日根据地军民同仇敌忾、浴血奋战的恢弘历史。

　　1944 年 4 月，世界反法西斯战争节节胜利，日本军国主义为挽救危局，决定打通中国大陆的南北交通线，发动了河南战役。中共中央命令八路军总部和北方局从第 129 师所属太行、太岳两军区抽调精干部队，成立以皮定均为司令员、徐子荣为政委的"八路军豫西抗日先遣支队"，控制中原，阻敌西进。

　　10 月，皮定均率部进驻巩义，"陆军豫西抗日独立支队 3 团司令部"和"八路军豫西行政专员公署"就设在张祜庄园。皮定均的部队急需财物支援，张祜庄园的主人张诰带头捐献钱粮、棉衣，还动员三儿子张经良加入皮定均部队，后其在一次围歼战中不幸牺牲。

　　在巩义期间，皮定均、徐子荣率领豫西抗日先遣支队不断抗击侵华日军，威震豫西，最著名的两次战斗是夜袭佛光峪和琉璃庙沟。

　　1944 年 12 月 7 日，日军在佛光峪建立据点。佛光峪是豫西抗日根据地的中心，是偃师、登封、巩县、伊川的联络枢纽，有"一盘碾，转三县"之说。1945 年 1 月 2 日，35 团负责主攻，突袭佛光峪，与日军肉搏，创造消灭日军 50 余人、我无一伤亡的战斗奇迹。随后，驻缑氏日军出动日伪步兵骑兵增援，在九龙角又遭 3 团伏击，歼敌 200 余人。日军伤亡惨重，不得不撤掉佛光峪据点。

　　佛光峪战斗后，日军再也没有力量组织大规模的"扫荡"，豫西抗日军民转入战略反攻。

1945 年 6 月 15 日，3 团消灭了汜水伪军王乐山部。18 日晚，侦查人员得到确切消息，日军将于次日晨偷袭。团长钟发生命令部队进驻琉璃庙沟诱敌，而后转移摆好"布袋阵"歼敌。

当晚约四更，从荥阳、汜水、巩县赶来的 1000 多名伪军和两个中队的日军兵分三路，企图合围琉璃庙沟。突进日军首先包围了嵩山区专员公署和支队三团所在地的张祜庄园。预先埋伏好的皮徐支队各围剿部队依次行动，将敌人置于包围圈中。机炮连连长于越唇一连三发炮弹，击毙日军大队长。八路军战士与慌乱的日伪军展开白刃战。这场激战共歼灭伪军 1000 多人、日军 170 多人。

1944~1945 年，为建立牢固的根据地，皮徐支队在附近的灵殿西河村设立供给处，建立了作坊、合作社、维修厂、手榴弹厂、制鞋厂、被服厂、干电池厂、印刷厂、后方医院等后勤保障单位，还办起《豫西日报》。1945 年 9 月，筹建了"河南建设银行"，印制解放区钞票 30 万元。嵩山区专员公署开展了"倒地运动"，废除不合理的农税制度，推行减租、减息、废除杂税等有利于群众的好制度，鼓励农民恢复生产。直到 1945 年 9 月 26 日，皮定均、徐子荣奉命南下，八路军豫西抗日根据地也同时完成使命。

● 柏茂园

● 张祜庄园一院、二院

【遗址介绍】

张祜庄园，位于巩义市区东 30 千米的新中镇新中村琉璃庙沟，俗称"张诰家"。该庄园现存 5 处宅院，共 13 个院落及张家祠堂，从南往北依次为"柏茂园""柏茂仁""柏茂信""柏茂顺""柏茂恒"。共计建筑 38 幢 171 间、窑洞 75 孔、门楼 3 座。庄园依山筑窑洞，临街盖楼房，布局紧凑，迂回盘旋，具有北方地区和黄土高原建筑的典型特点。现存建筑中西风格兼具，整体布局同时借鉴南方园林规划，亭、台、楼、阁、雕梁画栋，局部木雕、石刻艺术精湛。因早年窑顶的一株古柏树枝叶繁茂，该庄园又名"柏茂庄园"，现古柏已不存。

2013 年，张祜庄园由国务院公布为第七批全国重点文物保护单位。

湖北省

湖北省立图书馆旧址
国民政府抗战军事指挥部所在地

湖北省立图书馆是我国早期的图书馆专用建筑之一，但 1937 年 12 月 ~1938 年 10 月，这里却是国民政府"抗战军事指挥部"——国民政府军事委员会所在地。当年，国民政府军事委员会在这里指挥了中外闻名的武汉会战。

1937 年 11 月国民政府虽西迁重庆，但政府机关大部和军事统帅部则由南京迁至战略要地武汉，迁往武汉省立图书馆办公的国民政府军事委员会成为中国战时最高领导机构。

1938 年日军侵占南京后，将矛头对准武汉。当时中国的军事力量集中保卫武汉，日本政府及中国远征军总部均预期武汉陷落将令中国停止抵抗。国

● 湖北省立图书馆旧址

民政府军事委员会为增强指挥机构与作战能力，决定调整作战序列，于 1938 年 6 月中旬新编第 9 战区。同时决定以第 5、9 两个战区所属部队保卫武汉。参加武汉会战的部队先后共有 130 个师约 110 万人，飞机 100 余架、舰艇 40 余艘，约占国民党可调动部队的 40%。各兵团部队自 6 月开始分别利用鄱阳湖、大别山脉等天然屏障，加紧构筑工事，进行防御准备。

为了进行武汉作战，日军大本营在华中地区先后集中参战的部队共有 18 个师团、3 个旅团，兵力达 40 万人，飞机 500 余架、舰艇 120 余艘，几乎占当时中国战场日军数量的一半。

武汉会战参战兵力之多、规模之大、战线之长、歼敌之多，都堪称抗战战役之最。

1938 年 6 月至 10 月，中国军队以武汉地区为中心，沿长江南北两岸皖、豫、赣、鄂 4 省展开抗击日寇大会战。当武汉被日军从东、南、北三面包围后，为保存军力以利长期抗战，国民政府军事委员会于 10 月 24 日下令放弃武汉，撤退武汉地区部队。武汉会战从日军攻占安庆开始到武汉失守为止，持续了 4 个半月，是中日双方军队主力的会战，大小战斗数百场，日军伤亡 20 余万人，中国军队伤亡 40 余万人，最终以中国军队主动撤出武汉而告终。

武汉会战时期，是国共合作和抗日统一战线空前团结的时期，是正面战场和敌后战场进一步密切配合的时期。

武汉会战中，中国军队团结一致、前仆后继，节节抵抗，浴血奋战，给敌以重创，大大消耗了日军的有生力量。日军仰仗先进的装备和武器，激战数月虽然最终占领了武汉和广州，但损失惨重，元气大损，其战线过长、兵力不敷的矛盾更为突出。中方虽然最终撤离武汉，但阻滞和杀伤了敌人，内迁了一部分工厂，保存了部分军队实力，赢得了时间，积累了经验，达到了"以空间换时间""阻滞敌人 4 至 6 个月"的战略目的，打破了日军速战速决、迫使中国屈服的战略企图，对扭转中国抗战形势、推进全民族抗战进程影响深远。

武汉会战结束后日军鉴于兵力不足，将战略重心由进攻新区转向保住占领区，对国民党政府改而实行以政治诱降为主、军事打击为辅的方针，而将军事力量主要用于对敌后抗日根据地的围剿上。于是抗日战争由战略防御阶段转入战略相持阶段。

【遗址介绍】

湖北省立图书馆旧址位于武汉市武昌区首义街街道武珞路 45 号，始建于清光绪三十年（1904 年），由张之洞主持创办。1935 年 10 月建设新馆址，1936 年 7 月建成，建筑面积 2572 平方米，由袁瑞泰营造厂承建。1938 年武汉会战期间，是国民政府军事委员会所在地。

图书馆为一座典型的中国传统复兴式近代建筑，其内部为钢筋混凝土结构，而外形则极具传统建筑特点，歇山琉璃瓦大屋顶，碧瓦飞檐，檐下设有石质的斗拱、梁枋造型构件；而在立面中出现的壁柱、檐口线脚等元素，又反映出西方形式的融入。图书馆主楼为凸字形，坐北朝南，正立面中间为三层，对称的两侧为二层。建筑外墙采用水刷石，木门钢窗，建筑一层使用井字形梁架，且在井格中做彩绘，使天花板呈现出类似古建筑中平棊做法的效果。室内墙裙、楼梯栏杆和地面均用彩色水磨石装饰。整栋楼古朴壮观，是当时新材料、新技术与中国传统形式相结合的典范。

湖北省立图书馆是我国早期的图书馆专用建筑之一，具有较高的历史价值。该建筑造型庄重考究、风格鲜明，堪称新旧交融、中西合璧的典范之作，具有较高的艺术价值。

2013 年，湖北省立图书馆旧址由国务院公布为第七批全国重点文物保护单位。

汉冶萍煤铁厂矿旧址
抗战的坚强后盾

　　1890 年（光绪十六年），为修建芦汉铁路，湖广总督张之洞创建汉阳铁厂，1908 年，在汉阳铁厂、大冶铁矿、萍乡煤矿的基础上，成立了汉冶萍煤铁厂矿有限公司（简称汉冶萍公司），它集勘探、冶炼、销售于一身，是中国历史上第一家用新式机械设备进行大规模生产的、规模最大的钢铁煤联合企业。

　　作为当时亚洲最早最大的钢铁联合企业，汉冶萍公司在辛亥革命前夕达到年产钢 7 万吨、铁砂 50 万吨的规模，拥有工人 7000 余人，钢铁产量占全国产量的 90%。产品主要是铁矿砂、生铁和钢轨，畅销全国，远销香港、南洋群岛和澳大利亚等地。对当时全国兴起的收回路权、自建铁路运动发挥了一定作用。1908~1910 年盈余，1911 年转为亏损。日债趁机侵入，签订多项条件苛刻的借款合同，至 1930 年总计借日债 32 笔，总额为日元 5060 万、规元 390 万、洋例银 82 万两，逐渐为日本钢铁垄断资本控制。

● 冶炼炉旧址

　　抗日战争爆发后，国民政府成立迁建委员会，决定大规模将工厂内迁，将汉厂、冶厂的部分设备运往四川渡口，另建新厂。1938 年 10 月，大冶沦陷，日本侵略者在大冶成立"日铁大冶矿业所"，大肆进行掠夺性开掘。

　　汉冶萍公司厂矿的拆迁，特别是以大冶厂矿、汉阳铁厂等设备为主，以汉冶萍公司技术人员为骨干的技术队伍在抗战时期建立的以重庆、昆明、贵阳等城市为中心兴建的钢铁、水泥、电力等重工业基地，促进了长江上游工业带的形成，对抗日战争作出了重要的贡献。

　　原大冶钢铁厂厂长吴健、原大冶厂矿代理厂矿长翁德銮等亲自参加了重庆大渡口钢铁厂的创建工作，翁德銮还成为钢铁厂迁建委员会总工程师。中国第一位水泥工程师王涛，接受国民政府经济部部长翁文灏任命，负责拆迁大冶华记水泥厂，到湖南辰溪创办华中水泥厂，后来又兴建昆明水泥厂、经营江西水泥厂和贵州水泥厂，与国民政府资源委员会合作成立华新水泥股份有限公司，大冶水泥工业的影响遍及全国。国民政府资源委员会与源华煤矿股份有限公司合作在湖南辰溪创办辰溪煤矿公司，源华董事长贺衡夫担任辰溪煤矿公司董事长，利用大冶的煤炭设备和人才为抗战服务。著名经济学家陈振汉先生谈到抗战前中国工业布局的情况时指出："战前我国工业集中在沿海数省，……我们所仅有的一点钢铁工业，并不在沿海，而是在湖北。"

【遗址介绍】

　　汉冶萍煤铁厂矿旧址位于湖北省黄石市西塞山区、黄石港区现完整保留有汉冶萍时期的高炉栈桥 1 座、冶炼铁炉 1 座、日式住宅 4 栋、欧式住宅 1 栋、了望塔 1 座、卸矿机 1 座。冶炼炉是我国现存最早的近代工业中钢铁冶炼遗址，具有非常高的文物价值。日欧式建筑群是"汉冶萍公司"历史进程的重要见证，不仅具有重要的文物价值，而且从建筑学的角度看，其形制国内少见，在中国建筑史上具有很高的价值。

　　2006 年，汉冶萍煤铁厂矿旧址由国务院公布为第六批全国重点文物保护单位。

华新水泥厂旧址
抗战中辗转迁徙的水泥供应基地

华新水泥厂旧址位于湖北省黄石市黄石港区黄石大道 145 号。现存旧址不只是华新水泥厂作为中国水泥工业摇篮的历史见证，也是华新水泥厂抗战时期辗转迁徙历经磨难、支援战时建设这段历史的重要见证。

华新水泥厂建厂要追溯到清代光绪年间。1907 年，清政府因为修筑粤汉铁路需要大量的水泥，在湖广总督张之洞的主张下进行招商并给予办厂优惠政策。清华实业公司总经理程祖福应招，筹集股本 42 万两白银，在石灰窑投资建水泥厂，1909 年 5 月建成投产。当时命名为大冶湖北水泥厂，它是中国近代最早开办的三家水泥厂之一，其产品"宝塔牌"水泥曾先后荣获南洋劝业会金奖、银奖及美国巴拿马赛会一等奖。1914 年 4 月，唐山启新洋灰公司组织成立的"华丰兴业社"取得对湖北水泥厂的经营管理权，并把湖北水泥厂改称"华记湖北水泥厂"。

1937 年七七事变后，日军很快侵占了中国的半壁河山，中国的民族工业也受到了极大打击。在危难时刻，曾经担任启新洋灰公司总工程师的王涛挺

• 1~3 号窑窑中至窑尾

身而出，临危受命，组织领导了华记湖北水泥厂的拆迁。王涛于 1938 年 5 月来到武汉，国民政府经济部翁文灏部长要求王涛把华记水泥厂拆迁到后方去，并于 1938 年 7 月 7 日发迁厂命令，由该部资源委员会借给王涛 60 万元（法币）迁建费。启新洋灰公司授权王涛管理该厂。

当时，日军已经侵占安庆，沿江西犯，九江告急。王涛持令来到华记厂，向员工申明拆迁大义，得到员工们的积极响应。大家日以继夜，仅用 24 天就完成了机器拆卸任务，连同材料分别装了几十只木船，分批运出石灰窑，向武汉进发。7 月下旬，江西九江陷入敌手。厂区已闻炮声，尚有一组旋窑来不及拆卸，只好放弃。9 月初，机件和材料全部运抵汉口。10 月 8 日，明家嘴沦陷，华记厂船队已向湖南常德进发。华记船队自武汉逆江而上，在岳阳城陵矶进入洞庭湖，行两百余里，从常德进入沅江，逆水行舟，滩多水急。冬季水枯，小轮及驳船均不能行驶，必须换装沅江浅水船，拉纤上驶。华记船队装的窑磨机器，体积庞大，沅江船小，无法装载。只好又派人到湘潭造船厂，赶做大木船十艘，约定 3 个月内交货。沅江上驶缓慢，河伏至辰溪往返一次需两个月，3000 多吨设备只好分批转运。一直到 1939 年 10 月 15 日，全部设备和材料才运抵辰溪。

在拆迁工作开始后，王涛便已派人到湘西选厂址，又亲自现场复查，选定距辰溪 6 公里的梨子湾为新建厂址，1939 年 1 月开始建设，4 月 15 日开始

● 华新水泥厂旧址 1~3 号窑局部及窑头

安装机器设备，7月1日试车，12月1日正式投产。自此重建的新厂名为华中水泥厂。

1939年9月以后，日军先后6次对华中水泥厂进行轰炸。1939年9月21日上午11时30分，日机27架在厂区周围轰炸投弹三四十枚，造成部分房屋被毁。1940年9月9日，日机27架，在厂区范围轰炸投弹百余枚，使主机被炸，水泥窑身洞穿多处，齿轮被炸坏，烟道炸塌。第四座锅炉炸坏，引擎喷水管炸毁2具。房屋炸毁62间，震坏166间。1941年4月1日上午，日机9架向厂区投弹30余枚。1941年4月2日上午，日机9架，向厂区投弹30余枚。1941年4月7日上午，日机8架，向厂区投弹30余枚。一周之内，华中水泥厂连续3次遭到轰炸，蒸汽机高压锅炉被炸坏，3部发电机全部被炸毁，器材损失2万余件，房屋倒塌、震坏300余间，损失严重，被迫停产。1941年5月7日，日机第六次轰炸，华中水泥厂化验室和厂警备队被炸。6次被炸，造成了该厂的极大破坏和损失，直接的经济损失为法币2575406元。

华中水泥厂在王涛带领下，为抗日战争作出了巨大贡献。他们冒着敌人的炮火，百折不挠，努力生产。从1940~1945年的6年间，共生产水泥51230吨，供应战时国防、敌后交通、工业和水利建设的急需。在衡阳失守后甚至用飞机将水泥运抵敌后。他们在与敌人抗争中所表现的民族气节是中国水泥界的骄傲。

1943年，王涛等水泥制造业精英开始筹划建设大型水泥厂。按"公司法"运作，将战时的华中、昆明两家水泥厂合并、重新改组，成立华新水泥股份有限公司（总部设在昆明1945年10月迁往汉口），选定在湖北省黄石市枫叶山麓为大冶水泥厂（即华新水泥厂）厂址，此处面临长江、背靠矿山，石灰石质量好、储量大，公路直达武汉，工厂外部条件非常好。企业家们雄心勃勃，拟采用世界上最先进的技术、装备，建设远东最大的水泥厂。在谋划建厂及筹措资金的同时，运筹设计合同、引进装备事宜。在美国订购日产1200吨水泥熟料的全套设备，总计3168吨，并由艾利斯·查莫尔斯公司承造。主要包括2.74米×3.96米生料球磨机2台，3米×145米湿法回转窑2台，2.74米×3.96米水泥球磨4台。

1946年9月大冶水泥厂破土动工建设，但到1948年，国民党政府面临灭亡，政治经济一片混乱。新厂的建设也陷入困境。1950年4月，华新水泥股份有限公司总部由武汉迁至黄石，和大冶水泥厂合并，公司更名为华新水泥厂。

【遗址介绍】

华新水泥厂旧址位于黄石市黄石港区红旗桥街道红旗桥社区黄石大道 145 号。旧址地处黄石市中心地段，北为黄石大道，东、南、西三面均为民宅，南距磁湖 500 米。旧址占地面积约 5.4 万平方米。

华新水泥厂旧址现存 3 台湿法水泥窑（其中 1、2 号窑设备 1946 年从美国进口，由美国爱丽斯公司生产；3 号窑于 1975 年开始扩建，1977 年正式投产，被命名为"华新窑"）、2 台四嘴装包机等生产设施及生产线、运输线、厂房和管理用房等配套设施。

华新水泥厂旧址现存的 1~3 号湿法水泥窑是"华新水泥厂"历史进程中的重要见证，不仅具有重要的文物价值，而且从水泥生产工艺的角度看，代表了当时先进的生产力，在中国水泥发展史上具有很高的价值。

2013 年，华新水泥厂旧址由国务院公布为第七批全国重点文物保护单位。

• 1~3 号窑窑尾全景

新四军 5 师司令部旧址

孤悬敌后，浴血奋战

新四军第 5 师为新四军豫鄂挺进纵队整编而成。

1939 年秋"竹沟惨案"后，中原局将鄂中、鄂豫皖、豫南 3 个区组建成豫鄂边区，统一领导豫南、鄂中、鄂东党的工作和抗日武装。1940 年 1 月，鄂东、鄂中、豫南 3 个地区中共领导的抗日武装组编为新四军豫鄂挺进纵队，李先念任司令员，朱理治任政治委员，下辖 5 个团队、3 个总队，全军 9500 余人。豫鄂边区党委的成立和豫鄂挺进纵队的组建标志着豫南、鄂中、鄂东党的武装力量已实现了全面统一，豫鄂边敌后抗战的中心由豫南转移到鄂中。

1940 年 5 月中旬，根据中原局的指示，独立大队与湖北省抗日游击大队、应城县抗日游击队统一合编为新四军挺进团。6 月中旬，中原局指示将豫南、

● 新四军 5 师司令部旧址

鄂中抗日武装统一整编为新四军豫鄂独立游击支队。皖南事变后，1941年1月20日，中共中央发布命令，新四军豫鄂挺进纵队组编为新四军第5师。4月5日，新四军第5师全部组编完毕，李先念等5师全体将领于安陆白兆山彭家祠堂通电就职，全师官兵15300余人。

新四军第5师组建后，除以主力坚持和保卫豫南、鄂中、鄂东、襄西基本根据地外，还根据全国抗战局势的变化，向长江、汉水以南扩大根据地，进行以战略包围武汉为目的对日攻势作战。1942年4月，日军发动浙赣战役，为配合国民党抗日军队作战，5师几次派遣部队南渡长江，积极向大幕山区和武汉近郊发展，在武汉以南地区争取了一块抗战阵地。正在鄂南抗日游击战争坚持发展的时候，日军进犯襄南，襄南失陷。5师立即派部队南渡襄河，打击日伪，发动群众，建立政权，逐渐向洪湖推进，创建以洪湖为中心的襄南抗日根据地。1943年11月，日军发动常德战役，5师挺进支队以襄南根据地为依托，南渡长江，在石首、公安、华容边界建立了一块游击根据地。

至此，新四军第5师从四面完成了对武汉日军的战略包围，创建了东起皖西宿松、太湖，西到襄西的荆门、宜昌，北起豫中叶县，南至湘北的南县，跨越豫、鄂、皖、湘、赣的五省边区，纵横9万平方公里，人口1300万，建有7专区38县抗日民主政权，拥有地方武装30多万人的抗日根据地。

在武汉沦陷后的7年抗战中，新四军第5师孤悬敌后，抗击了15万日军和8万伪军，对日伪军作战1260次，歼灭日伪军43770人，主力部队发展到5万余人，从战略上配合了华北、华东敌后战场，支持了国民党抗日部队在中原的正面战场，成为中原抗战的中流砥柱。

【遗址介绍】

新四军 5 师司令部旧址

新四军 5 师司令部旧址位于湖北省大悟县芳畈镇白果树湾，房间为砖木结构，共 5 间，面积约 300 平方米。

1996 年，新四军 5 师司令部旧址由国务院公布为第四批全国重点文物保护单位。

中共豫鄂边区委员会旧址

中共豫鄂边区委员会旧址位于京山县新市镇小焕岭村一组吴湾。旧址分东西两院，占地面积 650 平方米。

1939 年 11 月中旬，中原局决定在鄂中建立新的鄂豫边区党委，统一领导三地党组织，党委成员由郑位三、陈少敏、李先念、陶铸、任质斌、杨学诚等组成。1940 年 10 月，李先念带领边区党委机关迁驻小焕岭。边区党委和李先念、陈少敏在这里住了两年之久，使这里成为豫鄂边区抗日斗争的领导中心。

旧址是两幢相连的清末中国传统式民居四合院建筑，砖木结构，坐北朝南。东院内设有司令部办公室、会议室，西院为李先念、陈少敏同志以及警卫员、号兵等工作人员的居室。东院，三进二天井，面阔 14 米、进深 20.9 米，由门厅、过厅、厅屋、堂屋、前房、后房和厢房等 14 间房屋组成，建筑的前檐用青砖砌筑斗墙，两侧和房间用土坯砖砌筑，厅屋的前后用槅扇门隔断，天井用青条石砌筑，后天井两侧二级青条石踏步。西院贴东院而建，二进一天井，面阔 17.3 米、进深 18.9 米，由厅屋、堂屋、厢房、天井构成。

2013 年，中共豫鄂边区委员会旧址由国务院公布为第七批全国重点文物保护单位。

● 中共豫鄂边区委员会旧址

湖南省

黄埔军校第二分校旧址
抗战军事人才的摇篮

　　黄埔军校第二分校旧址位于湖北省邵阳市武冈市辕门口街道办事处洞庭村，由中山堂、李明灏故居和法相岩溶洞三部分组成。

　　黄埔军校第二分校创建于武汉，是在国共两党第二次合作的背景下，为培养抗战军事干部成立的。1938年侵华日军大举进犯华中，武汉形势危急。因时局影响，黄埔军校第二分校于1938年1月由武汉南迁至湖南邵阳市。因邵阳临近通都大邑，战祸易于波及，难以满足教学需求，二分校奉命于3月16日又西迁至交通闭塞、宗祠遍布的武冈县（今武冈市，隶属邵阳市），改名为中央陆军军官学校第二分校，又称武冈分校。它与中国共产党创办的"塘田战时讲习院"（原属武冈，今属邵阳县）同处一地，从而使武冈成为南方抗日重要集结地，成为国共两党携手抗日的历史见证。

　　二分校迁来武冈之际正值武冈政局动荡时期，二分校主任李明灏中将为收拾武冈的混乱局面，向湖南省政府推荐该校政治部少将主任刘公武将军兼任武冈县长。在二位将军的协力治理下，全县社会治安得到根本好转，既造福了武冈一带的老百姓，也为办好二分校提供了稳定的社会基础。

● 中山堂

黄埔军校第二分校初到武冈时，没有专门的办学地点，校本部暂设在城南陆家大院，与之紧相邻的张家花园作为教官宿舍。分校一边办学，一边在临近可以防日军空袭的法相岩洞外修建校舍。在抗日救亡异常艰苦的环境下，二分校先后建成中正楼、应钦楼、崇禧楼等办公楼及校舍，迁入教育处、总务处、经理处、机械处、军医处等校属机构。另在旧城区、高沙、山门、黄桥等地设有多个分部。1943 年夏，中山堂在黄埔军校第二分校落成。

在教学体系上，二分校与其他军校比较，可以说是独树一帜。其整个教学任务分成两线各自独立实施。一线是军事教育，受中央军事委员会军训部领导，在分校设教育处和军事教官来实施其计划，由军事教官会同分校学员总队的各级队长负责带领学员上战术课，并进行军事操练和野外演习；一线是政治教育，受中央军事委员会政治部领导，在分校设政治部和政治教官来实施其计划，政治教官负责给学员讲授三民主义、抗战救国纲领、民众组织与训练等课程，驻各队的政治指导员担任学员思想言行考核的职责。

二分校主任李明灏将军，著名抗日爱国将领，湖南醴陵人，日本士官学校毕业，在黄埔军校早期任教务处长，抗战初期，任军校第二分校主任。他廉洁朴素、不亢不卑、严肃认真的作风深得学生们的敬佩。1943 年，李明灏调任重庆市警卫军（97 军）军长，负责重庆市卫戍事宜。

二分校的政治部主任是郭沫若推荐的陈白尘，他经常讲授联合各党派全民抗日的意义，在课堂上只讲国家至上、民族至上，鼓舞抗日士气。

二分校迁到武冈后招收的第一批学员共有 2000 余人，虽然是同时招收的，却分成 14、15 两期。因为抗战急需军事人才，这两期学员的训练时间都只有 1 年，毕业后没有见习期，立即分发到部队担任少尉军官。此后不久又招收了第 16 期 1 个总队，此时正值武汉会战后的相持阶段，为了提高军官素质，从这一期起，训练时间改为一年半。

第 17 期规模最大，共招了 4 个总队，其中 1 个驻武冈，2 个驻在高沙，另 1 个驻在山门。山门是讨袁护国将军蔡锷的第二故乡，蔡锷 5 岁时随父母移居这里。驻山门的总队曾特邀蔡锷将军的胞弟蔡松坡介绍蔡锷将军的爱国事迹。蔡松坡先生勉励学员要像蔡锷将军一样，努力学习，练就过硬的杀敌本领，坚决把日本侵略者赶出中国。

第 19 期是武冈分校办学最艰难的一期，也是最后一期。招生时正是日寇进犯湘西之时。原计划招 2000 人，但因日寇南犯，在江西、广东等省招收的学员都无法来校就读，后将各地流亡学生收编为一个总队。这批学生 1944 年 6 月入校，9 月即遇日寇进逼武冈，企图包围分校。学校向绥宁转移，分散在李熙桥、武阳等地进行教学。1945 年 4 月，中日湘西会战开战，分校遭到日军第二次包围，师生突围疏散至会同县。6 月 7 日，湘西会战以中国军队的全面胜利而告结束。7 月 11 日武冈二分校奉命裁撤，学生都划归在成都的黄埔军校本部学习。

自 1938 年秋到 1945 年 10 月迁并成都本校止，黄埔军校第二分校先后招收了第 14~19 期学生共 10 个总队，另设军官训练班、校官训练班、技术训练班、战术训练班及补训总队等，共为抗日前线培养各类初中级军官 23052 人。由于当时武冈分校的教育在全国闻名，各战区军、师长纷纷函请校部派遣学生前往服役。这些学生在校培训时，对所学课程反复磨练、精益求精，到了部队很受欢迎。

在抗日战争中，走出黄埔军校第二分校的毕业生大多直接奔赴抗日前线，特别是在湘西会战中，他们奋勇杀敌，为夺取抗日战争的胜利作出了重要贡献，为诠释黄埔精神增添了光辉。

今天，"好男儿杀敌去" 6 个土红色的大字仍醒目地留在法相岩太保洞口顶部，正是当年黄埔军校第二分校热血青年的铿锵誓言。

【遗址介绍】

黄埔军校第二分校旧址位于武冈市辖门口街道办事处洞庭村，由中山堂、李明灏故居和法相岩溶洞三部分组成，总占地面积 90706 平方米。

中山堂于 1943 年建成，为现代仿西洋式单檐庑殿顶硬山屋面砖木结构建筑，集中国传统建筑与欧洲古堡式建筑艺术于一体。

李明灏时任中央军校武汉分校主任，其故居为前堂、左右厢房、后房组成的四合院式单檐庑殿顶土木结构建筑。

法相岩主洞太保洞为军校地下印刷厂，栖真洞为地下弹药库，其他洞穴亦建有多项军事设施。

2013 年，黄埔军校第二分校旧址由国务院公布为第七批全国重点文物保护单位。

塘田战时讲学院旧址

抗战救亡革命火种播撒地

1938年，毛泽东发表了《抗日游击战争的战略问题》和《论持久战》，批判了亡国论和速胜论等"左"右倾思潮。

是年6月，湖南省文化界抗战后援会研究部主任吕振羽向省委建议，在武冈县塘田寺创办讲学院，讲授马列主义、抗战思想和抗战策略，为打败日本侵略者培养基层干部。这一建议得到省委和中央驻湘代表徐特立的支持，并派吕振羽筹建讲学院。

8月底筹备招生就绪，9月15日正式开学。徐特立将创办塘田战时讲学院的情况报告了党中央。

讲学院受湖南省委直接领导，吕振羽负责全面工作。中共党员、著名文学家张天翼任教务长，雷一宇任学生生活指导部主任，王时真（吕振羽的夫人）任院长办公室秘书。讲学院的领导和教师，多数是中共党员和进步人士。讲学院自创办之日起建立了中共党支部，后来在学生中发展了40余名党员，并建立了中华民族解放先锋队。

1938年9月第一期招收学员120余人，次年2月又招收第二期学员百余人。

讲学院教育方针是："坚持抗战，坚持持久战，实施战时教育，培养抗战干部。"

研究班的教学内容是文学、哲学、经济学、社会科学大纲、中国近代史、西洋近代史、军事常识和抗战常识等专修课。补习班设国文、史地、自然、数学、社会科学、战时防护和抗战常识等专修课。

两班均以中国革命运动史、抗日民族战争讲座为共修课。教材大部分由教师自己编写，用活字木版印刷或油印。

由于讲学院坚持抗日救国的办学路线，国民党反动派极端仇视，竭力破坏。

1939年4月20日，武冈县政府发出布告，勒令解散讲学院，并派兵从邵阳、桃花坪、武冈出发包围讲学院。为保存革命实力，讲学院决定停办。塘田战时讲学院虽仅存 8 个月，但它为党培训了 250 余名进步青年，后来都成为抗日战争和解放战争的骨干力量。

毛主席在《中国革命战争的战略问题》一文中指出："读书是学习，使用也是学习，而且是更重要的学习。从战争中学习战争——这是我们的主要方法。"

塘田战时讲学院就是生动的一个例证。

塘田战时讲学院并不是孤立办学，而是引导学生从群众中来，到群众中去，深入社会，深入民众，开展抗日救亡活动。学生们不仅将理论联系实际，而且还将抗战思想广泛地传播，先后办起儿童识字班、成人识字班、妇女识字班和民众夜校等，所用教材均由师生结合实际内容编写，起到了极好的宣传鼓动作用。

后来讲学院陆续派遣同学回乡，建立救亡组织，进一步扩大了讲学院的影响，将抗战救亡的革命火种撒播到湘中和湘西南地区。特别是革命师生相继在一些空白地区建立了党的地方组织，推动了全省抗日救亡运动，在湖南省抗战史上写下了光辉的一页。

● 塘田战时讲学院旧址大门

● 塘田战时讲学院旧址院内

【遗址介绍】

　　塘田战时讲学院旧址位于湖南省邵阳县塘田镇对河村，为四合院建筑，建于清光绪三年（1877年）。占地面积约1万平方米，建筑面积3478平方米。砖木结构，共有房屋5排25栋，大小房屋60余间。院内亭廊楼阁，古朴优雅，是湘西南地区保存较完整的清代建筑群。1938年6月，当代著名的马克思主义史学家、无产阶级革命家、教育家吕振羽在此创办"塘田战时讲学院"，办学8个月，培训学员250余人，为抗日战争和全国解放战争的胜利播下了革命的种子。

　　塘田战时讲学院旧址是中国共产党在抗日战争时期于南方创建的抗战干部学校、发展党组织的历史见证。

　　2006年，塘田战时讲学院旧址由国务院公布为第六批全国重点文物保护单位。

大云山三战三捷摩崖石刻
湘北抗日和长沙三次会战胜利纪念地

　　大云山三战三捷摩崖石刻位于湖南省岳阳市岳阳县云山乡云山村大云山国家森林公园东部，隆兴宫右侧，是抗日战争时期中国军队第 9 战区副司令长官、第 27 集团军司令杨森为纪念湘北抗日和长沙 3 次会战的胜利，历时两个月，于 1942 年 12 月在大云山完成的大型石刻。

　　武汉会战日军占领岳阳后，在新墙河一线，与第 9 战区军队对峙。1939年 9 月，德国进攻波兰，欧战爆发，日军在中国也加紧发动攻势，企图进占长沙，歼灭第 9 战区主力，打开入侵中国西南大后方的门户，动摇国民党政府的抗战意志，结束侵华战争，同时掠夺丰富的物产资源，以战养战。日军集结约 6个师团 10 余万兵力进攻长沙。在长沙方向作战的第 9 战区军队共 6 个集团军、18 个军、49 个师。战区计划利用新墙河、汨罗江等有利地形，逐次抗击，待日军进至长沙附近时以幕阜山为基地实施侧击。9 月中旬，日军开始进犯，两个师团由江西靖安、奉新向高安进犯，1 个师团由湖北咸宁、崇阳向通城进犯，主力 3 个师团由岳阳正面向长沙进犯，并以一部兵力越过洞庭湖在湘阴以北之营田登陆。在高安方向的第 19 集团军和通城方向的第 27 集团军，经抗击

● "三战三捷"石刻

后阻止了日军的进犯。在岳阳正面，日军强渡新墙河，第9战区部队步步后撤，直至长沙市郊。蒋介石令战区放弃长沙，战区司令陈诚主张坚守长沙，并以部分兵力实施反击。10月上旬，日军战力不支，败退北撤，第9战区各部追击至新墙河南岸，日军退回北岸，双方恢复原态势。

在第一次长沙保卫战两年之后，日军于1941年9月再次进犯长沙。日军使用兵力约4个多师团，飞机100余架、江河舰艇100余艘，总兵力约10万人。在长沙方向作战的第9战区（薛岳接任司令）第19、30集团军等部共14个军36个师、飞机30余架，总兵力约37万余人。战区计划在鄂南、赣北各个击破日军进攻，在湘北拟将日军诱至汨罗江南岸后，实施反击与日军决战。9月17日，日军渡新墙河南犯，第9战区各部阻击后南撤，日军迅速南进。战区原计划在汨罗江南岸反击，但未能实施。9月27日，日军便衣队一部进入长沙市内，日军另一部进至株洲，孤军深入约150公里，战线延长、兵力不足，后方空虚。第9战区调集约10个军兵力于平江、浏阳一线，进逼进犯长沙日军左翼，对日军造成威胁。10月上旬，日军向北撤退，第9战区实施追击。中旬，双方恢复原态势，在新墙河对峙。

日军为配合太平洋战争、牵制中国政府，使其无力向缅甸与香港进军，决定第三次进攻长沙，打通粤汉线，增兵广州，占领香港，解除在太平洋上南进日军的右翼威胁。日军用于进攻长沙的兵力约4个多师团、12万人。在长沙方向的第9战区兵力为4个集团军、13个军、37个师及其他部队。战区计划集中主力于湘北，阻击消耗日军，待日军进至浏阳河、捞刀河之间，再行包围歼灭之。1941年12月24日，日军强渡新墙河南犯，第9战区部队逐次抵抗并后撤。日军进展很快，战区预定围歼日军计划落空。1942年1月1日，日军主力逼近长沙，并向长沙展开猛烈进攻。防守长沙的第10军及第73军一部，抗击日军进攻，使日军连攻3天未下。此时，战区调集主力向日军侧翼反攻。日军发现态势不利，即停止进攻后撤。第9战区各部实施追击、堵击。当时，正值天雨泥泞，道路难走。撤退日军极为狼狈。1月15日，日军退过新墙河，双方又恢复原态势。

1942年8月，杨森率9战区第四抗日游击挺进纵队司令王翦波上大云山布防。他们上至黄梁伞发现一巨大石壁，品味着湘北抗战之大捷，便决定在大云山上刻石纪念。

• 65 字注解文字石刻

【遗址介绍】

大云山三战三捷摩崖石刻分三大部分："三战三捷"4 个大字的石刻、65 个注解碑文石刻、"三捷泉源"石刻。"三战三捷"石刻为一露天摩崖石刻，整块石壁宽 15.8 米、高 11.3 米，面积为 178 平方米，每字高 2.15 米、宽 1.81 米。石壁的东边镂刻了"三战三捷"4 个大字，从右至左横排。石壁的西边镂刻 65 个字，从右至左竖写横排，正楷阴刻。在东南方 10 米处，有第 20 军第 133 师师长夏炯题写的"三捷泉源"4 字，每个字 1 平方米，从右至左，正楷阴刻。

2013 年，大云山三战三捷摩崖石刻由国务院公布为第七批全国重点文物保护单位。

抗日胜利芷江洽降旧址
侵华日军失败投降见证地

1945 年 8 月 15 日，日本政府接受《菠茨坦公告》，日本天皇裕仁宣布无条件投降。同年 8 月 21 日，代表百万侵华日军的今井武夫副总参谋长一行，奉侵华派遣军司令冈村宁次之命，由南京飞抵芷江，向中、美军事当局何应钦、柏德诺（中印缅战区美军作战司令部参谋长）等洽降签字。中国战区受降全权代表何应钦在芷江部署全国 16 个受降区 100 处缴械点受降事宜，二十天签发 24 份备忘录，日方交出了在华兵力部署图，接受了令其陆、海、空三军缴械投降命令备忘录。"芷江洽降"宣告了侵华日军的彻底失败，写下了我国近代史上抵御外敌入侵第一次取得完全胜利的光辉一页。

8 月 15 日，重庆国民政府正式接到日本政府投降电文后，蒋介石急电日军驻华最高指挥官冈村宁次，提出 6 项投降原则，催促其赶快派代表到江西玉山机场会谈受降事宜，要求日军"保持现有态势"，"听候中国陆军总司令何应钦之命令"。

17 日下午 5 时，冈村复电蒋介石：日本驻华最高司令部决定派副总参谋长今井武夫、参谋桥岛芳雄，率同随员 3 人，准备于 18 日乘飞机再转去玉山。当晚，蒋介石又匆匆致电冈村，说是玉山机场跑道损坏，决定改为湖南芷江机场。

战争结束前 4 个月，冈村宁次为争夺该地，发动了大规模的"芷江作战"，结果以死伤近两万惨败，被围歼的残存部队竟落到了以蛇鼠充饥的地步，芷江因而被称为"日军的葬身之地"。

位于芷江七里桥的洽降会场原是一座西式平房，东西两头有出口及休息室，正中部是会场。会场前有一旷地，左右皆有马路可通。路口各扎松柏牌楼一座，左边入口处缀"公理"两字，中为"V"字，上扎有"和平之神"；右边亦然，缀以"正义"两字。会场前旷地高竖中、美、英、苏 4 国国旗。

会场室内东面墙上，印有大红色"V"字，两旁各悬 4 国国旗。其前置一长桌，玻璃窗均糊上绿色纸。其间空隙处又悬 4 国国旗各一小面，两边各摆有长桌。西墙上悬挂着一口大钟，其下为新闻记者席。

21 日 11 时 15 分，日本降使乘坐的飞机在芷江机场东部南北向的主跑道上慢慢降落。这时，站立在机场四周的人们像决堤的洪水一般冲过警戒线一拥而上，把日机紧紧地围在中央。

日本驻中国陆军副总参谋长今井武夫首先出现在机舱门口。

早已等候在机门前的新六军政治部少将陈应庄和陈昭凯立即上前询问。在核对 4 名降使和 3 名机组人员的名单、检查了他们所携带的 5 口皮箱后，日方人员分别坐上 4 辆插有白旗的美式吉普车，在宪兵监护下，驶向位于舞水河畔的七里桥会场。

从机场前往会场 10 多公里的路上，挤满了人群，不断有人高喊着"打倒日本帝国主义""审判战争罪犯""血债血还"等口号。下午 3 时 20 分，今

● 抗日胜利芷江洽降旧址

井武夫及 3 名随员在中方人员的带领下，分乘两辆吉普车从住所开赴受降会场。几名中美高级军事人员坐在上首一排长桌后，被领进会场的日本谈判者，依次是今井武夫、参谋桥岛芳雄和前川国雄、翻译木村辰男。中方发言先译成英语，再译为日语；日本人的发言先译成汉语，再译成英语。

总参谋长肖毅肃在今井交出中国战区及越南、台湾日军兵力配置及第一线战斗序列的详细表册后，宣读了何应钦致冈村宁次的第一号备忘录，并交今井签署。整个谈判仪式进行了一个多小时。

23 日下午 2 时 15 分，今井武夫在接受各种指令后，离开芷江，飞返南京，筹划冈村宁次签降的准备工作。

至此，芷江洽降工作圆满结束。

【遗址介绍】

抗日胜利芷江洽降旧址位于湖南省芷江侗族自治县县城西南 3.5 公里的芷江镇七里桥村境内。

因抗战所需，国民政府接受陈纳德先生建议，于 1938 年 10 月在芷江创建中国空军第一所航校以及中美空军第五大队十四中队兵营俱乐部、空军指挥塔及机房等系列配套设施。现存营房 3 栋、俱乐部 1 栋、指挥塔 1 栋、机房 2 间。总占地面积 40020 平方米，建筑面积 2590 平方米。1945 年 8 月 15 日，日本侵略军无条件投降，芷江空军军校西正屋营房作为中国战区洽降堂。1947 年 8 月，国民政府在洽降地点修建"纪念坊"以志纪念。后纪念坊毁，1983 年修复，1985 年落成。

抗日胜利芷江洽降旧址是我国乃至世界反法西斯战争胜利的重要历史纪念地，它宣告了中国人民 8 年浴血奋战的最后胜利，为世界反法西斯战争最后胜利留下了永不磨灭的光辉一页。

2006 年，抗日胜利芷江洽降旧址由国务院公布为第六批全国重点文物保护单位。

广东省

大岭山抗日根据地旧址
中共广东抗日大本营

1940 年 9 月，中共东江特委决定把东江地区的人民抗日武装整编为广东人民抗日游击队第三、第五大队，坚持在惠（阳）东（莞）宝（安）地区开展敌后游击战争，建立抗日根据地。领导中心设在东莞。同年 10 月，广东人民抗日游击队第三大队奉命从宝安布吉挺进大岭山地区，开辟大岭山抗日根据地，在此设立大队部。这里也是广东人民抗日游击队的领导机关。

1941 年 1 月，广东人民抗日游击队第三大队在此创办《大家团结》报，这是抗战时期广东敌后根据地创办的第一份报纸。该报为油印版，每个星期出版一期，共出版了 20 期，主要进行抗日游击宣传，报道国内外新闻及日伪军的活动等，1941 年 9 月与第五大队在宝安阳台山抗日根据地创办的《新百姓》报合并。

1941 年 10 月初，国民党顽军进攻大岭山抗日根据地，广东人民抗日游击队第三大队主力转移外线作战，留下小部队以及抗日自卫队在大岭山坚持内线作战。为保持部队之间以及部队与地方中共组织的联系，在缺乏现代交通和通讯工具的困难条件下，在此以小商店作掩护设立交通站，秘密开展交通联络工作。

1940 年 10 月~1941 年 10 月，广东人民抗日游击队第三大队为了加强后勤军需工作，保证部队的粮食供应，在此开设粮食加工场，把稻谷、杂粮运到这里，请村民用竹笼磨、脚踏碓等工具进行简单加工，然后送到部队各伙食单位。

三大队于 1940 年 10 月挺进大岭山后，为了提高指战员的军事素质，增强部队战斗力，在此地开辟了用于军事训练的操场。1941 年 5 月，为了适应部队迅速发展壮大和游击战争的需要，广东人民抗日游击队在大王岭举办军事训练班，第三、第五大队选送班、排干部参加，也利用这个操场进行军事训练。

为了增加部队的思想文化和军事素质，广东人民抗日游击队第三大队 1941 年 7 月在油古岭村开办了仿照陕北公学的中山书院，举办了一期干部训练班，招收东莞、广州、香港、九龙等地的知识青年数十人，学习政治、文化、时事政策等。学员经过短期培训，结业后分配到部队和地方工作。

　　大岭山抗日根据地为了解决部队缺医少药的困难，自力更生，采取中医治疗的方法，并且有许多创造性的发明。现在还保留有当年三大队设立的医务所遗迹。

　　大岭山抗日根据地于1941年5月，在地方中共组织的协同下成立了全区性的政权机构——连平联乡办事处，负责处理根据地内的民政事务，实行减租减息，组织生产，支持游击队的敌后游击战争。

【遗址介绍】

　　大岭山抗日根据地旧址位于广东省东莞市大岭山镇，是华南地区保存最完好、规模最大、历史风貌最完整的抗日旧址，共包括9处。其中第三大队大队部、会议室、大家团结报社、交通站、粮食加工场、操场6处旧址位于大王岭村；医务所、中山书院、连平联乡办事处3处旧址分别位于瓮窑村、油古岭村和连平髻岭村。

　　大队部旧址位于大王岭村北部，为硬山搁檩结构，墙体采用当地传统的"金包银"砌法，面阔11米、进深7米，建筑面积77平方米。

　　会议室旧址位于大王岭村北部，原是刘氏宗祠，始建于清代。砖石砌筑，三开间两进四合院式布局，硬山搁檩结构，面阔11米、进深16.5米，建筑面积184平方米。

　　大家团结报社旧址位于大王岭村，是一座近代泥砖民房，为三间两廊院落式布局，硬山搁檩结构，典型的"金包银"砌法，面阔11米、进深9.3米，建筑面积102平方米。

　　2006年，大岭山抗日根据地旧址由国务院公布为第六批全国重点文物保护单位。

●　大岭山抗日根据地旧址

广西壮族自治区

昆仑关战役旧址
正面战场的经典之战

1938 年 10 月，日本占领武汉和广州，非但没有达到迫使中国政府投降的目的，反而遭到更顽强的抵抗。日本方面分析，仅靠陆军已很难进行内陆大规模积极作战。1939 年 4 月，日本军事侦察得到情报，中国获得外援最重要的路线即法属印度支那线，运进中国支持物资达总支持量的 85%。日本军部决定切断中国抵抗其侵略的最主要补给路线，遂发动桂南战役，夺取南宁。

1939 年 9 月 1 日，德国进攻波兰。3 日，英、法对德宣战，第二次世界大战爆发。日本更急于解决中国问题，以便腾出兵力抢占西方列强在亚洲和太平洋的殖民地。19 日，日本开始移兵广西，参加作战的部队为第 5 师团、台湾混成旅团、其他配合部队、第五舰队（军舰 70 余艘、航母 2 艘）、海军第三联合航空队（飞机约百架），兵力总共约 3 万人。

日军主力第 5 师团为日本陆军第一流精锐机械化部队，号称"钢军"。参加过南口、忻口、平型关、太原、上海、台儿庄、广州等战役，屡次担负

• 昆仑关战役旧址

主攻任务。坂垣征四郎原为师团长，他升任中国派遣军总参谋长后，师团长由今村均中将接任。可见日本方面对这次战役的重视。日本认定，切断这条路线将必然使中国丧失抵抗能力，从而可以立即结束在华战争，完成它对中国的侵略任务。大本营陆军部作战部长富永恭次更宣布："这是中国事变的最后一战。"

11月9日，日本全部进攻部队在三亚港集结完毕。14日，先头船舰抵达北海，以十余艘舰发动佯攻，事实上是转向钦州方向。国民党新编第19师所属部队溃败，日军顺利登陆。

日军登陆后，16日，蒋介石在重庆召见白崇禧，令其不必再参加国民党五届六中全会，立即返桂林指挥作战，并以桂林行营主任全权指挥最精锐的第五军等中央直系部队。

白崇禧立即电令该军代军长杜聿明，率部乘火车从衡阳赴桂南；又电令第16集团军立即集结，19日抵达南宁，各部分别赶赴日军进军必经之地阻敌北进。白崇禧本人于19日由重庆飞桂林，21日率部抵达迁江，设立行营指挥所。

23日，日军第5师团在飞机掩护下开始强渡邕江，对守军阵地猛攻，中国军队顽强抵抗，虽未能阻止日军前进，但这是日军自钦登陆后遇到的最激烈抵抗。12月1日高峰隘失守。4日，日军占领昆仑关。双方以昆仑关山地为界，形成对峙。

昆仑关山岭延绵，历来为兵家必争之地，远至宋朝狄青征南时便是著名战场。蒋介石以此处险要，命白崇禧指挥反攻。12月中旬，中国军队进入攻击地区，10多万大军分别埋伏在南宁以北的山林里。

12月17日，今村中将认为南宁北面无战事，命令向龙州和镇南关进攻，去夺取中越边境上的两个战略要地。及川少将则率领支队乘坐数百辆大卡车，浩浩荡荡地从南宁出发。当天晚上8时，埋伏在山地里的中国军队在坦克的导引掩护下，以迅雷不及掩耳之势对昆仑关发动了全线反攻。排炮怒吼，地动山摇，昆仑关被火光和浓烟吞没。

12月22日，日军已濒临弹尽粮绝，日机虽空投弹药和食物，但大多被中国军队截了过来，双方已是短兵相接状态。23日上午11时许，日军旅团长中村正雄中弹，指挥残部拼死突围，隔日受到近距离机枪扫射，当即毙命，日军主力被歼灭。

12月28~31日，中国军队连续对昆仑关发动攻击，战斗异常惨烈。在整个昆仑关大战中，日军第21旅团几乎被全部歼灭，中国军队除击毙旅团长中村正雄少将之外，日军班长以上军官被击毙达85%以上，士兵被击毙4000人、被俘100多人。中国军队以重大代价，全歼了昆仑关守敌，夺回了昆仑关。

昆仑关战役是抗战时期中国军队的第一次攻坚战，同时也是中国军队抗战时期对日攻坚作战的首次重大胜利。是中国国民政府与日本侵略军当局在战争进入到相持阶段中正面战场的经典之战。昆仑关战役的胜利，打败了号称"钢军"的日本精锐师团第5师团，给日本侵略者以沉重的打击，彻底粉碎了日本侵略者想迅速吞并中国的企图。

【遗址介绍】

昆仑关战役旧址位于广西壮族自治区南宁市、柳州市。包括陆军第5军昆仑关战役阵亡将士墓园、桂南会战检讨会旧址、昆仑关战役白岩前线指挥部旧址。

陆军第5军昆仑关战役阵亡将士墓园位于南宁市兴宁区昆仑镇与宾阳县思陇镇交界处，修建于1944年，占地面积100亩。墓园包括南北牌坊、陆军第五军昆仑关战役阵亡将士纪念塔、碑亭、抗日将士公墓等多座纪念建筑。

桂南会战检讨会旧址位于柳州市鱼峰区羊角山8号。建于1926年，是一座具有西式风格的二层砖木结构建筑，当时是柳州农林实验场建筑组群的一部分。昆仑关战役结束后，1940年2月21~25日，蒋介石在此召开桂南会战检讨会。这是抗日战争史上一次重要会议。

昆仑关战役白岩前线指挥部旧址位于南宁市宾阳县白岩村小学内，建于民国年间。1939年11月~1940年2月，国民党将领白崇禧在此设立指挥部，指挥昆仑关战役。

2006年，昆仑关战役旧址由国务院公布为第六批全国重点文物保护单位。

胡志明旧居
越南抗日领袖活动地

日本侵略者从 1940 年开始侵入越南，使越南人民和中国华侨在惨受法国殖民主义者的残酷统治之余又增加了一重压迫。

1940 年 9 月 4 日，法国与日军签了第一个军事协定，从 9 月 15 日起法殖民主义者同意将越南的河内、海防、金兰湾以及在中国广东境内的租借地广州湾（现湛江市）等基地让给日本使用。9 月 22 日又进一步签订第二个军事协定。允许日军进驻印度支那半岛。从 9 月 23 开始，日军踏入了越南以及整个印度支那半岛的领土。

在法日勾结、二次世界大战的战火就要蔓延到印度支那的形势下，越南人民的对敌目标从法国殖民主义者方面转移到日本侵略军身上。1941 年 1 月 9 日，越南东洋共产党（劳动党前身）、社会党、国民党、工农商等各救国会，士兵、妇女、儿童等救国会，佛教、天主教等救国会等共 10 余个爱国党派和团体派出代表召开联席会议，成立了广泛的抗日统一阵线"越南独立同盟"（简称"越盟"），选出胡志明为主席，统一领导抗日。

1941 年 12 月 9 日，法国驻越南总督德古进一步与侵越日军司令芳泽签订共同防守印度支那的军事协定，并由法方殖民当局支付日军占领费。从此以后，日本侵略军在印度支那就得到了实际的统治权，表面上还让法国殖民当局管理一些行政的事务，但在决策和法令方面等都必须在日占领军点头同意后才能行使。1945 年 3 月 9 日下午，日占领军以突然袭击的方式包围了所有法国兵营及各市政机关，仅几个钟头，在毫无抵抗的情况下，解除了全部法军武装，俘虏了全部法军及公职官员，并将他们拘禁到集中营内，市政机构全由日军接管。11 日，日占领军扶植保大重新上台，即位为安南国傀儡皇帝。

胡志明，原名阮必成，参加革命后又曾改名为阮爱国。1890 年 5 月 19 日生于越南义安省，早年当过教师、海员和杂役，1920 年在法国加入共产党，1923 年到苏联学习，1924 年参加共产国际五大，同年底至 1927 年在中国进行革命活动。1930 年 2 月，他领导成立印度支那共产党。1941 年发起建立越南独立同盟，领导反对法国殖民者和日本帝国主义的斗争。

1942 年 8 月 13 日，他化名胡志明，到中国去同越南抗日革命力量联系，刚到广西省靖西县就被蒋介石地方政府逮捕，从此他在广西各地 13 个县的 18 个监狱里被监禁了 13 个月，受尽摧残和折磨。1943 年 9 月 10 日从柳州监狱获释，随即同当地的越南各民族主义救国组织取得联系。同时，他恢复了与党的联系，准备回国继续领导革命。1944 年 9 月胡志明带领部分工作人员离开柳州，经南宁、龙州，从水口关入越，回到北坡革命根据地，领导越南革命人民反帝反殖的斗争。1945 年 5 月德国败降以后，日本法西斯侵略势力奄奄一息，越盟已控制全国大部分地区。胡志明及时指出，总起义条件已经成熟。根据胡志明建议，8 月 13~15 日，党的全国会议在宣光省新潮举行，决定立即发动全国总起义。8 月 16 日，胡志明主持召开了国民大会。出席会议的有越南各政治党派、人民团体，民族、宗教的代表和归国越侨代表。大会同意共产党和越盟总部关于总起义的主张，决心在盟军进入印度支那以前夺取独立。大会选出以胡志明为主席的越南民族解放委员会作为临时政府，胡志明发表《总起义号召书》，号召越南同胞立即行动起来，"以我们的力量解放我们自己"。越南人民在胡志明领导下胜利地发动了八月革命，解放了越南全国。1945 年 9 月 2 日，在河内巴亭广场 50 万人的群众集会上，胡志明代表临时政府宣读《独立宣言》，庄严宣告越南民主共和国的诞生。

• 乐群社旧址

【遗址介绍】

胡志明旧居位于广西壮族自治区柳州市，包括胡志明旧居、乐群社旧址、蟠龙山扣留所旧址及红楼旧址。

胡志明旧居位于柳州市鱼峰区柳石路2号。1930年始建，原为南洋客栈，中式两层建筑。1943年获释后至1944年9月，胡志明居住在客栈二楼东侧客房内。这期间，胡志明组织召开了越南革命同盟会代表大会，并当选为同盟会副主席；创办了越南革命干部训练班；编辑了诗集《狱中日记》，并撰写了大量的革命文章、报告。

乐群社旧址位于柳州市鱼峰区柳石路1号，与胡志明旧居相去不远。始建于1927年5月，为法式建筑。这里是胡志明从事革命活动的办公地点，也是他与越南革命同盟会及越南革命主要领导人召开会议、开展革命活动的重要场所。

蟠龙山扣留所旧址位于柳州市鱼峰区蟠龙山的一个山洞内。抗战时期为国民党第四战区政治部的军人扣留所。1942年胡志明为会见周恩来同志及中共代表团秘密来到中国，在广西德保县被国民党乡警拘留，之后于1942年底和1943年，两次被关押在蟠龙山扣留所。

红楼旧址位于柳州市城中区友谊路。1954年7月初，胡志明秘密来到柳州市，入住红楼1~6号套房，在这里他与周恩来进行了秘密会谈，就为和平解决印度支那问题的日内瓦会议涉及的重大问题交换意见，随后就会谈成果发表了中越两国联合公报。

2006年，胡志明旧居由国务院公布为第六批全国重点文物保护单位。

● 胡志明旧居

重庆市

嘉陵江三峡乡村建设旧址群

大后方乡村建设典范

　　嘉陵江三峡乡村建设旧址群，见证了民国时期乡村建设运动的全过程，也见证了卢作孚等人在抗日战争时期的事迹。

　　几千年来，中国一直是传统的农业社会，农村是整个社会的根基，农村的治乱兴衰决定着中国的治乱兴衰。20世纪二三十年代，为挽救日益衰败的农村经济社会，一大批有识之士挺身而出寻找出路，他们从不同的理论体系出发，提出不同的政治主张，或注重农业技术传播，或致力于地方自治和政权建设，或着力于农民文化教育，或强调经济、政治、道德三者并举，史称"乡村建设运动"。

　　"乡村建设运动"一时风起云涌，据统计，当时全国参与该运动的学术团体和教育机构达600多个，建立各种实验区1000多处。其中，卢作孚主持的嘉陵江三峡乡村建设运动，成效显著。

　　卢作孚（1893~1952年），中国著名爱国实业家、教育家、社会活动家、农村社会工作先驱，忠诚的爱国主义者。他创办的民生实业公司从一条70吨小火轮起家，"崛起于长江，争雄于列强"，不仅将曾经不可一世的帝国主义势力逐出了川江，并发展成为旧中国最大、最有影响的民营航运企业，他被誉为"中国船王"。九一八事变爆发后，中华民族面临生死存亡，卢作孚挺身而出，积极投身抗日救亡的洪流。曾在北碚成立抗日救国义勇军，派民生公司的轮船运送青年学生请愿代表到重庆。抗战全面爆发后，卢作孚受命于危难之中，出任交通部常务次长和全国粮食管理局局长，主持战时交通运输。1938年秋，武汉失守，大量后撤重庆的人员和迁川工厂物资近10万吨屯集宜昌无法撤离，不断遭到日机轰炸。卢作孚集中民生公司全部船只和大部分业务人员，采取分段运输，昼夜兼程抢运，不顾日机狂轰滥炸，经过40天的奋战，终于在宜昌失陷前将全部屯集的人员和物资经三峡航道抢运到了四川，使上万精英撤到大后方施展才。他指挥的宜昌大撤退，被誉为"中国实业上的敦

● 红楼（兼善中学）旧址

刻尔克大撤退"，为抗战胜利作出了重大贡献。

　　20 世纪二十至四十年代，卢作孚主持的嘉陵江三峡乡村建设运动，是民国时期中国众多乡村建设运动中时间最长，成就最大的一个。他以"乡村现代化"为宗旨，以经济建设为中心，以交通建设为先行，以乡村城市化为带动，以文化教育为重点，在很短的时间里，就使嘉陵江三峡地区的社会经济发生了很大变化。一座座工厂、矿山建起，一座座公园、学校建起，在这原本荒僻之地出现了市街、运动场、图书馆、博物馆、农场、水电站，峡区百姓生活也得到了改善。

【遗址介绍】

嘉陵江三峡乡村建设旧址群位于重庆市北碚区朝阳街道、北温泉街道、歇马镇，包括文昌宫、红楼、清凉亭、农庄、磐室、竹楼、柏林楼、数帆楼、梁漱溟旧居、晏阳初旧居 10 处。

文昌宫位于朝阳街道天津路社区庙嘴 1 号，坐南朝东，始建于 1644年。主体建筑为三重殿四合院，抬梁与穿斗式混合结构，青瓦庑殿顶建筑，占地面积 1473 平方米。1923 年峡防团务局成立，设治所于此；1923~1950 年，为卢作孚进行嘉陵江三峡乡村建设的指挥部。

红楼位于朝阳街道公园村 26 号北碚图书馆内，始建于 1932 年，主体建筑为两楼一底，顶置阁楼，占地面积 499.5 平方米。砖木结构，单檐歇山式屋顶，红墙黛瓦，故名红楼。1932~1939 年为兼善中学校舍。兼善中学于 1930 年创办，是卢作孚"嘉陵江三峡乡村建设"运动中学校教育建设的重要步骤及成果之一。兼善中学以"兼善天下"为办学宗旨，以培养乡村建设和社会服务人才为目标，对学生实施"实用教育"。

清凉亭位于朝阳街道芦沟桥社区人民公园内，坐东向西，1935 年建，砖木结构，木质地板，红柱绿瓦，占地面积 187.3 平方米，是原平民公

• 竹楼

园内保存得最为完整的旧址之一。平民公园1927年开始筹建，是卢作孚乡建运动民众教育中，培养市民现代集团生活的重要步骤和成果之一。

农庄位于北温泉街道北泉社区北温泉公园（原属嘉陵江温泉公园）中心，坐东向西，两楼一底，青砖青瓦，中式硬山顶建筑风格，占地面积120平方米，始建于1927年，次年落成，由军阀陈书农捐建，故名农庄。当年冯玉祥、陶行知来北碚时即下榻于此。嘉陵江温泉公园于1927年开始建设，1948年更名北温泉公园，是卢作孚推行乡建运动、培养市民"现代集团生活"、实现"乡村现代化"的又一重要步骤和成果。

磬室位于北温泉街道北泉社区北温泉公园内，始建于1929年，砖木结构，主体建筑占地面积235平方米，一楼一底，临江面均有曲折回廊，青砖青瓦，古典庄重。

竹楼位于北温泉街道北泉社区北温泉公园内，始建于1936年，占地面积141平方米，建筑面积284平方米，一楼一底，典型中式风格，建材均为竹木，颇具特色。1942年10月，邓少琴在竹楼创办私立北泉图书馆，1949年并入卢作孚创办的北碚图书馆，是卢作孚在推行乡建运动中建立的重要图书馆，时有藏书240485册，基本实现了卢作孚在北碚创办全国

• 清凉亭

● 梁漱溟旧居

闻名图书馆、普及民众教育的夙愿。

柏林楼位于北温泉街道北泉社区北温泉公园大门左上侧，坐西向东，始建于 1935 年。建筑主体为砖木结构，二楼一底，小青瓦歇山顶中式建筑，建筑面积 601 平方米。抗战时期，中国旅行社迁驻后，此楼作为该社的办公区和普通招待所。

数帆楼位于北温泉街道北泉社区北温泉公园大门右下侧，嘉陵江畔，坐西向东，始建于 1930 年，1942 年重建，占地面积 227.48 平方米，大小厅室 16 间，为石墙木楼瓦顶、拱形门窗的西式建筑。抗战时期，中国旅行社迁驻后，此楼作为该社的贵宾招待所，蒋介石、周恩来、董必武等均住过数帆楼，黄炎培、朱德、郭沫若等还在此留下名篇佳作。

梁漱溟旧居，位于北温泉街道三花石社区 10 号四川省总工会重庆北温泉疗养所，建于 20 世纪 40 年代。旧居坐西向东，一楼一底，占地面积 480 平方米，大小厅室 28 间；建筑系石头砌成，坡屋顶，外墙面用黄色颜料特意勾勒出一些凸出墙面的石头轮廓，看上去像开满了金黄色的花朵一样，故名又花房子、石房子。原为孙元良私家别墅，1949~1950年梁漱溟曾寓居于此。梁漱溟（1893~1988 年），广西桂林人，著名思想家、教育家、社会活动家和爱国民主人士。20 世纪二三十年代，梁漱溟全力提倡并先后在河南、山东等地推行乡村建设运动。抗战爆发后，在重庆继续进行乡村建设、改造社会实践。

晏阳初旧居位于歇马镇桃园村 26 号西南大学实验基地内，始建于1940 年，坐北向南，穿斗式砖木结构平房，三合院布局，占地面积 700平方米，建筑面积 547.8 平方米，大小厅室 7 间。1940 年 10 月，晏阳初在北碚歇马置地 35 万平方米，兴建校舍、农场等，创办私立中国乡村建

●中国乡村建设学院旧址

设学院，并运用学校、社会、家庭三种教育方式，培养乡村建设人才，
旨在实现他以平民教育为中心、推进政治、教育、经济、自卫、卫生和
礼俗的乡村整体建设方案。晏阳初（1890~1990年），四川巴中县人，
著名的平民教育家。早年先后留学香港、美国，获硕士、博士学位。回
国后，从事"平民教育"，推动"乡村科学化"模式的乡建运动。

乡村建设运动是中国近代一场持续时间较长，波及范围较广的救国
运动，是爱国知识分子为实现国家富强和现代化所进行一系列重要的社
会试验。嘉陵江三峡乡村建设是其中的典型代表，旧址建筑群见证了这
一建设运动的全过程，承载着丰富的历史内涵，具有很高的历史价值。

2013年，重庆嘉陵江三峡乡村建设旧址群由国务院公布为第七批全
国重点文物保护单位。

中国西部科学院旧址

大后方科技事业发展的"诺亚方舟"

卢作孚是中国近代著名的爱国实业家，近代中国最大华资航运集团——民生实业股份有限公司总经理。早在五四运动时期，卢作孚即深受"发展科学"这一口号的影响，认识到科学发展对社会进步的重大作用，并梦想有朝一日能在四川建立自己的科研机构，为开发四川丰富的自然资源，促进四川工农业的发展尽一份力。1927年，卢作孚出任江（北）、巴（县）、璧（山）、合（川）四县交界的嘉陵江三峡地区（即今重庆北碚区）防务局局长后，开始将其梦想变为现实。

1930年3~8月，卢作孚率江巴璧合峡防局、川江航务管理处、民生实业公司、北川铁路公司四单位考察团赴南京、上海、东北各地考察，以"带着

● 中国西部科学院旧址

问题出去，求得办法回来"为目的，同时与各相关单位交换标本，并于此过程中广交朋友，延揽人才。

8月，卢作孚回到重庆后，即加快了"中国西部科学院"成立的步伐，他选定既远离城市烦扰又交通便利，且四周矿产丰富又山川秀丽的北碚为院址，在取得地方军政当局、部分科研单位、学术团体和社会各界的支持和赞助后，1930年9月，以"研究实用科学，辅助中国西部经济文化事业之发展"为宗旨的中国西部科学院便在重庆北碚火焰山东岳庙正式成立。

中国西部科学院成立之初，下设工业化验所、农业试验场、博物馆及兼善中学4个单位。后随着工作的开展、业务的深入，相继设立了董事会，研究机构也充实扩大为生物、理化、农林、地质4个研究所，并附设有博物馆、图书馆和兼善中学。1937年10月设立"成才办事处"，以便于与四川省政府各部门的联系；1942年1月设立"中国西部科学院西昌工作站"，以负责当地的科学研究和调查工作。

科学院创立的宗旨即在科学的探讨，开发中国西部的宝藏。科学院创立后，一面增添各种研究需用的设备如图书、仪器、化验药品、建筑等，充实扩大

● 卢作孚旧居

研究机构和内容；一面增聘专门研究人员，继续调查动物、植物、矿产和发展附属事业，4个研究所先后成立并扩大了4个事业单位。各项事业蒸蒸日上。1930~1936年是西部科学院发展最好的时期。

科学院非常注重科学的调查和研究。地质研究所注重矿产的调查、地质分布的探讨和对地下资源确切的估计等工作。主要开展了对雷马峨屏、大小凉山、宁属七县、古蔺、珙县、江北县、渠县等大面积的地质构造和矿产资源的调查，另外还对北川铁路沿线及峡区附近煤矿、巴县等地的石油、麻柳湾及天灯塝一带矾矿、西山坪的水利、灌县和松潘间地震、綦江铁矿、木里金矿的测量等进行了专项调查，并写出调查报告，绘制出较详的地质及矿区图，有的还评估出产量，供有关方面参考使用。此间该所最重要的成果之一是主任常隆庆等对宁属地区的调查。宁属辖西昌、越西、冕宁、会理、盐边、盐源、宁南七县是一块几十里难见人家的"不毛之地"。他们翻山越岭、风餐露宿，经过艰苦的考察，撰写了《宁属七县地质矿产》，第一次向世界披露了整个攀西地区有无比丰富的矿藏资源。理化研究所的中心工作是对铁、铜等川康各种矿产及工业原料进行分析、化验，对煤等燃料问题和应用化学进行研究，并对重庆附近的水进行研究。农林研究所主要是垦殖荒地，培育森林；对稻、麦、蔬菜、果树、牲畜进行改良研究，繁殖推广优良品种，增加农副业生产和农民收入。其中繁殖和培育荣昌猪、北平鸭及培植西瓜有相当成绩，编著的《西瓜栽培法》一书和优良种籽遍及全川。农林研究所附设的气象测候所为四川乡村建立最早的气象测候机构，每日发气象电报至中央研究院气象研究所。生物研究所对四川及中国西部的动、植物资源作了大规模的调查、采集和研究，尤其是较为系统地调查了四川的鱼类、鸟禽及植物等资源。

1937年全面抗战爆发后，各地科研机构和人员大规模的内迁。抗战时期，重庆被定为陪都，而北碚由于风景秀美，距市区仅数十公里，并有嘉陵江水路和碚青公路可通，被划为重要的迁建区。一时间，在北碚及其附近的乡镇，迁进了上百的政府机关、科研机构、大专院校、文化单位，云集了上千的政治家、科学家、教育家、文学艺术家。作为中国西部科学院院长的卢作孚热情欢迎他们来北碚，无偿地将西部科学院所属4个研究所的设备、仪器、图书、标本和药品提供给他们使用，倾其所有支持他们西迁后能继续科研不辍。据不完全统计，当时由卢作孚的民生轮船公司协助撤退，或受到他领导的北碚当局和西部科学院资助、支持的学术单位还有中央历史博物馆、清华大学雷电研究室、中央研究院气象研究所、中央农业试验所、经济部矿冶研究所、复旦大学、江苏医学院、中央工业职业学校、中央化学工业社、实业部地质调查所、航空委员会油料研究所、中央工业实验所化学部、中山文化教育馆、清华大学航空研究所等科研机构。对迁来北碚的科学家、教授的家眷，卢作孚也尽可能给予帮助。北碚一时成为了"中国战时科学中心"。

这些内迁的学术教育机构在北碚时期取得了许多重要成就。例如最具典型代表性的中央研究院动植物研究所于 1940 年冬迁来北碚，1944 年分为动物和植物两个研究所。动植物研究所在北碚时期取得许多重要成果。为适应战争需要，战时动植物研究所适当加强了应用研究，但重点还在学理研究。1944 年之前，动植物研究所进行了水生生物学研究、昆虫与寄生虫学研究、种子植物学与森林学等十几项研究。如研究鲤科鱼类的形态与天然食料有助于人工养殖，研究蚊虫之天敌及自然防治法有助于改进西南诸省卫生环境。改组后，动物研究所仍继续以前的工作，仍集中于鱼类学、昆虫学、寄生虫学、原生动物学及实验动物学 5 项研究。植物研究所为进行"纯正植物学研究"，"注重于生理学、生态学、细胞学、遗传学等之理论探讨"，拟"预设置若干有近代设备之实验室以求纯粹学理之精深的探讨，应用学理的探讨之结果于实际以期有益于国计民生"。高等植物分类学室、真菌学室、森林学室、藻类植物学室等都在一年多的时间里取得了较为丰硕的成果。

如此众多的科研学术教育机构集中于一个小小的城镇，无数科研成果在北碚研究取得，造就了北碚大后方科技文化中心的地位。北碚集合了科技文化的精英，与市区的沙坪坝、江津的白沙坝及成都的华西坝并称为大后方的"文化四坝"。

抗日战争时期，日军的侵略无疑是中国科技事业的一场巨大的灾难，中国的科技事业遭遇了前所未有的困难和挑战，但是中国西部科学院在北碚播下的科学种子和发展中国科技事业的不懈努力，为中国科技事业的内迁和大后方"最大科学中心"的形成奠定了坚实的基础，成为大后方科技事业发展的"诺亚方舟"。

【遗址介绍】

中国西部科学院旧址位于重庆市北碚区文星湾 42 号。旧址包括 4 幢建筑，其中忠字楼、卢作孚旧居、地质楼，是现保存完好的近现代建筑群。

惠宇楼为中国西部科学院主楼，建于 1934 年，因捐建人杨森字子惠，敬取名"惠宇"。建筑面积 1406 平方米。为小青瓦歇山顶，砖木结构，共分三层，一楼一底加阁楼，建筑造型美观，中西合璧。

地质楼建于 1938 年，后更名为经济部中央地质调查所办公楼。建筑面积 648 平方米。为砖木结构，一楼一底。

卢作孚旧居建于 1944 年。为一楼一底，建筑面积 256 平方米。原为中国西部科学院院长卢作孚先生办公及生活用房。1986 年按原样重建，局部由砖木结构改为砖混结构。

地磁测点于 1945 年由国立中央研究院物理研究所测定，为我国第一个测定的地磁点，立碑一座。

2006 年，中国西部科学院旧址由国务院公布为第六批全国重点文物保护单位。

● "中国西部科学院立"碑

世界佛学苑汉藏教理院旧址
僧伽投身抗日救亡的圣地

世界佛学苑汉藏教理院旧址，位于重庆北碚区澄江镇缙云村缙云寺西北偏西。这里既是佛教圣地，也是僧伽投身抗日救亡活动的圣地，这里还留下了抗战时期诸多军政要人以及文化名人的足迹。

1930年，国民革命军第21军军长刘湘通令全川各县，限3个月内筹款派僧入藏，向喇嘛学法，以作沟通汉藏的桥梁。他在宴请中国佛教学会会长太虚法师时，为表明自己重视佛教，向太虚法师谈到其派僧入藏之举。太虚法师建议"在四川办一所藏文学院，培训汉僧学藏文，作入藏留学之准备"。刘湘很高兴地采纳了这个建议，当场商定取名"世界佛学苑汉藏教理院"。

1932年8月21日，世界佛学苑汉藏教理院开学仪式正式举行。巴县县长冯均逸、重庆高等法院院长费孟与、嘉陵江三峡峡防团务局局长卢作孚等官员、乡绅数百人纷纷前来祝贺。至此，四川第一所高等佛学教育学府在缙云寺中建成。刘湘任名誉校院长，刘文辉为名誉董事长，太虚法师任院长。

汉藏教理院"以招收汉藏青年，研究汉藏佛学，沟通汉藏文化，团结汉藏精神，巩固西陲边防，并发扬汉藏佛教，增进世界文化为宗旨"，开办近二十年，共招生七届，为中国佛学界培养了数百名专业人才，为研究汉藏佛教教理，沟通汉藏文化和联络汉藏人民感情，消除汉、藏隔阂，巩固祖国的边疆，促进汉藏文化交流，增进世界文化做出了重大贡献。

1937年抗日战争爆发，作为中国佛教界的领袖，太虚法师为抗日救国奔走，呼吁全国佛教徒行动起来，投入抗日救国运动。并首先发表《电告日本佛教徒书》，要求日本佛教徒以佛教"和平止杀"的精神，制止日本帝国主义的侵略战争。同时又通电全国佛教徒，播讲《佛教与护国》的论述，动员组织"佛教青年护国团"，积极参加救护工作、宣传工作以至地下斗争工作。并响应"航空救国"和"伤兵之友"等抗日爱国活动，募资捐款支援前线。

1937年秋，太虚法师在缙云山召开汉藏教理院院务会议，决定组织僧伽军事训练班。他动员师生说："当前国难严重，外患日亟，吾辈僧伽亦国民之一分子，理当作好准备，随时奔赴前线，以尽国民天职。"教理院僧伽军事训练班于当年 10 月 10 日开办。军训班分为救护班和防守班，总称"汉教理院防护训练队"。救护班，以备战区救护受伤军民工作；防守班，专作后方防守维持治安等工作。军训班不仅由教理院师生全部参加，太虚法师还专门通知附近县市佛教会，抽派少壮僧伽到教理院来受军训。

1939 年，太虚法师发起组织佛教"国际访问团"，远赴缅甸、印度、锡兰以及星、马各地，宣传抗日救国，发动各地华侨、华人和广大佛教徒、佛教团体，积极支援祖国抗战。

1943 年，太虚法师与于斌、冯玉祥、白崇禧等著名将领和宗教界首要人物组织中国宗教徒联谊会，呼吁全国各宗教团体和全体宗教徒团结起来，一致抗日。

因太虚法师积极参加抗日救国活动，抗战胜利后的 1946 年元旦，国民政府授予他宗教领袖胜利勋章。

国民政府西迁重庆后，缙云山成为朝野高人、中外名流必到之地，一时

• 双柏精舍

间参观汉藏教理院者，络绎不绝。1937年底，国民政府主席林森到达重庆不久，便偕同吕超参军长来到汉藏教理院，在缙云寺礼佛，参观石华寺，并为教理院题词"华藏总持"。1944年秋，蒋介石曾参观汉藏教理院。国民党中央军事委员会副委员长冯玉祥是缙云山的座上客，国民政府五大院戴季陶、孙科、孔祥熙、居正、于右任等院长，中央各部及国民党各部部长、次长等，均曾无数次地到此旅游观光。国民党中央执行委员王用宾、海外部长陈树人、农林部长陈济棠等，更是教理院的常客。田汉、郭沫若等文学巨子，虞洽卿、胡西图、谢衡窗等实业巨子，或数次来山，或山居多日，或留题咏，或曾演讲。来院观光的军政要人、名流学者数以千百计。

【遗址介绍】

世界佛学苑汉藏教理院旧址所在的缙云寺始建于南朝宋景平元年（423年），历经多次重建和维修，现存殿宇多为清康熙三十一年（1692年）重修。1930年，中国佛学会主席太虚法师选址缙云寺成立汉藏教理院，1932年正式开学。旧址朝向东南，占地面积为2000平方米，主要包括作为编译馆和教师宿舍的天子殿，大雄殿、天王殿、闻慧殿、太虚台。

天子殿（双柏精舍）坐南向北，为四合院布局，中有天井，悬山式屋顶砖木结构房屋。主体建筑占地为100平方米。

大雄殿建于清康熙二十二年（1683年），重檐歇山顶、小青瓦；面阔五间、高12米，木结构，抬梁式梁架，通檐下施斗拱。

天王殿面阔21米、进深8米、高9米，歇山顶，殿前有二石狮，高1.5米。

闻慧殿面阔25米、进深16米，木结构、悬山顶、抬梁式梁架。

太虚台于狮子峰顶，建于1938年，为方形石台，四方各有圆拱门。

《世界佛学苑汉藏教理院记》碑高为2.24米、宽0.92米、厚0.25米。为太虚院长亲笔撰写，碑额由林森题书华藏总持。

世界佛学苑汉藏教理院是四川开办的第一所高等佛学教育的学府，为研究汉藏佛教教理，促进汉藏文化交流作出了重大贡献，民国时期很多名人都曾到此参观演讲，旧址作为其重要实物载体具有较高的历史价值。

2013年，世界佛学苑汉藏教理院旧址由国务院公布为第七批全国重点文物保护单位。

重庆国民政府旧址
国民党抗战大后方的指挥中枢

重庆国民政府，是人们对为适应中国抗战需要而由南京移驻重庆后的国民政府的称谓。

1937年12月~1938年12月是南京国民政府的陆续西迁时期。1937年11月17日，南京国民政府在完成了迁都的法律手续之后，由主席林森率各机构先行西迁。同月底，这批机构及工作人员抵达重庆。12月1日，国民政府宣告自即日起，正式驻渝办公。尽管重庆国民政府业已开始运转，但机构还不完整。南京国民政府的大部分职能部门还滞留武汉。1938年6月，因武汉战起，滞留武汉的各政府机构奉令向重庆迁移。到8月底，第二批政府机构移驻重庆。12月，蒋介石率原迁移湖南的军事机构飞抵重庆。至此，南京国民政府的西迁工作全部结束，重庆国民政府的机构也趋于完备。

1938年12月~1941年12月是重庆国民政府政策转变时期。其间，由于国民政府已偏安重庆，加之日本帝国主义加紧对重庆国民政府的政治诱降以及英、美在远东推行的绥靖政策，重庆国民政府的对内对外政策发生了重大变化。一是出现了以汪精卫为代表的叛国投敌集团，他们在日本的羽翼下成立了伪南京国民政府，重庆国民政府实质上已被分化。二是蒋介石集团推行"溶共、限共、防共、反共"的政策，加紧对中共的军事摩擦，并制造了两次反共高潮。三是策动与日本谈判，以求妥协和苟安。这一时期，重庆国民政府虽坚持抗战，并有1939年冬至1940年春的"冬季攻势"，但其抗日态势已明显下降。

1941年12月~1943年11月是重庆国民政府军事、外交最有成就的时期。首先，重庆国民政府迅速完成对日、德、意宣战的法律手续，并正式向日、德、意宣战。中国抗日的战绩和在亚太地区抗日中不可替代的作用得到了国际的认同。1942年元旦《联合国家宣言》签署，中国凭借4年多艰苦卓绝的抗日成就开始步入世界四强行列。蒋介石出访印度，宋美龄游说美、加，四强宣

言签署，美、英、中三国开罗首脑会议等，都充分展示了重庆国民政府国际
地位的提高。其次，中国战区的设立和蒋介石出任该战区最高统帅，表明中
国战场的国际重要性。中国战区负责"指挥现在或将来在中国境内活动的联
合国家军队"，"该战区包括联合国家军队可以达到之安南及泰国国境"。
中国战场与太平洋、东南亚战场联为一体。蒋介石在重庆主持召开了"五国
军事协商会"，共商对日战略，中国派团参加了在新加坡、华盛顿等地举行
的联合军事会议，中国远征军出战缅、印，扬威国际。再次，重庆国民政府
频频进行外交活动，同英美等国签订了新约，从某种意义上说收回了近代列
强强加给中国的领事裁判权及租界等特权。

1943 年 12 月~1945 年 3 月是重庆国民政府危机四伏时期。政治上，重
庆国民政府体制已趋腐败，官吏贪污腐化；经济上，物资匮乏、物价飞涨，
加之官僚资本猖獗、外汇体制混乱，民族工商业一片衰落；军事上，除滇西
和缅北作战较积极外，国内正面战场则出现了与太平洋、东南亚及欧洲战场
节节取胜相反的豫湘桂大溃退。短短 8 个月，中国军队损失数十万人，丧失
国土 20 余万平方公里，丢掉城市 146 座、省会 4 个，失去 7 个空军基地和 36
个飞机场，整个沿海作战地区和重庆国民政府的联系完全被切断。这次大溃退，
使原来日趋尖锐的政治、经济、文化各方面的矛盾更加突出来。人们强烈
要求"根本改变现状"，国统区爱国民主运动日趋高涨。

1945 年 4~9 月为重庆国民政府争取抗战胜利的时期。1945 年 4 月，伴随
欧洲战事的结束和美军在冲绳登陆成功以及中国远征军打通滇缅路后回国布
防，重庆国民政府决定实施对日反攻作战。在湘西，中国第二、三方面军展
开了局部反攻。后因驻中国华南日军"收缩中国战线"，两广、湖南、江西、
福建、海南等地的日军主力渐次撤到山东、华北、东北等地，中国军队乘机
组织了桂柳反攻。到 8 月上旬，重庆国民政府军收复南宁、柳州、桂林，进
展 700 余公里，福建、浙江、江西等地也相继为重庆国民政府军收复。与此同时，
解放区军民举行大反攻并收复了大片国土。8 月 15 日，日本宣布无条件投降。
9 月 9 日，侵华日军总司令冈村宁次在南京向重庆国民政府及英、美、苏代表
何应钦缴械投降，中国抗战取得彻底胜利。

1945 年 9 月~1946 年 5 月重庆国民政府"还都"南京，为重庆国民政府
被迫"和平建国"而又加紧内战准备时期。举世瞩目的重庆谈判、政治协商

会议相继举行，中国一度闪现和平建国的前景。但是，重庆国民政府很快破坏了停战协议，撕毁了政协决议。伴随和平建国前景的消失，重庆国民政府也因"还都"南京而宣告结束。

国民政府迁都重庆后，以西南大后方为基地，领导全国军民为争取抗战胜利作出了积极贡献。

第一，承担了正面战场、滇缅战场及国统区的抗战责任。从南京国民政府移驻重庆起，重庆国民政府统率其军队，在中国大江南北、滇缅，同凶残的日军进行了 23 次会战和数千次战斗，歼敌百余万。这在一定程度上牵制和打击了日军，既在战略上同日益成为抗战主力的解放区战场起了相互配合作用，也在战略上支持了世界反法西斯战争，为英、美、苏赢得备战时间做出了重大贡献。

第二，重庆国民政府采取的政治、经济、科技文化等方面的措施，有相当一部分是有利于抗战需要的。其间，政治上，一度有限地顺应抗日民主潮流，部分开放民主，释放政治犯，延纳"民意"，容纳中共及民主党派人士参加抗战和"民意"机关。机构设置上，基本适应了抗战的特殊形势；在法制建设上，颁布和实施了一些有利于抗战的法律、法规和条例，如《国家总动员法》《惩治汉奸条例》等。经济上，组织资助和安排沿海、沿江工业西迁，并在财政十分困难的情况下，一度对西迁工业进行扶持。这些工业的西迁和复工，不仅对支持抗战起了巨大作用，而且对以后西南经济的发展也打下了重要基础。科技文化上，这几年间的"科学进步与贡献，比起过去 30 年来，在质在量皆有增无减"。这固然是科技文化工作者艰辛劳动的结晶，但与重庆国民政府的鼓励和资助也分不开。

第三，重庆国民政府的外交政策及外交成就也是值得重视的。中国由一个半殖民地国家一跃而为主权基本独立并同英、美、苏三大国一起共商国际事务，参予联合国筹建，收回晚清时代割让的租界、租借地以及治外法权和其他不平等特权，用新约的形式，重新建立与西方各国的外交关系。同时还对殖民地半殖民地国家和地区的独立斗争表示了声援和支持。所有这些，比起北洋政府，甚至比起南京国民政府时期来讲，都是巨大的进步。

【遗址介绍】

国民政府立法院、司法院及蒙藏委员会旧址

国民政府立法院、司法院及蒙藏委员会旧址位于重庆市渝中区七星岗街道中山一路，旧址所在楼房坐北朝南，典型的中西式砖木结构，共9层，宽35.6米、进深15.7米、高28.8米。建筑面积5030.28平方米，占地面积558.92平方米。原为私立义林医院，1935年自贡人李义铭兄弟集资在此修建，李自任院长。

抗战爆发后，国民政府立法院、司法院及蒙藏委员会、内政部等机构及重庆市卫戍警备司令部先后征用义林医院办公。抗战胜利后，义林医院仍为重庆市卫戍警备司令部征用，至1947年归还义林医院。

立法院是国民政府最高立法机关，于1928年10年成立，有议决法律案、预算案、大赦案、宣战案、媾和案、条约案及其他重要国际事项的职权。立法院于1937年11月迁驻重庆，此时院长为孙中山长子孙科。国民政府立法院在迁渝期间确立并完善了4个法案体系：一是国防体系，制定了《国家总动员法》《防空法》《要塞堡垒地带法》等；二是政治体系，制定了《行政院组织法》《经济部组织法》《军政部组织法》《卫生署组织法》等；三是经济体系，制定了《公库法》《决算法》《审计法》等；四是司法体系，制定了《最高法院设置分庭暂行条例》，修改了《法院组织法》、制定了《管收条例》等。

司法院系国民政府五院组织之一，为国民政府的最高司法机关，兼负司法行政及司法审判任务。1937年11月奉令西迁重庆，初驻中四路，后

● 重庆市渝中区国民政府立法院、司法院及蒙藏委员会旧址

疏散至巴县歇马乡。1938 年 4 月 22 日，司法院院长居正由成都飞抵重庆，该院开始在渝办公。战时该院下置机关有司法行政部（1943 年改隶行政院）、最高法院、行政法院、公务员惩戒委员会。除司法行政部掌理司法行政事务外，其余各机关为审判机关。在渝期间，其司法制度为三审制，即地方法院为初级审判，高等法院为二级审判，最高法院为三级审判。

由于战时的特殊情况，迁渝后的司法院对一些司法程序作了若干项相应的改革：一是增设各省法院，由战前的 302 所增设为 748 所；二是简化诉讼程序；三是试行巡回审判——由于战时战区之间交通失去常态，当事人上诉不便，第二审的审判与其让当事人就法官，不如让法官就当事人，所以由法官到各战区巡回审判；四是收回法权后的有关措施——1942 年 1 月，我国与美、英等国签订了新条约，废弃他们的领事裁判权，新制定了《管理在华外国人实施条例》；五是将以前军事法庭审判的一些特殊案件移归司法院下的司法行政部审判；六是保障人身自由法令的施行；七是对战争罪犯的处治；八是对汉奸的惩治等等。

蒙藏委员会为中央主管蒙藏政府的最高机关，初直属国民政府，后又划给行政院。内设总务、蒙事、藏事三处。

中华民国一经成立，即宣布它是合汉、满、蒙、回、藏等民族为一体的共和国。当时作为国旗的五色旗即象征五族为一体。民国期间，中央政府一如元、明、清三朝，实行对西藏地方的治理。1912 年中央政府设立蒙藏事务局（1914 年 5 月改为蒙藏院），取代清朝的理藩院，主管西藏地方事务，并任命了中央驻藏办事长官，例行清朝驻藏大臣职权。南京国民政府成立后，于 1929 年设立蒙藏委员会，主管藏族、蒙古族等少数民族地区行政事务。事实上，这个机构在当时的作用，主要是对西藏事务的管理。1940 年 4 月，国民政府在拉萨设立蒙藏委员会驻藏办事处，作为中央政府在西藏的常设机构。

1938 年 7 月 29 日，蒙藏委员会委员长吴忠信偕侨务委员会委员长陈树人由汉口抵达重庆，该会开始在重庆办公。

立法院、司法院和蒙藏委员会迁到重庆后，共处于原义林医院内办公。抗战胜利后，均随国民政府迁回南京。

2013 年，国民政府立法院、司法院及蒙藏委员会旧址由国务院公布为第七批全国重点文物保护单位。

国民政府军事委员会政治部旧址

国民政府军事委员会政治部旧址位于重庆市沙坪坝区土主镇三圣宫

村三圣宫，是一处集儒、释、道三教合一的清代寺庙建筑，距今有 200 多年历史。三圣宫由山门、前殿（前厅）、戏楼、黄金堂和左右厢房构成，还有水池、石缸、花坛等附属建筑，十分雅致。这里既是国民政府军事委员会政治部旧址，也是国民党著名爱国将领张治中在重庆任职期间的旧居。

国民政府军事委员会政治部于 1938 年 2 月在武汉成立。该部成立之初，组成人员除国民党各派系人物外，还有周恩来以及在共产党领导下的进步人士参加，故一时呈现出团结合作抗战的生气勃勃的景象。当时，国民政府军事委员会政治部在部长、副部长、秘书长之下设一、二、三厅和总务厅、秘书处、设计委员会等部门，负责政工机构的调整、干部的培养、部队和军事学校的政治教育等工作。陈诚任部长（1940 年由张治中任部长），周恩来和黄琪翔任副部长，郭沫若任第三厅厅长。

1938 年 12 月 9 日，国民政府军事委员会进驻重庆。其政治部留渝期间，一部分在渝中区两路口，一部分在沙坪坝区三圣宫办公。政治部位于重庆市中心两路口的部分因受到日本飞机狂轰滥炸的威胁，于 1939 年迁驻三圣宫。

抗战期间，国民党著名爱国将领张治中作为国民政府军事委员会政治部部长，曾在此地居住和办公，为民族抗日统一战线作出了重大贡献。1941 年春，由国民党顽固派一手炮制的皖南事变震惊中外，激起全国人民对国民党罪恶暴行的一致谴责和抗议。事变次日，张治中连夜奋笔疾书，给蒋介石写下万字谏言书，对国民政府在民族存亡系于一线的关头残杀自己同胞、背信弃义的可耻行径痛心疾首，并再次忠告：为赶走日本帝国主义侵略者，国民政府只有与中共精诚合作，比肩抗敌。此后，国共两党在抗战期间所进行的三次正式谈判，张治中参加过两次，分别是 1942 年和 1944 年。

● 张治中旧居

2013 年，国民政府军事委员会政治部旧址由国务院公布为第七批全国重点文物保护单位。

国民政府外交部旧址

国民政府外交部旧址位于重庆市渝中区望龙门街道邮政局巷社区解放东路九道门 7 号，坐西北向东南，中西式砖木结构，一楼一底，楼上有回廊，高约 13.5 米、面阔 19.4 米、进深 20.5 米，建筑面积 1104 平方米，占地面积 552 平方米。国民政府外交部于 1938 年迁渝后，将办公址常设于此，直至 1946 年 5 月迁返南京。

全面抗战以来，苏、美、英、法等 30 多个国家的驻华使馆随国民政府西迁而移设重庆，国民政府外交部成为与诸国交往的外交中枢。在渝期间，外交部的外事活动因抗战需要而变更，与各国的关系也有所不同。如与澳大利亚、加拿大等国，因同盟关系而建立外交，互派使节；与日本、德国、意大利等国，因处于敌对状态而与其断绝外交关系，使领馆相继裁撤。1943 年，在渝使领馆已由 1936 年的 101 处减至 82 处。1938~1946 年，国民政府外交部在渝期间，设有亚东司、亚西司、欧洲司、美洲司、条约司、情报司等 12 个部门，在对外关系上，起到了至关重要的作用。

抗战以来，国民政府外交部与外国发生的条约关系共有 20 多个。其中，1943 年 1 月 11 日，中美、中英不平等条约的废除与平等新约的签订成为反法西斯阵营和中国对外关系史上的大事，也使重庆载入中国外交史册。

有文献记载，太平洋战争爆发后，国民政府主动采取了一系列措施

• 国民政府外交部旧址

废除不平等条约。1942 年 4 月 23 日蒋介石通过宋美龄在《纽约时报》发表《如是我观》一文，提出废除外国在华的不平等条约，由此开始了中国的废约谈判。经过漫长的谈判，1943 年 1 月 11 日，《中美关于取消美国在华治外法权及处理有关问题条约和换文》，由两国代表在华盛顿签字；同日，《中英关于取消英国在华治外法权及其有关条约与换文》由两国代表在重庆签字，它们分别被简称为"中美平等新约"和"中英平等新约"。新约强调，中美、中英是平等的主权国家，缔约双方重视两国人民间的友好关系，并愿共同致力促进人类平等关系的发展。

新约的签署让举国上下无比振奋，1943 年 2 月 5~7 日，重庆还专门为此放假 3 天以示庆祝。

当时的重庆热闹无比，家家户户都悬旗结彩。蒋介石、何应钦、于佑任等国民党党政要员及社会知名人士相继发表广播演讲，盛赞平等新约的意义及影响。庆祝期间举办了包括音乐、戏剧、电影、演讲、座谈会等各种活动。群众一边看着庆祝新约的烟火，一边高唱新约歌："五十年革命流血、五年半作战牺牲，挣断了枷锁……"当时，在夫子池广场还举行了庆祝大会，上万人的游行队伍走到两路口后才解散。

2013 年，国民政府外交部旧址由国务院公布为第七批全国重点文物保护单位。

国民政府行政院旧址

国民政府行政院旧址位于重庆市渝中区上清寺街道曾家岩社区中山四路 36 号。建筑坐北朝南，仿巴洛克式，砖木结构，共有房屋 19 间。该建筑 19 世纪末由德国人修建，初为法国天主教教堂，后作为教会学校——明诚中学的办公室兼医务室。抗战期间，国民政府内迁重庆后，借用此地作为国民政府行政院的办公楼。

国民政府行政院成立于 1928 年 10 月。当时，国民政府通过《中华民国国民政府组织法》，按孙中山"三权分立"的构想，设立行政、立法、监察、司法、考试五院。行政院居五院之首，为国家最高行政机构。1932 年颁布的《国民政府行政院组织法》规定，行政院下辖 10 部，分别是内政部、外交部、军政部、海军部、财政部、实业部、教育部、交通部、铁道部、司法行政部。

抗日战争全面爆发后，国民政府西迁重庆。迁抵重庆的国民政府行政院主体建筑坐落在上清寺党政机关集中的片区，所属各部则分散在其他地方。1938 年 1 月，蒋介石辞去行政院长职务，孔祥熙继任。后来蒋

● 国民政府行政院旧址

介石再次履职行政院院长，抗战胜利前夕转由宋子文代替，直至 1946 年国民政府还都南京。

抗战时期，西迁重庆的国民政府行政院为战时国家财政、实业、外交、教育、交通等事业发展之中枢指挥机关。未来协调好行政院内部以及行政院与其他机构之间的关系，当时的国民政府行政院进行了多次机构改革，在很大程度上彰显了战时行政体系的特点和现代行政机构的取向。

面对大批机关、工矿、学校及上千万难民迁徙大后方的混乱窘境，在中国富庶地区被敌占有的情况下，国民政府行政院根据 1938 年 3 月国民党临时全国代表大会提出的《抗战建国纲领》和《非常时期经济方案》的要求，在改善人民生活、发展农村经济等方面，制定了一系列切实可行的措施。短时期内，大后方人口吃饭、穿衣，学校教学等问题都得到较为成功的解决。巩固了大后方的经济基础，国家行政管理也正常有效地运作起来，这无疑为中国持久抗战奠定了基石。

1946 年 5 月 5 日，国民政府还都南京，行政院也随之迁返。

2013 年，国民政府行政院旧址由国务院公布为第七批全国重点文物保护单位。

重庆黄山抗战旧址群

抗战时期国民政府重要决策地与军事指挥中心

　　重庆黄山抗战旧址群位于重庆市南岸区南山公园路30号，现存有云岫楼、松厅、孔园、草亭、莲青楼、云峰楼、松籁阁、黄山小学、周至柔旧居、侍从室、侍卫室、望江亭、防空洞、炮台山、发电房等15处旧址，是迄今为止西南地区乃至全国对外开放的抗战遗址中保存最完好、规模最大的一处抗战遗址群，同时也是抗战旧址中最具有国际意义的"二战"旧址群。

　　重庆黄山属南山山脉的一部分，环境清幽，景色秀丽，地处南山森林地带的最东端，两面环江，地势起伏，层峦叠嶂，原为重庆白礼洋行买办黄云阶的私产。1913年，重庆富商黄德宣从南岸一带购得一片无名的荒山秃岭，修建别墅，培植花园。他去世后，长子黄云阶继承家产，修建宅邸，"黄山"之名由此而来。

　　抗日战争爆发后，国民政府迁都重庆，侵华日军飞机时时轰炸袭扰重庆。蒋介石侍从室从富商黄云阶手中购得黄山，作为国民党军政要员躲避日机轰

● 黄山小学

炸，建造官邸的重要区域。1938~1946 年，黄山成为国民政府的军事指挥中心和军政要员官邸。抗战胜利后，国民政府还都南京，黄山建筑群移交中国福利院。

1938 年 12 月 8 日，蒋介石率军事统帅部乘飞机抵达重庆，当天即进驻黄山官邸云岫楼办公。此后，在原有建筑的基础上新建了防空洞和部分用房。与此同时，国民政府的一些高级官员也开始在黄山建造别墅，作为办公与居住使用。

蒋介石在重庆期间，大多数时间都在黄山办公和居住，国民政府最高指令几乎都酝酿和产生于黄山。在这里，蒋介石指挥了长沙大捷，以及对日宣战、倡议"同盟国"成立等一系列重大战略决策和部署。蒋介石在这里多次召开重要军事会议，中国代表参加开罗会议的文稿等等重要战时文件在这里起草。其中，1939 年 8 月，蒋介石在黄山接见印度国大党主席尼赫鲁。1943 年 2 月和 10 月，中、美、英三国在黄山岫云楼先后两次举行最高级别军事会议，就三国进一步加强军事合作及收复缅甸北部联合作战问题进行会谈并达成协议。

黄山抗战遗址作为抗日战争时期军事、政治、外交的一个重要场所，是中国人民抗日战争和世界反法西斯战争一些重大历史事件的重要见证，是重庆在抗日战争时期重要历史地位、重要历史贡献的价值体现和历史文化的重要遗存和载体。

【遗址介绍】

重庆黄山抗战旧址群位于重庆市南岸区南山街道双龙村南山公园路 30 号，占地面积 280 亩，坐落在重庆市主城区南山风景名胜区内的黄山景区。

黄山抗战旧址群现存有云岫楼、松厅、孔园、草亭、莲青楼、云峰楼、松籁阁、黄山小学、周至柔旧居、侍从室、侍卫室、防空洞、望江亭、发电房、炮台山等 15 处旧址。

1938 年秋，国民政府军事委员会移迁重庆，黄山遂为蒋介石在重庆的办公和寓居之地，成为当时中国时政要务的决策地之一。中国战区成立后，黄山更成为同盟国在远东的指挥中心。

2013 年，重庆黄山抗战旧址群由国务院公布为第七批全国重点文物保护单位。

南泉抗战旧址群

抗战时期国民政府内政外交的重要见证

南泉抗战旧址群位于重庆市巴南区南泉镇虎啸村、白鹤村，包括林森别墅（听泉楼）、孔祥熙官邸（孔园）、校长官邸（小泉总统官邸）、"二陈"官邸（竹林别墅）和中央政治学校研究部（彭氏民居）等 5 处遗址。

林森别墅位于重庆市巴南区南泉森林公园内。林森早年追随中山先生参加革命，是中山先生的忠实追随者，他历任临时参议院议长、非常国会副议长、国民党中央执行委员，1932 年起担任国民政府主席。抗战初期，国民政府为保存国脉，坚持抗战，采取"以空间换取时间"主动收缩战略，毅然决定迁都重庆。1937 年 11 月 26 日，林森主席率国民政府直属机构先期抵达重庆。蒋介石特令孔祥熙在南泉为林森修建别墅，林森亲自勘察，建成后取名"听泉楼"。听泉楼是林森在渝期间的主要寓所之一，也是林森主持国民政府抗战最主要活动的见证。

1943 年 8 月 1 日，林森因公殉职。中共中央致唁电说："林公领导抗战，功在国家。"《新华日报》发表社论《为元首逝世致哀》，举行公祭。1979 年中共中央对林森进行新的评价："著名的老一辈民主革命家……为中国人民做了许多好事，中国共产党是不会忘记的，人民要纪念他。"

孔祥熙官邸（孔园）旧址坐落在南泉森林公园内建禹山坡，背靠建文峰，面临花溪河，与林森别墅隔壑相望。孔祥熙，早年追随中山先生参加反清革命活动，历任代理财政部长、工商部长、实业部长、行政院副院长等要职。1938 年 1 月 1 日，孔祥熙升为行政院长、兼任财政部长和中央银行总裁。直接促成了国民政府战时行政体制的建立。从此掌握中国财政金融大权长达 11 年之久，成为抗战时期国民政府行政和经济事务的最高长官，在宏观政策层面上为中国战时经济建设付出了积极努力，促进了战时经济发展。推动中国经济发展和财政金融制度现代化，为国民政府建立国家资本主义经济体制和赢得抗战胜利提供了财力支持和物质保障，但也在很大程度上压制了私人资本主义经济的发展。其赤字财政政策造成了日益严重的通货膨胀，使得大后方的社会经济趋于凋敝。

校长官邸和"二陈"竹林别墅官邸均位于花溪河畔。1938年秋，中央政治学校从湖南芷江西迁重庆，收用地主阮春泉建于小泉的阮庄建新校舍。1939年1月，新校区建成，校本部全部迁入。作为该校代教育长的陈果夫，因常住该校，将原学校高级官员办公的"春风楼"改作私家官邸。后陈立夫任代教育长时，也以该楼作为私家官邸。蒋介石作为该校校长，时常到校检阅及参加活动，为方便其休息和居住，1940年，陈果夫代为修建了校长官邸。

中央政治学校全称是中国国民党中央政治学校，它的前身是1927年创建的中央党务学校，学制一年。1929年秋更名为中央政治学校，改学制为四年，招收高中毕业生入学，进行正规大学教育。该校原址南京，1937年秋迁庐山，次年春转迁芷江，同年秋再迁重庆南泉镇并建筑新校。1939年1月，新校舍落成，全校迁入。1946年春迁回南京，合并"中央干部学校"后，改称"国立政治大学"。它是培养国民党党政系统官员的主要渠道。蒋介石亲任校长达20年，他通过陈立夫、陈果夫和张道藩等亲信长期控制该校，并通过成立"毕业生指导部"将毕业生组织成党政系统的"黄埔系"。校长官邸和"二

● 蒋介石官邸

● "二陈"官邸

陈"官邸是国民党高层领导人又一个活动场所，也是国民党培养骨干分子所在地。

　　中央政治学校研究部旧址于南泉镇白鹤村，又名彭氏民居位。1938年，中央政治学校内迁重庆，在小泉新筑校舍期间，中政校的会计院、地政院暂借彭氏民居复课。1939年1月，小泉校舍落成，校本部全部迁入，研究部则迁驻彭氏民居，一直使用到1946年，研究部随校迁回南京。1946年，在中共中央南方局的领导下，董必武、张友渔曾在这里创办"西南学院"。

　　中央政治学校研究部于1935年2月成立，招收该校及其他普通高校毕业生做研究员，通过考核可获硕士或博士学位。它的主要目标是培养学术人才、探讨建国方案，以备国民党中央制定政策参考。研究部在白鹤林办学期间，取得了调查报告11种、各种实际国际问题改进方案14种、研究丛书13种、战时丛书8种、新政治丛书9种等成果。为抗战时期国民政府制定内政外交政策，提供了不可或缺的资政成果。

　　南泉抗战旧址群是重庆重要的近现代代表性建筑，见证了当时国内国际发生的一些重大事件，是研究抗战时期国民政府内政和外交的重要实物资料。

● 彭氏民居过厅及正房

【遗址介绍】

听泉楼位于南泉镇虎啸村，建于 1937 年，坐西朝东，面对虎啸口，右靠建文峰，砖木结构，单檐歇山式屋顶，素面小青瓦，砖木结构，一楼一底，建筑面积 994 平方米，占地面积 509 平方米，大小厅室 15 间，建有地下室。

孔祥熙官邸始建于 1939 年，主体建筑为一楼一底中西结合式的砖木结构，大小厅室多达 22 间，左侧建有三间地下室，占地面积 1190 平方米，建筑面积 1032 平方米；附属建筑还有内务楼、警卫楼、食堂、八角亭、防空洞、岗亭、孔二小姐住宅（建筑已经毁坏，仅有基础遗址）。

校长官邸旧址位于巴南区南泉镇小泉宾馆内。该址坐南向北，左邻花溪河畔，右接该校校园，砖混木结构，单檐歇山式顶，小青瓦屋面，为中西合璧式建筑。建筑有大小厅室 12 间，通高 7.4 米，占地面积 298 平方米，建筑面积 272 平方米。

竹林别墅始建于 1938 年，坐南向北、砖混木结构，单檐歇山式和攒尖式混合屋顶，小青瓦屋面，有大小厅室 14 间。

中央政治学校研究部旧址始建于 1822 年，为当地彭氏家族私宅。清末民初，彭氏家族衰落，该址改建存古学堂。该建筑坐东向西，由前、中、后 3 个厅 10 个回廊式四合院组成正方形的大宅院，有大小厅室 77 间，主体建筑为单檐硬山式穿斗木结构建筑，屋面均施以小青瓦，四周用高 5~7 米的砖石围墙或风火墙维护。

2013 年，南泉抗战旧址群由国务院公布为第七批全国重点文物保护单位。

林 园

国民征途重要的抗战神经中枢之一

　　林园，即国民政府主席官邸旧址，位于重庆市沙坪坝区山洞街道林园甲 1 号，包括有 1 号楼蒋介石住宅、2 号楼美龄楼、3 号楼马歇尔公馆、4 号楼林森公馆以及小礼堂、林森墓 6 处抗战遗址遗迹。林园是抗战时期中国政府最为重要的神经中枢之一，是中国近现代史上国共重庆谈判、内战调停、全面内战、重庆解放等重大事件的发生地和见证。

　　1937 年日本侵略者制造卢沟桥事变，全面发动侵华战争。林森作为国民政府主席，号召"全民奋起、全力抵抗"。1938 年 3 月，林森赴武汉主持国民党临时全国代表大会，通过了《抗战救国纲领》。7 月，召开国民参政会致词，手书"抗战必胜"来激励全国军民。12 月，汪精卫叛逃投敌，林森以国民党中央监察常委身份力主开除汪精卫党籍，并明令通缉。1941 年 12 月 9 日，林森以国家元首名义，向德、意、日三国宣战。此后致力于废除美、英等不平等条约。

　　1943 年 8 月 1 日，林森因车祸在重庆逝世，终年 75 岁。国民政府为他举

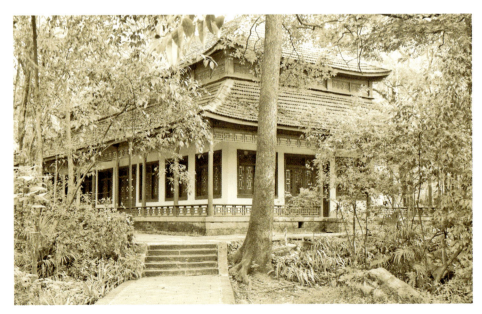

● 林园小礼堂

行隆重国葬，将其墓建于林园内。同年 8 月 15 日下午 2 时，延安各界数千人在边区大礼堂举行了隆重的公祭国民政府主席林森大会。到会的有陕甘宁边区政府主席、第三届国民参政员林伯渠、吴玉章、高岗、晋西北行署主任续范亭、国民政府军事会员联络参谋徐佛观、郭仲容，以及边区各机关、学校、部队、团体的代表。

9 月 7 日上午，公祭林森的典礼分别在重庆的山洞双河桥、市内的新运服务所以及夫子池忠义堂举行。典礼开始后，每隔 30 秒即鸣放礼炮一发，直至 101 响。官方及民间人士络绎不绝地前往吊唁。同时，在重庆以及全国各地都设置灵堂进行了吊唁活动。

中共中央致唁电说："林公领导抗战，功在国家，慈闻溘世，痛悼同深。"《新华日报》发表社论《为元首逝世致哀》，称："林主席逝世，这是抗战中全国人民最哀痛的事情，是国父逝世后我国最大的损失。林主席承继国父的遗志，毕生尽瘁于中华民族的解放事业。十二年来，更亲自领导了抗战建国的伟大而艰苦的事业，不仅全国敬仰，友邦也莫不钦佩。"

【 遗址介绍 】

位于歌乐山上的林园旧址，原为一片农田，住有几十户农家。这里地势平坦，交通方便。蒋介石率国民政府军事委员会大本营抵达重庆之前，国民政府军事委员会侍从室主任张治中在此处为蒋介石修建了一座园林官邸。在官邸落成之日，前往祝贺的林森对官邸赞不绝口。1938 年 12 月，蒋介石将这座官邸送给国民政府主席林森，此后，这里便成了抗战时期林森在重庆最为重要的住处，被人们称作"林园"。1943 年 8 月林森逝世后，继任国民政府主席的蒋介石将林园收回扩建，兴建大楼 3 幢，加上原有的林森官邸，分别编为 1、2、3、4 号楼，其中 4 号楼在林森逝世后作为林森纪念堂。1944 年，蒋介石携宋美龄迁入林园居住，林园遂成为蒋介石夫妇在抗战后期的主要居住地。

1945 年 8 月，重庆谈判期间，毛泽东、周恩来、王若飞、董必武、叶剑英等中共代表在林园参加蒋介石的招待宴会，并住宿林园，由此揭开了重庆谈判的序幕。1945 年 12 月 22 日，美国陆、海、空军参谋长联席会议主席、五星上将马歇尔将军作为总统特使来华调停中国内战，下榻林园 3 号楼并在此办公住宿 5 个月。

2013 年，林园由国务院公布为第七批全国重点文物保护单位。

国民政府军事委员会政治部第三厅暨文化工作委员会旧址

国统区抗战宣传中枢

国民政府军事委员会政治部第三厅暨文化工作委员会旧址位于重庆市渝中区、沙坪坝区，包括郭沫若旧居、全家院子旧址两处地点。

国民政府军事委员会政治部第三厅是1938年4月1日在武汉成立的，由共产党领导下的进步人士组成。郭沫若任厅长，阳翰笙任主任秘书。三厅下设第五、六、七处，分别由救国会成员胡愈之、共产党员田汉、哲学家范寿康任处长。3个处分管动员工作、艺术宣传、对敌宣传等业务。其中第六处下设三科：第一科科长洪深，主管戏剧音乐；第二科科长郑用之，主管电影；

● 国民政府军事委员会政治部第三厅旧址

第三科科长徐悲鸿，主管绘画木刻。

在郭沫若的具体组织指导下，三厅团结了思想界、文艺界、学术界著名人士，在武汉展开了轰轰烈烈的宣传工作，"扩大宣传周"和"七七周年纪念"两项意义深远的大型抗日宣传活动积极开展起来。

1938年武汉失守后，军事委员会政治部第三厅迁往重庆办公。

1940年9月，国民政府撤销第三厅，改设文化工作委员会。同年12月7日，文化工作委员会正式成立。主任委员由郭沫若担任，副主任委员由阳翰笙、谢仁钊担任，茅盾、沈志远、田汉、洪深等10人为专任委员。老舍、陶行知、邓初民、王昆仑等10人为兼任委员。文工会下设国际问题研究组、文艺研究组，敌情研究组，分两处办公。城区办公地即原第三厅旧地，主任秘书为罗髯渔；乡间办公地在全家院子，主任秘书为何成湘。文工会包容了比第三厅更广泛的各界代表人物，涉及哲学、社会学、历史学、文学、电影艺术、美术、音乐、教育、经济学、自然科学等领域。文工会在重庆开展了形式多样的、对内对外的文化活动，对抗战文化作出了重大贡献。

1945年，根据王若飞建议，由郭沫若起草一份《文化界对时局宣言》。《宣言》要求民主，反对独裁，并以一种秘密方式发起了签名运动。2月22日，《宣言》在《新华日报》《新蜀报》发表，各领域代表人士共372人为其签名，引起舆论界的极大震动。蒋介石对此十分恼怒，决意解散文化工作委员会。4月1日，文化工作委员会宣布解散。

抗战时期，国民政府军事委员会政治部第三厅暨文化工作委员会作为在国统区内由共产党起主导作用的政府机构，成为了以共产党为核心，动员各民主党派、人民团体和民主人士参加的抗日民族统一战线的营垒；在抗日民族统一战线的统率下，带领大量的文艺界、知识界等社会贤达，，为抗战做了大量宣传工作，起到抗战文化战斗堡垒的作用，为维护抗日民族统一战线、坚持抗战作出了卓越贡献。

● 郭沫若旧居大门

【遗址介绍】

    国民政府军事委员会政治部第三厅暨文化工作委员会旧址位于重庆市渝中区、沙坪坝区，包括郭沫若旧居、全家院子旧址两处地点。

    郭沫若旧居位于重庆市渝中区七星岗街道领事巷社区天官府8号，是一幢三层楼的中西式砖木结构建筑。旧址原是重庆市第一任市长潘文华的内弟构建的私宅，1938年起作为国民政府军事委员会政治部第三厅办公地。担任第三厅厅长的郭沫若，于1938年12月抵渝，在此办公兼居住。这里曾是抗战时期各民主党派人士交换意见的地方，他们常常出入郭宅，发表意见，探讨问题，周恩来、董必武等皆是此地的常客。

    全家院子旧址位于重庆市沙坪坝区西永镇香蕉园村，是抗战时期国民政府军事委员会政治部第三厅暨文化工作委员会的乡间办公地。郭沫若时任厅长，办公、居住于此，在此主持了第三厅和文化工作委员会的工作。抗战时期，郭沫若在重庆领导文化界人士进行抗日宣传工作，全家院子也因此成为战时重庆文艺界人士活动的主要场所，也是郭沫若众多作品的诞生地。该院属清代晚期巴渝民居建筑，为木结构穿斗式梁架，小青瓦屋面，斜山式屋顶，占地面积10190平方米，建筑面积1566平方米。

    2013年，国民政府军事委员会政治部第三厅暨文化工作委员会旧址由国务院公布为第七批全国重点文物保护单位。

特园

中国共产党与各民主党派共商国事的场所

　　特园位于重庆市渝中区上清寺街道上清寺路社区嘉陵桥东村 37~49 号，中国民主政团同盟暨三民主义同志联合会旧址，著名爱国民主人士鲜英的私人别墅。

　　鲜英（1885~1968 年），字特生，四川西充县人。1908 年入四川陆军速成学堂，1913 年保送保定陆军军官学校第四期学习。1921 年任川军总司令部行营参谋长兼重庆铜元局局长。其夫人金竹生女士以废弃煤渣打成煤砖卖售，积得资本建房出租，积年发展，修建鲜宅，以"特生"命名，后慢慢发展为特园。鲜宅主体达观楼，为金夫人亲自设计。

　　抗战时期，民盟领导人张澜与梁漱溟曾在此长住。其所属的康庄 2 号楼

• 特园 2 号楼

是冯玉祥在城内的办事处。抗战初期，荷兰大使馆、意大利使馆、苏联军事代表团、盟军军事代表团都曾借住康庄。1938年底，周恩来抵渝。特园用作中共与各界人士共商国事的场所。1945年8~10月，毛泽东到重庆与蒋介石国民党进行和平谈判期间，曾经三顾特园，一莅康庄。1945年10月1日，民盟第一届全国代表大会在特园召开；28日，三民主义同志联合会第一次全体会议在特园召开。

特园是抗战胜利前后中共和各民主党派活动的重要场所之一，是中共南方局在重庆贯彻党的抗日民族统一战线政策的历史见证，也是民盟和民革前身的一部分——三民主义同志联合会的诞生地。

国共在重庆谈判期间，毛泽东三顾特园，与张澜、鲜英等民主人士共商国是。他深情感慨地说道："我也回到家了。这里是'民主之家'，以后我们还要建立民主之国！"他用浓重的湖南口音朗读张澜为"民主之家"撰写的楹联："谁似这川北老人风流，善工书，善将兵，善收藏图籍，放眼达观楼，更赢得江山如画；哪管他法西斯蒂压迫，有职教，有文协，有政治党团，抵掌天下事，常集此民主之家。"周恩来、董必武、王若飞等50多位中共人士都曾是特园的嘉宾；张澜、黄炎培、沈钧儒等100余位社会知名人士都曾以

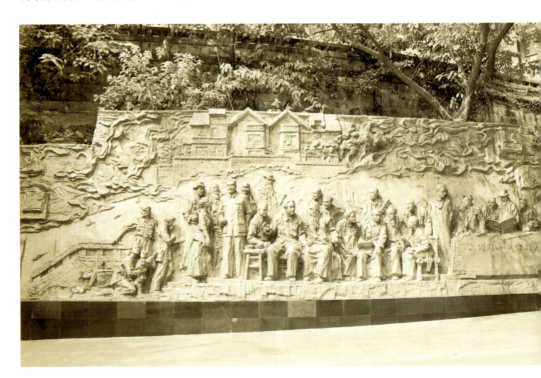

● 特园浮雕

特园为民主运动的大本营，不少人寄宿于特园。冯玉祥、孙科、于右任、柳亚子、潘文华、刘文辉等国民党方面的要员、地方实力派也是特园的座上客。

　　由于中共南方局借重特园广泛开展活动，广大进步人士为坚持抗战、争取民主，纷纷团结在中共领导的抗日民族统一战线的旗帜下，使特园形成盟友如云的热烈场面。其客人少则数十，多则上百，有时全天开流水席，就餐的人随到随吃。由于鲜英待人接物优厚多礼、豪爽好客，毛主席誉称他为"孟尝君"。故特园经常出现"座上客常满，樽中酒不空"的盛况，从而誉满山城，成为党领导下的民主运动的重要活动场所。特园既是盟员同志之家，也是民主人士之家，被董必武同志誉称为"民主之家"。

【遗址介绍】

　　特园占地 2010 平方米，建筑面积 1485.48 平方米，由两栋三层中西合璧别墅组成，每栋 742.74 平方米，每栋两个单元、两个楼梯间。平面布局一致，面阔四间，18.56 米；进深两间，14.94 米。为中西合璧的别墅，砖木结构、蓝灰色外墙、小青瓦屋面，第二层有露台、罗马柱。

　　特园是抗战时期中国共产党与各民主党派以及各界民主人士团结合作、共商国事和 1945 年国共和平谈判的历史见证，是中国民主同盟和三民主义同志联合会的诞生地，具有较高的历史价值。

　　2013 年，特园由国务院公布为第七批全国重点文物保护单位。

国民参政会旧址
国共第二次合作和抗日民族统一战线的重要见证

国民参政会旧址位于重庆渝中区解放碑街道民生路社区中华路174号，始建于20世纪二三十年代，是一幢别致的中西式砖木建筑。

国民参政会1938年7月在武汉成立，同年11月迁驻重庆，1946年随国民政府还都南京，1948年3月结束，历时10年。其间共召开四届13次会议。除第一次大会在武汉和最后一次大会在南京召开外，其余11次大会均在重庆召开。国民参政会是抗日战争时期国民政府设立的最高咨询机关，是一个具有广泛政治影响的议会机构。设有审查法案，设军事及国防、外交及国际、内政、财政经济、文化教育5个普通议员委员会和审查特种事项议案的特种委员会。附属机构有川康建设委员会、经济建设促进委员会。汪兆铭、蒋介石先后任该会议长，邵力子任秘书长。共产党代表毛泽东、林祖涵、吴玉章、董必武、陈绍愚、秦邦宪、邓颖超被聘为国民参政员。

1937年7月抗日战争爆发后，为动员和团结全国人民进行全面抗战，中国共产党和其他党派及无党派爱国人士，面对着民族危机的加深，强烈要求执政的国民党政府建立民意机关，实行民主抗日。在此历史背景下，国民党当局在组织对日作战的同时，也开始进行政治改革，于1937年8月成立"国防最高会议参议会"，聘请共产党、青年党、救国会、乡建派领袖和教育、外交、军事、经济各界杰出代表以及国民党部分元老为参议员，以此作为国民党中央最高决策机关——国防最高会议重大决策的咨询机关。这是后来国民参政会成立的基础。

1938年3月1日，中国共产党向即将召开的中国国民党临时全国代表大会正式提出"建立民意"机关的主张。在中国共产党和各抗日党派、团体的强烈要求下，国民党临时全国代表大会于3月31日通过了《组织非常时期国民参政会以统一国民意志、增加抗战力量案》，决定设立国民参政会。1938年4月7日，国民党五届四中全会制定并通过了《国民参政会组织条例》15条，并初步确定了各省市的参政员名额。4月12日，国民政府正式颁布这一条例，并宣布立即实施。条例阐明了设立国民参政会的动机和目的——"集思广益，团结全国力量"；规定了国民参政会参政员的数量、产生办法和任期；列举了国民参政会的主要职责义务、开会期限及闭会期间会务的处置办法等。同年6月16日，国民党中央常务会议第81次会议，正式决定了200名参政员名单。7月1日，国民政府又发布命令，公布《国民参政会议事规程》《国民参政会秘书处组织规程》，并成立国民参政会秘书处。

1938年7月6日，第一届第一次国民参政会在武汉召开。到会参政员抱着极大的政治热情，对国民政府各部门的口头或书面报告进行讨论和询问，共提出各种有利于抗战、有利于团结的建议案125件。中共参政员陈绍禹、秦邦宪、林祖涵、吴玉章、董必武、邓颖超出席了会议。在会上，由陈绍禹领衔提出了《拥护国民政府实施抗战建国纲领案》，号召全国军民积极帮助政府，为全部实现《抗战建国纲领》而努力奋斗。同时，希望国民政府尽快根据该纲领制定具体详明的实施办法。全体参政员起立鼓掌通过了这一提案。国民参政会的设立，是国民党在民主政治方面的一个重大进步，第一次为各主要抗日力量共同参与中国政治提供了一个稳定的场所。同时，国民参政会

● 国民政府参政会旧址

成为中国共产党实施抗日民族统一战线方针政策、巩固国共团结的重要阵地。

1938 年 11 月，国民参政会迁往重庆，随后召开一届二次国民参政会。中共参政员陈绍禹、秦邦宪、林祖涵、吴玉章、董必武、邓颖超赶往重庆出席会议并提出《拥护蒋委员长和国民政府，加紧民族团结，坚持持久战，争取最后胜利案》。大会排除汪派分子的干扰，通过了《拥护蒋委员长决议案》。

一届二次参政会闭幕不久，身为国民参政会议长的汪精卫公开叛国投敌。随后的一届三、四、五次会议分别通过了《拥护政府抗战国策决议案》《声讨汪逆兆铭电》《声讨汪逆兆铭南京伪组织电》，表示了参政会"一致斥伐，以昭大义"的严正立场。

1944 年 9 月 5 日，三届三次国民参政会在重庆召开，大会请政府和中共代表向参政会报告国共谈判情况。9 月 15 日，中共代表、参政员林伯渠和国民党代表、军委会政治部长张治中分别向大会报告了 4 个月来国共谈判的经过和各自的主张。中共关于成立联合政府的主张得到中间党派和无党派知名人士的一致拥护，国统区出现了民主运动的新高潮。抗战胜利后，国民参政会成为国共两党围绕国家政治前途进行政治博弈的重要舞台。

【遗址介绍】

国民参政会旧址坐西向东，二楼一底，宽 18.9 米、进深 19.3 米、高 15.3 米，共有房间 21 间，建筑面积 1459.08 平方米，建筑占地面积 364.77 平方米。该建筑是一幢别致的中西式砖木建筑，内部装饰典雅别致，有独立院墙与外界环境隔离，主体建筑基本保存完好，是重庆近代建筑从开埠时期的殖民风格向现代中国建筑过渡的典型代表作之一。1934 年 11 月，重庆和丰商业股份有限公司经理王成章从赖郁安、赖树勋、赖执中手中购买此房产，门牌号为油市街 4 号；国民政府迁都重庆后，王成章将此房产租与国民参政会；1939 年重庆市将原分段名杨柳街、三教堂、桂花街、油市街四条街合并改名为中华路，国民参政会门牌号变更为中华路 174 号。

国民参政会是特殊历史阶段的产物，它是国共合作和抗日民族统一战线的重要见证，也是中国民主政治进程中的一次重要的实践。

2013 年，国民参政会旧址由国务院公布为第七批全国重点文物保护单位。

育才学校旧址
一所民主抗日的学校

　　九一八事变后，在侵略者铁蹄的蹂躏下，我国大片国土沦陷，万千家庭流离失所，无数儿童成了无家可归的难童。因此，难童教育成了当时我国战时教育一项重要而又紧迫的任务。

　　抗战时期的难童教育是一种新的事业。当时诸多难童保育机构，秉持"儿童公育论"，从单纯的"消极救济"认识中走出来，推行"教养合一"。全国战时儿童保育会进而将难童教育目标具体化为养成善良德性和国家民族意识、授予基本知识和训练生活技能、培养健全体格等。

　　1938年8月，人民教育家陶行知先生在中共中央南方局支持下，在合川县草街子古圣寺创办了育才学校。他决心从教育入手，培养抗战报国人才。

● 育才学校旧址（古圣寺山门）

育才学校由陶行知亲任校长，下设自然、社会、文学、绘画、音乐、戏剧、舞蹈等7组，每个组都聘请了当时著名的专家学者任教。如历史学家翦伯赞、音乐家贺绿汀、任光，戏剧家章泯，版画家陈烟桥，诗人艾青、力扬，作家姚雪垠、何其芳，化学家孙锡洪，舞蹈家戴爱莲等，田汉、李公朴、阳翰笙、沙汀等知名人士也到该校讲演或作专题讲座。学校学生主要来自全国16个省市的革命烈士遗孤和因日寇入侵而流离失所的孤儿难童。教育从中国革命实际出发，大胆实施生活教育、民主教学。在育才学校最困难的时候，周恩来、邓颖超两次亲临古圣寺，看望育才学校师生并题词。周恩来的题词是"一代胜一代"，邓颖超的题词是"未来是属于孩子们的"。同时，周恩来、邓颖超还从南方局办公经费中，节省400块银元捐给育才学校，支持学校渡过难关。

为支持陶行知先生办好育才学校，中共南方局和地方党组织分别在育才学校建立了两个平行党支部。一个以专家学者为对象，直属中共南方局领导；另一个以青年教师学生为对象，属地方党组织领导。育才学校党组织曾多次组织师生，一方面到重庆、合川举行抗日音乐演出或画展；另一方面，在学校周围农村开办了27个识字班，向农民宣传抗日救亡道理、教唱抗日救亡歌曲。当时，很多学生参与编印《突击》《反攻》《挺进报》。在重庆组织的反饥饿、反迫害、反美抗暴大游行，都有育才学生的身影；"较场口事件"中，因为保护郭沫若、沈均儒，先后有上百人次被捕。

抗战时期，古圣寺被称作"小延安"，源源不断地培养出大批德才兼备的热血青年。他们有的奔赴了烽火连天的抗日战场；有的冲破重重封锁，去到革命圣地延安。育才学校在草街古圣寺办学7年，由开办之初的71名学生，发展到后来最多时达600多名学生，有300多名师生参加了中共地下党组织，有43人参加了解放前夕的华蓥山武装起义，其中有21名师生成为革命烈士。

随着办学规模的不断扩大，草街古圣寺成为育才学校的本部，其自然组后来迁往北碚北温泉，绘画组迁往重庆管家巷，戏剧、舞蹈、音乐等组迁往重庆红岩村。陶行知先生去世后，育才学校一部分留在重庆谢家湾，一部分迁往上海宝山区。而今，在旧址旁新建的育才小学是一所留守儿童寄宿制学校，孩子们的校歌，依然是当年陶行知先生留下的《手脑相长歌》。

● 育才学校旧址（院内）

【 遗址介绍 】

育才学校旧址位于重庆市合川区草鞋镇古圣村凤凰山古圣寺内。旧址所在地古圣寺，始建于明隆庆年间，占地面面积 4390 平方米，建筑面积 2419 平方米。寺内现存建筑为清代重建，建筑呈四合院布局。中轴线上依次为山门、牛王殿、大雄殿、观音殿和善堂等，东西为配殿、厢杂房数十间。

牛王殿为悬山顶抬梁、穿斗式木结构建筑。面阔七间 28.2 米，进深四间 12.4 米，建筑面积 350 平方米。当年，育才学校在该殿设有教室两间，左右梢间、尽间为学校音乐、舞蹈室和医务室旧址。

大雄殿为歇山顶抬梁式木结构建筑。面阔七间 24 米，进深四间 10 米，建筑面积 240 平方米。该殿左梢问为当时育才学校校务主任方与严同志的寝室。

观音殿明间和次间原为育才学校小礼堂，左右梢间为教师办公室和自然组。左侧杂房为育才学校食堂。

左右厢杂房为当时育才学校的社会组、戏剧组、图书馆、教师宿舍和男女生宿舍。

2006 年，育才学校旧址由国务院公布为第六批全国重点文物保护单位。

重庆抗战金融机构旧址群
大后方抗战的经济血脉

1937 年 11 月上海失守后，南京国民政府陆续西迁重庆。中国的经济金融中心也随政府西迁，开始了从上海向重庆的转移，这以"四行总处"（中央银行、中国银行、交通银行、中国农民银行的联合办事处）为标志。1938 年初，"四行总处"由汉口迁重庆，后又陆续增设分支，初步完成金融网络建设，截至 1943 年底止，仅重庆一地，支行处达到 39 家。

之后，中央信托局和邮政储金汇业局也迁来重庆。除了国民政府中央机构来渝，南北各大金融巨头纷至沓来。如号称"北四行"的金城、盐业、中南和大陆银行，号称"南四行"的上海商业储蓄、浙江兴业以及新华信托银行等来渝开业。内迁商业银行也如过江之鲫，1943 年 7 月重庆市各银行注册一览表的统计结果显示，向政府注册的银行共计 70 家，其中迁渝的商业银行和省地方银行 33 家，占当时在渝注册银行的 47.14%。

作为金融业的孪生姐妹，重庆保险业也得到发展。战前的保险业务，大都集中在外商之手，如太古、怡和等洋行。随着战事激烈，内迁厂矿企业增加，为了分散风险，减少损失，工商业、运输业在业务增加的同时，保险意识增强，投保增加，重庆遂成为中国保险业的中心地。据 1943 年的统计，国人经营的保险公司已有 21 家，到 1944 年保险企业翻番，达到 53 家。战时在渝信托业也有扩大，银行附设的信托部增加多达 38 家。

战时重庆金融中心的形成，还体现在本地金融机构票号、钱庄、银行的空前发展，据统计，抗战前政府银行在渝机构 8 家，战后的 1943 年底达 59 家；商业银行战前 18 家而 1943 年底达 75 家；钱庄银号战前 14 家而到了 1943 年底有 34 家。这些金融机构大多云集于渝中半岛下半城狭长的几条街区里，陕西路、打铜街、道门口和朝天门一带成了战时重庆几条名副其实的金融街。

战前重庆虽然是四川最大的工业区，但其工厂数在全国占比十分弱小，1932~1937 年的工厂统计数据显示，全国工厂总数 3935 家，但四川工厂仅有

115家，其中92家在重庆或附近，占全国比0.46%。

然而，八年抗战中，内迁和重庆本地工厂数量及其经济比重发生了翻天覆地的变化。至1945年底，登记工厂累计数达1694家。就大后方而言，重庆工业占据了明显的优势，从当时西南四省看，在3314家工厂中，重庆工厂数量占比51.1%，资本占比45.6%。重庆战时经济的飞速发展，成了促进重庆金融中心形成的源动力。

金融是国民经济的血脉，战时重庆金融中心的建立，起到了吸引资金内移、凝聚抗战力量的巨大作用。抗战爆发后，国民政府大力提倡和奖励到西南投资，顺应了抗战需要和形势发展，得到金融界的一致拥护。据当时估计，仅上海银行界及其顾客往重庆和内地的投资总数就不下15亿元。而重庆金融中心的形成，促成了重庆为中心辐射整个大后方金融网的建立和发展，形成分工明确，功能齐备，覆盖整个大后方的体系。这些银行提供的巨额资金促进了百业的发展，为坚持抗战并取得最终胜利提供了巨大的支撑。

• 美丰银行旧址

【遗址介绍】

重庆抗战金融机构旧址群位于重庆市渝中区朝天门街道、望龙门街道，包括中央银行旧址，中国银行旧址，交通银行旧址，美丰银行旧址，川康平民商业银行旧址，聚兴诚银行旧址6处。

中央银行旧址位于朝天门街道打铜街社区门口9号。1938年，中央银行总行随国民政府迁至重庆。中央银行总行初来重庆时，因中央银行在道门口9号的银行大楼还未完工，暂借美丰银行五楼办公，1940年元旦，中央银行总行业务局在新址开业，正式对外营业，重庆分行所有业务并入业务局。1946年4月1日，中央银行迁回上海，重庆分行于当日复业。中央银行是抗战时期国民政府最重要的金融机构之一。

中国银行旧址位于朝天门街道陕西路社区新华路41号，1936年建成。1939年10月，中国银行内迁重庆时，即在分行行址办公。1945年10月

● 聚兴诚银行旧址建筑一角

迁回上海。

交通银行旧址位于朝天门街道李子坝社区打铜街 14 号。1938 年 1 月 10 日，交通银行重庆分行在此开业。交通银行总管理处在抗战开始后，分别迁到香港和重庆，1941 年香港沦陷后，以重庆为中心。抗战结束后，交通银行迁回上海，原重庆办公楼由交通银行重庆分行使用。

美丰银行旧址位于朝天门街道朝千路社区新华路 74 号。美丰银行大楼由杨廷宝先生设计，由馥记营造厂来渝施工，于 1934 年开工，1935 年 8 月正式落成。四川美丰银行于 1922 年 4 月 2 日在重庆正式开业，最初为中美合资银行，后转变为中方独资。抗战期间，内迁重庆的中央银行、中国农民银行在新的办公楼建成之前，都曾在此租住办公。

川康平民商业银行旧址位于朝天门街道李子坝社区打铜街 16 号。大楼于 1934 年建成，室内外地形有高差，金库建在地下室。川康平民商业银行成立于 1937 年 9 月，抗战期间，故宫三路转移文物中数量最大的一批辗转迁移至重庆，一部分文物选择存放于此。1947 年该行总管理处由重庆迁往上海。

聚兴诚银行旧址位于望龙门街道二府衙社区解放东路 112 号，为中西结合砖木结构三楼一底建筑。聚兴诚银行成立于 1915 年 3 月 16 日，是重庆市第一家私营商业银行。

抗战时期，全国的金融机构汇集重庆，重庆成为国统区经济、金融中心。极盛时期在渝中区的小什字、陕西街这一片弹丸之地，就集中了 150 多家金融机构，成为当时的"中国华尔街"。这些金融机构，为稳定金融及大后方经济局势，起到积极作用。抗战金融遗址群位于当年银行聚集的小什字地区，正是这段历史的真实见证。

2013 年，重庆抗战金融机构旧址群由国务院公布为第七批全国重点文物保护单位。

重庆抗战兵器工业旧址群
国民政府抗战武器制造基地

　　重庆抗战兵器工业旧址群主要包括兵工署第一工厂抗战生产洞、兵工署第十工厂抗战生产洞、兵工署第二十四工厂生产车间、兵工署第二十五工厂抗战生产洞、兵工署第五十工厂抗战生产洞、钢铁厂迁建委员会抗战生产车间、航空委员会第二飞机制造厂生产车间。

　　1937 年抗日战争爆发，日军大举入侵中国，国民政府宣布移驻重庆。为适应抗战局势的变化，国民政府军政部将所属兵工厂、军事院校、研究所大量向云、贵、川等地转移，战时首都重庆担负起兵器制造中心的历史重任。1938 年，国民政府兵工署迁到重庆，对军工生产进行调整改组，形成了新的兵工生产体系，重庆成为重要的兵工基地。当年，重庆兵工基地集中了中国的主要兵工厂和主要钢铁厂、全部兵器科研机构和唯一的兵工专门学校，拥有当时中国最先进的机器设备，掌握当时中国最先进的制造技术，生产当时

● 兵工署第五十兵工厂旧址

中国能生产的各种兵器。

据兵工署外勤司 1948 年 7 月 31 日统计，抗日战争期间列入统计范围的 15 类兵器中，迫击炮，重机枪，枪榴筒和掷榴筒，枪榴弹、掷榴弹和手榴弹 4 类自给有余，轻机枪、步枪、迫击炮弹、枪弹 4 类自给 63%~99%，其余 7 类是没有持续生产或没有生产。这些兵器几乎都是重庆兵工基地生产的，生产量不足或没有生产的兵器来自战前储备、抗战初期购买和封锁缝隙中运进。被日军严密封锁的"战争孤岛"中的中国兵器工业，经过重庆兵工基地全体人员的艰苦努力和大后方人民的大力支持，所产兵器能够基本满足了正面战场的需要。

【遗址介绍】

兵工署第五十兵工厂抗战生产洞旧址位于重庆市江北区郭家沱，地处长江铜锣峡口。该厂于 1933 年在广东清远县滨江建厂，1935 年 12 月 1 日定名为广东第二兵器制造厂，1936 年改名为广东第二兵工厂。1937 年，为了躲避日军的轰炸，在厂长江杓的带领下跨越数千里，辎重 2000 吨，内迁至重庆市，1938 年 5 月 1 日更名为军政部兵工署第五十兵工厂。1938 年 2 月 18 日~1943 年 8 月 23 日，日本对重庆进行了长达 5 年半的战略轰炸，为避日机，五十兵工厂的许多机器都藏入山洞，生产车间设在人工开凿的隧道中。山洞车间 1939 年开始修建，1943 年完工，主要生产炮的核心部件、迫击炮、战防炮、野炮。1939~1945 年，五十兵工厂每年生产各种炮和炮弹 541 门和 37937 发，为抗日战争作出了重要贡献。第五十兵工厂山洞车间占地面积大约 5000 平方米，原有 22 个洞口，由于山体滑坡，有 3 个洞口被掩埋，但内部保存完整。洞内隧道互通，地面上约两尺高的排水渠纵横交错，井然有序，洞壁为抗爆、防炸的钢筋水泥墙体。

钢铁厂迁建委员会旧址位于重庆市大渡口区重庆钢铁（集团）有限责任公司内，其前身是 1890 年 9 月湖广总督张之洞创办的汉阳铁厂。1938 年 3 月 1 日，奉蒋介石手令，国民政府军政部兵工署和经济资源委员会合办钢铁厂迁建委员会，负责将汉阳及武汉附近的钢铁厂机器设备迁川建厂，"为后方钢铁事业树一基础"。迁建委员会主要有汉阳钢铁厂、大冶铁厂、六河沟铁厂、上海炼钢厂，钢迁会的主要任务是拆卸汉阳钢铁厂的炼铁炉、炼钢炉、轧钢设备、动力机器与六河沟铁厂炼铁炉，

● 日本赔付的空压机

以便迁渝建厂。

　　3 月 26 日，钢迁会派员到重庆，对长江及綦江两岸进行调查，寻找厂址，钢迁会选厂址的原则是：为运输方便及建厂迅速，须在长江沿岸；为必要时借用重庆市之电力，离城市不宜太远；厂区至少需要 1000 亩地，离水位不宜过高。最终选定重庆大渡口为新址，征地 3331 亩，开始建设。除了大渡口厂区，钢迁会在重庆南川、贵州桐梓一带开采煤矿，在綦江开采铁矿。1938 年 4 月，设立直辖之南桐煤矿、綦江铁矿两处筹备处，1941 年 3 月在綦江蒲河镇建设大建分厂。

　　1938 年 6 月钢迁会开始将汉阳铁厂、大冶铁矿、上海炼钢厂等的主要设备拆迁重庆，经过武汉、宜昌、三斗坪、庙河、巴东、巫山、奉节、万县、涪陵、九龙坡，最后到达目的地大渡口新厂。各厂设备器材共计 56189 吨，其中属于钢迁会及綦江铁矿、南桐煤矿的 37252 吨。在迁移过程中，仅在湖北境内，就遭日机轰炸 9 次，员工死亡 23 人、伤 50 余人，沿途因战争损失和空袭炸毁的设备有 2745 吨。7 月，迁建委员会临时办公处晴川院建成，大渡口区和綦江铁矿，南桐煤矿同时着手建设施工。1940 年 3 月，第一制造所发电机开始发电，第二制造所 20 吨炼铁炉投产。

　　抗战期间，钢迁会多次遭到日机轰炸，如 1940 年 9 月 14 日，日机 18 架轰炸钢迁会，投弹约 100 枚，炸死炸伤员工 100 余人，炸毁房屋 100 余间。这一时期，为躲避日军轰炸，迁建委员会在大渡口厂区修建防空洞 18 座，用于安放重要设备，无法移动的厂房设备，则想办法进行伪装，有的在厂房顶上伪装一座"宝塔"，有许多烟囱被伪装成"参天大树"。

钢铁厂迁建委员会战时拥有 100 吨炼铁炉 1 座、2 吨炼铁炉 2 座、100 吨马丁炼钢炉 2 座、3 吨和 1 吨半电炉各 1 座，并有钢板、钢轨等轧钢设备和动力、矿山设备等。1942 年产生铁 12994 吨、钢 1 万吨，成为大后方最大的钢铁联合企业，是战时各兵工厂的钢铁原料供应基地。

钢铁厂迁建委员会旧址现存两处厂房：一是抗战时期的锻造车间厂房，现存厂房为砖混结构，长 80.81 米、宽 12.36 米，始建于 1938 年，隶属于钢铁厂迁建委员会第七制造所；二是大型轧钢跨厂房一栋，现存厂房为砖混结构，长 134 米、宽 18 米，厂房一侧的墙壁、部分屋顶为历史遗留，隶属于钢铁厂迁建委员会第四制造所，原为钢轨钢板厂，主要设备来自汉阳铁厂，1940 年开工建设，1941 年底完成。有洋务运动时期张之洞从国外购置的生产设备。

兵工署第十工厂旧址位于江北区大石坝街道忠恕沱社区 1 村 61 号，其前身是 1936 年在湖南株洲成立的炮兵技术研究处，该厂以炮兵技术研究处为名，主要是避免对外公开，其实该处筹备之初就是按照国内兵器制造规模最大之现代化工厂建设的。1938 年 6 月 1 日，该厂奉令迁往重庆，在重庆另行筹备建厂。8 月 18 日，该厂迁渝工作大体完成，全部人员均陆续赴渝。该厂以制造 20 毫米及 37 毫米步兵炮弹为主。1939 年 4 月，渝厂主要厂房大部分建筑完工，即刻安装机器，但由于主要设备滞留途中，到达甚少，无法正式开工，为尽量利用机力人力，代其他各兵工厂制造零件及压制 TNT 炸药包。1940 年 6 月，该厂滞留各地机料 2000 余吨均提取运渝，该厂全面开工。1941 年 1 月 1 日，炮技处奉令结束，就其迁建重庆之渝厂改组为第十兵工厂，对外名称为忠恕林场。第十兵工厂防

• 兵工署第二十五兵工厂抗战生产洞内部

空洞于 1939 年开始修建。1941 年 6 月，为避免空袭，将弹头所及工具机器陆续迁入山洞安装，在洞内工作。抗战期间，兵工署第十工厂生产大量械弹，为抗战作出重要贡献。该厂现存山洞车间一个，洞口上方有兵工署第十工厂水泥厂徽一枚。

兵工署第二十四兵工厂抗战生产车间旧址位于沙坪坝区石井坡至双碑地区，厂址面积约 4 平方公里。该厂前身是四川省地方政府举办，后由国民政府中央接办的小型钢厂。1919 年四川省督军熊克武拟兴建一个钢厂，派任鸿隽等去美国调查，寻找厂家代为设计，拟定重庆铜元局英厂及附近隙地作为厂址。1921 年夏，各项设备运抵重庆，但因时局混乱而停滞。1934 年，再次筹备建厂工作，重新选定磁器口上游詹家溪、双堰塘地区为厂址。1935 年 8 月，钢厂初期建设工程全面开工，钢厂筹委会办公厅大门左侧墙壁上设置建厂纪念碑，碑文第一句话是"重庆炼钢厂为西南一切工业之母"。由于经费短缺，1936 年 9 月报请国民政府中央接办，1937 年 1 月 1 日，军政部兵工署成立重庆炼钢厂筹备处，在詹家溪征购土地 10 万平方米，以后多次征购土地，到 1942 年，厂区面积共计 180 万平方米。1939 年 1 月定名为军政部"兵工署第二十四工厂"。1940~1941 年，钢厂先后 8 次遭到日机轰炸，为减少空袭造成的损失，保护重要设备，1941 年，在 600 毫米中型轧机厂房上增加钢筋混凝土保险楼，1942 年 4 月，又将"甫澄炉"迁至保险楼生产，另一方面开凿山洞厂房。1940 年 2 月，开始在磁器口文昌宫山脚开凿岩洞，成立第二发电所，1940 年夏，在钢厂以西的歌乐山山腰江家湾开凿山洞，1944 年完成。该厂是西南地区最早建设的钢铁企业，1937 年 1 月 8 日投产，炼出了西南地区第一批电炉钢。抗战时期，该厂主要生产飞机炸弹、手榴弹、掷弹筒及轻武器，为坚持抗战作出过巨大贡献。该厂是重庆乃至西南地区建设时间较早的钢铁企业，厂区内保存有抗战时期为防空修建的保险楼厂房一处，抗战时期隧道一处，厂区内还保存有日本作为战败国赔付给中国的空气压缩机等各类大型机器。

兵工署第二十五兵工厂抗战生产洞旧址位于重庆市沙坪坝区双碑嘉陵江畔。该厂创始于 1875 年清政府上海江南制造总局龙华分局，是中国近代最早的兵工企业之一。抗日战争爆发后，1938 年 4 月，该厂奉令将机器设备迁渝。抗战时期，该厂主要生产各类子弹与炮弹，为抗日前线提供了大量弹药补给，为抗战胜利作出杰出贡献。第二十五兵工厂有一段长约 400 米、高 50 米的山脊，分布着 10 多个山洞，另挂榜山脚也有 40 余个山洞，是当年建的山洞厂房，用于防空和躲避子弹。抗战时期，二十五兵工厂多次遭到日机轰炸，为保障生产，该厂将重要生产设备移入山洞厂房继续生产，1942年10月，迁往山洞的机器安全完毕，山洞生产的效益很快凸显，12月已具备月生产600万发枪弹的能力。1943、1944年连续两年枪弹产量超过5000万发。抗战期间，二十五兵工厂生产的近3亿发子弹和其他的抗战物资一起，汇集到朝天门，输往抗日前线。现厂内仍然保存有晚清至民国时期的各类子弹制造机器20台。

兵工署第一工厂旧址位于九龙坡区谢家湾鹅公岩，是当年的"汉阳兵工厂"搬迁到重庆后的一个生产基地，当时为21兵工厂1分厂。汉阳兵工厂的前身是"湖北枪炮厂"，由晚清"洋务运动"代表人物张之洞创办，民国初年改名为"汉阳兵工厂"。1938年6月，该厂先迁湖南辰溪，1939年9月再度内迁重庆谢家湾。由于途中机器设备损失较多，至重庆

• 兵工署第一工厂鹤皋村段抗战生产洞内部

后与由河南内迁的巩县兵工厂合并，正式成立"军政部兵工署第一兵工厂"，于 1941 年始恢复生产。当时主要生产马克沁重机枪、捷克式轻机枪、82 毫米迫击炮和汉阳造步枪。1942 年 7 月，改生产中正式步枪及其他陆军轻武器。至 1945 年抗战胜利前夕，该厂有机器 1703 台，员工兵伕 5071 人，每月可出步枪 0.54 万枝、七五炮弹 0.4 万枝。其厂房开凿于岩壁上，紧邻长江沿岸。现存的抗战生产洞数量超过 100 个，多数洞体保存较好。抗战期间，该厂生产的各类武器，源源不断地运往抗战战场，为抗战的胜利发挥了重要作用。

航空委员会第二飞机制造厂旧址位于重庆市万盛区丛林镇海孔坝，当地称作海孔洞，其前身是位于南昌市东郊老营房的中国和意大利合建的"中意飞机制造厂"，1937 年因日机轰炸停止生产。同年底，国民政府决定将几个中外合办的飞机制造厂和其他军事航空工厂整顿重建，将该厂迁到便于隐蔽、防空的丛林沟海孔洞，更名为"国民政府航空委员会第二飞机制造厂"。1938 年 1 月，第二飞机制造厂开始修建，建设工程由兴业建筑事务所留美建筑师李惠伯设计，馥记营造厂派了较多技术骨干参加施工。为了更快提供抗日战争的急需，全厂数百名职工和民工日夜奋战，至年底，工厂的基建初具规模——从川湘公路 49 公里处修一条简易公路 7.6 公里到海孔洞；在海孔洞侧小洞安装了柴油发电机解决厂动力照明用电；在洞内建了一栋 3 层楼的车间大楼，洞口修建了一栋 3 层楼的工务楼；洞内两边是厂房，有多个生产、装配车间，中间通道可停放装配 20 多架战斗机；在远离厂区的地方修建了十分完善的生活设

● 钢铁厂迁建委员会重要设备——8000 马力蒸汽机

施。洞内建筑有较好的防潮、防火设施，洞外用松枝铺盖，进行防空伪装。该厂有正式职工约 1200 人，民工约 200 人。在厂内驻有 1 个营的部队，在后沟炮台山建有防空、战壕等工事。日军知道南川丛林有飞机厂后，先后 5 次派飞机来轰炸，皆因工厂隐蔽防护较好没有炸到。1939 年 10 月 13 日，日军出动飞机 18 架轰炸飞机厂，因未找到厂址，在南川县城投弹 142 枚，造成死 168 人、伤 142 人，房屋、商店等财产损失 158 万多元。

抗战时期，第二飞机制造厂设计制造了若干架"中运"一、二、三型运输机，还设计制造了 20 多架"忠 28 甲式"教练机、50 架"狄克生"初级滑翔机、3 架仿伊驱逐机，在中国航空史、航空工业史以及抗战史上都有重要意义。

抗日战争期间的中国工业内迁，使重庆成为中国集中的门类齐全的重要综合性工业区。重庆抗战兵器工业旧址群反映了这个时期中国抗日战争及军事工业发展的历程，具有重要的历史价值。

2013 年，重庆抗战兵器工业旧址群由国务院公布为第七批全国重点文物保护单位。

同盟国中国战区统帅部参谋长官邸旧址

抗战时期中外军事交流的重要场所

同盟国中国战区统帅部参谋长官邸旧址，亦称史迪威将军旧居，位于渝中区李子坝嘉陵新路 63 号，是抗战时期担任中国战区参谋长的史迪威将军的办公和居住地。

1937 年七七事变爆发到 1941 年 12 月初美国对日宣战太平洋战争发生，中国人民已单独支撑抗击日本法西斯的战争达 4 年之久。事实表明，中国战场在对日陆军作战中，起着决定性的作用。中国战场的重要以及世界反法西斯总体战略的确立，使得美英诸国在加强对欧洲德意法西斯打击的同时，也认识到有统一远东对日本军国主义攻击力量的必要，国际反法西斯统一战线逐渐形成。

1941 年 12 月 31 日，在美国总统罗斯福的倡议下，蒋介石于 1942 年 1 月 5 日正式在重庆宣布就任同盟国中国战区最高统帅。

同盟国中国战区最高统帅部成立后，同盟各国为商议远东战场对日作战事宜，先后派遣美国军事代表勃兰德将军、安诺德将军、马格鲁德将军、索姆威尔将军，英国军事代表魏菲尔将军、邓尼斯将军、蒙巴顿将军，苏联军

● 史迪威旧居

事总顾问崔可夫将军，法国驻重庆代表贝志高将军等访问或驻节重庆，共商同盟各国特别是远东地区的军事合作事宜。美、英两国政府还专门派出军事代表团长驻重庆，帮助中国政府和人民抗击日本法西斯的侵略。

约瑟夫·史迪威是第二次世界大战期间美国著名四星上将，1942年1月被受美国总统罗斯福之命，来华担任同盟国中国战区最高统帅蒋介石的参谋长和中缅印战区美军总司令等职。1942年3月，史迪威来到重庆，被安排住在嘉陵江边李子坝的一幢西式别墅里，直至1944年10月，因与蒋介石发生矛盾被美国政府调离。在此期间，许多中外军政要人，如东南亚盟军总司令蒙巴顿勋爵、美国陆军后勤部部长索姆威尔将军等，为商谈有关军机要事也曾留驻于此。史迪威将军旧居成为第二次世界大战时期中外军事交流的重要场所。

史迪在华期间积极协助中国政府和中国人民抗击日本帝国主义的侵略，并在训练中国驻印军队、收复缅甸、打通中印公路等方面做出了卓越贡献。他还坚持国共两党共同抗日的政策，主张平行援助国共军队，并力争派出美军观察组赴延安，与中国共产党进行联系与正式接触，"曾对中国之抗战事业与中美两国人民真正友谊的建立，有过很大的功绩"，被誉为"中国人民的真正朋友"。

● 史迪威旧居大门门房

【遗址介绍】

　　同盟国中国战区统帅部参谋长官邸（史迪威将军旧居）占地面积5000余平方米，建筑面积1017平方米，砖混结构，2楼1底，平屋顶，为典型的近代建筑，兼有国际式建筑风格和浓郁的山地建筑特色。该建筑由近代中国大建筑商陶桂林主掌的陶馥记营造厂设计建造，最早为宋子文宅邸，因其长期住在国外，遂成为国民政府接待贵宾特别是外国贵宾的重要处所。

　　旧居依山就势而建，共有大小不等的房屋10余间，包括史迪威将军的卧室、办公室、会议厅、餐厅、客厅及其副官、翻译、警卫住房。旧居平层临江一面设计有一条宽阔的走廊，为观景、纳凉之所，此外还有隐蔽的地下室一层，十分坚固，墙体为钢筋混凝土结构，厚达半米，具有良好的掩蔽、抗震和防炸功能。史迪威将军旧居由名家设计、名建筑商建造，适应战时要求，旧居建筑不事张扬，外观平实；但总体建筑质量高，设计合理，功能性强，保存完好，乃抗战时期重庆作为世界反法西斯战争远东地区指挥中枢及中国大国地位确立的有力见证。

　　2013年，同盟国中国战区统帅部参谋长官邸由国务院公布为第七批全国重点文物保护单位。

同盟国驻渝外交机构旧址群
抗战时期国民政府外交阵地

　　同盟国驻渝外交机构旧址群是抗战时期各反法西斯同盟国家在重庆设立的驻华使领馆旧址。

　　早在国民政府 1937 年 11 月 20 日正式发布迁都重庆办公宣言之前，一些国家的驻华大使馆即相继派出参赞、代办及秘书等赴重庆寻觅馆址。1938 年 1 月 19 日，苏联新任驻华大使奥莱斯基等由汉口乘机飞抵重庆，并于 1 月 23 日向国民政府主席林森呈递国书并设立使馆，此乃抗战时期第一个抵达重庆并呈递国书的外国驻华大使。其后，美国、英国、法国、波兰、巴西、土耳其、秘鲁、比利时、澳大利亚、挪威、加拿大、荷兰、丹麦、伊朗、印度、墨西哥、瑞典、西班牙等 30 多个国家的驻华大使、公使等相继抵达重庆，在重庆设立了大使馆或公使馆。

　　1943 年 10 月底，据重庆国民政府公布的统计数字，当时常驻重庆的外

● 南山 36 号苏联大使馆旧址

● 英国大使馆旧址

国人有 1129 人，大多为外交使节、记者、文化科技工作者及军事顾问。其中抗战中后期在重庆的外国记者，主要任务是搜集中国的新闻向本国报道。他们报道中国民众的苦难，如南京惨案、1944 年湘桂大撤退的惨状，以及中国民主势力的希望。这些消息在宣传抗战、揭露敌人、向全世界报道战况、争取世界舆论同情等方面起到了积极作用，有力地帮助了中国人民的抗战事业。

据史料记载，抗战时期不少国外驻华机构来到重庆后，进一步开埠通商，间接地刺激了当时重庆尤其是长江南岸一带的经济、文化发展。仅从当时的建筑来看，表现就非常明显，这个时期重庆建筑的"摩登"程度号称西南第一。

长江南岸的南山和城区隔江相望，地势隐蔽险要，防空条件较好。因此，苏、英、法等国的使领馆、兵营、洋行、俱乐部、别墅以及外籍职员住所、国民政府的一些重要机构等都建于此处，形成了以南山为中心，分散于弹子石、龙门浩一带的格局，同时，它们与蒋介石等国民党军政要员的官邸相呼应，使得南岸这一片区在抗战时期繁盛一时。

由于政治与外交活动频繁，作为战时首都的重庆在国际上的地位显著提升。重庆成为世界各国了解中国及中国战况的窗口，成为世界反法西斯名城。

【遗址介绍】

同盟国驻渝外交机构旧址群位于重庆市南岸区南山街道、龙门浩街道、弹子石街道,渝中区两路口街道、解放碑街道、南纪门街道,包括南山 36 号苏联大使馆旧址、美国大使馆海军武官处旧址、美军招待所旧址、英国大使馆旧址、法国大使馆旧址、法国水师兵营旧址、印度专员公署旧址、苏联大使馆旧址、苏联大使馆武官处旧址、美国大使馆旧址、中英联络处旧址、法国领事馆旧址、澳大利亚公使馆旧址、土耳其公使馆旧址等 14 处。

南山 36 号苏联大使馆旧址位于南岸区南山街道石牛村南山植物园山茶园内。灰色砖瓦仿哥特式建筑,砖木结构,使用多利克柱,呈二楼一底,一楼处于地表面,底楼为地下室,建筑面积 380 平方米。始建于民国时期,曾为留法军火商朱星门的私宅。1938 年国民政府迁都重庆后,蒋介石侍从将其买下供外宾使用。1941 年起苏联大使潘友新在此居住较久。

美国大使馆海军武官处旧址位于南岸区龙门浩街道枣子湾社区建设岗重庆社会主义学院内。建筑为一栋典型的欧式建筑,砖木结构,一楼一底带地下室。占地 200 平方米,建筑面积 380 平方米。1940~1946 年,美国大使馆海军武官处由市中区迁设于此。

美军招待所旧址位于南岸区南岸区南山街道双龙村南山公园路 11号。建筑为三面围廊式建筑,每面均有 6 个柱子,柱子下施有覆盆式柱础,屋顶为小青瓦、歇山式屋面,砖墙,条石基座。整栋建筑修建于由条石垒砌的堡坎上。始建于 1898 年,瑞典人安达森修建。20 世纪 30 年代为国民政府 21 军独立旅袁筱如旅长府宅。抗战时期又将此辟为美军招待所。

● 中英联络处旧址

• 苏联大使馆旧址（枇杷山正街 104 号）

英国大使馆旧址位于南岸区南山街道新力村黄桷垭文峰段 9 号，地处南岸区与巴南区交界的一小山坡上，周围为一片森林。建筑始建于 1940 年，为一栋中西式平房，坐西向东，土木结构，砖柱，长 25 米、宽 12 米、通高 4.8 米，5 间呈一字形排列，面积约 300 平方米。抗战时期，该址曾一度为德国大使馆馆址，1941 年 7 月英国大使馆迁设于此，使用至 1946 年。

法国大使馆旧址位于南岸区南山街道石牛村南山植物园山茶园内。建筑坐北朝南，为一楼一底中西回廊式楼房，砖石结构，平面呈丁字形排列，底楼 9 间，一楼 2 间，高 10 米，占地 150 平方米。民国时期留法医生汪代玺所建。抗战时期用作法国驻华大使馆别墅。

法国水师兵营旧址位于南岸区弹子石街道王家沱社区谦泰巷 142 号，坐东向西，围合式建筑，极具欧洲中世纪风格，大门为牌楼重檐式仿古建筑，进大门右边为平房，其余三面均为两楼一底西式建筑，主楼为回廊式结构，后楼为外走廊结构。占地 1140 平方米，总建筑面积 1617 平方米。建于 1903 年，是当时供法国军舰士兵和军官居住的营房、储存食物的仓库、修理车间和物资补给站。1940 年，因日机轰炸，位于市区的法国大使馆曾一度迁至此办公。

印度专员公署旧址位于南岸区南山街道石牛村南山植物园山茶园内。中西合璧式建筑，主楼为一楼一底，砖木结构，建于条石垒砌的堡坝上。墙为青砖砌成，房屋正面及左侧为围廊，廊柱为圆柱，栏杆柱为花瓶形状。门窗为白色，窗为双层，外层为百叶窗。附楼为一栋单层平房。建筑始

● 法国水师兵营旧址

建于民国时期，1943 年，印度专员公署署址由市区炮台街 22 号迁设于此，使用至 1946 年 6 月。

苏联大使馆旧址位于渝中区两路口街道枇杷山正街社区枇杷山正街 104 号，是 1936 年原川军师长曾子唯斥巨资修建的。建筑坐北朝南，仿巴洛克式砖石、木结构，四楼一底，面阔 27.5 米、进深 21.7 米、高 25.9 米，有房屋 56 间。总建筑面积 2438 平方米，占地 488.8 平方米。1938 年 1 月~1946 年 5 月，苏联大使馆由南京迁渝，租此洋房，辟为使馆办公楼。

苏联大使馆武官处旧址位于渝中区解放碑街道沧白路社区沧白路 69 号。建筑坐北朝南，三楼一底，砖木结构，面阔 13.5 米、进深 17.4 米、高 13 米。建筑面积 939 平方米，占地面积 346.5 平方米。始建于民国时期，为留法学生沈芷仁修建使用，别名沈芷仁公馆。1938 年苏联大使馆迁渝，将使馆武官处设此。

美国大使馆旧址位于渝中区两路口街道王家坡社区健康路街 1 号。建筑坐西向东，仿巴洛克式砖木结构，面阔 32.5 米、进深 12.73 米、通高 10.73 米，有房屋 28 间。建筑面积 822.72 平方米，占地面积 453.7 平方米。始建于 1942 年。建成后至 1946 年 5 月，为美国大使馆馆址之一。

中英联络处旧址位于渝中区解放碑街道临江门社区五四路街原公安局内。建筑坐北朝南，二楼一底，西式砖木结构建筑，面阔 24.45 米、进深 16 米。占地面积 391.18 平方米，建筑面积 1173.54 平方米。平面建筑布局呈 L 形。最早为真元堂，建于 1910 年，是教堂相关建筑。抗战期间曾遭日军空袭破坏，后经修复。1939~1946 年，中英联络处设于此。

法国领事馆旧址位于渝中区南纪门街道响水桥社区凤凰台街 35 号。建筑坐西向东，为三楼一底砖木结构欧式建筑，共有 88 个廊拱，面阔 32 米、进深 17.4 米，每层楼有 550 平方米，8 间房。建筑面积 2227.2 平方米，占地面积 556.8 平方米。建于 1898 年。抗战时期，原设于领事巷 12 号的法国总领事馆遭日机炸毁后，领事馆曾迁设于此。

澳大利亚公使馆旧址位于渝中区两路口街道鹅岭正街 176 号鹅岭公园内。建筑坐北朝南，中西式一楼一底砖木结构建筑，造型曲折，建筑主体基本保存完好。面阔 17.36 米、进深 15.6 米、高约 13 米。建筑面积 539.44 平方米，分布面积 696.93 平方米，建筑占地面积 269.72 平方米，保护范围面积 1380 平方米。建于民国后期。1942~1946 年，澳大利亚公使馆人员入住使用。

土耳其公使馆旧址位于渝中区两路口街道鹅岭正街 176 号鹅岭公园内。建筑为西式平房，砖木结构，面阔 8.7 米，进深 7.9 米，通高 7 米。建筑面积 187 平方米，占地面积 47.73 平方米。建于民国时期。1939 年 12 月 ~1946 年 6 月，土耳其公使馆与 1944 年后的大使馆租设于此。

同盟国驻渝外交机构旧址群是重庆抗战历史文化的重要载体，对于研究 20 世纪重庆近代建筑的发展历史具有重要的参考价值，具有重要历史、文化意义。

2013 年，同盟国驻渝外交机构旧址由国务院公布为第七批全国重点文物保护单位。

● 澳大利亚公使馆旧址

保卫中国同盟总部旧址
沟通国内外的桥梁与纽带

　　保卫中国同盟总部旧址，即宋庆龄旧居，位于重庆市渝中区两路口新村5号（原两路口新村3号）。

　　保卫中国同盟简称"保盟"，1938年6月由宋庆龄邀请在香港的中外民主人士发起成立，宋庆龄担任主席。"保盟"吸收了国内外各党派、各阶层人士参加，是一个极为广泛的统战组织。国际友人克拉克女士任名誉书记，诺曼-法朗士教授担任名誉司库，爱泼斯坦先生担任宣传工作。此外，廖梦醒、邹韬奋、许乃波等参加了保盟的工作。

　　"保盟"既是一个致力于争取国际援助以帮助中国抗战的救济工作的机构，也是一个有明确政治目标的政治机构。其成立宣言强调"保盟"目标有二：一是在现阶段抗日战争中鼓励全世界所有爱好和平民主的人士进一步努力以医药、救济物资供应中国；二是集中精力，密切配合，以加强此种努力

● "保盟"旧址

所获得的效果。它始终保持与全世界争取民族独立，民主自由和世界和平的斗争团结一致，实际上起了把中国的抗日民族统一战线与国际反法西斯统一战线联系起来的桥梁和纽带的作用。

1940年3月31日，宋庆龄第一次来到重庆，引起了各界人士的关注。在几十天里，她前往歌乐山第一儿童保育院探望了战争中收容的孤儿并到医院慰问伤兵，在国内外引起了极大的轰动，被看成是中国团结抗战的象征，是"用行动实现团结、统一、联合抗战的理想"。

1941年12月香港沦陷后，宋庆龄迁居重庆。1942年8月，保卫中国同盟中央委员会在重庆重新建立，总部机构和办公室设于宋庆龄在重庆的寓所——两路口新村3号。在以宋庆龄为首的"保盟"中央委员会下面设有由法朗士负责的财政委员会；由贝克登负责的运送委员会；由邹韬奋负责的宣传出版委员会；由玛丽恩·苔德莉女士负责的促进委员会等。

重庆是战时首都，在国统区开展"保盟"工作非常困难，常常遇到国民党的重重阻力。宋庆龄寓所周围常常有特务监视，机关刊物《保盟新闻通讯》也受国民党限制，加之战时国内物价飞涨，"保盟"工作更加困难。但宋庆龄毫不退缩，利用在国际上的声誉，冲破国民党的种种封锁，不断争取国际援助。在其领导下，"保盟"为抗战做了大量工作：设法和国外援华团体及友好人士重新取得联系，以争取他们的继续援助；在重庆组织举办多次义演、义卖、义赛等募捐活动，筹集资金赈济伤兵、难民、难童、和贫困作家；冲破国民党的种种封锁，组织救援物资及大批药品、医疗器械送到八路军、新四军及抗日根据地人民手中，积极介绍和输送外国医生到抗日根据地工作。更为重要的是，"保盟"通过向全世界介绍中国抗战的实况，介绍共产党领导的敌后战场和抗日根据地的情况，对一些国家的中上层决策者产生了影响，积极扩大了中国人民革命事业的国际影响。一批受宋庆龄影响并与之长期合作的国际友人，从20世纪30年代起就长期留在中国，为中国的革命事业和建设事业献出了毕生的精力。

● 宋庆龄办公室

【遗址介绍】

"保盟"在重庆坚持抗战四年，迎来了抗日战争的最后胜利。1945年11月，宋庆龄离渝返沪，"保盟"也随之迁往上海，更名为"中国福利基金会"，仍由宋庆龄主持工作。

保卫中国同盟总部旧址（宋庆龄旧居）是1936年德国留学回国的工程师杨能深所建，坐北朝南，依山而建，占地面积1200平方米，建筑面积为760平方米。中西式砖木结构建筑，具有欧式建筑风格。主楼建筑面积为500平方米，是一幢二楼一底砖木结构的德式建筑风格小楼，面阔20.4米、进深9.05米、通高15.85米，有房间26间。旧址由三部分组成，主楼为宋庆龄旧居及"保卫中国同盟"总部用房，后楼附属建筑为260平方米，为工作人员用房，房后有一个躲避日本飞机轰炸的防空洞，面积为17.16平方米。大门左侧有停车房，面积为18平方米。

1937年11月，国民政府移驻重庆。1939年该房被外交部租用，一度用作接待外国客人。1942年宋庆龄寓居于此，8月保卫中国同盟中央委员会在重庆重新建立，总部机构和办公室设于此。

2013年，保卫中国同盟总部旧址由国务院公布为第七批全国重点文物保护单位。

桂 园
国共谈判的重要见证地

1945 年 8 月 15 日，日本宣布无条件投降，中国人民经过 8 年浴血奋战，最终取得抗日战争的伟大胜利。站在十字路口的中国向何处去？当时，国内时局的特点既存在着蒋介石发动全面内战的严重危险和局部内战的既成事实，又存在着实现和平的迫切需要和可能。为独吞抗战胜利果实、争取有利舆论、赢得时间作好军事部署，国民党蒋介石连续 3 次电邀毛泽东赴重庆"和谈"，"共同商讨国家大计"。为避免内战，争取和平，8 月 28 日，毛泽东赴重庆同蒋介石进行谈判，在重庆度过了不寻常的 43 天。

毛泽东到达重庆后，蒋介石作出了以礼相待的姿态，由于国民党本来没有和谈的诚意，没作谈判的任何准备，谈判的程序、议案均由共产党方面首先提出，才使谈判筹备工作得以基本完成。

9 月 4 日开始，国共两党谈判进入实质性阶段。整个谈判过程几经周折，充满着激烈的斗争。斗争的焦点是军队和解放区问题。

在军队问题上，国民党处心积虑地要取消共产党领导的人民军队。为了争取和平，共产党在谈判中作出必要的让步，提出公平合理地整编全国军队，表示中共领导的军队可以大量消减。当时人民军队人数已超过 100 万，共产党方面提出改编为 48 个师，而当时国民党的军队为 263 个师。但国民党方面断然否定中共的提议，苛刻地要求"中共军队之组编以 12 个师为最高限度"，甚至要求共产党"交出军队"。其后共产党又进一步作出让步，同意国民党263 个师、共产党 43 个师，比例接近 1/7。国民党方面提出军队将编至 140 个师，中共方面提出可相应改编为 20 个师，双方军队比例仍为 1/7。经过共产党多次让步与力争，国民党方面才表示"可以考虑"。

在解放区问题上，谈判一开始，中共就提出"承认解放区及一切收复区的民选政府"，但国民党方面则表示"承认解放区绝对行不通"，将解放区斥之为"封建割据"。争论最激烈的军队和解放区问题一直悬而未决。

在谈判期间，中共代表团广泛地进行了争取团结各方面和平民主力量的工作，会见了大批国民党各派代表人物、民主党派负责人和社会知名人士。毛泽东在重庆的43天中，除主持谈判外，还同各界人士进行了广泛接触。他会见了国民党左派宋庆龄、冯玉祥、谭平山、柳亚子、张伯苓，民主人士张澜、沈钧儒、罗隆基、章伯钧、黄炎培，社会知名人士郭沫若、章士钊、马寅初，以及国民党军政要员孙科、于右任、陈诚、白崇禧等。还会见了苏、美、英、法等国的驻华使节，反复说明中国共产党的基本主张。周恩来也多次举行有各民主党派和国际人士参加的座谈会，与各界代表交流对谈判的意见。这些活动，使中国共产党的立场得到各民主党派和各界民主人士的普遍同情和支持。这是促进这次国共谈判取得某些积极成果的一个重要因素。

经过43天的艰苦谈判，1945年10月10日，国共双方代表签订《政府与中共代表会谈纪要》，即《双十协定》，并公开发表。国民党政府接受中共提出的和平建国的基本方针。双方协议"必须共同努力，以和平、民主、团结、统一为基础"，"长期合作，坚决避免内战，建设独立、自由和富强的新中国"。双方还确定召开各党派代表及无党派人士参加的政治协商会议，共商和平建国大计。这是重庆谈判最重要的两项成果。此外，谈判还达成迅速结束国民党的"训政"、实现政治民主化、党派平等合法、释放政治犯等协议。

● 桂园

重庆谈判的举行和《双十协定》的签订，表明国民党方面承认了中共的地位，承认了各党派的会议，使中国共产党关于和平建设新中国的政治主张被全国人民所了解，从而推动了全国和平民主运动的发展。

【遗址介绍】

桂园位于重庆市渝中区中山四路中段西侧 65 号，占地约 700 平方米，呈正方形，四周建有围墙，主楼为一栋西式砖木结构带有阁楼的建筑。门前有廊柱和廊道，青砖小瓦，建筑面积 489 平方米。一楼为客厅和餐厅，楼上为毛泽东、周恩来的办公兼休息室。门前有两株高大的桂花树，桂园因此而得名。

抗战初期，桂园是国民党政府财政部司长关吉玉的私邸，后为国民政府军委会政治部部长陈诚居住，之后又转租给张治中作官邸。

1945 年 8~10 月，国共两党重庆谈判期间，张治中主动将桂园让出，借给毛泽东办公和会客之用，楼下客厅亦为两党代表商谈场所之一。重庆谈判期间，毛泽东在桂园会见了大批的中外朋友，进行了广泛的爱国民主统一战线工作，为中国共产党赢得了民心和争取了政治十的主动。1945 年 10 月 10 日，《双十协定》在桂园客厅签字，重庆谈判落下帷幕。

2001 年，桂园由国务院公布为第五批全国重点文物保护单位。

贵州省

"二十四道拐"抗战公路
中国抗战的生命线

抗日战争中期，日军封锁了国际援华物资海空运输线，以香港为中心的华南线和以越南海防港为主干的西南线已经被截断，日军全面占领宜昌，长江运输被封锁，陪都重庆似为一座孤城。中印公路成为国际援华物资惟一的可靠路线。所有国际援华物资，必须从中印公路（从印度的利多经密支那至畹町）运到昆明，再通过滇黔公路、川黔公路运到国民政府陪都重庆。

"二十四道拐"公路，1927年开始动工修筑，1929年因滇军入黔，内战复起而停工。1931年设计确定了"二十四道拐"的修筑方案，同年9月，国民省政府任命犹国才为公路督办，盘县、普安、安南3县各组织常工队施工，安南民工身系绳子于"二十四道拐"悬崖峭壁开山凿石，因工具简陋，工程异常艰险，修筑进展十分缓慢。1936年6月，军队调防，遗留路面工程按照厚度分为甲、乙、丙、丁4种单价，令紫云、安顺、织金、镇宁、关岭、普定、郎岱、安南（今晴隆）、贞丰、兴仁、安龙、兴义、普安、盘县等14个县分段承包，各县县长亲自到段督导工作。"二十四道拐"于1936年9月完工通车。

1941年，抗日战争进入艰难时期，美国的援华物资经过滇缅公路到达昆明以后必须要经"二十四道拐"的滇黔线才能送到前线和重庆。经"二十四道拐"运送的抗战物资车辆车水马龙，车祸时有发生，交通不畅。日寇曾多次派飞机对"二十四道拐"公路进行轰炸，欲截断黔滇咽喉。

太平洋战争爆发后，美国陆军准将约瑟夫·史迪威受任美军中缅印战区总司令兼盟军中国战区总参谋长，美陆军部长史汀生要求史迪威"维持滇缅公路"的运输，并致力于"改进中国陆军的战斗效能"。1941年，美国盟军中国战区司令部陆军战时生产部安南办事处成立"公路改善工程处"，由美军和安南民工对"二十四道拐"进行整改修造，工程设计、监督、施工均由美军公路改善处派员全面负责指挥，美军1880工兵营13连随相继进驻，在当地群众的配合支持下，完成了弯道改建任务，保证了运输畅通。美国工兵一直驻守到日军无条件投降后一个多月才逐渐撤离。整修改造工程主要做了减弯改线、择址沿山道泥土疏松处砌石垒墙、加固保坎、护路固土等工作，并新建了一处砌石起拱的桥面公路，适当拓宽弯道。改造后，弯度角度增大，路面宽阔，车辆行驶如履坦途。

● "二十四道拐"抗战公路全景

1938 年 2 月至 1942 年初的 3 年多时间里，负责战时后方运输的军事委员会西南运输管理局在重庆至贵阳、贵阳至昆明间投入了 4 个大队约 800 辆卡车担负运输任务，运输抗战物资到前线。抗日战争中后期，每天平均有 3000 多辆运送抗战物资的汽车，昼夜不停的经过抗战后方战略物资集散地晴隆，超过 45 万吨物资通过滇黔公路远赴抗日战场支援抗战，为取得抗日战争的胜利做出了重要贡献。因此被称为"抗战的生命线"。

1945 年，第一批由美军驾驶的车队通过中印公路到达重庆，蒋介石在重庆发表《中印公路接通的意义》的讲话，将滇黔公路重新命名为"史迪威公路"，晴隆"二十四道拐"由此而随史迪威公路载入史册。

【遗址介绍】

"二十四道拐"抗战公路位于贵州省晴隆县莲城镇南五一村。属原黔滇公路（贵西线）的一段，始建于 1927 年，1936 年竣工。晴隆县位于云贵高原中段，苗岭山脉西部，贵州省西南面，黔西南布依族苗族自治州的东北角，正是中印公路通往云南的咽喉之地。"二十四道拐"关隘在晴隆县城连城镇南隔 1 公里处。公路从关上至关下入口处，从上至下依山势呈弯道盘旋，有 24 个弯，故得名"二十四道拐"，古时候名为老鸦关。它全长 4 公里，蜿蜒于高达 1799 米的晴隆山东南坡，从山脚至山顶直线距离约 350 米，坡的倾斜角约 60 度，弯与弯之间距离甚短，弯急路陡，极为凶险。

2006 年，"二十四道拐"抗战公路由国务院公布为第六批全国重点文物保护单位。

和平村旧址
日俘再生之地

全面抗战爆发以后，由于中日战争规模的不断扩大，中国军队俘获日俘的数量不断增加，擅自处置日俘和战利品的事件也随之发生。为解决日益突出的日俘问题，国民政府通过颁布一系列法规及政令，确立了优待俘虏政策。同时，为收容和改造日俘，国民政府先后设置了军政部第一、第二和第三俘房收容所。

第一俘房收容所是最早设立的俘房收容所，1938 年春成立于西安，主要收容在华北战场俘虏的日本及其殖民地战俘，后迁往宝鸡，一些八路军俘获的日军战俘也转送至此。第二俘房收容所于 1938 年 2 月设立于湖南常德，主要关押南方战场上俘获的日俘。后因日军不断进犯，迁往湖南辰溪排湾。10 月 25 日武汉失守后，该所又于迁到贵州省镇远县。第三俘房收容所于 1939 年 6 月设立于桂林。1940 年 7 月，日军对桂林的空袭逐渐频繁，第三收容所收与第二收容所合并，迁往贵州镇远，仍称军政部第二收容所。1944 年，日军发动豫湘桂战役，日军队逼近贵州独山，第二俘房收容所迁往重庆。

国民政府在收容所中保障日俘的基本人身权利，尽其所能的提供基本物质生活条件，并为伤病俘房提供医治。1941 年，在时任国民政府军政部副部长周恩来（部长是陈诚）和军政部第三厅厅长郭沫若等人的推动下，由日本反战作家鹿地亘、池田幸子夫妇组织收容所中觉悟了的日军战俘成立"在华日本人反战革命同盟会镇远和平村训练班"（后改为"在华日本人反战革命同盟会镇远和平村工作队"），并赴前线开展反战宣传，瓦解日军士气，为中国抗战的胜利起到了积极作用。1942 年 6 月，第三厅派中共文化工作委员会特别支部书记康天顺到镇远日俘所工作，任少校主任管理员。

在镇远期间，康天顺和管理人员坚持善待俘虏的原则，挖水井、修澡堂、建医务室，带领日俘上山挖野菜野果、下河游泳捕鱼，同时让日俘读书看报，开展多种体育活动，丰富他们的文化生活，设法改善他们的伙食，还组织日俘到街市上去感受中国历史中深厚的文化底蕴和包容性。当时，国际红十字会派员专程到这里考察，认为和平村优待俘虏，教育管理完善，俘虏的伙食比抗日前线中国士兵开得好，是人性化管理最好的收容所。在华日本人民反战重庆总盟会负责人鹿地亘多次到镇远日俘所访问，他被这里的工作深深感动，撰写《和平村——俘虏收容所访问记》一书，将这里的事实公之于众。

• 和平村旧址大门

● 和平村旧址全景

　　管理人员用真情感化日俘、用事实说服日俘、用真理教育日俘的工作取得了良好效果，绝大部分日俘思想上发生了根本变化。他们组成的在华日本人反战同盟镇远和平村工作队，队员由少到多，最后发展到 137 名，占和平村日俘总人数近 1/4，他们编辑出版日文反战刊物，宣传和平思想、揭露战争罪行。

　　这些战俘和中国人民结下了深厚的友谊。战后回到日本的反战同盟会员绝大多数宣传中日友好，成为日本各地坚持日中友好的骨干。当时的和平村工作队队长长谷川敏三一直担任日中友好事务局局长，20 世纪 80 年代，曾 3 次率原反战同盟队员甚至妻室儿女回到镇远，他们把和平村称为"再生之地""第二故乡"。

【遗址介绍】

　　和平村旧址位于贵州省镇远县舞阳镇和平街南侧，原为国民政府军政部第二俘虏收容所。旧址由券门、米库、卫兵室、哑子室、办公楼、大礼堂、水井、厨房、洗澡间、运动场、卫生所、监视塔等构成长方形二进封闭式建筑，建筑面积 2393 平方米。

　　2006 年，和平村旧址由国务院公布为第六批全国重点文物保护单位。

修文阳明洞
少帅囚禁地

1937年西安事变爆发后，张学良被蒋介石下令囚禁，囚禁地点多次秘密转移。1939年11月被转囚到距贵州修文县城1.5公里的阳明洞。

阳明洞顶的王文成公祠右配殿就是张学良被囚居的处所。陪同张的还有赵一荻（人称"赵四小姐"）女士，佣人王奶奶和一位姓杜的副官。

张学良被软禁阳明洞期间，看管工作由军统局少将特务刘乙光负责。刘率一个30人的特务队驻扎在左配殿和殿外君子亭处，日夜对张学良进行严密的监视和控制。为了防止东北军劫持张学良和意外之事发生，除特务队在阳明洞山冈上昼夜值勤外，山脚还增派宪兵第8团第7连进行警戒，并将绕阳明洞二三百米以内的地域划为禁区，通道设立岗亭，昼夜双岗值勤。禁区之内，除宪特人员外，任何人不得进入，违者严处。阳明洞外围的交通要道、城镇也由特4团第2营负责把守。此外，在黔川公路的沙子哨、扎佐、久长各驻一个排，严密控制了通往阳明洞的交通要道，形成以阳明洞为中心的弧形警

● 阳明洞建筑

戒圈。

张学良被囚期间，表面看去行动"自由"，可以下山散步、打网球，到附近溪河垂钓洗澡，到林间打鸟，逢场天还到县城街上赶场购物，实则一举一动、一言一行都受到特务监视。张学良外出散步、上街赶场或下河钓鱼，都必须由特务队长跟随。张的来往信件也必须由刘乙光检查，确认没问题后才能交发。张学良的亲友来访，时常被刘乙光以各种"理由"拒之门外，对一些国民党要员及社会名流持有"上峰"介绍信不得不允许会见者，刘乙光也要在场监视。

张学良虽被囚监，报国无门，但极为关心抗战，忧国忧民之心不减。他每天坚持看报，对照地图，了解抗战情况，当看到报载胜利消息时，高兴得手舞足蹈，笑逐颜开；当看到某地又被日军侵占时，总是愁眉不展，感慨万分。

张学良在囚禁期间，潜心研究《明史》，并作大量笔记，还把自己所读《明史》的心得寄给蒋介石，但蒋从未复信。

1942年5月，张学良因患阑尾炎被送至贵阳中央医院作切除手术，出院后幽禁于黔灵山麒麟洞。

【遗址介绍】

阳明洞位于贵州省修文县龙场镇阳明村的龙冈山上，是阳明学说的发源地和早期传播地。因明代中期著名哲学家、教育家王阳明被贬谪居此地而得名。

龙冈山上有古建筑9栋，是典型的贵州祠堂建筑，占地面积2.9万平方米，建筑面积816平方米。王阳明曾筑室阳明洞中，在洞口右下方有何陋轩，洞口左上方有君子亭。1938年11月~1941年4月，著名爱国将领张学良将军曾被囚禁于阳明洞。蒋介石也曾三次览阳明洞，并题写"知行合一"四字刻于君子亭下石壁上。

2006年，阳明洞由国务院公布为第六批全国重点文物保护单位。

湄潭浙江大学旧址
颠沛流离，辗转立身

浙江大学在抗战中多次搬迁，先后达六七次之多。1937年11月，日军迫近杭州，该校先是分三批迁浙西天目山、建德。12月，杭州沦陷，浙江大学又从建德分批入赣，刚到金华即遭遇敌机轰炸，火车停开，师生只得水陆两路并进。整个行程历时25天，行走752公里，终到达江西吉安。1938年3月，浙大南迁泰和县城郊上田村。1938年夏，日军侵占九江等地，江西全省震动，浙大被迫迁徙桂北。教育部原本要求浙江大学迁往贵州安顺，后学校决定先迁广西宜山。教工、学生将26吨计300件行李装船起运。航程艰难，货船遭空袭，遇触礁，历经劫难，到达宜山，并于1938年10月复课。1939年2月5日，日机18架轰炸浙大宜山校部，投烧夷弹、爆烈弹118枚，炸毁浙江大学宿舍、礼堂、教室多间。9月15日，学校又遭敌机轰炸一次。1939年11月南宁失陷，浙大决定迁往贵州遵义、湄潭等地。黔桂路上山峦重叠，又逢冬季，行路十分艰难。1940年2月，浙江大学在遵义开课，设文、工、理、农、

● 湄潭浙江大学旧址

师范 5 个学院，其中农学院、理学院、师范学院迁到湄潭，各院一年级也同时赴湄潭。此外，浙大还设有永兴、青岩分校。浙大师生经过三年颠沛流离，辗转五省，终于在贵州找到一个立身之地。从 1940 年入黔到 1946 年返浙，在此度过了长达 6 年多的时间。

【遗址介绍】

湄潭浙江大学旧址位于贵州省湄潭县湄江镇和永兴镇，包括湄潭办公室图书室旧址、谈家桢等教授住处、研究生院旧址、湄江吟社旧址、理学院物理系旧址、永兴分校教授住处、农学院畜牧场实验楼旧址、文艺活动旧址、学生住处共 9 处。

湄潭办公室图书室旧址（文庙）建于清同治十年至光绪四年（1871~1878 年）。建筑坐东朝西，平面呈长方形。依次为大成门、南北庑、钟鼓楼、大成殿崇圣祠，占地面积 2600 平方米。

谈家桢等教授住处（天主堂）建于清光绪年间。原有大门、左右两厅、教堂、神职人员住宅，现仅存教堂，占地面积 400 平方米。

研究生院旧址（义泉万寿宫）建于清光绪六年（1880 年）。建筑平面呈长方形，为两殿一楼两进院，由砖砌八字牌坊式大门、戏楼、两配殿、阁楼、正殿、左右厢房、后殿组成，占地面积 933 平方米。

湄江吟社旧址（西来庵）建于清光绪六年至民国年间，由山门、藏经阁、大殿、配殿、观景台等组成，建筑面积 1300 平方米。

理学院物理系旧址（双修寺）位于湄潭县湄江镇环城路，由两幢建筑组成：一幢坐西朝东，一幢坐北朝南。平面呈三角形，一楼一底五开间，占地面积 250 平方米。

永兴分校教授住处建于 1939 年。平面呈] 形，一楼一底木结构，由王宅和张宅组成，建筑面积约 4000 平方米。

农学院畜牧场实验楼旧址建于 1946 年。全木结构，一楼一底，占地面积 204 平方米。

文艺活动旧址（欧阳曙宅）建于清同治年间。石门四合院木结构。正房重檐小青瓦顶，面阔五间，左右两厢房单檐小青瓦顶，占地面积 573 平方米。

1940~1946 年，浙江大学 760 多名师生在竺可桢校长率领下迁到贵州湄潭流亡办学，谱写了一曲科学报国、科学救亡的壮歌。

2006 年，湄潭浙江大学旧址由国务院公布为第六批全国重点文物保护单位。

云南省

聂耳墓
人民音乐家长眠处

聂耳（1912年2月14日~1935年7月17日），中国人民音乐家，中华人民共和国国歌《义勇军进行曲》的作曲者。原名聂守信，字子义（亦作紫艺），云南玉溪人，出生于昆明的一个中医家庭。4岁丧父，靠母亲行医卖药清贫度日。

1927年考入云南省立第一师范学校，他刻苦学习小提琴，积极参加文艺演出，并开始阅读进步书刊。1928年加入中国共产主义青年团，此后经常参加中共领导的革命活动。1930年7月，因躲避反动当局的追捕来到上海，不久参加反帝大同盟，并积极投身中国共产党领导下的革命文艺活动。

1931年4月，聂耳考入明月歌剧社，正式开始了他的艺术生涯。1932年上海"一·二八"运动爆发后，全国人民抗日救亡风起云涌，此时，聂耳结识了共产党员、戏剧家田汉，在党组织的培养和教育下，思想觉悟不断提高。1932年赴北平参加革命音乐活动，不久回到上海发起组织中国新兴音乐研究会。1933年初，聂耳由田汉介绍加入中国共产党。从此，他不仅获得了新的政治生命，艺术才华也得到了进一步的发挥，成为中国新音乐的开路先锋和反法西斯的勇士。在此后的两年中，聂耳为歌剧、话剧和电影谱写了《新女性》《开路先锋》《大路歌》《前进歌》《毕业歌》《铁蹄下的歌女》等主题歌和插曲30余首。这些歌曲在全国广为传唱，对激发民众的抗日救亡运动起了积极作用。他所编写的《金蛇狂舞》《翠湖春晓》《山国情侣》等乐曲也深受人们喜爱。

1935年1月，上海电通影业公司拍摄抗日影片《风云儿女》，田汉为影片写了主题歌词《义勇军进行曲》，聂耳承担了为之谱曲的任务。他于3月中旬开始创作，几经修改，4月下旬将定稿交给电通公司。《义勇军进行曲》就这样诞生了。1935年5月8日，上海《申报》《时报》刊出《义勇军进行曲》词谱；9日，百代公司为《义勇军进行曲》灌制唱片；24日，上海金城大戏院首映《风云儿女》。随着唱片和电影的宣传，上海各个角落都响起了《义勇军进行曲》的歌声。这首歌旋律高昂激越、铿锵有力，歌词鼓舞人心，反

● 聂耳墓

映了在民族危亡时，中华民族万众一心、团结御侮、奋勇抗争、一往无前的爱国主义精神，激发了中国人民与日本侵略者血战到底的英勇气概。它一诞生，旋即成为中华民族解放的号角。在抗日战争的烽火中，它传遍大江南北，长城内外，鼓舞了无数中华儿女用自己的血肉筑成万众一心、团结御侮的新长城。

1949 年 9 月，中国人民政治协商会议第一届全体会议确定《义勇军进行曲》为代国歌。1982 年 12 月，中华人民共和国第五届全国人民代表大会第五次全体会议确定《义勇军进行曲》为中华人民共和国国歌。

聂耳所谱写的大量歌曲反映了人民的心声，成为鼓舞人民、教育人民、打击敌人的有力武器和战斗号角，引起了反动当局对他的仇恨而要进行逮捕。聂耳按照党组织的决定离开上海，取道日本前往苏联，却于 1935 年 7 月 17 日在日本神奈川县藤泽市鹄沼海滨游泳时不幸溺水身亡，年仅 23 岁。

【遗址介绍】

聂耳墓位于云南昆明西山公园太华寺与三清阁之间的一片缓坡上，背靠青山、前临滇池，坐北朝南。墓地呈琴形，主体为琴盘，墓穴琴颈，道上 7 个花台，呈琴品状，象征着 7 个音阶；道上的 24 级石阶，示意着他仅活了 24 岁。琴盘顶部，7 块晶莹的墨石上，分两行横书"人民音乐家聂耳墓"。墓地设计新颖，构思精巧，既富于特点，又显得庄严大方。

聂耳原葬在高峣至华亭寺之间公路西侧上方，是 1938 年，聂耳挚友张天虚携其骨灰有日本辗转回国后所葬。原墓系青石镶砌，简单朴素，有徐嘉瑞撰写的"划时代的音乐家聂耳"碑文。1954 年，人民政府进行培修时，由郭沫若重撰"人民音乐家聂耳墓"碑文。1980 年重建新墓，同年 5 月 13 日，聂耳迁葬于此。

1988 年，聂耳墓由国务院公布为第三批全国重点文物保护单位。

国立西南联合大学旧址
文脉在战火中延续

1937 年 7 月前中国共有专科以上学校 108 所，大多集中在几个大城市和东南沿海、沿江地区，其中北平 14 所、上海 25 所、河北（主要指天津）8 所、广东 7 所，占去一半，布局很不合理，容易遭到敌人攻击。为谋学校安全和保存固有设备，延续中国的文化命脉，七七事变后，华北、华中、华南的大、中学校，纷纷西迁。仅 1937~1939 年，就先后有 69 所高校内迁。

内迁的高校，有的是一步到位，直接抵达目的地，如中央大学；有的是随着日军侵略的扩大，战区继续扩张，而被迫不断搬迁，如浙江大学在抗战中迁校达六七次之多；也有办学条件不具备而不断迁移的，如江苏医政学院等。因战时多种因素，高校内迁历程中一些学校进行了整合。内迁各校虽路线、时间、地域有所不同，但大致可分迁至西南昆明、迁至四川、迁至西北地区和迁至广西、贵州等四个方向。

迁往西南昆明等地最著名的院校是西南联合大学。该校由北京大学、国立清华大学和私立南开大学联合组建。七七事变后，华北的学校被迫向西和南流亡迁徙，北京大学、国立清华大学、南开大学奉命迁于湖南，合组为国立长沙临时大学并于 1937 年 11 月 17 日开始上课，这个日子后来被定为联大校庆。上海、南京失守后，随着日寇进逼，长沙危急，长沙临时大学又奉命迁往云南，于 1938 年 4 月 26 日抵昆明，改名国立西南联合大学。1946 年抗战胜利后，西南联大宣告结束，三校北返之时，西南联大师范学院留在昆明独立办学，更名为昆明师范学院。从国立长沙临时大学于 1937 年 8 月建立到国立西南联大 1946 年 7 月 31 日停止办学，西南联大共存在了 8 年零 11 个月，保存了抗战时期的重要科研力量，培养了一大批优秀学生，为中国以至世界的发展作出了贡献，有"内树学术自由、外筑民主堡垒"之美誉。

迁往西南昆明的院校中，北京大学、清华大学、南开大学三校是内迁最远的学校。此外，这一时期迁滇的高等院校还有中山大学、同济大学、中法大学、华中大学、国立杭州艺术专科学校、中正医学院等校。

抗日战争期间，由外地先后迁入四川省的高等院校共计48所，占战前国民党统治区全部108所高等学校的44%。1937~1939年，有31所高校（少数为分校）迁川。这些学校入川主要通过3条途径：一是由汉口溯长江而上，经宜昌入夔门，过万县，再到重庆。水路入川较为近便，但船少客多，甚为艰难。第二条是从湖北过安康，入汉水，走汉中，取道川北。第三条多为"八一三"事变后从上海来的学校，他们到汉口后溯湘江而南入湖南、广西，从桂林经贵州入川。迁川学校中较为著名的有中央大学、金陵女子文理学院、金陵大学、国立药学专科学校、武昌中华大学、武汉大学、山东大学、东北大学、牙医专科学校、清华大学航空研究所、东吴大学法学院、中央工业职业学校、戏剧学校、光华大学成都分部、朝阳学院、山东医学专科学校、中央政治学校、复旦大学、蒙藏学校、北平师范大学劳作专修科、江苏省立蚕丝专科学校、武昌文华图书馆学专科学校、两江女子体育专科学校、齐鲁大学、江苏医政学院、南通学院医科、铭贤学校、南开大学经济研究所、武昌艺术专科学校、吴淞商船学校、国立音乐院、中央国术馆体育专科学校等。

1941年12月，太平洋战争爆发，随后日军侵占东南亚国家，危及我国华

• 国立西南联合大学旧原教室

● "一二·一"运动四烈士墓

南各省，迫使部分原设租界或在沦陷区勉强维持的教会大学，以及原迁云南等地的高校再次内迁。如上海交通大学、沪江大学、之江大学从上海租界迁往重庆；滞留北平的燕京大学迁到成都；迁到昆明的上海医学院、同济大学、国立艺专等校内迁四川；立信会计专科学校、上海法学院等也迁往四川。

抗战时期，迁往西北地区的著名院校有东北大学、北平大学、北平师范大学、天津北洋工学院和北平研究院。1937年9月10日，国民政府教育部令以西迁的北平大学、北平师范大学、天津北洋工学院和北平研究院等院校为基干，设立西安临时大学。1938年4月3日，改名为国立西北联合大学。同年6月，教育部决定撤销西北联合大学，并要求在原来基础上分别成立西北大学、西北师范学院、西北工学院、西北医学院、西北农学院等5个独立的、由教育部直接领导的国立院校。

抗战时期，迁往广西的院校有中央国术体育专科学校、江苏教育学院、无锡国学专科、广东教育学院等院校；迁往贵州的院校有浙江大学、大夏大学、湘雅医学院、交大唐山工程学院等。

此外，一些院校虽没有西迁，却在省内进行迁移。在广东，广东省艺专、私立广州大学等院校进入粤北和粤西山区，广东的一些高校南下避乱于香港或在香港设分校，香港沦陷后迁往广东内陆，如岭南大学和广东国民大学青山分教处等。在广东省内迁移的还有省立文理学院、勷勤商学院。在浙江，有浙江医药专科；在江西，有江西工专、江西医专；在湖北，有湖北农专；在湖南，有湖南大学；在福建，有厦门大学、福建医学院、福建协和学院、福建学院、华南女子文理学院；在河南，有河南大学、河南水利专科等院校。

在国土沦丧、敌机狂轰滥炸、中国教育机关备受摧残的情况下，广大教育工作者不辞千辛万苦，大部分大专院校迁至大后方，坚持办学，使中国的教育事业没有中断，这对于国民教育的维持，传统文化的延续，现代知识的传授，人民素质的提高，以及抗战所需的技术人才和建设人才的培养，起到了极大的作用。

【遗址介绍】

国立西南联合大学旧址位于云南省昆明市五华区一二一大街298号，云南师范大学内，占地面积7000平方米，主要包括国立西南联合大学纪念碑、国立西南联合大学抗战以来从军学生题名碑、国立西南联合大学原教室、"一二·一"运动四烈士墓，著名爱国民主人士闻一多、李公朴衣冠冢，刻有闻一多撰写的《"一二·一"运动始末记》的火炬柱以及梅贻琦题名的国立昆明师范学院纪念标等。

国立西南联合大学纪念碑立于1946年5月4日，碑为墨石，由碑首、碑身、碑座和石拱券组成。碑首半圆形，高0.55米、宽1.23米，碑通高3.5米。碑额篆书"国立西南联合大学纪念碑"，由联大中国文学系教授闻一多题写，碑文由联大文学院院长冯友兰撰写，联大中国文学系系主任罗庸书丹，被称为现代"三绝碑"。

国立西南联合大学抗战以来从军学生题名碑亦立于1946年，与纪念碑的形制相同。碑文由联大校志委员会纂列，楷书、阴刻，27行，共记载抗战八年联大投笔从戎学生834人名单。

国立西南联合大学原教室建于1939年，为土坯墙铁皮顶，东西向，面阔16米、进深5.8米。

2006年，国立西南联合大学旧址由国务院公布为第六批全国重点文物保护单位。

松山战役旧址
拉开了中国抗战大反攻的序幕

1942 年日军侵占滇西之后，松山即由日军第 56 师团被称为"战争之花"的 113 联队驻守。日寇在松山构筑的阵地主要有松山主峰子高地、滚龙坡、大垭口、长岭岗（包括大寨、黄家水井、马鹿塘）4 个能独立作战的坚固据点组成。阵地上有山炮、战车、汽车及其掩体，设有医院及慰安所，地下有电话、通讯、供水、照明等系统设施，有小型发电厂一座。粮秣弹药储备充足。

1944 年，中国远征军由宋希濂将军指挥第 11 集团军之 71 军和第 8 军经过 3 个月零 3 天战斗攻克。其中攻克"大垭口"，经过 8 次激烈战斗，付出

● 龙陵日军军政班本部

重大牺牲，第 8 军 246 团 3 营最后只剩下 18 人。

子高地有处遗址叫"马槽洼头"。

当年，中国远征军第 8 军曾在此与日军发生激战，肉搏，现遗存多处弹坑、掩体、地堡、交通壕、环形壕等。"马槽洼头"往前有一个山包叫"官坟坡"。这里曾是怒江土司钱家的坟墓，日寇在此挖掘坟墓，把它作为指挥所。过了"官坟坡"就是"核桃洼坡头"，弹坑、战壕、掩体随处可见。当年中国远征军第 6 军曾在此与日军肉搏血战，双方拼至撕咬，战死者凡 60 余对，肠肺狼藉，惨烈之极！为了胜利，远征军甚至用牺牲战去耗尽日寇的枪弹。

1944 年 9 月 7 日，当日军最后固守阵地的真锅邦人焚烧军旗后，独自发起"死亡冲锋"，被中方击毙。松山战役取得完全胜利。

在中国抗日战争史上，松山战役是以战役级投入和牺牲赢得了战略级战争目标的一场战斗。战役的胜利打破了滇西战役僵局，拉开了中国大反攻序幕；滇缅公路可以畅通无阻地运送大批部队和装备、物资及重炮兵源源通过了这个"东方直布罗陀"向龙陵战场开去，形势立即逆转。

此次战役是中国抗日战场首次获得胜利的攻坚战、中国战略反攻阶段"转折点"之战，也是中国军队首次歼灭一个日军建制联队（团）的战役、日军在亚洲战场的第一个所谓"玉碎"战。日本天皇亲授的联队军旗被毁，旗冠深埋地下，113 联队不复存在，成为日军在中国战场上首次遗留上千具遗骨迄今无法收殓的败仗（亡灵无法回归靖国神社）。此次战役也成为山地丛林攻坚战的典范，具有很高的军事学研究价值。1947 年，第 8 军司令部参谋处编撰了《第八军松山围攻战史》，为国民党重庆陆军大学教材。此役也被写入美国军校教材。

战役中，日军对于工事构筑、火网编成、侧防配置及工事伪装十分熟悉，长于逆袭及夜袭，常乘远征军攻至阵地前时利用侧防火力由两侧封锁，同时由正面出击，或在国军占领阵地立足未稳之际施行逆袭或夜袭。另外，日军情报系统良好，搜索严密，联络紧密，死守据点，其士兵的独立作战精神及牺牲性，导致国民军在本次战役中伤亡惨重。

中国远征军虽然有美军的空运物资支持，但后期才采用对壕作战有较大优势的的火焰喷射器，前期伤亡较大。而由于国家的孱弱，军队的建设水准太低，中方军队中低层指挥官及士兵的素质不及日军，远征军夜战能力不强，以致白天攻下的阵地，夜间被日军夺回。情报侦察能力不足，进攻战术呆板，基层军官和士兵的主观能动性不够，战术的变动依赖高层拿主意，并且少数指挥官不能彻底执行命令，致使战机错失，影响整个作战，也是本次战役我军伤亡巨大原因。

1945年1月，战线被节节推至境外。以国军新38师为前锋的中国驻印军在缅甸芒友与远征军会师取得了滇西缅北会战最后的胜利。

【遗址介绍】

松山战役旧址位于云南省龙陵县腊勐镇、龙山镇。现存战役旧址包括日军修筑的地堡、掩体、战壕、练兵场、简易车道、蓄水池、松山主峰日军防御工事，中国远征军炮击、轰炸松山主峰的弹坑以及为炸毁敌松山主堡挖掘的地道和3吨TNT炸药炸毁敌堡留下的落坑，攻打松山的第8军阵亡将士公墓。此外还有日军侵华活动的各种遗迹，包括驻龙陵日军司令部、龙陵日军军政班本部、龙陵董家沟日军慰安所、日伪县政府、东卡日军碉堡、老东坡日军阵地。

1944年6~9月，中国远征军为了打开中缅战场大反攻的通道，发起松山战役，向驻守滇缅公路制高点松山的数千日军发起全面进攻，这些旧址、遗迹，见证了这场空前惨烈的山地丛林攻坚战。

2006年，松山战役旧址由国务院公布为第六批全国重点文物保护单位。

抗战胜利纪念堂
中国的凯旋门

云南昆明胜利堂原址为明代黔国公沐氏之国公府。

明时云南虽设巡抚，但各地土司只服从沐氏，政令皆自沐氏出。国公府前有甬道，即今甬道街，横街为辕门口，有东西二辕门，甬道两廊各有 36 住所，以云南全省 72 大姓土司子弟值班，实为人质暂住之地。

清康熙年间，平定吴三桂之乱后，清政府在云南昆明兴建三大衙门，其中最大者为总督署。总督署以沐氏之国公府改建而成，东邻文庙街海天阁巷，西接沙朗巷，南面光华巷，北抵民生街。总督署内建有公堂、露台、花圃。嘉庆年间，总督阮元又建造石亭，其西则有演武场、碧鸡台等。清废土司子弟值班制度，而甬道、辕门仍旧。甬道街多有打制"羊皮金"（金箔）的作坊，还有"麻乡约"组织，承办全省邮政、轿夫、抬柩等。

1911 年 10 月 10 日，武昌起义爆发，革命党人在士兵中加紧活动，清朝统治者惊慌万分，总督李经羲在总督署内外修筑工事，并下令逮捕革命党人。10 月 30 日（农历九月九日），昆明革命党人首先起义。

1912 年农历重九日，云南军政府在昭忠祠祭奠重九起义烈士，蔡锷献上挽联四副，均由军政府编修赵式铭代撰。其一联云："天涯秋色又将深，对风雨满城，犹见提戈飞杀贼；地下国殇长不死，奉馨香万古，何劳服药苦求仙。"

此后，云南都督府设于五华山，总督署地改为优级师范学堂、省立师范，后再设云瑞中学。

1944 年，原建筑拆除，另建"中山纪念堂"，1946 年落成，正式命名为"抗战胜利堂"，以为纪念。抗战胜利纪念堂建筑构思巧妙，寓意深邃，是中西合璧的宫殿式建筑。正中会堂平面为战机造型，与南门外跨光华街的云瑞公园和云瑞东、西路两侧的环形建筑平面组合形成以庆功酒杯"金樽美酒花环"的造型，寓意着抗日战争时期以"驼峰航线"为代表的战略空运的辉煌业绩，并预示了战后民族的振兴与腾飞，充分显示出抗战胜利的喜悦心情，具有浓郁的时代特征。

1941年12月，太平洋战争爆发后，美国参与对日本的作战。中国抗日战争进入相持阶段，日军为阻断中国军队的物资供给，切断了滇缅公路。中美两国被迫在印度东北部的阿萨姆邦和中国云南昆明之间开辟了一条转运战略物资的空中通道，这条空中通道就叫"驼峰航线"。

"驼峰航线"一开通就成为中国战场国际援助的"生命之路"。这条航线飞越喜马拉雅山脉、高黎贡山、横断山、萨尔温江、怒江、澜沧江、金沙江，进入中国的云贵高原和四川，全长500英里，海拔4500~5500米，最高海拔达7000米，山峰起伏连绵，极难飞越。

最初的空运是由DC-2、C-47运输机、DC-3、C-53运输机担任。然而，这些飞机的有效载荷并不适合高负载的高空作业，且不能达到一定高度以飞越山区地形，这使得飞机不得不通过非常危险的迷宫般的喜马拉雅山隘航行，这就是"驼峰航线"的由来。

• 抗战胜利纪念堂

1942 年 12 月 C-87 和 C-109 运输机的投入使用，尽管单机运输吨位加大，且无须穿行危险的山隘，但因此型飞机的高事故率，同样不受飞行员喜爱。飞越驼峰对于盟军飞行人员而言是近乎自杀式的航程，不仅如此，对于"手无寸铁"的运输机来说，还要面临着日机毁灭性的打击。有一次，美军威利上尉在"驼峰航线"执行任务时遭遇日军战斗机袭击，在近乎绝望的情况下，机组人员通过勃朗宁自动步枪向战斗机射击，侥幸的是，勃朗宁步枪终于射杀了日本飞行员。

据统计，战时"驼峰航线"上，美军共损失飞机 1500 架以上，牺牲优秀飞行员近 3000 人，损失率超过 80%；而总共拥有 100 架运输机的中国航空公司，先后损失飞机 48 架，牺牲飞行员 168 人，损失率超过 50%。

【遗址介绍】

抗战胜利纪念堂位于云南省昆明市盘龙区光华街中段。原址为清云贵总督衙门，坐北朝南。辛亥革命后其址被用作省立师范学校，后改为云瑞中学。抗战胜利后，为纪念抗日战争胜利的重要意义，于 1945 年在此兴建"抗战胜利纪念堂"，1946 年建成后交云南省参议会使用。

抗战胜利纪念堂建筑以钢筋混凝土结构为主，占地面积 1519 平方米，体现出中西合璧的独特风貌，为我国近代优秀建筑的典范之一。

2006 年，抗战胜利纪念堂由国务院公布为第六批全国重点文物保护单位。

国殇墓园

中国远征军阵亡将士安息之地

　　云南腾冲县城西南叠水河畔的小团坡下建有滇西抗战期间中国远征军第
20集团军腾冲收复战阵亡将士的纪念陵园，辛亥革命元老、爱国人士李根源
先生取楚辞"国殇"之篇名，题为"国殇墓园"。

　　腾冲战役发生在1944年5~9月，是抗日战争滇西缅北战役之一。当时的
守军是日军步兵第148联队藏重康美所部及步兵第113联队、步兵第114联队、
步兵第146联队、搜索第56联队、野炮兵第56联队各一部约7000人。

　　滇西抗战是中国抗日战争史上极为惨烈的一页。

● 忠烈祠

● 碑林

为了切断当时国际援华物资的唯一通道——滇缅公路，日本法西斯从东南亚反抄中国的大后方，企图攻占云南、威胁重庆，迫使中国就范。

1942 年 5 月，日寇的铁蹄踏上了滇西的土地，腾冲就此沦陷。

5 月 5 日，中国军队及时炸毁了怒江上的惠通桥，才将沿滇缅公路进犯的日军阻击在了怒江西岸，从此两军在怒江东西两岸对峙长达两年之久。

1944 年 5 月，为策应中、英、印联军对缅北日军的反攻，重新打通滇缅公路，收复怒江以西的失地，据守怒江东岸的中国远征军发动了滇西反攻战役。

攻击部队为中国远征军霍揆彰率领的第 20 集团军。

在兵力的绝对优势与盟军空军支援下，第 20 集团军经过重大牺牲后才歼灭孤立无援的日军，这是一次成功的攻坚战，也是自抗日战争以来，中国军队收复的第一个有日军驻守的县城。

在战役结束后，时任国民政府委员兼云贵监察使的李根源倡议兴建陵园以祭悼国军阵亡将士。此后在印度华侨的援助下开始修建墓园，1945 年 7 月 7 日正式落成。

园中有忠烈祠，祠背后是碑林，碑下葬有阵亡官兵骨灰罐，墓园大门一侧还筑有"倭冢"一座，埋有 4 具日军尸骨。拾坡而上，坡顶建有高 10 米的纪念塔，外形为方柱式，系用腾冲特有的火山岩雕砌而成。塔身正面镌刻着霍揆彰的题书"远征军第二十集团军光复腾冲阵亡将士纪念塔"，塔基正面刻有蒋中正题、李根源书"民族英雄"4 个蓝色大字，其余三面为腾冲抗战纪要铭文。

以塔为中心，呈辐射状将塔下山坡分为 6 个等分，每个等分都代表 20 军一个师，其间墓碑密布。墓碑上书阵亡将士的姓名和军衔，碑下葬有其人的骨灰。整个烈士冢共立墓碑 3346 块，其中包括战死的援华美军人员。

国殇墓园是腾冲军民以鲜血写成的一部活的史书，9168 名牺牲者以他们宝贵的生命谱写了爱国主义的壮丽篇章。它记录了爱好和平的中国人民抵抗外来侵略、浴血奋战的经过，同时也警惕、昭示后人，不论是在世界的哪个角落，只要有法西斯的鬼火复燃，就要予以坚决的、不惧牺牲的、彻底的消灭！

【遗址介绍】

国殇墓园位于云南省腾冲县城西南 1 公里处。墓园占地面积约 5.3 万平方米，主体建筑有烈士冢、烈士塔、忠烈祠、陈列馆等。墓门为土木砖石结构，呈"八"字形，门额镶有李根源书"腾冲国殇墓园"。忠烈祠为重檐歇山顶，土木结构，面阔五间，四周设廊。祠前有腾冲忠烈祠碑"，碑文记述战斗始末和建园缘由；另一碑碑文记述印度华侨捐款修建墓园的始末。烈士冢立碑 3346 块，上书烈士姓名、军衔。纪念塔高 10 米，青石质，方形柱式。塔身正侧三面均镌刻集团军总司令霍揆彰题书"远征军第 20 集团军攻克腾冲阵亡将士纪念塔"铭文。园内广植柏树。国殇墓园是滇西抗日战争中最具代表性、保存最完好的烈士陵园。

1996 年，国殇墓园由国务院公布为第四批全国重点文物保护单位。

陕西省

瓦窑堡革命旧址

中共政治路线转折地

瓦窑堡革命旧址位于延安市子长县瓦窑堡镇，1935 年 11 月 7 日~1936 年
6 月 21 日为中共中央驻地。1935 年 12 月，中共中央政治局在此召开政治局
扩大会议，确定了关于建立抗日民族统一战线的路线和策略，史称"瓦窑堡
会议"。

瓦窑堡会议是在中华民族和中国共产党面临着生死存亡的紧急关头召开
的一次极其重要的会议。九一八事变以后，日本帝国主义并吞我国东北，侵
占华北，准备并吞全中国。蒋介石坚持"攘外必先安内"的方针，实行不抵
抗政策，继续对红军进行反革命围剿。红军经过艰苦卓绝的万里长征到达陕
北时，三支红军主力会合的兵力已不足 3 万人，却被 10 余万敌军包围，形势
十分险恶。在这一时期，中国共产党提出的"停止内战、一致抗日"的主张，
得到全国人民的拥护。中共中央发表的《八一宣言》，第一次比较完整地提

● 张闻天旧居

出了建立抗日民族统一战线的战略思想，党组织领导的"一二·九"运动推动全国迅速形成抗日救亡的群众运动。在这样的形势下，如何把各界要求抗日的力量汇合起来，组成广泛的抗日民族统一战线，万众一心，共御外敌，成为中国共产党必须回答的时代课题。

1935 年 12 月 17~25 日，中共中央政治局在瓦窑堡召开政治局扩大会议，讨论军事战略问题、全国政治形势和党的策略路线问题。会议经过激烈讨论，批判了博古的关门主义，确立了建立抗日民族统一战线的策略，确定了为扩大和巩固共产党而斗争的方针政策，通过了《中共中央关于目前政治形势和党的任务决议》。

《决议》指出，当前国内形势的基本特点是，日本帝国主义"正准备并吞全中国，把全中国从帝国主义半殖民地变为日本的殖民地"，"中国政治生活中的各阶级阶层、政党以及武装势力，重新改变了与正在改变着它们之间的相互关系"；"党的策略路线，是在发动、团结与组织全中国全民族一切革命力量去反对当前主要的敌人——日本帝国主义与卖国贼头子蒋介石"；"我们的任务，是在不但要团结一切可能的、反日的基本力量，而且要团结开始可能的反日同盟者，是在使全国人民有力出力，有钱出钱，有枪出枪，有知识出知识，不使一个爱国的中国人不参加到反日战线上去"。《决议》主张以国防政府、抗日联军作为抗日民族统一战线的最广泛和最高组织形式。会议确定了上层统战工作和下层统战工作相结合、以上层统战工作为主的工作方针，包括争取各界爱国领袖、争取地方实力派、直接做蒋介石的工作。

瓦窑堡会议以后，党的工作重心迅速转向建立抗日民族统一战线的新轨道，党把一些最好的干部派去做统战工作，特别是成功地做好了争取张学良、杨虎城的工作，形成了红军和东北军、西北军"三位一体"的抗日统一战线的新局面，通过西安事变的和平解决，把"反蒋抗日""逼蒋抗日"变为"联蒋抗日"，促成了国共两党的第二次合作和抗日民族统一战线的建立，成为时局的根本转折点。

瓦窑堡会议是中国共产党在继遵义会议之后召开的又一次极为重要的会议，它是党在土地革命战争时期政治路线转变的一个关键会议。12 月 27 日，毛泽东根据会议决议精神，在瓦窑堡城内天主堂召开的活动分子会议上，做了题为《论反对日本帝国主义的策略》的报告，明确地阐述了党的统一战线政策的根据，建立了抗日民族统一战线的理论基础。

● 会议室

【遗址介绍】

瓦窑堡革命旧址位于延安市子长县瓦窑堡镇，1935 年 11 月 7 日~1936 年 6 月 21 日为中共中央驻地。旧址现存了 20 余孔砖砌窑洞，包括瓦窑会议旧址、中央军委旧址、中国抗日红军大学校址及毛泽东、周恩来、张闻天、刘少奇旧居等。瓦窑堡会议旧址为院落 1 座，内有面东的砖窑 5 孔，正中一孔为会议室，北起第二孔为张闻天旧居。毛泽东旧居有东征前、后居住的砖窑两处，均为东向，一处 4 孔，一处 5 孔。西北革命军事委员会旧址位于城内下河滩一处小院。院内有砖窑 12 孔。上院有砖窑 6 孔，5 孔坐东面西，周恩来曾住在南起第四和第五窑内，另外 1 孔坐北面南的大窑为军委会议室；下院也有 6 孔窑洞，均坐东面西。。

中国工农红军大学旧址位于城内米粮山东南麓一所大院内，1936 年 6 月 1 日，在此举行了红军大学开学典礼。当时红大分 3 个科，一科和二科住瓦窑堡。旧址现有砖窑 5 孔，分为两个教室。刘少奇旧居位于城内铁狮子巷一四合院内。当时，由刘少奇任委员长的中华全国总工会西北执行局在瓦窑堡成立，西北执行局机关即设此。

1988 年，瓦窑堡革命旧址由国务院公布为第三批全国重点文物保护单位。

保安革命旧址
抗日战争的出发点

保安革命旧址位于志丹县城内。志丹县原名保安县，1936 年 6 月，因纪念英年早逝的刘志丹将军而更名。1936 年 6 月 21 日，中共中央机关离开瓦窑堡，经安塞县境，于 7 月 3 日进驻保安县，从此这里便成了继江西瑞金之后的第二个"赤色之都"，直至 1937 年 1 月 10 日中共中央机关离开保安城，于 1 月 13 日进驻延安城。

保安县是党中央和毛主席仅次于延安的驻留时间最长、领导解决重大事件最多的地方。保安县的吴起镇为中国工农红军二万五千里长征提供了落脚点；中共中央机关及毛泽东、张闻天、周恩来等领导人在保安居住的半年期间，先后召开了 21 次政治局（扩大）会议，研究方略，发布决定和指示，调整各项政策，促使全民族抗日统一战线的形成，为解放全中国奠定了坚实基础。在此期间，中共中央部署了红一方面军西征，巩固扩大西北根据地，迎接二、四方面北上，领导并实现了红军三大主力在西北胜利大会师，宣告了为期两年的二万五千里长征胜利结束；接待了第一次踏进陕北红区采访的美国记者埃德加·斯诺和医生马海德，使《红星照耀中国》（又名《西行漫记》）得以顺利发表，打破了国民党对中国共产党和中国工农红军的造谣诬蔑和新闻封锁，使世界人民对红军有了全新的认真和了解，共产党和红军的真实情况第一次为世所知。在保安，中共中央从民族利益出发，促成了西安事变的和平解决，化解了一场内战危机，促成国共两党在共御外侮的基础上实现了第二次合作，成为扭转时局的关键；于瓦窑堡创办、在保安正式开办的中国抗日红军大学为中国革命造就了大批红军高级指挥员（36 名高级将领），为即将到来的全面抗战准备了干部力量。

党中央、毛泽东在保安战斗生活了 6 个月零 7 天，时间虽然不长，但在中国革命战争中发挥了极其重要的作用，因而这里也被誉为红军长征的落脚点和抗日战争的出发点。

【遗址介绍】

保安革命旧址位于陕西省志丹县炮楼山山脚。其大部分为石窑洞,沿炮楼山麓砂岩开凿而成。形成大同小异,规格尺寸不一,均坐东北朝西南,呈"一"字形分布在周河东岸二级台地炮楼山脚,窑体呈红褐色,大部分窑洞上部窗户为拱券形满间窗,木板双开门,木棂直格,方格或斜格窗,很具地方特色。

中央军委、毛泽东等居院旧址位于忠丹县炮楼山麓一道街北段东侧,分上、中、下三院,共17孔窑洞和3间瓦房,依次为张闻天办公室、张闻天及夫人刘英卧室、博古(秦邦宪)旧居、中央军委会议室、中央军委机要室、叶子龙同志旧居、警卫人员住房、毛泽东旧居、贺子珍旧居、王稼祥旧居、张国焘旧居、工作人员住房以及机关灶房、马厩。

中央军委及毛泽东等旧居门前院落较为宽敞,3个院落高差约1米,上院院落地势最高,中院院落宽阔平坦,下院地势最低。

周恩来旧居位于中院,坐北朝南,砖木结构硬山顶,小青瓦苫顶。

中央政治局会议旧址位于志丹县党校后院山崖下,依山凿洞,现仅存

• 保安革命旧址

中央政治局会议室窑洞。

中国抗日红军大学旧址位于县城南端前桥半山腰，包括林彪旧居，罗荣桓、莫文骅办公室，红大校部及一科教室。现存石窑洞 4 孔，皆依山崖而凿，呈红褐色。另有瓦房 5 间。

英文骅旧居位于林彪旧居北侧，坐北朝南。2 孔窑洞呈曲尺状分布。石窑呈不规则拱券形，北壁上部有洞窟通窑中之崖窑。

林彪旧居位于莫文骅旧居南侧，坐东朝西。窑口呈拱券状，开一门。

罗荣桓等办公室紧邻林彪旧居，砖木结构，硬山顶，青瓦苫顶。

司号处位于罗荣桓等办公室南侧，通往红大一科教室下坡处。

红大一科教室地势较罗荣桓等办公室低约 5 米，开凿于半崖，下为陡崖。窑内平面略呈盝顶状，开间 61 米，开一门两窗。

另外，抗日红军大学旧址下公路西侧尚有毛泽东给"红大"学员讲话旧址，现存一大杨树，已枯死。

保安革命旧址是中共中央和中华苏维埃政权继江西瑞金、陕西瓦窑堡之后的临时首都之一，期间所发生的重大历史事件在中共党史和中国革命史上占有重要地位。

2006 年，保安革命旧址由国务院公布为第六批全国重点文物保护单位。

西安事变旧址
时局转换的关键

　　1936 年 12 月 12 日，国民党爱国将领张学良、杨虎城对正在西安的蒋介石实行"兵谏"，要求停止内战，一致抗日。经过劝蒋、捉蒋、扣蒋、送蒋等一系列环节，最终在抗日战争全面爆发后促成了国共两党的第二次合作。此次事件史称西安事变，又称双十二事变。

　　1935 年，中国共产党发布《八一宣言》，提出抗日民族统一战线的主张。10 月，红军长征到达陕北。不久"一二·九"运动爆发，全国人民的抗日运动进入新的高潮，蒋介石"攘外必先安内"的政策更加不得人心。在西北担负剿共任务的东北军与西北军厌恶内战，在全国抗日运动高潮的推动下和中国共产党抗日统一战线政策的影响下，两军领导人张学良、杨虎城等开始与共产党及红军进行联系，初步奠定了三方团结抗日的政治基础。

　　蒋介石对张、杨很不放心，除调集中央军至豫、陕边境，压迫张、杨继续进攻红军外，并于 1936 年 10 月间专门飞抵西安，当面催逼。12 月 4 日再飞西安，进一步要挟张、杨：如不实力"剿共"，即将张、杨两部分别调往安徽、福建，由中央军进驻西北。张、杨力劝蒋介石联共抗日，蒋加以拒绝。两位爱国将领遂毅然决定兵谏。12 月 12 日凌晨，张学良的卫队进抵蒋介石驻地临潼华清池并与其卫队交火。蒋闻枪声，仓皇越后墙逃走，爬上山坡隐蔽。被张学良的卫队搜索发现后捕获。同时杨虎城部下将留居城中的蒋介石高级党、政、军官员陈诚等十余人拘押。张、杨于 12 日当即宣布取消"西北剿匪总部"，成立抗日联军西北临时军事委员会，张、杨分任正、副委员长。通电全国，提出改组南京国民政府，停止内战，释放救国会领袖及一切政治犯，开放民众爱国运动，保障人民集会、结社自由，实行孙中山遗嘱，召集救国会议等 8 项主张。同时致电中共中央，要求派代表到西安共商团结抗日大计。

　　西安事变发生后，日本帝国主义企图趁机挑起中国内战。在如何对待事变的问题上，南京当权势力中出现了两种对立的主张。南京国民政府中以何应钦为首的亲日派主张进攻西安，借机扩大事态，夺取蒋介石的统治权力，进一步与日本妥协。英、美帝国主义及亲英、美的宋子文、孔祥熙则希望事变和平解决，以维护蒋介石的统治地位和英、美在华利益。13日，宋子文、宋美龄委托英籍顾问端纳飞西安探视情况。16日，何应钦就任"讨逆军"总司令，并作军事部署，派飞机轰炸西安临近地区。这期间各地军阀也纷纷派人赴西安活动。

中共中央在对国际国内政治形势进行正确分析之后，确定了和平解决西安事变的基本方针，主张用和平方式解决西安事变引起的问题，反对新的内战；同时中共中央还主张用一切方式联合南京的左派，争取中派，反对亲日派，以推动南京政府走向抗日。

南京方面在弄清张学良、杨虎城和共产党并不想加害蒋介石，而希望和平解决此次事变的态度后，于22日派宋子文、宋美龄到西安谈判。周恩来作为中共中央全权代表也参加了谈判。他遵照中央的有关指示，在与张学良、杨虎城商讨及同南京方面的谈判中作了大量卓有成效的工作。经过两天的商谈，宋美龄等人作出"停止剿共""三个月后抗日发动"等项承诺。12月24日晚，周恩来会见蒋介石，当面向蒋介石说明中国共产党抗日救国的政策。蒋介石表示同意谈判议定的6项条件，允诺"只要我存在一日，中国决不再发生反共内战"。

1936年12月25日下午，蒋介石乘飞机离开西安，张学良亲自陪同。当日抵洛阳。离开西安前，张留下手令，把东北军交给杨虎城指挥。1936年12月26日，蒋介石抵达南京，西安事变和平解决。张学良被扣留。

● 张学良公馆

● 新城大楼

　　西安事变的发生与和平解决基本停止了内战，极大地鼓舞了中国人民的抗日热情；停止了国民政府"攘外必先安内"政策，迫使国民政府进行国共第二次合作，促成了抗日民族统一战线的建立，成为由国内战争走向抗日民族战争的转折点，成为时局转换的关键。

　　西安事变后蒋介石解除了杨虎城的兵权，又强迫改编了东北军和西北军。杨虎城被蒋介石长期囚禁，1949年9月17日在重庆惨遭杀害。张学良在国民党撤退到台湾前被蒋介石胁迫至台湾，2001年10月15日在美国夏威夷逝世。

【遗址介绍】

　　西安事变旧址分布在陕西省西安市及临潼区。主要包括张学良公馆、西安事变指挥部、新城大楼、止园、高桂滋公馆、西京招待所和华清池五间厅、兵谏亭等。

　　张学良公馆旧址位于西安市建国路金家巷。1935年由西北通济信托公司修建，同年9月，张学良奉蒋介石之命任"西北剿匪副总司令"，率东北军由武汉移驻西安后租为官邸。西安事变发生后，周恩来率代表团住在公馆东楼。在此期间，中共代表团，张、杨两将军与南京代表团在西楼举行会谈，达成停止内战、共同抗日的六项协议。

　　西安事变指挥部旧址位于西安新城陕西省人民政府院内。建于1931年，系杨虎城主政陕西时期的官邸。西安事变时为张学良、杨虎城的临时指挥部，杨虎城与周恩来多次在此会谈。

　　1982年，西安事变旧址由国务院公布为第二批全国重点文物保护单位。

延安革命旧址

中共抗战大本营

　　1937~1947 年，延安一直是中共中央所在地和陕甘宁边区首府，是中共抗日战争和解放战争的指导中心和总后方，是革命圣地。1947 年春，国民党军队向陕甘宁边区发动重点进攻，3 月 18 日，中共中央和毛泽东主动撤离延安。国民党军队占领延安后，许多革命旧址遭到严重破坏。现存革命旧址 140 多处，主要有凤凰山革命旧址、杨家岭革命旧址、枣园革命旧址、王家坪革命旧址、陕甘宁边区政府旧址等 5 处。

　　凤凰山革命旧址位于延安市内凤凰山麓。1937 年 1 月，中共中央由保安（今志丹县）迁到这里，至 1938 年 11 月，中共中央、中国工农红军总参谋部驻于此地。

　　在此期间，中共中央多次召开了政治局会议以及党的全国代表会议、洛

● 毛泽东旧居

川会议、六届六中全会等许多重要会议，实现了土地革命战争向抗日民族战争的战略转变，度过了抗日战争的战略防御阶段。在西安事变和平解决、国内和平基本实现的情况下，党中央派出以周恩来为首的代表团同国民党进行了多次谈判，最终实现了第二国共次合作。毛泽东曾在这里会见白求恩大夫，并写下了著名的《实践论》《矛盾论》《论持久战》等著作。1938 年 11 月 20~21 日，日本侵略军的飞机轰炸延安，中共中央等大部建筑遭到破坏，此后中共中央机关和领导迁往杨家岭。

杨家岭革命旧址位于延安城西北杨家岭村。1938 年 11 月，中共中央迁到杨家岭后，继续指挥抗日战争敌后战场，领导了大生产运动和整风运动，召开了党的七大和延安文艺座谈会。1942 年在此建成中央大礼堂，1945 年 4 月 23 日~6 月 21 日在中央大礼堂隆重召开了党的第七次代表大会。毛泽东于 1938 年 11 月~1943 年 5 月在此居住，1940 年秋，因修建中央大礼堂搬到枣园居住，1942 年又搬回杨家岭。在此期间，毛泽东写下了《五四运动》《青年运动的方向》《被敌人反对是好事而不是坏事》《〈共产党人〉发刊词》《纪念白求恩》《中国革命和中国共产党》《新民主主义论》《抗日根据地的政权问题》《目前抗日统一战线中的策略问题》《〈农村调查〉的序言和跋》、《改造我们的学习》《整顿党的作风》《反对党八股》《经济问题与财政问题》等光辉著作。

1943 年 10 年，中共中央书记处由此迁往枣园，中央办公厅、组织部、宣传部、统战部等部门仍留驻这里，直到 1947 年 3 月撤离延安。

枣园革命旧址位于延安城西北 8 公里处。这里原是一家地主的庄园，中共中央进驻延安后，为中央社会部驻地，遂改名为"延园"。1943 年 10 月，毛泽东、张闻天、刘少奇等率中共中央书记处迁住此处。期间，继续领导全党开展整风运动和大生产运动，筹备了中国共产党七大，领导全国军民取得了抗日战争的最后胜利。1945 年 8 月，毛泽东由这里赴重庆和国民堂进行和平谈判。中共中央书记处于 1947 年 3 月撤离延安枣园。毛泽东在此居住期间，写下了《关于领导方法的若干问题》《开展根据地的减租、生产和拥政爱民运动》《评国民党十一中全会和三届三次国民参政会》《组织起来》《两三年内完成学习经济工作》《学习和时局》《评蒋介石在双十节的演说》《文化工作中的统一战线》《论联合政府》《抗日战争胜利后的时局和我们的方针》

《对日寇的最后一战》《关于重庆谈判》《建立巩固的东北根据地》等许多指导中国革命的重要文章，仅收入《毛泽东选集》的就有 28 篇。

王家坪革命旧址位于延安城西北延河北岸王家坪村。1937 年 1 月~1947 年 3 月，是中共中央革命军事委员会和八路军总司令部所在地。军委和总部在这里领导八路军、新四军及各解放区军民坚持了八年抗战，取得了抗日战争的胜利，领导中国人民解放军粉碎了国民党军队对解放区的全面进攻，并为战胜其重点进攻作了充分准备。1946 年 1 月，中央军委主席毛泽东为了便于指导军委和总部的工作，从枣园搬到王家坪居住。

陕甘宁边区政府旧址位于延安城南关。1937 年 7 月，选举产生陕甘宁边区苏维埃政府，9 月 6 日，正式更名为陕甘宁边区政府，林伯渠为主席。边区辖 26 个县，面积 12.9 万平方公里，人口 200 万。边区政府在中共中央的直接领导下，彻执行了中共中央提出的"五一施政纲领"，领导陕甘宁边区人民进行了政权、经济和文化建设，开展了大生产运动，有力地支援了抗日战争，成为全国革命根据地的模范。

【遗址介绍】

凤凰山革命旧址原有窑洞 15 孔、房屋 50 间，包括毛泽东旧居、朱德和周恩来旧居、中国工农红军总参谋部旧址。毛泽东旧居为四孔石窑洞和九间小平房，分前后两院，后院东边 3 孔窑洞相通，中间一孔开会、会客，右侧一间是毛泽东的办公室兼卧室，左侧一间为书报室。西边一孔外接半间平房，是警卫员住房。朱德旧居为一个小四合院，一排 3 孔石窑洞，一进两开。左起一孔是寝室，中间是会客室，右边一孔是办公室。周恩来也曾在这里居住。总参谋部旧址为三孔石窑洞和 14 间房子组成的四合院。

杨家岭革命旧址包括中央大礼堂、办公厅大楼和石窑洞 14 孔、接石口土窑洞 19 孔、平房 100 多间以及还在两面山腰挖的土窑洞 100 余孔，是 1939 年中共中央在此依山修建的。毛泽东、刘少奇、周恩来、朱德等领导人曾在这里居住、办公。中央礼堂为砖石砌筑的二层小楼，分正厅、舞厅、休息室 3 部分，室内屋顶呈穹窿式。中央办公厅大楼是一座砖木结构三层楼房，在主楼的二层和三层分别有一石拱桥和一木桥通向沟南岸住处。第一层西边是会议室、饭厅，延安文艺座谈会就在此召开；第二层是办公室；第三层是中央政治局会议室。毛泽东旧居为3孔接石口窑洞。

枣园又名"延园"，是中共中央来延安后于1941年开始修建的，1943年竣工。共修有窑洞20余孔、平瓦房80余间，礼堂一座。毛泽东、周恩来、朱德、任弼时、刘少奇、张闻天、彭德怀等领导人先后在这里居住。

王家坪革命旧址于1939年修建，后又进行扩建。中共中央军事委员会、八路军总司令部曾驻于此地，毛泽东、周恩来、朱德、彭德怀、叶剑英也曾在此居住。旧址分南北两院，一般称南院为总政治部，北院为司令部。旧址共有土窑洞130余孔、房屋210间、石窑洞20孔。南院有军委礼堂和毛泽东旧居，北院有军委会议室和朱德、彭德怀旧居。会议室为3间平房。毛泽东旧居的卧室和办公室为石窑洞，会客室是一间平房。

陕甘宁边区政府旧址的办公用房于1938年开始修建，1939年建成。共建石窑洞50余孔、平房100余间。窑洞依山而建，呈凹字形排列，共3层。边区政府主席林伯渠、副主席李鼎铭住在3层，其余为各厅、局办公室。

1961年，延安革命旧址由国务院公布为第一批全国重点文物保护单位。

八路军办事处旧址
中共在国统区领导和联络的中枢

　　1937 年 8 月 25 日，中共工农红军改编为八路军后，开赴华北前线，深入敌后，进行独立自主的抗日游击战争。为了便于与国民党商讨共同抗日事宜，在 1936 年至 1946 年间，八路军总部先后在全国主要城市南京、西安、太原、兰州、乌鲁木齐、武汉、广州、长沙、贵阳、桂林、重庆等地设立了 11 个公开、合法的办事机构。

　　八路军办事处利用合法地位，成为中共与国民党洽谈与商定抗战事宜的重要谈判场所。抗战初期，中共与国民党进行了四次谈判，最终在八路军驻陕办事处达成了关于红军改编以及八路军开赴抗日前线等有关合作协定。1939 年 12 月 ~1940 年 3 月，国民党在陕甘宁边区、晋南和豫北多次向八路军发动军事进攻，八路军驻洛阳办事处奉八路军总部指示，多次与一战区司令长官卫立煌交涉有关争议问题。八路军驻南京办事处、驻武汉办事处、驻重庆办事处则是中共代表团与国民党当局进行正面的针锋相对谈判的特殊场所，从 1937~1946 年，由周恩来率领的中共代表团先后在八路军驻南京、武汉、重庆办事处同国民党进行谈判，协商国共两党合作事宜，推动统一战线工作。在八路军驻南京办事处，国共双方就红军改编问题达成协议；在八路军驻武汉办事处，国共双方就成立两党关系委员会问题达成协议；在八路军驻重庆办事处，国共双方签订了《双十协议》。

　　八路军办事处工作人员利用合法身份积极开展对友军、开明士绅和社会名流的统战联络工作。比如 1936 年秋，彭雪枫被派往太原等地，做晋军部分高级将领、军政教育界和社会名流及太原"绥靖"公署主任阎锡山的抗日统一战线工作，获得了阎锡山长官公署的枪炮弹药、军械、电台等通信器材和医药等军需物资。

　　按照抗战初期国共双方达成的协议，起初，八路军的军饷、军需等费用均由国民政府定期发给。1937 年太原失守前夕，国民党军委会后方勤务部江北统监部由太原迁到西安。八路军、新四军的军饷、救护用品、卫生材料、医疗器械及枪支弹药等军需品的领取由八路军驻西安办事处办理。1937年9月~1938年10月，由八路军驻武汉办事处到国民政府军需署领取军饷，到军政部军工署领取枪支弹药、服装、通讯器材以及其他物资，到卫生署领取药品和药疗器械，并到交通部联系车辆，将领取的物资送往延安以及八路军前方总部和新四军各支队。

八路军、新四军不断壮大，而国民党对其进行严格限编，特别是在军需物资上经常扣发或少发，为了适应战时需要，办事处克服艰险，扩大采购范围，筹集各种抗日物资。从1938年上半年开始，八路军驻西安办事处采购的物品有：鞋、皮革、纸张、簿本、蜡烛、香烟、肥皂、自行车、行军锅、通讯、兵工、卫生、机械、金属、化工原料等物品，为解放区发展工业生产、巩固大后方根据地的建设做出贡献。

各地办事处分别成立于全国各大城市，织成南北东西贯通的交通枢纽，为八路军、新四军转运军需物资提供了有利保障。驻西安办事处是八路军在国统区设立的第一个公开办事处，也是进出延安的重要门户与通道；驻洛办事处既是通往晋东南的重要交通线，也是延安与华中的重要中转站；驻武汉办事处利用武汉地处中原的地理位置，在中国北部广大地区沦陷后，成为运

● 八路军驻新疆办事处旧址

● 八路军兰州办事处旧址

送抗战物资的中心枢纽；驻新疆办事处则凭借其特殊的地缘环境，担负起了保障国际物资运输线的任务。国民党迁都重庆后，中共为疏通海外至重庆的交通要道，于1939年1月建立了第十八集团军贵阳交通站，即八路军驻贵阳办事处，成为运送大后方物资的重要运输站。

抗战期间，许多大后方的进步知识青年和爱国华侨不满国民党的黑暗统治，向往解放区。他们纷纷找到办事处，要求到延安去，到根据地去。为保证他们的人身安全，办事处帮他们改名换姓，伪装成运输人员或用其他身份，将他们安全送达目的地。仅1938年5月，经八路军驻武汉办事处介绍，途经西安去延安的青年就有880名，居全国各省之首。1938~1946年的8年多时间里，经重庆通讯处和办事处介绍到延安和解放区的进步知识青年达5000人之多。

此外，八路军办事处还承担接待中共过往人员和营救被捕的共产党及进步人士等任务。1940年秋至1943年，八路军驻豫北办事处接待和护送中共军政要员过封锁线，前后护送刘少奇、陈毅、杨得志、肖华等中高级干部和军政人员1万多人次。1937年5月，八路军驻兰州办事处成功营救西路军8名被俘干部和失散在甘肃河西走廊、青海等地的1000多名将士。

【遗址介绍】

八路军重庆办事处旧址

八路军重庆办事处旧址分别位于重庆市红岩村、中山四路曾家岩和现在的民生路240号、中山三路151号。包括原红岩嘴13号中共中南方局暨八路军重庆办事处、曾家岩50号周公馆，以及民生路208号《新华日报》营业部旧址和中山三路263号中共代表团驻地旧址，均为20世纪三四十年代建成。

1939年1月，以周恩来为书记的中共中央南方局在重庆成立。周恩来、董必武、叶剑英、邓颖超等一大批中国共产党人相继来到重庆。原八路军重庆通讯处亦更名为八路军重庆办事处，邓颖超以周恩来私人名义租下曾家岩50号的大部分房屋，作为南方局和办事处的办公室兼住房，1939年春八路军办事处迁至市郊红岩嘴饶国模的大有农场。此后，周恩来等中共领导人均以公开身份住在办事处或曾家岩50号。办事处大楼坐北朝南，占地面积501平方米，建筑面积1186平方米，砖木结构，共有大小房屋54间。1945年8~10月，毛泽东赴重庆谈判期间亦在办事处居住。

曾家岩50号周公馆，原系国民党立法委员陈长衡住宅，为砖木结构楼房，左半部二层，右半部三层，占地面积882平方米。

中共代表团驻地旧址是1945年底至1946年初国民党政府拨给中共出席政治协商会议代表团使用的一栋楼房。1945年12月，周恩来、王若飞、叶剑英、陆定一、邓颖超、吴玉章等进驻此处。这是中国共产党第一次以合法平等的地位派出代表团到重庆。

《新华日报》营业部旧址是中国共产党在国民党统治区公开发行的

• 八路军重庆办事处

机关报《新华日报》及《群众》周刊的发行和销售机构所在地，中国共产党在国民党统治区抗战的前哨阵地。营业部不仅是洽谈业务之处，而且也是联系各界群众、从事党的统战工作、掩护中共地下党进行革命活动及帮助失去联系的党员的地方，同时还是周恩来等南方局领导人会见各界进步人士和进步青年的场所。

1961 年，八路军重庆办事处旧址由国务院公布为第一批全国重点文物保护单位。2001 年，中共代表团驻地旧址、《新华日报》营业部旧址由国务院公布为第五批全国重点文物保护单位合并项目，归入八路军重庆办事处旧址。

八路军西安办事处旧址

八路军西安办事处旧址位于陕西省西安市北新街七贤庄。是抗日战争期间中国共产党为发动群众、开展抗日救亡运动而设立的一个公开的派出机构。

1936 年 12 月西安事变和平解决后，中共在此设立"红军联络处"，负责人为叶剑英。1937 年 8 月，七贤庄 1 号院挂上了"国民革命军第八路军驻陕办事处"的牌子。依据形势的变化，于 9 月又改为"国民革命军第十八集团军驻陕办事处"，先后由林伯渠、董必武负责，工作人员由原来的 10 名增加到 200 多名，办公地点也从 1 号院扩大到 3、4、7 号院。办事处的主要工作是开展统一战线，输送进步青年赴延安，为陕甘宁边区和前方采购、转运物资。抗日战争胜利后，国民党发动全面内战，

● 八路军西安办事处旧址

办事处于 1946 年 9 月撤回延安。

八路军西安办事处旧址所在的七贤庄，建成于 1936 年，共有 10 所坐北向南的院落，办事处设在 1、3、4、7 号院。

1988 年，八路军西安办事处旧址由国务院公布为第三批全国重点文物保护单位。

八路军桂林办事处旧址

八路军桂林办事处旧址位于广西壮族自治区桂林市中山北路 98 号。旧址原为"万祥醋坊"，建于 1937 年，占地面积 342 平方米，二进三开间砖木结构楼房，布局作四合院式。以天井为界，分前后两楼，两厢为平房。前楼为主体建筑，面阔三间，硬山顶二层楼房。

1938 年 9 月，党中央决定成立南方局，在桂林设立办事处。11 月，办事处在原桂林市桂北路 138 号正式设立，另在灵川县莫路村设有电台室、物资转运站、救亡室等机构。由八路军总部秘书长、前八路军武汉办事处主任李克农任办事处主任。八路军桂林办事处又称国民革命军第十八集团军桂林办事处，亦称第十八集团军驻桂通讯处，是党中央、南方局与新四军及南方各省、香港党组织的联络中心，向各抗日部队筹运军需物资的交通枢纽，向延安和抗日前线输送干部的转运站桂林文化民主运动的指挥所。

1996 年，八路军桂林办事处旧址由国务院公布为第四批全国重点文物保护单位。

• 八路军桂林办事处旧址

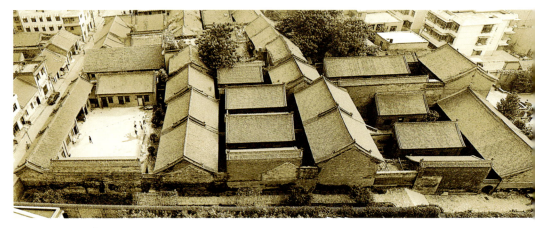

● 八路军洛阳办事处旧址

八路军洛阳办事处旧址

八路军洛阳办事处旧址位于河南省洛阳市老城区贴廓巷。旧址建于清道光十一年（1831年），至抗日战争前夕，一直由庄氏家族使用。抗战爆发后庄氏家族举家迁徙。1938年10月，八路军洛阳办事处机关进驻此院，至1942年2月撤离，一直中共在国统区洛阳设立的一个公开办事机构，承担了与国民党第一战区的联络，掩护、帮助地方党组织开展工作，统战与情报等多项重要工作。

八路军洛阳办事处旧址是一处保存完好的、具有一定规模的、带有浓重豫西特色的较完整的清代民居建筑群。院落坐南朝北，由三路三进四合院组成，中轴线对称布局，3座院落各开有偏门互通往来。占地面积4388余平方米。建筑均为二层硬山式灰板瓦屋面，花瓦调脊，砖木结构，抬梁式木构架。

2006年，八路军洛阳办事处旧址由国务院公布为第六批全国重点文物保护单位。

八路军武汉办事处旧址

八路军武汉办事处旧址位于武汉市江岸区永清街道吉林居委长春街57号（原中街89号），原为日商大石洋行，是一栋混合结构的四层楼房，坐西朝东，建筑面积2288平方米，一楼为商行，二、三、四楼为高级公寓。四楼屋顶花园的泥土层深达60厘米，起隔热作用，还有很多细节处理适应了当地气候特征，冬暖夏凉。建筑外观展现西方建筑形式，而内部的小庭院又为中国传统院落的布局。

1937年10月，董必武来武汉筹建八路军武汉办事处，初设在汉口安仁里1号，同年12月迁此。这是中国共产党在国民党统治区建立的公

● 八路军武汉办事处旧址

开办事机构。李涛、钱之光先后担任处长。1937 年 12 月，中共中央决定在武汉成立长江局，机关秘密设在办事处内。1937 年 12 月 ~1938 年 10 月，周恩来、董必武、秦邦宪、叶剑英、邓颖超、王明等中共领导人在这里领导长江局和八路军武汉办事处的工作。

2013 年，八路军武汉办事处旧址由国务院公布为第七批全国重点文物保护单位。

八路军兰州办事处旧址

八路军兰州办事处（又称八路军驻甘办事处）旧址有两处，分别位于兰州市城关区酒泉路街道中街子社区甘南路 700 号（原南滩街 54 号）和兰州市城关区酒泉路街道南稍门社区酒泉路 314 号（原孝友街 32 号），南北相距约 200 米。原南滩街的院落，坐北向南，一进三院，由倒座、厢房、过厅和纪念亭等建筑组成，建筑面积 710 平方米，占地面积 1320.8 平方米。原孝友街院落，系当时进步爱国人士水烟商王先生的宅院，坐西向东，由东北侧的 L 形二层角楼、中部的四合院和西南侧的跨院组成，建筑面积 1776 平方米，占地面积 1378 平方米。

1937 年 5 月，八路军兰州办事处筹建时，通过国民党第八战区司令部，借用原甘肃镇守使马麟公馆的西院作为办公地点。1938 年 2 月，办事处迁至孝友街。1937~1943 年，彭嘉伦、谢觉哉、伍修权等人在此领导“八办”全体工作人员，为营救红西路军将士、开展抗日民族统一战线、为延安输送进步青年、确保共产国际交通线畅通、指导甘肃地方党组织建设等作出了卓越的贡献。

2013 年，八路军兰州办事处旧址由国务院公布为第七批全国重点文物保护单位。

八路军驻新疆办事处旧址

八路军驻新疆办事处旧址位于乌鲁木齐市天山区胜利路街道多斯鲁克社区胜利路 392 号，始建于 1933 年，建筑面积 504 平方米，为一座土木结构的二层黄色小楼，青砖压檐砌腰，铁皮屋顶，楼顶东侧建有亭台。

1937 年，八路军驻新疆办事处在此成立，对外称"南梁第三招待所"。办事处工作由中共驻新疆代表主持。陈云、邓发、陈谭秋等先后任办事处党代表。1942 年盛世才公开反共，办事处被迫关闭。办事处在 5 年多的工作时间里，领导西路军总支队和全体在新疆的党员干部，坚决贯彻执行党的抗日民族统一战线政策，在维护祖国统一，保证国际交通畅通，培养抗日建国人才，支援抗战前线，促进新疆政治、经济、文化事业发展等方面，作出了重要贡献。

2013 年，八路军驻新疆办事处旧址由国务院公布为第七批全国重点文物保护单位。

洛川会议旧址
中共抗战路线与任务确立地

　　1937年8月22日至25日，中国共产党在陕西省洛川县城北10公里处的红军指挥部驻地冯家村召开了中共中央政治局扩大会议，史称洛川会议。

　　中共中央政治局委员和候补委员有张闻天、毛泽东、朱德、周恩来、博古、任弼时、关向应、凯丰、彭德怀、张国焘，部分红军领导及有关方面负责人刘伯承、贺龙、张浩、林彪、聂荣臻、罗荣桓、张文彬、肖劲光、周建屏、林伯渠、徐向前、傅钟等22人参加了这次会议。张闻天主持会议，毛泽东代表中共中央政治局作了军事问题和国共两党关系问题的报告。会议通过了《关于目前形势与党的任务的决定》，并根据毛泽东的提议，通过了著名的《抗

　　● 洛川会议旧址

日救国十大纲领》。

《关于目前形势与党的任务决定》正确地分析了抗战爆发后的政治形势，规定了党的中心任务是"动员一切力量争取抗战的胜利"。

《决定》分析了国民党片面抗战路线的实质和危害，分析了争取抗战胜利的关键。《决定》指出："今天的抗战，中间包含着极大的危险性。这主要是由于国民党还不愿意发动全国人民参加抗战，……处处惧怕和限制人民的参战运动，……不给人民以抗日救国的民主权利。……所以在抗战过程中，可能发生许多挫败、退却，内部的分化、叛变，暂时和局部的妥协等不利的情况。"《决定》提出，抗战是艰苦的持久战，争取抗战胜利的中心关键，是在使已经发动的抗战发展为全面的全民族的抗战。

《决定》强调党对抗日战争的领导责任和坚持党在统一战线中的独立自主原则。毛泽东在报告中明确提出，统一战线中必须坚持独立自主，对国民党要保持警惕性，红军的活动主要由共产党决定。《决定》号召："共产党员及其所领导的民众和武装力量，应该最积极地站在斗争的最前线，应该使自己成为全国抗战的核心，应该用极大力量发展抗日的群众运动。不放松一刻工夫一个机会去宣传群众，组织群众，武装群众。只要真能组织千百万群众进入民族统一战线，抗日战争的胜利是无疑义的。"

会议决定在敌人后方放手发动独立自主的游击战争，建立敌后抗日根据地。同时，强调党的工作重心是战区和敌后；决定以减租减息政策作为抗日时期解决农民问题的基本政策；在国民党统治区，放手发动抗日的群众运动，争取人民应有的政治经济权利。会议在组织上进一步健全了中央军委。军委成员由毛泽东、朱德、周恩来、彭德怀、任弼时、叶剑英、张浩、贺龙、刘伯承、徐向前、林彪等11人组成。毛泽东为军委主席，朱德、周恩来为军委副主席。8月25日，中央军委发布了把红军改编为国民革命军第八路军的命令。8月29日，中共中央决定成立中央军委前方军委分会（后称华北军分会），以朱德为书记，彭德怀为副书记。

会议根据红军担负的创建敌后抗日根据地等战略任务以及红军必须执行的独立自主的山地游击战的战略方针，明确红军必须实行军事战略转变，即由国内革命战争的正规战，向抗日民族解放战争的游击战转变。红军实行军事战略转变，是客观形势的需要。红军必须把国内革命战争集中使用的正规军，

● 会议室

转变为抗日战争分散使用的游击军；把国内革命战争的运动战，转变为抗日战争的游击战。这样才能同敌情、友情、我情以及任务相符合。这一军事战略转变不仅关系着中国共产党和红军的前途，而且极大地关系着整个抗日战争的坚持、发展和胜利，关系着中国民族解放的命运。

洛川会议是中国共产党在历史转折关头召开的一次重要会议，它明确了中国共产党在抗日战争时期的主要任务。这次会议指出了国共两党两条不同的抗战路线的原则区别，确立了共产党在敌后放手发动独立自主的游击战争、利用游击战争配合正面战场、开辟敌后战场、建立敌后抗日根据地的战略任务，正确地指导了党和军队实行由国内战争到民族战争、由正规战到游击战的战略转变，为实现党对抗日战争的领导权和为争取抗日战争的胜利奠定了政治思想基础，指明了正确道路。

【遗址介绍】

洛川会议旧址陕西省洛川县永乡冯家村，是一座坐北朝南的小院，内有砖砌窑洞 2 孔，左侧窑洞为当时的会议室，右侧窑洞为毛泽东旧居。

2001 年，洛川会议旧址由国务院公布为第五批全国重点文物保护单位。

安吴堡战时青年训练班革命旧址

抗日青年的熔炉

安吴堡战时青年训练班革命旧址位于咸阳城北 45 公里处泾阳县安吴镇安吴堡村，是在中共中央青年工作委员会领导下，以西北青年救国联合会的名义，在当时的国民党统治区陕西省泾阳县安吴堡举办的培训青年干部的重要场所。

抗战爆发后，蒋介石在内外压力之下，于 1937 年 9 月 23 日发表了承认中国共产党合法地位和国共两党合作的谈话。不久又接受了共产党提出的一些条件，释放了一批"政治犯"。时任中共中央青年部长、西北青救会主任的冯文彬受党中央派遣前往八路军 115 师留守处和中共陕西省委驻地泾阳县云阳镇，参加接收安置从监狱释放出来的同志。这项工作结束时，中共中央陕西省委负责人贾拓夫向冯文彬提出，陕西有西安事变后青年运动的骨干，需要对他们进行抗战军事知识和马列基础知识的训练，请中央青委帮助。冯文彬和几位同志商量，认为创办一个短期青年学校很有必要，同时又考虑了办校的经费、名称、时间、地点、教育内容、组织系统等。

青训班最初并不在安吴堡，第一期是在云阳镇斗口于右任先生的农场举办的，时间是 1937 年 10 月 11 日，名称为战时青年短期训练班（以后又相继

● 安吴青训班革命旧址

改称战时青年训练班、中国青年干部训练班）。班主任是冯文彬、大队长乐少华，学员总共有 150 多名。第一期培训 15 天后结业，各方反应良好，省委又提出举办第二期。

此时，包括沦陷区在内的全国大批青年学生奔向西北，要去延安，给西安八路军办事处增添了压力，八路军办事处也希望有一个训练班接收这些要去延安的青年学生。在这种情况下，第二期训练班的地点就由斗口移到了云阳镇的城隍庙，学员则增加到 500 多人，时间延长到 20 天。

从第四期开始，青训班搬到了云阳北约五里的安吴堡。中共中央先后从抗大、中央党校选派了一批经过长征的干部和具有一定文化理论水平的干部作为骨干力量，加强青训班工作，1938 年 1 月，胡乔木担任了青训班副主任。

随着青训班的影响日益强大，越来越多的热血青年投奔到这里。他们中间有从敌人铁蹄下和沦陷区逃出来的青年、有从遥远的异地他乡归来的爱国华侨，有农民、工人、职员、小商小贩，也有艺术家、工程师、留学生、军官、士兵……还有很多国民党高官的子女。他们有人驾着马车，有人从泾河摆渡，也有步行而来。青训班针对学员们不同的特点，将他们整编为军事连、农民连、研究连、儿童连等等。

由于开办青训班的初衷是为了"在最短时间授予青年各种最低限度的军事政治常识"，所以学员们所上的课程主要有军事和政治两个部分。军事课主要讲解武器的使用和军事演练，如操场动作、射击兵器、步兵战术、游击战术等，政治课则教授学员们一些政治常识、社会理论，如社会科学、抗日民族统一战线等。

随着青训班的逐步发展，学员由每期的 150 多人增加到后来的 1300 多人，训练时间由每期的 2~3 周延长至后来的 1~3 个月。

青训班得到了中共中央的高度支持。1939 年 10 月 5 日，毛泽东为安吴堡青训班成立两周年纪念题词："带着新鲜血液与朝气加入革命队伍的青年们，无论他们是共产党员或非党员，都是宝贵的，没有他们，革命队伍就不能发展，革命就不能胜利。但青年同志的自然的缺点是缺乏经验，而革命经验是必须亲身参加革命斗争，从最下层工作做起，切实地不带一点虚伪地经过若干年之后，经验就属于没有经验的人们了！"

1940 年 4 月 13 日，中共中央决定青训班撤离云阳回延安，全体学员进入

"泽东青年干部学校"继续学习。

　　安吴堡青年训练班自 1937 年 10 月创办到 1940 年 4 月撤离，不到 3 年的时间里，共开办过 14 期，组编了 127 个连（队），培训了 1.2 万余名学员。被誉为"抗日青年的熔炉，青运史上的丰碑"，为青年运动史谱就了光辉的篇章。

【遗址介绍】

　　安吴堡战时青年训练班革命旧址位于泾阳县云阳镇、蒋路乡安吴堡村、三渠镇斗口村，由吴氏庄园、望月楼、迎祥宫、吴氏陵园、斗口农场 5 处组成，占地总面积约 2 万余平方米，建筑面积约 2600 余平方米。吴氏庄园前部为青训班领导机关班部，中部为会议室和晚会处，后部为青训班二连驻地。望月楼为青训班副主任胡乔木及秘书处住处，其东挑角楼为青训班主任冯文彬和教务处住处，其西为学员住处，其南为卫生处和一连住处。大操场位于吴氏庄园门前，其西北角大榆树上悬挂铜钟，青训班作息以撞此钟为号。迎祥宫为青训班会场之一，系排演节目和举办晚会的场所。

　　1936 年 12 月 8 日中国工农红军前敌总指挥部从陕北迁驻云阳镇，当年红军前敌总指挥部暨八路军总部和中共陕西省委就驻扎在这里。

　　2013 年，安吴堡战时青年训练班革命旧址由国务院公布为第七批全国重点文物保护单位。

● 安吴青训班革命旧址院内

甘肃省

天水市玉泉观
抗战时期的中国教育传奇

　　七七事变爆发，日寇大举入侵中国，大片国土沦丧。不愿做亡国奴的中国人凡有条件后撤者，纷纷踏上了流亡的长路。一时之内，几百万难民向西南、西北撤退，这其中包括数以十万计的青少年学生，他们离开家乡，拜别爹娘，跟随师长，迈开双脚，奔向大后方。

　　大批青少年学生流落大后方，校方经费拮据，师生衣食无着，情况十分危急。国民党的有识之士呼吁救助流亡学生，共产党的《解放日报》也发表了《救救大后方青年》的社论。当时占统治地位的国民政府采取紧急措施。教育部从 1937 年 12 月开始，着手筹建专为接收沦陷区、战区流亡学生的国立中学，其注册学生全部享受"贷金"待遇。国民政府维持战时教育的最大困难，是大部分离乡背井的学生都丧失了经济来源，政府不但要负担起对他们"教"的责任，还必须承担对他们"养"的义务。1938 年，国民政府开始实施"贷金制度"，规定家在战区的学生，可向政府申请"贷金"，毕业后 3 年内向政府无息偿还。但战战争持久，学生毕业后并无正常就业环境，加之自 1940 年以来国内通胀日趋严重，"贷金制"在 1943 年被"公费制"取代。而先前的"贷金"并未要求归还，国家实际上承担起了他们的全部学习生活费用。

　　抗战前没有国立中学的建制，公立中等学校都是由地方政府管理，为省立、市立或县立。抗战兴起，为了安置失学青少年，便首先在内地各省（河南、陕西、甘肃、四川、贵州）设立国立中学，这是国民政府的一种战时措施和应急手段，以鼓励东部沦陷区的中等学校内迁。

　　最早成立的国立中学都是以学校内迁所至省份冠名，如东部某地的中学迁到内地某省，即命名为国立某省临时中学，如国立湖北临时中学、国立四川临时中学、国立贵州临时中学等。由于"临时中学"给人以非正规感觉，不久，教育部便明令取消了"临时"二字，直接以到达省份命名了。

　　进入了 1939 年，日寇在各个战场不断大举进攻，中国半壁河山陆续陷落，已组建的国立中学不得不再次或多次继续后撤，校名也就不得不一改再改。由于沦陷区的继续扩大，流亡学生不断增加，又成立了许多新学校。于是，教育部决定校名以收容多数学生所来自的省份命名，如国立山东中学、国立平津中学等。但这种命名方式有时会自相矛盾，如从河南撤退到甘肃的中学，不论命名为河南中学或甘肃中学，都与已有的中学校名重复，只能取名国立河南第二中学、国立甘肃第二中学。

从 1939 年 4 月起，教育部决定国立中学不再以省、市来命名，而改按成立时间的先后顺序，以数字排序命名。期间，共排序成立了 22 所国立中学。在这 22 所中学中，十五中、十六中和二十中是保育中学，专门招收由战区难童组成的各保育院和慈幼院送来的小学毕业生。因国立中学一般只招收男生，不收女生（或只招收少量的女生），1942 年 8 月，在四川合江专门成立了国立女子中学（后在贵州铜梓设立了分校，称国立第二女子中学）。

此外，抗战时期用"国立"字头的中学还有国立华侨一中、国立华侨二中、国立华侨三中、国立中央大学附中、国立社会教育学院附中、国立女子师范学院附中、国立东北中学、国立东北中山中学、国立西南中山中学等。

国立五中即国立甘肃一中。1938 年 3 月在甘肃天水玉泉观组建，当时名为国立甘肃临时中学，主要接收北方各省市流亡学生。

国立五中的创办者是我国著名教育家查良钊。1938 年，查良钊率领西安收容战区的中学师生 1700 余人，由陕西凤翔县步行至甘肃天水县，到达天水县后择陇东南道教圣地玉泉观为校本部，创办国立甘肃中学，设甘谷、秦安、礼县 3 个分校。国立五中成立后，一方面教书育人，教授新科技、新科学，努力培养国家栋梁人才，"教师殚思极虑，学生奋发报国，屡以优异成绩名列全陇前茅"；另一方面积极宣传抗日，传播革命进步思想，培育和发展我党革命事业的骨干力量，中共陇南地下工委即创建于此，其后学业有成的师生积极投奔延安者不乏其数。国立五中为新中国的建立和建设培养出了大批的精英人才，为我国革命事业做出了积极卓越的贡献，是"甘肃教育史上的独特一章"。

● 玉泉观

【遗址介绍】

　　玉泉观又名崇宁寺，位于甘肃省天水市秦州区城北天靖山脚下，因山上有一碧水莹莹、清甜透脑的玉泉和元代秦州教谕梁公弼建寺时吟有"山寺北郊，名山玉泉"之句而得名。玉泉观建于元大德三年（1299 年），现存建筑大多为明清时重建，全观紧依城垣，顺山势升高，随山沟、崖壁、台地而建。1938~1946 年，国立五中即以此处为校址，接收北方各省的流亡学生在此学习与生活。

　　2006 年，玉泉观由国务院公布为第六批全国重点文物保护单位。

玉门油田老一井
抗战时期后方石油供应的特殊符号

玉门油田老一井位于甘肃省酒泉市玉门市。作为玉门油田第一口井，老一井如今已不再出油，但它在中国石油史上占有举足轻重的地位，其开采对于抗战时期的战时石油供应发挥了重要作用。而鲜为人知的是，抗战时期，国民政府对老一井的开采得到了当时中共陕甘宁边区政府的大力支持，是国共合作团结抗战的具体体现。

玉门地区早在公元 3 世纪的西晋时期就发现了石油，但千百年来，限于历史条件，当地人仅用土法捞取石油，用于照明、润滑剂等。

19 世纪末 20 世纪初是我国地质事业萌芽期。1921 年，地质学家翁文灏和谢家荣曾到玉门一带做过油田地质勘查，谢家荣撰写了《甘肃玉门油矿报告》。1928 年 12 月，地质学家张人鉴到玉门，对赤金堡、白杨河石油矿的情况进行了调查，并采取了石油样品进行化验，证明油质甚好，颇有开采价值。1935 年顾维钧等 5 人向国民政府实业部提出申请，要求开采甘肃玉门及新疆一带的石油矿，并成立了专门机构。但由于当时中国的经济发展落后，长期停滞不前，而执政者认为玉门油田地处沙漠戈壁，开采运输不便，无利可图，因而长期不予开采。

1937 年抗日战争爆发后，日本帝国主义对中国领土进行大规模侵略，时隔不到一年，沿海地区相继沦陷，一向依赖进口石油过日子的国民政府，断绝了"洋油"的来源，缺油已到了"一滴汽油一滴血"的地步。酒精、天然气、人造油等各种汽油的代用品相继出现，但都不能从根本上解决汽油奇缺的难题。开发国内石油资源的呼声日渐高涨。在这种情况下，国民政府迫于无奈，只得决定勘探和开发玉门油田。

1938 年底，国民政府在资源委员会下设置甘肃油矿筹备处，同时派孙健初到玉门老君庙进行石油地质勘查工作。孙健初（1897~1952 年），著名石油地质学家，1927 年毕业于山西大学采矿系，同年进入中央地质调查所，多次去东北、西北进行地质调查，有许多重要发现。1938 年底开始专门从事石油地质勘查，是玉门油田的开拓者。

1938 年 12 月 4 日，孙健初、严爽、靳锡庚等到到酒泉。12 月 22 日便携带蒙古包、测量仪器和干粮、饮用水等，骑着骆驼，向老君庙（位于今玉门市南一条深沟里）进发。他们在风雪中艰难地前进，经过 4 天跋涉，到达目的地。次日，他们就前往石油河、干油泉、石油沟、夹皮沟等有油泉的地方进行踏勘。由靳锡庚测量地形，绘制地形图，孙健初进行地质调查，填制地质图。时值冬季，天寒地冻，条件非常艰苦，但他们不辞辛苦，起早贪黑，努力工作，仅用了 6 个月，就完成了野外勘探工作，查明该地区的生油层、储油层及地质构造，并提交了《甘肃玉门油田地质报告》，肯定了这里是一个有开采价值的油田。

勘探石油必须要有钻机，而国民政府资源委员会当时仅有的两台旋转钻机且均在四川。大型钻机部件沉重，长途运输费时费力。为此，1938 年 6 月 18 日，国民党政府资源委员会致函第十八集团军（即八路军）驻汉口办事处，介绍甘肃油矿筹备处代主任张心田商谈调用陕甘宁边区政府所属延长油矿两部钻机问题。当时第十八集团军驻汉口办事处处长钱之光经办此事，经请示中共中央副主席、时任国民政府军事委员会政治部副部长的周恩来同意后，

● 玉门油田老一井

于 6 月 20 日复函资源委员会，并转电延安陕甘宁边区政府。随后，张心田前往延安，与八路军后勤部军工局副局长李强就调用钻机问题进行了协商。拆迁钻机的事进行的非常顺利，不仅从钻头到钻具都一一配备齐全，还选派了几名熟练的钻工，随钻机一同去玉门，以便钻机一到便可以安装开钻。当时的陕甘宁边区政府所属延长油矿自身的设备、人员也十分缺乏，但为了国共两党一致抗日的大局，仍慷慨支援国民政府在玉门开采石油。

1939 年 3 月，从延安调来的第一部钻机运到玉门，根据地质条件，孙健初把第一号井定在老君庙北 15 米处，没有水泥，底座用石头砌筑，井架用木头钉成，高 6 米，所有的运输、安装全靠人力。钻机从 3 月 11 日开始安装，23 日安装完毕。

由于缺乏经验，大家认为砾石层太硬，用顿钻大概钻不动，又担心用钻头钻砾石层消耗太大，还怕从地表开始钻井会把井钻斜。所以，用机械钻井前先用人工挖掘四边均宽 2 米左右的方形竖井。竖井深度从 10 多米到 40 多米不等，以见到红土层为止。为了防止砾石下落伤人，边挖边用木板和草席把四壁围起来。方井在一寸一寸的加深，3 月 27 日，1 号井挖掘到 23 米深处，原油从沙砾中汩汩地涌流出来，一天可出油 1 吨多。当掘进到 26.7 米处时，因井下油气太大，工人呼吸困难，故利用套管往下送风。由于挂钩脱落，套管落入井底，工人高增魁被砸伤，他是玉门油田第一个为开采石油献身的人。

5 月 6 日开始使用钻机向深处钻进，顿钻的钻井速度非常慢，顺利时日进尺 1 米多，如遇井壁坍塌，进尺反而倒推。8 月 11 日钻至 115.51 米遇到产油层，产油量日产 10 吨左右。

1 号井出油拉开了开发玉门油田的序幕。此后完钻的几口井也相继出油，消息传出，全国抗日军民受到莫大鼓舞。一批批爱国青年从四面八方奔赴玉门，投身到开发石油的队伍之中。1940 年春，1 号井停止自喷。甘肃油矿筹备处从四川调来一台以柴油机作动力的抽油机安装在 1 号井上，1 号井又成为玉门油田的第一口机械采油井。1941 年 10 月 1 号井因井壁坍塌而报废。

抗日战争期间，玉门油田生产的石油产品既保证了军事的需要，又基本满足了后方交通运输及其他方面的需求，为抗日战争的胜利作出了贡献。玉门油田的第一口井——老一井，不仅作为中国石油工业诞生的一个特殊符号也因其作为抗战时期后方石油供应的特殊符号而永久载入史册。

【遗址介绍】

玉门油田老一井是指甘肃油矿筹备处在老君庙最先开钻的 1 号油井，位于玉门市南坪街道一村老君庙门前西侧。

1939 年石油地质学家孙健初等人在老君庙原址以北 15 米处确定井位，用人工方式打出了第一口油井，日产量达 10 吨，从而揭开了开发玉门油田的序幕，1962 年，油竭停产。该井 23 年累计生产原油 845.9 吨，生产天然气 17.73 千立方米。

玉门油田老一井是中国石油工人打出的第一口油井，是中国近现代石油工业的摇篮，曾为中国的抗日战争作出贡献，在我国近现代石油工业的发展史上占有重要地位，具有较高的历史价值和科学价值。

2013 年，玉门油田老一井由国务院公布为第七批全国重点文物保护单位。